Lily Braun
Memoiren einer Sozialistin

SERIE PIPER
Band 444

Zu diesem Buch

Dies ist die überraschende Lebensgeschichte einer Aristokratin und Offizierstochter, die sich schon in ihren frühen Jahren auf die Seite der Entrechteten schlug und ihren eigenen Weg zum Sozialismus fand. Lily Braun, eine schöne, faszinierende Erscheinung, kämpfte privat in ihren Liebesbeziehungen ebenso wie in der Öffentlichkeit als Vorkämpferin der Emanzipationsbewegung für das Recht der Frau auf Selbstbestimmung. Die gekürzte Fassung dieser romancierten Erinnerungen, die Elisabeth Fetscher besorgte, hat den Charakter des atmosphärisch dichten Zeitbildes bewahrt. Einige ihrer Zeitgenossen, besonders jene, zu denen Lily Braun enge oder konfliktbeladene Beziehungen unterhielt, erscheinen in diesen Memoiren unter leicht entschlüsselbarem Pseudonym – so Clara Zetkin (»Wanda Orbin«) und Heinrich Braun (»Heinrich Brandt«) u. a.

Lily Braun, geboren 1865 in Halberstadt, verheiratet mit dem sozialdemokratischen Sozialpolitiker und Journalisten Heinrich Braun, Schriftstellerin und führend in der sozialistischen Frauenbewegung tätig. Starb 1916 in Berlin.

Lily Braun

MEMOIREN EINER SOZIALISTIN

Roman

Herausgegeben, bearbeitet und eingeleitet
von Elisabeth Fetscher

Überarbeitete Neuausgabe

Piper
München Zürich

Die Erstausgabe dieser Memoiren erschien 1908 bis 1911 in zwei Teilen im Verlag Albert Langen, München.

ISBN 3-492-00744-9
Juli 1985
R. Piper GmbH & Co. KG, München 1985

Umschlag: Federico Luci unter Verwendung eines Fotos der Autorin aus dem Jahre 1902.
Gesamtherstellung: Clausen & Bosse, Leck
Printed in Germany

INHALT

EINLEITUNG

Lily Braun, die 1865 in Halberstadt als Offizierstochter geborene spätere Sozialistin, ist heute zu Unrecht weitgehend vergessen oder nur noch dem Namen nach bekannt. Immer wieder einmal taucht ein kleiner Hinweis auf sie in einem Frauenbuch auf, oder man zieht ihre Schriften bei Betrachtung der Entwicklung der Sozialdemokratie im ausgehenden 19. Jahrhundert hinzu, – aber wer sonst liest noch ihre temperamentvollen, engagierten Aufsätze oder ihre Bücher, von denen die weitläufige und gründliche »Frauenfrage« allerdings 1979 im Dietz-Verlag neu aufgelegt worden ist.

Zu ihrer Zeit war Lily Braun über die ihr politisch nahestehenden Kreise hinaus einem größeren Publikum wahrscheinlich am besten bekannt durch ihr schönes Buch »Im Schatten der Titanen«, ein Gedenkbuch an ihre Großmutter Jenny von Gustedt, der sie sich wesensmäßig sehr verwandt fühlte, die sie liebte, und von der diese Enkelin auch ganz besonders liebevoll und aufmerksam beobachtet wurde. Jenny von Gustedt hatte zu zwei »Titanen« glücklich nahe Beziehungen gehabt: Sie war eine außereheliche Tochter des Bruders von Napoleon, Jérome, 1807–1813 König von Westfalen, und sie hatte das Glück gehabt, zur Zeit des späten Goethe in Weimar leben zu dürfen und in dem Hause am Frauenplan als ein gern gesehener Gast oft aus und ein zu gehen.

Nach dem Tode der Großmutter, von der Lily Braun die Wärme erfahren hatte, die ihr die eigene Mutter nicht hatte entgegenbringen können, war es der Enkelin ein Bedürfnis, aus den hinterlassenen Papieren und eigenen Recherchen ein Gedächtnisbuch, ein Vermächtnis zusammenzustellen; und daß ihr das gelang, zeigte der Erfolg des Buches, das sich in hoher Auflage verkaufte (1925, 220000 Exemplare).

Dies war das erste, wie ich es nennen möchte, »persönliche« Buch von Lily Braun. Das zweite und dritte dieser Art, die zweibändigen »Memoiren einer Sozialistin« (»Lehrjahre«, Copyright Albert Langen 1908 und »Kampfjahre«, Copyright Albert Langen 1911) wollen wir hier vorstellen.

Wir haben uns entschlossen, die beiden jeweils über 600 Seiten starken Bände zu einem Buch zusammenzufassen, das im Kern enthalten soll, was den heutigen Leser der Erinnerungen dieses abwechslungsreichen und intensiv gelebten Lebens fesseln könnte.

An den Memoiren ist vor allem interessant, wie sich das lebhafte Auf und Ab des privaten Lebens mit den politischen Ereignissen der Zeit verflicht. Einerseits mußte also bei einer Kürzung darauf geachtet werden, dem Buch das faszinierend Schwungvolle, Bekennerhafte des Persönlichen zu erhalten, ohne dem Leser die oft allzu breiten, zeitgebunden üppig wuchernden Passagen zuzumuten. Ich wollte durchaus auch von den sehr gefühligen Seiten der Schriftstellerin Beispiele bringen, aber eben nur Beispiele, nicht das doch ermüdende Ganze ihrer oft sehr ausführlichen Betrachtungen.

Im Politisch-Historischen empfahl es sich, genauso vorzugehen. Ich habe versucht, immer den roten Faden zu erhalten, jedoch soviel wegzukürzen – vor allem bei den vielen Dialogen mit politischen Gesprächspartnern, die oft auch nur für den Tag bestimmt waren –, daß der Leser müheloser folgen kann, ohne Wichtiges zu versäumen. Ich denke, daß ich damit ein Mehr an Spannung und Lesbarkeit erreicht habe, und daß der Gehalt des Buches, sein Wert, auch sein Stellenwert innerhalb der autobiographisch-romancierenden Frauenliteratur am Ende des 19. Jahrhunderts, bewahrt werden konnte.

Lily Braun war eine schillernde, vitale, vielfältig begabte, aber auch durch ihr leidenschaftliches Temperament, ihre stark ausgeprägte Emotionalität gefährdete Persönlichkeit. Sie entstammte einer adligen Familie, in der zwar feine Formen herrschten, das Glück aber nicht zu Hause war. Die Mutter war eine kühle, standesbewußte Dame, die während des Privatunterrichts ihrer Tochter zuweilen wachsam in der Ecke saß und jeden Anflug von kritischem Bewußtsein aus dem Lehrstoff zu verbannen suchte. Eigene Enttäuschung und Verbitterung ließen keine Einfühlung in das eigenwillige und sensible Wesen der Tochter zu. Das Verhältnis zum Vater war durch dessen Heftigkeit getrübt, und Lily Braun mußte erst eine gute Strecke Leben hinter sich bringen, bis sie den ihr im Grunde, nach Begabung und Veranlagung, recht ähnlichen Vater besser verstehen und akzeptieren konnte. Zwischen den Eltern muß beklemmende Kühle geherrscht haben, sicherlich ein belastendes Klima für ein empfindliches, ehrgeiziges Kind.

Kompensation für manche seelischen Entbehrungen in Kindheit und Jugend schien das Leben bieten zu wollen, als sich Lily heftig in einen jungen Mann des Hochadels verliebte und von ihm wiedergeliebt wurde. Die Standesvorurteile der Zeit und ihrer eigenen Familie, der Hochmut der Familie des jungen Prinzen, seine Mittellosigkeit und nicht zuletzt sein mangelnder Mut verhinderten diese leidenschaftlich begehrte Heirat.

Und hier zeigt sich zum erstenmal die ganze Lily Braun: Wo sie so engagiert ist, ist sie auch unbedingt, vorurteilslos und kühn. Sie wäre mit dem Geliebten auf und davon gegangen, bereit, alle Folgen zu tragen. Als ihr das nicht gelang, wurde sie schwer krank und stürzte sich danach mit der ganzen Kraft ihrer heftigen Natur in ein Leben der Gesellschaften, des Vergnügens, des Flirts.

Ihre Autonomie zeigt sich aber selbst in dieser Zeit darin, daß sie nicht bereit war, in irgendeiner Weise zu resignieren, etwa als ihr nahegelegt wurde, eine passende, vorteilhafte Ehe einzugehen. Sie gibt die Suche nicht auf, die Suche nach sich selbst und nach einem Leben, das sie ausfüllt, ihren Geist und ihre Kraft fordert. Traurige Jahre folgen unerwartet. Der Vater, inzwischen General und Chef der Garnison in Münster in Westfalen, ließ bei einem Kaisermanöver den Kaiser nicht gewinnen, und die Verdrossenheit dieses unreifen Herrschers aller Reußen ging so weit, daß der General von Kretschman seinen Abschied nehmen mußte.

Die Familie mietete eine Wohnung in Berlin, und dort begann

der eigentliche, selbständige Weg der eigenwilligen Offizierstochter. Anstoß und Wegweiser dazu wurde ihr der Berliner Philosophie-Professor v. Gizycki, der ihr auf einem Spaziergang vorgestellt worden war und dessen weit über seine körperliche Gebrechlichkeit hinaus (er saß im Rollstuhl) zündende, lebhafte Geistigkeit sie sofort fesselte.

Wie Lily hatte er »die Religion« überwunden zugunsten eines Strebens nach »ethischer Kultur« durch eigene Kraft, durch das eigene Gute. Gizycki war ein reges Mitglied der Gesellschaft für ethische Kultur. Als Philosoph dem Positivismus zuzurechnen, ist ihm, der sich unter anderem an David Hume orientierte, die allgemeine Wohlfahrt, das größtmögliche Glück aller der höchste sittliche Maßstab. Lily sah hier eine ihr gemäße Richtung für ihr Denken und Fühlen. Sie bot sich G. als Schülerin an und las unter seiner Anleitung systematisch philosophische Werke.

»Soziale Ethik«, so benannte Gizycki seine philosophische Konzeption, für die er Lily bald völlig zu begeistern wußte. In einer von ihm gegründeten »Ethischen Gesellschaft« sollten sich all die Kräfte sammeln können, die, durch dieselben ethischen Ziele verbunden, hofften, eine glücklichere, hochstehende Gesellschaft von Gerechten und Gleichen zu schaffen. Aus diesen Gedanken heraus vertrat er einen brüderlichen Sozialismus, zu dem sich auch Lily schnell hingezogen fühlte.

Mitgefühl mit den sozial Schwachen oder Scham gegenüber der Härte und Ungerechtigkeit, mit der man scheinbar niedriger Gestellten, anderen Gesellschaftsklassen oder Rassen Angehörende bedachte und behandelte, hatte sich bei Lily schon früh in Kindheit und Jugend gezeigt. So hatte sie der Mutter nicht verziehen, daß sie ihr den Umgang mit einer jüdischen Mitschülerin zu vergällen wußte und sie dazu zwang, sich gegen den eigenen Willen grausam von dem Mädchen abzuwenden. Oder es kamen ihr die Tränen, wenn sie als junges Mädchen in Augsburg das Elend der überarbeiteten, verwitweten Näherin mit den vier Kindern sah, die ihren Lebensunterhalt kaum aufbringen konnte, während die Damen der Gesellschaft teure sogenannte Wohltätigkeitsbälle gaben. Lily Braun nahm solche Eindrücke schon als junger Mensch nicht einfach hin, sondern erschrak, kritisierte und erhob Einspruch.

Erschüttert sah sie auch das Elend der Dorfkinder, die ihre Großmutter neben dem Schloß Lablaken in Ostpreußen, das Lilys Onkel sich erheiratet hatte, ein wenig zu pflegen und zu ermuntern suchte. Die kümmerliche Gesundheit und Unterentwickeltheit der Kinder deprimierte Lily tief; und sie mußte feststellen, daß noch nicht einmal die bescheidene Hilfe der Großmutter nach dem Sinne des Gutsherrn, ihres Onkels, war. Die Furcht, in gebildeteren Leuten aus dem Volke die gefürchtete Sozialdemokratie heranzuzüchten, heraufzubeschwören, zeigte sich bei den meisten Junkern in Form von kruder, egoistischer Unterdrückung.

Als junges Mädchen erlebte sie dann im Ruhrgebiet aus nächster Nähe Aufruhr und Streik der Bergarbeiter mit, deren bescheidene Forderungen von den Herrschenden mit Waffengewalt zum Schweigen gebracht wurden.

Hier sieht man also einige Wurzeln der späteren, für eine Frau dieser Herkunft damals sehr ungewöhnlichen Hinwendung zum Sozialismus. Daß sie schon von Jugend an so allergisch auf soziale Ungerechtigkeiten und Grausamkeiten reagierte, ist vielleicht auch ein Stück ihr gar nicht bewußter Opposition gegen ein erzkonservatives, starr konventionelles, frömmlerisches Elternhaus, wo die Form und der Comment alles, der eigene Wille und selbständiges Urteil nichts waren.

Sie beugte sich zwar während ihrer ganzen Jugendzeit immer wieder verzweifelt und unter Tränen den elterlichen Forderungen, entfloh dem Zwang mehrfach in schwere psychosomatische Krankheiten; doch sie mußte wohl eine starke, letzten Endes sehr gesunde Konstitution mitgebracht haben und einen festen Kopf, der sich das eigne Denken nie völlig verbieten ließ.

Gegen den Willen der Eltern, vor allem der Mutter, verschaffte sie sich eine gute Bildung. Sie las in Bibliotheken und Archiven, korrespondierte über ihre Leseerlebnisse lebhaft und tagebuchartig, ohne wohl allzuviel Resonanz zu finden, mit einer Cousine und benutzte jede Gelegenheit, um sich Neues zu erschließen und ihren Horizont zu erweitern.

Diesem leidenschaftlichen Wunsch, verstehen, wissen zu wollen, Zusammenhang in ihre Kenntnisse zu bringen, konnte auch der herbe Widerstand der Mutter, die sie immer wieder zu häuslichen Pflichten von ihren Büchern wegholte oder auch das zeitraubende gesellschaftliche Leben, das die Stellung des Vaters bis zu seiner Pensionierung erforderlich machte, keinen ernstlichen Widerstand bieten.

Verstanden und wohl fühlte sich Lily zum erstenmal von ihrem Freunde Gizycki, der ihr, die sich ernsthaft nach einer Aufgabe, nach Arbeit für die sie nun erfüllenden Ziele sehnte, die Mitherausgabe der neuen Zeitschrift »Ethische Kultur« anbot, eine Tätigkeit, die entgegen der von ihr selbst vorgelegten Darstellung auch von Lilys Eltern gebilligt und begrüßt wurde.

Entsetzen löste allerdings ihre Absicht aus, den Freund zu heiraten und zu ihm in seine bescheidene Wohnung zu ziehen. Lily setzte ihren Wunsch aber durch, und 1893 fand die Hochzeit mit Georg v. Gizycki in aller Stille statt.

Jetzt endlich kehrte zum erstenmal Ruhe und Frieden in Lilys Leben ein. Vom Haushalt war sie fast ganz befreit (man ließ das Essen aus einer bescheidenen Gaststätte kommen), und angeregt von ihrem Mann wandte sich Lily dem Problem der Frauenfrage zu. Sie las Bebels »Die Frau und der Sozialismus« und wurde sogleich nach Erkenntnis der Wichtigkeit dieses umfangreichen Gebietes Mitarbeiterin in der Zeitschrift »Die Frauenbewegung« und Mitglied des Vorstandes des Vereins »Frauenwohl«. Sie sowohl als auch Gizycki standen jetzt der Sozialdemokratie sehr nahe, obwohl sie da auch die dogmatische Enge von sich wies, die sie sehr bald in der feindseligen Abwehr Clara Zetkins erlebte. Diese hatte anfangs Lilys Tätigkeit eifrig begrüßt, war aber bald zur engagierten Gegnerin der neu aufgetauchten Journalistin Lily v. Gizycki geworden, als diese nicht allein über die sozialistische Revolution und nur zum Wohle des Proletariats ihre lebensverbessernden Ziele für die Frauen verwirklicht sehen wollte.

Lily Braun schreibt dazu in einem Aufsatz der »Frauenbewegung«: »Das Motiv unserer Handlungen soll jedoch nicht das größtmögliche Wohl *einer* Gemeinschaft, *einer* Klasse oder *eines* Geschlechts sein, sondern das größtmögliche Wohl aller.«

Das friedliche und fruchtbare Arbeiten an der Seite ihres Mannes dauerte allerdings nur 20 Monate: Am 2. 3. 1895 starb Georg v. Gizycki an einer Grippe.

Schon vor seinem Tode war Lily zum erstenmal als Rednerin aufgetreten, bezeichnenderweise mit dem Thema: »Die Bürgerpflicht der Frau«, zu dem Gizycki sie angeregt hatte. Es stellte sich heraus, daß Lily eine mitreißende Rednerin war, daß sie eine rhetorische Begabung besaß, die zu überzeugen und mitzureißen verstand.

Nach ihres Mannes Tod überdachte Lily ihre Position neu und erkannte, daß die Ethische Gesellschaft, in der sie bisher so etwas wie ihre geistige Heimat gesehen hatte, hinter ihrem Glauben an die Allmacht moralischer Gesetze eine entmutigende Leere verbarg, daß sie vor allem die Angst vor der Sozialdemokratie zusammenhielt und daß sie ihre Bürgerlichkeit ängstlich und streng unterstrich.

Das widersprach Lilys neuem Erkenntnisstand. Sie trat als Mitherausgeberin der »Ethischen Kultur« zurück und bekannte sich jetzt offen zu den Gedanken der Sozialdemokratie und des Klassenkampfes. Das bedeutete dann doch den Bruch mit ihrer Familie.

Um so mehr fühlte sie sich daraufhin aufgehoben in der größeren Gemeinschaft der für gleiche Ziele arbeitenden sozialdemokratischen Genossen. Lilys wachsender Einblick in die sozialen Verhältnisse, besonders der Frauen, ließ sie an die Schaffung einer helfenden Institution denken: Sie wollte einen Zentralausschuß für Frauenarbeit gründen, der sich der Belange der Frauen und deren Verbesserung tatkräftig annehmen sollte. Hierzu brauchte sie Unterstützung. Sie hatte sich inzwischen durch eine Reihe von Vorträgen und Artikeln einen Namen gemacht und wandte sich mit ihrem Anliegen unter anderem an Dr. Heinrich Braun, den aus Wien stammenden, aktiven und tatkräftigen Herausgeber des »Archivs für soziale Gesetzgebung und Statistik«.

Dieses Archiv, in dem alle angesehenen Sozialwissenschaftler Mitarbeiter waren, ging 1903 an Edgar Jaffe, Werner Sombart und Max Weber über, an die es Heinrich Braun verkaufte.

Heinrich Braun (1854–1927) stammte aus reicher jüdischer Familie. Er widmete sein Leben ganz der Aufgabe, zwischen der sozialistischen Arbeiterbewegung und der geistigen Welt Deutschlands Brücken zu schlagen. Schon als Student hatte er sich nach der Lektüre von Marx für den Sozialismus entschieden. Das eigene Vermögen war ihm immer nur Mittel für seine ideellen Ziele. Er selbst lebte in äußerster Bescheidenheit. Als besonders selbstkritischer Mensch gelang es ihm nicht, große eigene Publizität zu erreichen, aber er war ein glänzender Anreger, Herausgeber und Redakteur, dessen großes Verdienst es wurde, daß die Probleme des Sozialismus auch außerhalb der Sozialdemokratie beachtet und mit Verständnis diskutiert wurden.

Für Lily war die Begegnung mit ihm von lebensentscheidender Bedeutung. In ihm fand sie nicht nur den Kampf- und Gesinnungsgenossen, sondern auch den Mann, den sie lieben und bewundern konnte. Daß er gerade in neuer (2.) Ehe gebunden war, änderte nichts daran, daß Lily nach Monaten aufreibenden Kampfes um die Scheidung seine Frau wurde.

In den Jahren nach Aufhebung des Sozialistengesetzes (1890) war die Mitgliederstärke der SPD und die Zahl der sozialdemokratischen Stimmen noch rascher als zuvor angewachsen. Nach dem Tod von Friedrich Engels (1895) trat Eduard Bernstein (1850–1932) mit seinen Thesen zur »Revision der Theorie« hervor, die einerseits den sozialen und ökonomischen Veränderungen Rechnung tragen sollte, die den zeitgenössischen Kapitalismus von dem Bild unterschieden, das Marx entworfen hatte und andererseits die Theorie der veränderten Praxis der Partei anpassen wollten. Zwar hatte es schon vor Bernstein reformistische Losungen innerhalb der Sozialdemokratie – vor allem bei den Süddeutschen – gegeben (z. B. Georg von Vollmar), aber erst Bernstein faßte die Auffassung vieler Reformisten in der Partei und in den Gewerkschaften zusammen und suchte ihnen ein theoretisches Fundament zu geben. Zwar war auch die Parteiführung für soziale Reformen im Rahmen der kapitalistischen Gesellschaft, diese sollten aber nicht zum Hauptinhalt des politischen Kampfes werden, sondern ihm vollständig untergeordnet bleiben. Vor allem kam es darauf an, »die Theorie rein zu erhalten« und »keinen Fingerbreit« vom Endziel, dem Sozialismus, abzuweichen. Als »Abweichung« wurde dabei oft schon jede Wahlabsprache mit bürgerlichen Parteien und erst recht die Zustimmung zum Budget (in Landtagen) gegen ein Entgegenkommen von seiten liberaler Politiker angesehen.

Zu den Reformisten zählten auch Heinrich und Lily Braun.

Lily war zuerst von Bernsteins im Jahre 1896 erschienenen Aufsätzen »Probleme des Sozialismus« tief enttäuscht gewesen. Bernstein bekannte darin: »Ich gestehe es offen, daß ich für das, was man gemeinhin unter Endziel des Sozialismus versteht, außerordentlich wenig Sinn habe. Dieses Ziel, was immer es sei, ist mir gar nichts. Und unter Bewegung verstehe ich sowohl die allgemeine Bewegung der Gesellschaft, d. h. den sozialen Fortschritt, wie die politische und wirtschaftliche Agitation und Organisation zur Verwirklichung dieses Fortschrittes.«

Für Lily, die auf einen baldigen, alles mitreißenden Sieg des Sozialismus gehofft hatte, waren das tief enttäuschende Worte, deren Wahrheit sie sich aber dennoch nicht verschloß.

1903 konnte die Sozialdemokratie einen großen Wahlsieg erringen. Heinrich Braun war bei dieser Gelegenheit in den Reichstag gewählt worden, als Abgeordneter des Wahlkreises Frankfurt/Oder-Lebus. Er war bei der Wahlagitation sehr erfolgreich durch Reden seiner Frau unterstützt worden.

Durch diesen Wahlsieg ermutigt, beschlossen die beiden Brauns noch im gleichen Jahr mit eigenen Mitteln eine Wochenschrift, »Die neue Gesellschaft«, herauszugeben. Sie sollte unabhängig von offiziellen Parteiinstanzen die Auffassung jener Sozialisten vertreten, die die Gewinnung und Beeinflussung der deutschen Intelligenz anstrebten.

Dann allerdings erfolgten auf dem Dresdner Parteitag 1903 heftige Angriffe auf die Revisionisten. Vor allem Lily Braun war in beleidigender Weise von dem führenden Historiker und Literaturkritiker der SPD, Franz Mehring, angegriffen worden, weil sie neben ihrer Arbeit für die sozialistische Presse auch an bürgerlichen Zeitungen mitgearbeitet hatte. Der neuen Zeitschrift begegnete man mit solcher Feindseligkeit und Ablehnung, daß Heinrich Braun gezwungen war, sie nach nur zwei Nummern zunächst wieder einzustellen.

1905 versuchte Heinrich Braun erneut die Herausgabe seiner Zeitschrift, die sich diesmal bis 1907 halten konnte, dann aber wieder am Widerstand der Parteimehrheit scheiterte. Lily Braun hatte in ihren Aufsätzen für die Zeitschrift ihres Mannes wieder von der Betonung der Gemeinschaft weg auf die Bedeutung der Persönlichkeit und das Recht auf Entwicklung des eigenen Ichs hingewiesen: »Der Sozialismus ist ebenso die Voraussetzung des Individualismus, wie der Individualismus die notwendige Ergänzung des Sozialismus sein muß.«

Es war vorauszusehen, daß solche Äußerungen sie weiteren Anfeindungen aus Kreisen der Partei aussetzen würde. So nahm man ihr auch eine Englandreise auf Einladung eines englisch-deutschen Freundschaftskomitees übel, die 50 Journalisten sozialistischer und bürgerlicher Prägung zu Gesprächen nach London führte. Die Angriffe auf Lily waren so heftig, daß Heinrich Braun seine Frau gegen den »Vorwärts« in einem Artikel mit schärfsten Argumenten verteidigen mußte.

Daß man 1907 erneut die Herausgabe der »Neuen Gesellschaft« einstellen mußte, brachte die Familie Braun in eine verzweifelte Krise.

Heinrich und Lily Braun hatten 1897 ihren einzigen Sohn Otto bekommen, ein universal begabtes Kind, dessen Erziehung die Eltern mit der größten Liebe und Sorgfalt in die Hand nahmen. Beide waren überglücklich mit diesem Sohn, der Großes versprach und dessen nachgelassene Schriften (von Heinrich Brauns vierter Frau, der Kunsthistorikerin Julie Vogelstein herausgegeben) förmlich eine Gemeinde für den im Alter von 20 Jahren Gefallenen schufen.

Zum Glück hat Lily Braun den Tod ihres geliebten Sohnes nicht mehr erlebt. Er fiel 1918, während sie schon im August 1916 einen Schlaganfall erlitt, als sie auf dem Weg zur Post war, um nach einer Nachricht von Otto zu fragen.

Die Einstellung Lily Brauns zum Krieg scheint manche Rätsel aufzugeben. Im Jahre 1904 gab sie mit Zustimmung ihrer Schwester die Briefe ihres Vaters aus dem Krieg 1870/71 an seine Frau heraus. Ohne daß er sich dessen wohl ganz bewußt gewesen wäre, sind diese Briefe des Offiziers von Kretschman eine leidenschaftliche und tief mitfühlende Anklage gegen die Grausamkeit und den Wahnwitz des Krieges, und Lily zeigte sich im Vorwort als überzeugte Pazifistin.

Beim Ausbruch des Ersten Weltkrieges 1914 aber verfällt sie in denselben Taumel von Patriotismus und Kriegsbegeisterung, der damals fast das ganze deutsche Volk, auch große Teile der Sozialdemokratie ergriffen hatte. Ihre Biographin Julie Braun-Vogelstein (Lily Braun, Ein Lebensbild, Berlin 1922) deutet diesen überraschenden Umschwung in Lilys Haltung wahrscheinlich ganz richtig, als eine Art von Ritterlichkeit, die in Lily Braun stets gegenüber ihr als schwach und angegriffen Erscheinenden erwachte. Hier fühlte sie nun, ohne die historische Entwicklung wirklich kritisch zu erkennen, das Vaterland angegriffen von einer »Welt von Feinden«, und schon erschien sie auf dem Plan, um alles zu seiner Verteidigung und Rechtfertigung zu tun und zu opfern.

Dazu kam, daß sie in der kriegsbedingten Gleichstellung vieler Mitbürger eine Hoffnung für die schnellere Entwicklung des Sozialismus sah. Brotkarten und staatliche Verteilung der Lebensmittel begrüßte sie freudig. Ebenso sah sie im Aufbruch aller Schichten zur Landesverteidigung den Ausdruck einer Solidarität, die den Sozialismus fördern könnte.

So empfand sie auch das Soldatsein des einzigen Sohnes als eine geradezu heilige Aufgabe.

Das alles mutet vielleicht etwas naiv an, entspricht aber sicher einer wesentlichen Seite in Lily Brauns Charakter, ihrer starken Emotionalität und Leidenschaftlichkeit, aus der heraus sie lebte, arbeitete und schrieb. Geschrieben hatte sie in den Jahren vor Kriegsausbruch ihre erfolgreichsten und wohl auch interessantesten Bücher. »Im Schatten der Titanen« war 1908 erschienen, dieser Stoff, den sie der Großmutter und den Weimarer Studien verdankte. Nach dem Zusammenbruch der »Neuen Gesellschaft« und auch unter dem Druck der danach entstandenen finanziellen Not hatte sie eifrig nach der schönen Möglichkeit gegriffen, einem noblen biographischen Thema ihr Interesse zuwenden zu können, eine friedlichere Epoche zu gestalten. Sie flüchtete aus einer Zeit materieller und persönlicher Krisen (denn auch die Eintracht ihrer Ehe hatte unter den widrigen äußeren Umständen gelitten) zum Geist der Großmutter und damit auch wieder ein wenig zur Familie ihrer Herkunft.

Als Lily Braun dann 1909 und 1911 die beiden Bände der »Memoiren einer Sozialistin« herausbrachte, waren ihre geldlichen Nöte vorerst behoben und ihr Ruf als Schriftstellerin gefestigt.

Die Frische und Gegenwärtigkeit, der Beichtcharakter der Memoiren, die Lebhaftigkeit der Auseinandersetzung mit Personen und Ideen sicherten der Neuerscheinung schnell ein großes Publikum. Oftmals wurden die beiden Bände als Absage an den Sozialismus mißverstanden, wogegen sich Lily immer heftig gewehrt hat. Sie hing weiter einem Sozialismus an, in dem, gelöst von drückenden materiellen Sorgen, die Freiheit des Einzelnen zur persönlichen Entfaltung, zum Geistigen, verwirklicht werden sollte. »Dem Sozialismus dienen viele Fanatisierte mit unwürdigen Mitteln; seine Idee, die sich auf Christentum und Revolution aufgebaut hat, wird dadurch ebenso wenig vernichtet werden können.«

Lily Braun schonte sich nie. Es gehörte zu ihrer Art zu leben, immer aus dem Vollen zu schöpfen, sich stets ganz zu verausgaben und eine Arbeit oder eine menschliche Beziehung absorbierend auszuleben. Zwischen den »Höhepunkten« ihres Lebens litt sie dann oft unter Krankheiten, die Ruhe und Erholung nötig machten, wo sie sich in die schöne Natur Südtirols, nach Teneriffa oder nach Italien zurückzog. Sie genoß diese stillen Reisewochen, auf denen sie, wenn es ging, ihren Sohn mitzunehmen pflegte, ganz bewußt, die Schönheit der Umgebung tat ihr wohl (in ihren Briefen finden sich empfindsame und liebevolle Naturschilderungen). Besonders den Süden mit seiner Sonne und seinen üppigen Farben liebte sie.

Im ganzen aber scheint mir, trieb sie doch Raubbau mit ihren Kräften. Ihr Tod mit 51 Jahren an einem Schlaganfall, vorhergehende Herzbeschwerden von lebenseinschränkender Art, hätten vielleicht nicht sein müssen bei einem maßvolleren, ruhigeren, weniger extensiv geführten Leben.

Sie kannte keine Ruhe. Etwas Rastloses, Atemloses schlägt einem auch bei der Lektüre ihrer Bücher und Schriften entgegen. Sicher lag in diesem Ganz-in-etwas-Aufgehen auch der Großteil ihres Reizes und ihrer Anziehungskraft, sowohl ihrer privaten als auch ihrer politischen Person. Es wird mehrfach berichtet, daß sie als Rednerin so hinreißend gewesen sei, daß man den Inhalt darüber gar nicht mehr so genau aufgenommen habe.

In ihren zahlreichen Aufsätzen kämpfte sie überwiegend für die Verbesserung der Lage der Frau. Sie trat, wohl als erste, für eine Mutterschaftsversicherung ein, nahm sich der Dienstbotenfrage an, ein besonders düsteres Kapitel der damaligen Gesellschaft, auf das sie in ihrem Buch »Die Frauenfrage« (1901, Verlag Hirzel, Leipzig) ausführlich eingeht. Sie wollte die Frau als mündige Bürgerin, als in der Politik Mitverantwortliche sehen, als von der Hauswirtschaft (die sie persönlich haßte) Entlastete und brachte neue Ideen von Gemeinschaftsküchen und gemeinschaftlicher Kindererziehung in die Diskussion. Hierin wurde sie vermutlich von Bebel angeregt.

Auch die Ehe herkömmlicher Art wurde von Lily Braun heftig kritisiert. »Die Ehe auf der Anklagebank«, »Die Befreiung der Liebe«, lauten zwei typische Artikel von ihr in der »Neuen Gesellschaft«. Nichts Konventionelles, keine wirtschaftlichen Gesichtspunkte sollten mehr den Bund zwischen Mann und Frau belasten. Allein auf Freiwilligkeit der Hingabe, der rückhaltlosen Liebe und Leidenschaft, der Unabhängigkeit, die die beruflich selbständige Frau genießt, sollte das Zusammenleben in der Ehe begründet sein. Und es sollte auch innerhalb der Ehe kein Zwang zur Treue bestehen, falls ein echtes Begehren einen der Partner erfassen sollte. »Ich glaube, daß ich nicht für die Ehe geschaffen bin«, schreibt sie im April 1913 an ihren Mann aus Portofino, wo sie Erholung suchte, »wenigstens nicht für die gut bürgerliche mit ihrem Gebot unbedingter körperlicher Treue. Daß ich diese Treue nie verletzte, war eine Vergewaltigung meiner Natur. Ich habe viel Glück verpaßt, viel Jugendkraft aufgegeben. Ich war ›treu‹ nicht aus moralischen, sondern mehr vielleicht aus ästhetischen Bedenken und aus Angst, Angst vor meines Sohnes hellem Blick, Angst vor Dir, der es nie verstehen würde, daß ich ihm gar nicht untreu sein kann, auch wenn ich die ›Treue‹ bräche. Ich habe, ohne daß Du es ahntest, im Laufe unserer Ehe oft starke sinnliche Leidenschaft empfunden, ohne daß der Gegenstand den Wunsch in mir erweckt hätte, mit ihm zu leben. Wahrscheinlich hätte ich Dich sogar lieber gehabt, wäre froher und frischer gewesen, wenn ich meinen sehr starken Instinkten gefolgt wäre.«

Schon 1912 hatte Lily Braun in den »Liebesbriefen der Marquise« vieles von ihren Vorstellungen einer leichten, freien, beseeligenden Erotik untergebracht. In diesem Buch, das die Zeit des Rokoko nachzeichnet, dann in der Revolution allen aufgespeicherten Zorn gegen die bestehende Ordnung aufleben läßt, gilt Liebestreue als bourgeoise Tugend. Der aufgeklärte, mutige, seelisch freie Mensch folgt allein der Leidenschaft seines Herzens, sowohl in der Liebe, wie auch in der Politik. »Kämpfen ist besser als Leben« läßt sie einen ihrer Protagonisten ausrufen, und diese Devise gilt wohl auch für ihr eigenes Leben.

Daß die Wirklichkeit, auch die eigene, diesen freizügigen Gedanken nicht standhalten konnte, wird niemanden verwundern. Lily litt schwer unter dem Älterwerden. Immer war ihr, als hätte sie ihre Jugend noch nicht richtig genützt. Hoch in den Vierzigern ging sie ein Verhältnis mit einem Italiener ein, der auf der Fahrt nach Bologna in ihren Zug gestiegen war. Sie glaubte es ihrem Mann schuldig zu sein, ihn von dieser Beziehung zu unterrichten und war naiverweise überrascht, welch tiefen Schmerz sie Heinrich Braun damit zufügte, wie verdüstert er jetzt sein Leben sah.

Wie weit sie sich von der Wirklichkeit und ihren Gesetzen durch die Flut ihrer eigenen Ideen zuweilen entfernte, tritt am deutlichsten zutage, als sie tatsächlich glaubte, den jungen 17jährigen, ganz und gar idealistischen, seine Eltern vergötternden Sohn über ihr italienisches Verhältnis aufklären zu sollen, ehe er ins Feld zog. Nur mit Mühe konnte ihre Freundin Julie Vogelstein (die spätere vierte Frau Heinrich Brauns), eine hochgebildete, im Gegensatz zu Lily ganz in sich ruhende Frau, sie von diesem wahnwitzigen Vorhaben abbringen. Ganz sicher wäre Otto, wie Julie Vogelstein mit Recht argumentierte, in die erste Kugel gelaufen. Lilys Wahrheitsfanatismus, oder was sie dafür hielt, war für ihre Umgebung oft eine schwere Bürde.

Mit Heinrich war es auch deshalb zu vielen Zwistigkeiten gekommen, weil die finanziellen Mittel im Hause Braun nie auszureichen schienen. Lily liebte elegante Kleidung und eine, wenn auch nicht üppige, so doch behagliche Führung des Hauses am Erlenweg in Berlin-Zehlendorf, das sich das Ehepaar erbaut hatte. Das große Waldgrundstück wurde später von Julie Vogelstein in einen schönen baumbestandenen Garten verwandelt, bis sie es, da sie Jüdin war, verlassen mußte. Heute liegt es in Ost-Berlin.

Es war sicher richtig, daß Lily keine geschickte Wirtschafterin war. Sie wurde regelmäßig und halb mit ihrem Wissen von ihrem

Dienstmädchen (das sie durchaus auch hatte!) betrogen; was Heinrich jedoch nicht wußte, war, daß Lily ihrem Vater auf dem Totenbett versprochen hatte, seine »Ehrenschulden« abzutragen, ohne irgendeinem Menschen etwas davon zu sagen. Diese Pflicht hatte Lily – hierin vielleicht wieder mehr noch Angehörige ihres Standes – als Tochter treulich erfüllt, und das hatte einen beträchtlichen Teil ihrer großen Einkünfte aus ihren Büchern verschlungen.

Außerdem schuldete das Ehepaar Braun Lilys Schwester Mascha Geld, das diese in die Neue Gesellschaft gesteckt hatte und mit deren Untergang verlor.

Diese Schwester, 13 Jahre jünger als Lily, war eine labile, hysterische Frau. Morphinistin geworden, betätigte sie sich im Ersten Weltkrieg als Spionin, als welche man ihr in New York den Prozeß machte. Dieses Ende zu erleben, blieb Lily erspart. Aber die bösen Erfahrungen, die sie mit der gehässigen, sich mit Lilys Widersachern verbündenden Schwester machen mußte, hatten sie so getroffen, daß sie sie noch in ihrem Testament als ihre bittersten bezeichnete.

An bitteren Erfahrungen hat es ihr auch im übrigen nicht gefehlt. Das ganze Leben lang, von frühester Jugend auf, hatte die Familie Kretschman gehofft und gebangt, daß Lily die Erbin ihrer reichen Tante, einer kinderlosen, verwitweten Schwester ihres Vaters in Augsburg sein würde. Schon als junges Mädchen hatte Lily qualvolle Monate bei dieser Tante ausharren müssen, wie sie das auch eindringlich in den Memoiren schildert, und sie war doch immer wieder von der harten und hochmütigen Frau im Stich gelassen worden. Zuerst als sie deren Hilfe bei der Verwirklichung ihrer Liebespläne mit dem jungen Prinzen erbat und auf ein erbarmungsloses Nein stieß und schließlich bei der Testamentseröffnung, bei der Lily ganz übergangen wurde, ihrer »linken« Gesinnung wegen. Als der Vater ihr seine »Ehrenschulden« auflastete, hatte er noch mit dem Erbe gerechnet, zu Unrecht, wie sich zeigte.

Es spricht für die Großzügigkeit und den Mut in Lilys Charakter, daß sie trotz allem ihr Wort hielt.

In dieser Zeit äußerer und innerer Kämpfe schrieb Lily Braun den Roman »Lebenssucher«. Sie hatte sich vorher noch an einem

Drama versucht, »Mutter Maria«, zu dem sie ein in Florenz gesehenes Gemälde inspiriert hatte, und das 1913 auch in Bremen aufgeführt wurde. Der rechte Erfolg blieb aber aus, und so wandte sich die Autorin wieder dem Roman zu, in diesem Fall einem ziemlich turbulenten Konglomerat nach Art eines Bildungsromans, in dem alle Fragen, die die Gemüter vor dem Ersten Weltkrieg bewegten, im Gespräch erörtert werden: Sozialismus und Zionismus, Frauenstudium und Erotik, Kunst und Bildung, viel Wortgeklingel, wenig überzeugende Handlung. Als deus ex machina zur scheinbaren Lösung aller Probleme kommt der Krieg daher, zwingt zu Gemeinschaft, Disziplin, übergeordnetem Ziel, scheinbar ein beseelender Schöpfer.

Das entspricht Lily Brauns Gefühlen bei Ausbruch des Krieges, dessen grausame, zerstörerische Seite zu sehen sie sich weigerte. Das befremdet, zeigt aber deutlich die vielen dunklen, ungeklärten Gefühle, die Lily Braun auch immer beherrscht hatten, z. B. wenn sie nach dem Tod der Jugend bei Langemark meinte, Deutschland habe seine Erstlinge dargebracht und damit alles Böse von sich abgewendet. Der Tod vieler der Besten wurde ihr als Tragödie gar nicht bewußt. Zum ersten Kriegsweihnachten schrieb sie ihrem Sohn ins Feld: »Wenn Dir heute weh zu Mute ist, dann vergiß nicht, mein Liebstes, daß Du für den ›Frieden auf Erden‹ kämpfst, als für eine Weihe-Nacht der Zukunft.«

Das sind verklungene Töne, überholte, von bösester Wirklichkeit eingeholte Gefühle, heute kaum noch nachvollziehbar, zeit-, aber auch persönlichkeitsgebunden.

In Lily Brauns komplexer Persönlichkeit war eben vieles nebeneinander vereinigt. Sie konnte nicht nur scharfsinnig Mißstände erkennen und anprangern, konkrete Vorschläge zur Beseitigung der sozialen Misere ihrer Zeit machen, sich selbstlos und aufopfernd für die Sache des Sozialismus einsetzen, und doch auch immer wieder ein Opfer ihrer ungezügelten Gefühle werden. Es erstaunt, daß sie nicht die tiefe Liebe zu dem bewunderten Sohn (»So denken wir immer an Dich und träumen von Dir. Du bist ja nicht nur das Glück, Du bist auch der Zweck und das Ziel unseres Lebens«, schreibt sie ihm 1914) von vornherein gegen den Krieg eingenommen hat, wenn schon alle anderen

Einsichten ihr versagt blieben. Offensichtlich hat sie den Gedanken an den möglichen Tod dieses einzigen Sohnes erfolgreich verdrängt. Nicht einmal, als er verwundet, mit einem weitgehend gelähmten Arm, nach Hause kam, sah sie die Gelegenheit, ihn zu retten, sondern sie stimmte seinem Wieder-Hinausdrängen zu. Man kann das schwer verstehen.

Durch den Krieg hatte die Kämpfernatur in ihr ganz die Oberhand gewonnen. In der Partei war sie doch immer mehr eine Außenseiterin geworden. Ihre Arbeit spielte sich jetzt meist am Schreibtisch ab und galt mehr und mehr literarischen Stoffen. Sie versuchte wieder ganz aktiv zu werden. Rastlos wollte sie alle Kräfte, besonders die der Frauen, für den Krieg mobilisieren: Sie forderte das Dienstjahr der Frau, ihr Bürgerrecht in Gestalt sozialer Hilfsarbeit. Den Untergang der ihr doch so wertvollen Freiheit dabei sah sie nicht. Ohne sich oder die Ihren zu schonen, stellte sie sich in den Dienst der scheinbar großen Sache. Ihr früher Tod, im Alter von 51 Jahren, ersparte dieser widersprüchlichen Natur, die an ihrer Zwiespältigkeit zeitweise schwer litt, den Ausgang des Krieges zu erleben.

ERSTER TEIL

LEHRJAHRE

I. KAPITEL

Wo die kurische Nehrung beginnt, ihre Dünen in die Ostsee hinauszustrecken, und das Meer auf der einen, das Haff auf der andern Seite das Land umspült, steht das Haus meiner Großeltern, in dem ich geboren bin. Vor Jahrhunderten haben deutsche Ordensritter es als festes Bollwerk gegen das heidnische Volk des Samlands erbaut; der breite, viereckige Turm, die dicken Mauern und der Graben ringsum erinnern noch an seinen Ursprung. Ein Ordensbruder soll es gewesen sein, der als einer der ersten im Samland zur Lehre Luthers übertrat, – nicht aus Gewissenszwang, denn das hätte dem blonden derben Junker aus dem thüringischen Geschlecht der Golzows wenig ähnlich gesehen, sondern aus Liebe zu einem schönen Fräulein, die ihn das Keuschheitsgelübde brechen hieß. Er wurde auf dem Schloß von Pirgallen der Stammvater des preußischen Zweigs der Familie und der Vorfahr meines Großvaters. Mit dem Besitz schien sich aber auch die lebenbestimmende Liebesleidenschaft des Ahnherrn von Generation zu Generation zu vererben. Nur selten fügte sich ein Golzow dem Rate der Familiensippe, wenn es galt, sich die Eheliebste zu wählen, und so wurden viele fremde Blumen in den nordischen Garten verpflanzt. Manch eine mag dabei im Frost erstarrt, vom Meersturm zerzaust worden sein, andere aber blühten, trugen Frucht und streuten den Samen ihrer Heimaterde in das Land, wo er üppig aufging, so daß es zwischen den gelben Dünen, den weißen Birkenstämmen und knorrigen Eichen gar seltsam anzuschauen war.

Auch meine Großmutter war solch eine fremde Blume gewesen: ein Kind der Liebe, dem heimlichen Bund eines Königs mit einem kleinen elsässischen Komteßchen entsprossen. Und sie war wohl nie recht heimisch geworden da oben. Sie fror immer, saß auch im Sommer gern am Kaminfeuer der Halle, und schwere schleppende Samtkleider, mit Pelz verbrämt, trug sie am liebsten. Sie blieb auch einsam trotz der großen Kinderschar, die sie umgab. Das Blut der Golzows war lebenskräftiger als das ihre, denn all die Buben und Mädel, die sie gebar, waren nicht eigentlich ihre Kinder: mit hellen blauen Augen aus rosigweißen Gesichtern blickten sie in die Welt, und Jagd und Tanz, Spiel und Liebe blieb ihnen Lebensinhalt.

An meine Mutter, ihr jüngstes Kind, die goldblonde Ilse, hatte sie sich mit aller Kraft ihrer Sehnsucht geklammert. Lange hoffte sie, sich selbst in ihr wiederzufinden, und verdeckte mit den bunten Gewändern ihrer Phantasie in zärtlicher Selbsttäuschung alles, was ihr fremd war an ihrer Tochter. Sie half ihr auch den Starrsinn des Vaters zu brechen, der sich ihrer Verbindung mit einem armen Infanterieleutnant widersetzte. Die Ehe mit dem ernsten, strebsamen Mann würde, so meinte sie, ihr eigentliches Wesen erst zur Entfaltung bringen, – das Wesen, das sich schon deutlich genug dadurch auszudrücken schien, daß ihre Wahl unter allen ihren glänzenden Bewerbern gerade auf diesen gefallen war. Sie wußte nicht, daß nur der Rausch Golzowscher Liebesleidenschaft – heiß und kurz, wie die Sommer Pirgallens – Ilse beherrschte. Ihr Gatte kannte die Tochter besser als sie, darum gab er die Hoffnung nicht auf, statt des »heimatlosen Landsknechts«, wie er ihren Erwählten, den Leutnant Hans von Kleve, spöttisch nannte, einen der Standesherrn des Landes als Schwiegersohn zu begrüßen.

Kleve besaß nichts als seinen guten Namen und seinen Ehrgeiz. Nachdem sein Vater, ein leichtsinniger Gardeleutnant, mit dem spärlichen Rest seines rasch verjubelten Vermögens und einer lustigen kleinen Frau, deren bürgerliche Herkunft ihn den schönen bunten Rock auszuziehen zwang, ein Gütchen in der Nähe Berlins erworben hatte, um dort nichts zu tun, als zu sterben, war seiner Mutter kaum das notwendigste übriggeblieben, um ihn und seine vier Geschwister zu erziehen. Wie gut, daß sie an Arbeit gewöhnt gewesen war ihr Leben lang! Zu stolz, die reichen Verwandten ihres Mannes, die sie ihrer Herkunft wegen nie hatten anerkennen wollen, in Anspruch zu nehmen, zog sie sich in eine kleine märkische Stadt zurück, wo sie ihre Kinder mit eiserner Strenge und in spartanischer Einfachheit erzog. Hans war zwölf Jahre alt, als er in diese harte Schule genommen wurde. Er empfand die Beschränktheit des Lebens am tiefsten und litt ständig unter den Anforderungen, die seine Mutter an seine geistige und moralische Leistungskraft stellte. Sein Liebesbedürfnis fand wenig Verständnis bei ihr, die unter dem dauernden Druck quälender Sorgen die Zärtlichkeit glücklicher Mütter eingebüßt hatte. Eine Schwester, die ihm im Alter am nächsten stand, und der er sein ganzes Herz zuwandte, wurde ihm früh durch väterliche Verwandte, die sich plötzlich der armen Witwe und ihrer Kinder erinnert hatten, entrissen; so blieb er ganz auf sich allein angewiesen und konzentrierte all seine Energie auf das eine Ziel: sich selbst das Leben zu erobern.

Mit sechzehn Jahren machte er das Abiturientenexamen und trat in ein Königsberger Infanterieregiment ein. Kavallerist zu werden, was er sich gewünscht hatte – denn die Reiterleidenschaft saß ihm tief im Blute –, erlaubten seine Mittel ihm nicht, und die Schwester, die von ihrem reichen Onkel wie ein eignes Kind gehalten wurde, hatte dem Bruder – um ihre persönliche Stellung besorgt – rundweg abgeschlagen, eine Zulage für ihn zu erbitten. Von selbst reichte des Onkels Generosität über das Geburtstags- und Weihnachtsgoldstück und gelegentliche Urlaubsreisen nach dem Familiengut in Oberfranken nicht hinaus, und so bestand des jungen Mannes Dasein in unaufhörlichen Verzichtleistungen. Er lebte nur seinem Beruf; sein Empfindungsleben schien durch die Arbeit völlig erstickt zu sein.

Um diese Zeit lernte er Ilse Golzow kennen, und alles, was an Liebessehnsucht in seiner Seele gelebt hatte von klein auf, brach ungestüm hervor. Das Weib war ihm unbekannt geblieben bis dahin; die Arbeit hatte ihn taub und blind gemacht, und eine angeborene Reinheit der Gesinnung hatte ihn das Gemeine stets als gemein empfinden lassen. So vereinte sich in der ersten Liebe des Achtundzwanzigjährigen die volle phantastische Schwärmerei des Jünglings mit der tiefen Neigung des reifen Mannes. Die

Erfüllung alles dessen, was er in seinen stillsten Stunden für sich an Glück erträumt hatte, erwartete er von dem Besitz dieses holden blonden Mädchens. Daß ihm dies Glück nicht kampflos in den Schoß fiel, erhöhte nur seinen Wert für ihn.

Um ihretwillen vertauschte er seine Studierstube mit dem Ballsaal; er entwickelte gesellige Talente, die bisher niemand in ihm vermutet hatte, er wurde das belebende Element aller großen und kleinen Feste. Auf dem Wege zwischen Königsberg und Pirgallen ritt er sein Pferd fast zu Schanden, das er sich endlich als Regimentsadjutant halten konnte, und auf den Schnitzeljagden stellte er durch seine Reiterkunst sämtliche Kürassierleutnants in den Schatten. Ein instinktives Verständnis für die weibliche Natur lehrte ihn, daß Mädchen, wie die schöne Ilse, durch die Bewunderung, die man ihnen abnötigt, am sichersten zu gewinnen sind. Von dem Vater der Geliebten aber mußte er sich eine zweimalige Ablehnung gefallen lassen; erst als er zum drittenmal wieder kam und die Tränen Ilsens sich mit seinen Bitten vereinigten, während ihre Mutter alle Gründe der Liebe und der Vernunft zu seinen Gunsten zur Geltung brachte, hieß er ihn – mit aller Reserviertheit des Bezwungenen, nicht des Überzeugten – als Schwiegersohn willkommen.

Königsberg, die Garnison meines Vaters als er heiratete, war mit dem raschen Golzowschen Gespann von Pirgallen aus in drei Stunden zu erreichen. Es war daher für die Tochter kein Abschied von zu Hause, der den Schmerz langer Trennung in sich birgt. Ja, sie blieb im Grunde daheim, denn im alten Stadthaus ihrer Eltern wurde dem jungen Paare die Wohnung eingerichtet.

Während es auf der Hochzeitsreise war, schmückte die Großmutter das künftige Nest ihrer Kinder. All ihren Geschmack, all ihre Träume und Gedanken über die Schönheit, Harmonie und Behaglichkeit einer Familienwohnung verwirklichte sie hier. Da war der grüne Salon mit den tiefen englischen Lehnstühlen, dem geräumigen Sofa am breiten Fensterpfeiler, mit dem runden, von einer Tuchdecke bedeckten großen Tisch davor, dem mächtigen roten Marmorkamin an der Längswand ihm gegenüber; daneben, nur durch Portieren getrennt, das helle Boudoir mit seinen kretonneüberzogenen Wänden und Möbeln, dem Schreibtisch voller Familienbilder, überragt von Thorwaldsens segnendem Christus; und auf der andern Seite des Vaters Zimmer mit seinen schweren geschnitzten Eichenmöbeln, in deren Arabesken das Wappentier der Kleves, die gekrönte Eule, sich vielfach wiederholte. Für das Speisezimmer hatte die Großmutter die alten Empiremöbel ihrer Mutter hergegeben: Mahagoni mit Bronzebeschlägen und gelbseidnen Sesselbezügen. Hier prangte auch eine Reihe alter Familienbilder an den Wänden: Frauen im Reifrock mit märchenhaft dünner Taille und gepuderten Haaren, Männer in goldstrotzender Uniform und mächtiger Lockenperücke, und mitten unter ihnen ein rosiges, lächelndes, goldlockiges Frauenköpfchen, das die Mutter in spätern Jahren immer in den dunkelsten Winkel zu hängen pflegte: Alix, die Urgroßmutter, das Königsliebchen.

Ein großes, helles Schlafzimmer, eine Fremdenstube und ein sorgfältig abgeschlossener, von der Großmutter streng behüteter Raum – als hätte Blaubart seine Frauen darin – vollendeten die Wohnung. In Ost und West, in Süd und Nord – wohin immer das Soldatenschicksal uns getrieben hat –, dieser Rahmen des Lebens ist sich stets gleich geblieben. Ein Gesellschaftszimmer, ein Tanzsaal kamen später wohl hinzu, sie haben mich aber immer wie etwas Fremdes angemutet. »Ihr habt keine Heimat«, pflegte die Großmutter zu sagen, »da müßt ihr sie als Ersatz, wie die Schnecke ihr Haus, mit euch tragen.«

Als die Eltern nach der Hochzeitsreise diese Räume, die geschaffen schienen, Liebe und Freude in sich zu schließen, betraten, war auf ihr Eheglück schon ein Reif gefallen. Ahnungslos, wie alle wohlgehüteten Mädchen ihrer Zeit und ihrer Lebenskreise, war Ilse in die Ehe getreten. Keusch wie sie war der Mann, dem sie sich vermählt hatte, aber um so gewaltiger war die Glut seiner Liebe und seines Begehrens, während ihre Sinne noch schliefen und das große, tiefe Geheimnis des Geschlechts sich ihr wie eine gräßliche Untat offenbarte. Sie hat mir oft erzählt, daß sie in den ersten acht Tagen ihres Zusammenlebens mit ihrem Mann am liebsten davongelaufen wäre, wenn sie sich nicht vor ihren Eltern geschämt hätte. Erst ganz allmählich kam ihr die Erkenntnis, daß ihr Gatte kein Verbrecher, ihr Schicksal kein abnormes war. Zu den seelischen Leiden, mit denen sie ihn, der so liebevoll, so zartfühlend und weichherzig war, wohl noch mehr quälte als sich selbst, kamen körperliche Beschwerden hinzu, deren Ursachen sie ebenso verständnislos gegenüberstand. Sie suchte sie mit der ihr eignen Energie zu beherrschen, um so mehr, als sie sich unter den ihr fremden Kleveschen Verwandten befand; sie teilte auch ihrer Mutter nichts davon mit, um die Überängstliche nicht unnötig, wie sie meinte, aufzuregen. Tapfer beteiligte sie sich an allen Ausflügen, allen ländlichen Festen; tanzte und ritt, obwohl es ihr oft vor den Augen dunkelte und der Schwindel sie zu übermannen drohte. So kehrte die junge Frau bleich und müde zurück, die, ein Bild blühender Gesundheit, das Elternhaus verlassen hatte. Der Schatten dieser ersten Schmerzen und Enttäuschungen fiel über ihr ganzes Leben.

Der Großmutter blutete das Herz, als sie ihr Kind wiedersah. Bald aber war sie beruhigt und zärtlicher Freude voll in dem Gedanken an das junge Leben, das sich im Schoße der Tochter entwickelte. Nur allzu früh sollte die Hoffnung, die von Ilse selbst nur qualvoll empfunden wurde, zerstört werden; und statt einer Wöchnerin pflegte die Großmutter eine schwerkranke junge Frau. Erst die würzige Herbstluft von Pirgallen heilte sie, und der Königsberger Karneval sah sie als eine der schönsten der Schönen im fröhlichen Kreise der Jugend wieder. Sie tanzte gern, sie sah sich gern von Bewunderern umgeben, und ihr Mann war überglücklich, wenn er sie heiter wußte.

Im zweiten Jahre ihrer Ehe stellten sich wieder Hoffnungen ein; mit hellem Jubel begrüßte sie Hans Kleve, mit tiefer Rührung die Großmutter; nur die, unter deren Herzen das neue Leben erwachte, spürte nichts von alledem. Die Fassung, mit der sie sich in ihr Schicksal ergab, das Vorgefühl ernster kommender Pflichten war das einzige, was sie ihm gegenüber aufbringen konnte.

Geburt am 2.7.1865 in Halberstadt, dann nach Pirgallen (Lablaken in Ostpreußen) verlegt.

In der alten Kirche, über der Gruft der Golzows und unter ihren Speeren, wurde ich getauft. Die Gutskinder hatten den düsteren Raum in eine Laube von Jasmin verwandelt – darum hab ich wohl mein Lebtag keinen Blumenduft so geliebt wie den dieser weißen Sterne. Selbst im geweihten Wasser des Taufsteins schwammen ihre Blätter, und als der greise Pfarrer es mir auf die Stirn träufelte, blieb eins davon auf meinem dunkeln Köpfchen haften. »Und wenn ich mit Menschen- und Engelzungen redete und hätte der Liebe nicht, ich wäre ein tönend Erz und eine klingende Schelle« – lautete der Text der Taufpredigt und Alix der Name, der mir gegeben wurde. Beides hatte die Großmutter gewählt; den Namen hatte sie gegen den Widerstand der Tochter für ihr erstes Enkelkind durchgesetzt – den Namen ihrer Mutter, die sie um so inniger geliebt, je mehr die Welt sie verdammt hatte.

Lily wird sie nach Lily Schönemann genannt, als Frau v. Tüschheim eine entfernte Verwandte und Goethes Jugendfreundin.

Krieg 1866. Der Vater kehrt verwundet heim.

Meine erste traumhafte Erinnerung – ich bin immer ausgelacht worden, wenn ich von ihr erzählte, da ich doch damals noch nicht zwei Jahre alt war – führt mich in einen dunkel verhängten Raum vor ein großes braunes Bett, aus dem mir ein blasser Mann die Arme entgegenstreckte. Ich weiß, daß ich laut aufschrie, daß der Mann den Kopf müde zurücklegte und ich mich aufatmend in meinem hellen Stübchen wiederfand. Und später sah ich ihn im Rollstuhl wieder und mich auf seinem Schoß mit seiner großen, dicken Uhr spielend, die, weil sie mit so zärtlichem, feinen Stimmchen alle Viertelstunden schlug, für mich immer etwas Lebendiges gewesen ist. Wende ich ein anderes Blatt der Erinnerung um, so seh ich große rote Blumenkerzen in mein Fenster hereinleuchten. Das war in Potsdam, wohin mein Vater nach dem Feldzug versetzt wurde, und wo wir in einem gartenumsäumten Haus, vor dem ein alter Kastanienbaum Wache hielt, das erste Stockwerk bezogen. Neben uns, nur durch den Gartenzaun getrennt, wohnte meiner Mutter zweiter Bruder Max, der bei den Gardehusaren Leutnant war und eine elsässische Cousine geheiratet hatte. Werner, ihr Sohn, war nur um wenige Monate jünger als ich. Unter uns aber, in die Parterrewohnung mit der großen Terrasse, auf deren Balustrade kleine

Steinengelchen saßen, die in meinen Träumen immer lebendig wurden, zog, kaum ein Jahr nach unserer Übersiedlung, die Großmutter ein.

Walter Golzow hatte nach dem Kriege den bunten Rock mit dem schönen himmelblauen Kragen ausgezogen und das Gut übernommen, dessen Geschäfte die Großmutter bis dahin mit Hilfe des erprobten Verwalters gewissenhaft und in der alten Weise geleitet hatte. Sie versuchte dann noch eine Zeitlang, neben dem Sohn zu wirken und zu arbeiten, wie sie es früher gewohnt gewesen war. Aber zu hart stießen die Gegensätze aneinander: in ihrer Milde sah Walter Schwäche, in ihrer Wohltätigkeit Verschwendung. Es kam auch tatsächlich zuweilen vor, daß ihre Güte mißbraucht wurde, daß man die allzeit Hilfsbereite, die an jedem Menschen etwas Gutes sah oder herauszulocken verstand, hinterging und betrog. Das nahm ihr Sohn zum Vorwand, ihrem barmherzigen Wirken mehr und mehr Hindernisse in den Weg zu legen. Doch dies alles hätte sie nicht so schwer getroffen, da sie als Herrin ihres Vermögens damit machen konnte, was ihr gut schien; unerträglich wurde ihr die Existenz vielmehr erst durch die fast fieberhafte Neuerungssucht Walters: nichts in der Wirtschaft und im Hause schien ihm mehr gut genug, und Umwandlungen und Neuanschaffungen, die ein vorsichtiger, auf alle Möglichkeiten schlechter Jahre vorbereiteter Gutsherr auf einen langen Zeitraum verteilt, sollten jetzt in wenigen Monden vor sich gehen. Die Großmutter sorgte, warnte, bat – sie predigte tauben Ohren. Die Ställe füllten sich mit Luxuspferden, die Wirtschaftsräume mit neuen Maschinen aller Art, deren Handhabung selten einer verstand, das Herrenhaus mit modernen Möbeln, von deren geschmacklosem Prunk der alte, solide Hausrat aus Urväter Tagen weichen mußte. Es kam zu scharfen Auseinandersetzungen zwischen Mutter und Sohn, die ihren Höhepunkt erreichten, als sie sah, wie er auf die Wange eines ungeschickten Reitknechts die Peitsche niedersausen ließ, so daß der junge Mensch blutend zu Boden sank. Wenige Tage darauf entführte der alte breite Kutschwagen mit den wohlgenährten Braunen davor die Großmutter von der Stätte ihrer jahrzehntelangen Wirksamkeit, von dem erinnerungsreichen Boden ihrer zweiten Heimat. Sie sah sich nicht um, und sie weinte nicht; zu tief empfand sie das schwerste Geschick, das ein Weib treffen kann: fremde Kinder zu haben.

Ich war vier Jahre, als die Großmutter nach Potsdam kam. Ein Ölbild von Tochter und Enkelin, das damals für sie gemalt worden war, zeigt, daß auch ich meiner Mutter solch ein fremdes Kind gewesen bin: von ihrer lichten Erscheinung mit dem hellblonden Haar, der durchsichtigen Haut, den meerblauen Augen sticht das kleine Mädchen seltsam ab, um dessen schmales gelbliches Antlitz dunkle schwere Locken sich ringeln, dessen schwarze Augen fragend und verträumt ins Weite sehen. Von klein an bewunderte ich neidvoll meiner Mutter nordische Schönheit, und wenn meine Freunde mir Tränen des Zorns entlocken wollten, brauchten sie mich nur »schwarze Alix« zu rufen; sie waren selbst alle blond, und schon bei den Unmündigen wirkt die Majorität überzeugend. Die Anführer bei solchen Späßen, die mir den Umgang mit meinesgleichen früh verleideten, waren meist mein Vetter Werner und Adda, das Töchterchen eines der Regimentskameraden meines Vaters. Mit jener Grausamkeit, die nur den kleinen Menschentieren eigen ist, rächten sie sich durch ihre Neckereien an meiner Besonderheit. Einig waren wir drei eigentlich nur, wenn es galt, unseren französischen Bonnen einen Schabernack zu spielen. Wir konnten sie alle nicht leiden und empfanden sie nur als notwendiges Übel, unter dem wir gemeinsam zu leiden hatten.

Wenn die andern mich verhöhnten, wenn der Schmerz mich übermannte und sie nicht verstanden, warum, dann blieb mir ein Zufluchtsort und ein Mensch, der immer die rechten Worte des Trostes fand: Großmama. Wie oft flüchtete ich in ihr stilles Reich, wo sie zwischen blühenden Blumen und dunkeln Palmen lesend, schreibend oder still vor sich hinträumend in ihrem tiefen, grünen Lehnstuhl saß. Sie hatte immer Zeit für mich, sie lachte mich niemals aus und antwortete nie auf meine tausend Fragen mit jenem, ein weiches Kinderherz so verletzenden: »Das verstehst du nicht.« Und wenn sich mir Park und Garten, Wasser und Wald mit tausend Gestalten bevölkerten, wenn die allabendlich in buntem Reigen um mein Bettchen tanzten, so wußte ich: Großmama sah sie, wie ich; nur die andern hatten keine Augen dafür. War ich allein bei ihr, so erschienen mir ihre

Zimmer wie ein einzig Märchenreich: Zwischen den Palmen lächelte der schöne weiße Jünglingskopf ihres Vaters mir entgegen – halb ein Cäsar, halb ein Antinous –; von den Wänden sahen Männer und Frauen mich an, mir vertraut seit meinem ersten Augenaufschlag, wenn auch fremd nach Art und Gewandung, und unter einem von ihnen, auf kleinem Postament, stand Winter und Sommer ein frischer Blumenstrauß. Das war der Dichter, zu dessen Füßen die Großmutter gesessen hatte, als sie ein Kind, ein junges Mädchen gewesen war, der die Geschichte vom Heideröslein gedichtet hatte, die erste, die ich wiedererzählen konnte, und bei deren Schluß mir immer die Stimme brach: »... Doch es half kein Weh und Ach, mußt es eben leiden!«

Auf dem Fußbänkchen neben Großmama, den Kopf vergraben in den weichen Falten ihres Sammetkleids, die Augen auf die tanzenden und zuckenden Flammen des Kaminfeuers gerichtet, während ihre leise Stimme über mir klang, von Schneewittchen und Dornröschen erzählend oder von der kleinen Seejungfrau, die dem Prinzen zuliebe unter tausend Schmerzen zum Menschen wurde und dann doch wieder hinabsteigen mußte in die Fluten, – das waren die schönsten Stunden meiner frühen Kinderjahre. Und das alles waren Erlebnisse für mich, viel bedeutungsvollere, als die Ereignisse des öffentlichen Lebens, deren Kunde an mein Ohr schlug. So weiß ich vom deutsch-französischen Kriege, obwohl ich ihn als fast Sechsjährige erlebte, nicht allzuviel. Ich sehe mich zwar Charpie zupfend am Fenster sitzen oder mein Frühstücksbrötchen mitleidig für die armen Soldaten in die Kiste legen, die die Mutter allwöchentlich zu packen pflegte; ich erinnere mich, daß ich mit Hurra schrie bei jeder Siegesnachricht und die Illuminationskerzen nach dem Fall von Sedan mit in die sandgefüllten Gläser steckte. Ich weiß auch, daß mir das bunte Schauspiel des Einzugs der Sieger in Berlin, dem ich in einem neuen blauseidenen Kleidchen mit meiner Mutter von irgendeinem Lindenhotel aus beiwohnte, sehr gefiel, und daß mein Lorbeerkranz statt auf die Lanze eines Kriegers auf den aufgespannten Schirm irgendeiner biedern Berliner Bürgerfrau niederfiel; aber von hochgeschwellter patriotischer Begeisterung weiß ich nichts. Vielleicht, daß die gedrückte Stimmung zu Haus mich beeinflußt hatte, denn hier kam eine reine Siegesfreude nicht auf.

Nicht nur, weil Söhne und Gatten allen Wechselfällen des Krieges ausgesetzt waren, sondern auch, weil nahe, liebe Verwandte der Großmutter im französischen Heere dienten. Neffen von ihr kamen als Gefangene nach Potsdam; der alte Bruder ihrer Mutter, der sich als Jüngling unter Napoleon I. die Sporen verdient hatte, kämpfte jetzt mit derselben glühenden Vaterlandsliebe unter seinem Nachfolger. Von dem Franzosenhaß, der den deutschen Kindern späterer Zeit eingeprägt wurde, wußten wir infolgedessen nichts. Ich glaube, jener Hurrapatriotismus, der sich heute breit macht, gedeiht nur in Friedenszeiten. Wer dem Kriege Aug in Auge sieht, dessen Vaterlandsliebe wird vielleicht nicht weniger tief, wohl aber ernster und stiller sein. Erst wenn die großen Kämpfe der Völker lange vorüber sind, werden sie zu Mitteln, die Begeisterung auch der Kinder anzufachen. So kam es wohl, daß meine Phantasie von dem, was vor sich ging, ebenso unberührt blieb wie mein Gemüt. Nur der Heimkehr meines Vaters sah ich voll jubelnder Freude entgegen.

Er brachte uns allen Geschenke aus Frankreich mit, die er mit Sorgfalt und in der freudigen Aussicht auf die glücklichen Gesichter der Empfänger ausgewählt und wofür er wohl auch viel Geld ausgegeben hatte. Über all das schöne Spielzeug, das ich erhielt, war mein Jubel ohne Grenzen, und ein zierliches goldnes Kettlein, das mich noch mehr entzückte, schlang ich mir grade vor dem Spiegel um den Kopf, so daß die Perle, die wie ein Tautropfen daran hing, just unter dem Scheitel auf die Stirne fiel – meine schwarzen Locken erschienen mir plötzlich gar nicht mchr so häßlich –, als das Antlitz meiner Mutter hinter mir auftauchte. Angstvoll erstaunt wandte ich mich um; Seiden- und Samtstoffe lagen vor ihr ausgebreitet, mit zärtlich-fragenden Augen sah der Vater sie an, und sie – sie freute sich nicht! Worte des Vorwurfs über die »unnützen Ausgaben« war das erste, was ich sie sagen hörte, und mit ungewohnt heftiger Gebärde nahm sie mir die Kette aus den Haaren, die nun – ich wußte das nur zu gut – in der unergründlichen Tiefe des Silberschranks verschwinden würde, wie so manche der schönsten Dinge, bis »Alix groß sein wird«. Dann dankte sie dem Vater mit einer kühlen Phrase, aus der ich das Erzwungene mit dem feinen Gefühl des Kinderherzens herausempfand. Über unsere Festtagsfreude hatte sich ein dunkler Schatten gelegt. Papa ging verstimmt hinaus, ich spielte verschüchtert in einem möglichst versteckten Winkel. Freude ist eine der sensitivsten Pflanzen, die es gibt, das hab ich damals unbewußt zum erstenmal empfunden: wenn sie in vollster Blüte steht, genügt ein kalter Lufthauch, sie zu töten. Sie will gehütet sein und gepflegt, und nur ihr natürliches Welken ist schmerzlos.

Verschleiert blieb von da an die Stimmung; um Liebe werbend, dankbar für jeden wärmeren Blick, bemühte sich mein Vater um seine schöne kühle Frau. Wie oft nahm er mich auf den Schoß, legte mein Bäckchen an seine Wange und herzte und streichelte mich, während seine Augen ihr folgten, die im Zimmer umherging, jedem Staubfäserchen nach, das etwa von einem Möbelstück nicht entfernt worden war.

Besuch in Augsburg bei Klotilde, der älteren Schwester des Vaters, einer reichen, kinderlosen Witwe, von der man hoffte, sie würde Lily zu ihrer Erbin machen. Dort entdeckt Lily die Lust am (heimlichen) Lesen.

Inzwischen war mein Vater nach Karlsruhe versetzt worden. Er und die Großmutter besorgten den Umzug, suchten die Wohnung und richteten sie ein. Beide erwarteten uns, als wir nach einer beinahe halbjährigen Abwesenheit endlich heimwärts reisten. Mir war der Abschied von Augsburg sehr schwer geworden, denn mochte ich mir noch so sehr den Kopf zerbrechen – meine lieben Bücher heimlich mitzunehmen, gelang mir nicht. Papa und Großmama erschraken, als sie mich wiedersahen. »So blaß ist mein Alixchen«, sagte sie. »So dunkle Ränder hat sie um die Augen«, fügte er hinzu. Als ich zuerst sein Zimmer betrat, einen langen Raum mit einem einzigen breiten Fenster, sah ich eine durchsichtige, weiße Gestalt mit gesenktem Haupt an mir vorüberschweben. Ich schrie auf und erzählte nach vielem Zureden, was mir begegnet war; schon wollte die Mutter auffahren, und der Vater murmelte etwas von »dem Unsinn, den man dem armen Kinde beigebracht hat«, als die Großmutter mich still beiseite nahm und lange und liebreich auf mich einsprach. Was sie sagte, weiß ich nicht mehr, aber es löste mir Herz und Zunge. »Ach, bleib doch bei mir, Großmama!« rief ich, während die Angst sich in Tränen löste. Andre jedoch bedurften ihrer noch mehr als ich; ihr jüngster Sohn, Max, zog sie an sein Krankenlager, und ich war wieder allein.

Es war tiefer Winter damals. Trübselig und neidvoll sah ich oft durch die geschlossenen Fenster auf den Platz, wo die Kinder tobten, Schneeball warfen und Schneemänner bauten. Ich durfte nur selten hinaus. Von klein an war ich Halsentzündungen ausgesetzt gewesen, und meine Mutter ließ mich, ebenso pflichttreu wie gedankenlos, bei kaltem Wetter nur ins Freie, wenn es völlig windstill war. Aber auch dann wurde ich dick verpackt und durfte nicht laufen wie die anderen. Das ließ mich noch mehr vereinsamen. Mir ist, als hätte ich die Winter stets verschlafen, so wenig weiß ich von ihnen. Vom Frühling aber und vom Sommer weiß ich um so mehr. Wir hatten einen großen Garten hinter dem Hause mit alten Bäumen, blühenden Büschen und bunten Blumen. Hier war mein Reich. Hier durfte ich ungestört umherspringen, mir Höhlen bauen, die zu unterirdischen Schätzen führten, auf der Schaukel bis zu den Wolken fliegen, die im Grunde gar keine Wolken, sondern Drachen und Zaubervögel waren. Hier konnte ich mit meinen Bällen, die alle Märchennamen trugen, geheimnisvolle Zwiesprach halten, so daß die Nachbarn oft meinten, ich hätte Scharen von Gespielen im Garten. Puck, unser alter Pinscher, dem zwei Feldzüge schon die Haare gebleicht hatten, mußte sich hier zu jugendlichen Sprüngen bequemen, war er doch das Flügelpferd, das mich ins Zauberland tragen sollte.

Eigentliche Freunde und Spielkameraden hatte ich nicht, wohl aber geselligen Verkehr, der mich sonntags fast immer, schön geputzt, aus dem Hause führte. Im Schloß bei Großherzogs war ich ein häufiger Gast: Prinzessin Viktoria und Prinz Ludwig, zwei blühende Kinder damals, waren lustige Gefährten, und beim Baumplündern zu Weihnachten, beim Eiersuchen zu Ostern hallte das Schloß wider von unserem Lachen und Lärmen, an dem das freundliche Elternpaar stets die meiste Freude hatte. Nur das Kochen in Vickis großer Küche, die das Ideal aller anderen kleinen Mädchen war, langweilte mich entsetzlich – die Fee, die dem Wickelkind die Hausfrauentugenden in die Wiege legt, war offenbar zu meinem Tauffest nicht geladen worden! Im Strudel rauschender Freude untertauchen oder lesen und träumen für mich ganz allein – was dazwischen lag: das Alltagsleben mit seinen Pflichten und Leiden, war wie eine staubige Straße, die ich am liebsten zu gehen vermied. »Pflichten« besonders waren mir verhaßt; ich definierte sie schon als sechsjähriges Kind auf eine Frage hin als das, »was immer unangenehm ist«. Alles, was Mama zum Beispiel tat, wenn sie ein recht unzufriedenes Gesicht dazu machte, erklärte sie für Pflichterfüllung: die schmutzige Wäsche selber zählen, obwohl drei Dienstboten daneben standen, die Zutaten zum Kochen herausgeben, obwohl wir eine vortreffliche französische Köchin hatten, nachmittags mit mir spazieren fahren, obwohl wir uns beide schrecklich dabei langweilten – ja selbst die Dämmerstunden bei Papa, wo er zu Frau und Kind gern zärtlich war, schienen mir, nach ihrem Ausdruck zu schließen, in dieses Gebiet zu gehören. Ganz gewiß, ich würde nie meine Pflicht erfüllen, schwor ich mir heimlich und suchte meine Theorie nur zu oft in die Praxis umzusetzen, indem ich tat, was mir zu tun gefiel, und Befehlen, deren Ursache und Zweck ich nicht einsah, hartnäckigen Widerstand entgegensetzte. Der meiner freien Bewegung gezogene Umkreis konnte daher für meine Bedürfnisse nicht weit genug sein; darum war der Sommer so schön, wo ich den Garten fast für mich allein hatte, wo ich auf dem Lande bei Verwandten und Freunden der weitgehendsten Ungebundenheit mich erfreute.

Im Frühjahr 1874 wird der Vater nach Berlin versetzt. Lily nimmt Abschied von Karlsruhe. Besonders liebt sie ihren kleinen Hund Puck.

Mein Garten stand in vollem Frühlingsflor, als wir Abschied nahmen. Ich lief durch das Haus, wo die Packer hantierten, in den Stall, wo August die Wagen in Decken hüllte. »Puckchen, mein Puckchen«, rief ich. Noch nie war ich fortgefahren, und wäre es auch nur auf ein paar Tage gewesen, ohne ihm ein Stückchen Zucker zu geben. Aber diesmal kam Puckchen nicht. Ich fragte den August nach ihm, er sah verlegen zur Seite und murmelte etwas Unverständliches. Da fiel mir ein, daß Mama vor kurzem von seinem Alter, der Möglichkeit seines Todes gesprochen hatte. Das Herz stand mir still. Noch einmal suchte und rief ich, die Stimmen von Mademoiselle und Mama absichtlich überhörend, die mich zur Eile mahnten. »Geh nur, geh, Alixchen«, sagte August, der mir nachgekommen war, beruhigend, »Puckchen findest du nicht –.«

»Er ist tot!« schrie ich außer mir und warf mich weinend in Augusts Arme. Alles lief zusammen, mich zu trösten, aber fassungslos blieb mein Schmerz. »Sieh, mein Kind«, sagte schließlich Mama, die mich auf den Schoß genommen hatte, »Puckchen war alt und krank, er hätte sich mit seinen blinden Augen in der fremden Stadt nicht mehr zurecht gefunden. Eine Wohltat wars für ihn, daß ich ihn vergiften ließ ...« – Ich zuckte zusammen, wie unter einem Peitschenschlag. Meine Tränen waren versiegt. Von der Mutter Schoß glitt ich herunter und sah sie groß an: »Du – du – hast mein Puckchen vergiftet?!«

Dann ließ ich mich still zum Wagen führen. Irgend etwas war entzwei gegangen in mir. Ganz ruhig und empfindungslos sah ich vom Coupéfenster aus, wie die Stadt allmählich vor mir verschwand.

II. KAPITEL

Seitdem wir bei Tante Klotilde in Augsburg gewesen waren, hatte sie uns jedes Jahr zu sich eingeladen. Aber nur mein Vater hatte sie besucht; meiner Mutter war die Schwägerin nie sympathisch gewesen, und so hatte sie lange gezögert, zu ihr zu gehen. Mich freilich zog die Sehnsucht in die Berge, seitdem sie mir in der Schweiz Augen und Seele entzückt hatten; und wenn der Vater von Grainau erzählte und vom Rosensee, so wünschte ich nichts mehr, als dort zu sein. Und nun hatte sich mein Wunsch erfüllt!

Schon in Weilheim, der Endstation der Eisenbahn damals, wo das Tor des Loisachtals sich vor mir öffnete und tief im Hintergrunde die Umrisse der weißen Bergspitzen in den Wolken verschwanden, waren mir die Augen übergegangen – wie stets, wenn ein Eindruck mich überwältigte. Still und stumm ließ ich ihn auf der ganzen langen Wagenfahrt auf mich wirken, und als ich dann abends oben im Giebelstübchen des Rosenhauses stand, den Blick auf die vom dunkelblauen Nachthimmel grausilbern sich abhebenden Berge gerichtet, während die reine, kühle Luft mir um die Stirne wehte, da fiel all mein Kinderleid von mir ab, wie ein schwerer, drückender Mantel. Frei atmen konnte ich wieder.

Mit jedem Morgen, an dem ich erwachte, nach festem, traumlosem Schlaf, mit jedem Abend, an dem ich mich niederlegte, müde von dem Reichtum des Tages, steigerte sich diese Empfindung. Ein Vollgefühl des Lebens durchströmte mich, und wenn niemand mich sah, dann warf ich mich wohl vor lauter Seligkeit mit ausgebreiteten Armen in die blühende Wiese und lag so still und atmete so leise, daß die Schmetterlinge sich ruhig auf den blauen Glockenblumen, die über mir blühten, niederließen, oder ich legte den Kopf ins Waldmoos, wo die Maiglöckchen am dichtesten standen, und sah den tanzenden Sonnenstrahlen zu. Keine Mademoiselle legte meiner Freiheit Zügel an; meine Tante fand mich zwar »schlecht erzogen«, weil ich nicht ruhig mit meiner Handarbeit neben ihr saß, und ließ es meiner Mutter gegenüber an Anspielungen darauf nicht fehlen, aber da sie mit Kindern gar nichts anzufangen verstand, ließ sie mich laufen und beschränkte ihre Erziehungskünste auf strenge Toilettenvorschriften, wenn ich zu Tisch erschien oder mit ihr spazieren fuhr. Dann saß ich nach guter Karlsruher Gewohnheit steif und grade auf dem Rücksitz der Equipage, wie Johann auf dem Bock, der Kutscher, der mit dem »gnädigen Fräulein« nur vertraut war, wenn es morgens in den Stall kam und – ohne väterliche Aufsicht! – auf dem großen Fuchs, von allen Bauernkindern bewundert, durch das Dorf ritt. Ich hatte bald viele Freunde unter den Buben und Mädeln. Alle Waldwege und Bergsteige lernte ich durch sie kennen; die schönsten Erdbeerplätze zeigten sie mir und lehrten mich klettern, wenn es galt, zu den Alpenrosen zu gelangen, die rotleuchtend die grauen Felsen belebten.

An einem heißen Julinachmittag kam ich einmal, einen großen Buschen Alpenrosen im Arm, eilig vom Ochsenhügel heruntergelaufen, in heller Angst, zur Teestunde zu spät zu kommen. Ich suchte darum möglichst schnell an dem Wagen vorbeizuschlüpfen, der vor unserem Gartentor hielt, als eine Hand mir in die wehenden Locken griff und eine lachende Stimme rief: »Das ist doch die Alix, das Nichtchen!« Eine große blonde Frau, von einem kleinen Mädchen und einem halberwachsenen Knaben begleitet, stand vor mir, und nun mußte ich Rede und Antwort stehen, während meine Augen ängstlich an meinem fleckigen Lodenrock und den schmutzigen Stiefeln hingen. Kurz vor dem Haus riß ich mich unter dem Vorwand, die Blumen ins Wasser stellen zu wollen, los, und erschien, noch glühend vor Erregung, nach zehn Minuten im weißen Musselinkleid wieder, das mir die alte Kathrin mit einem »Kind, Kind, was wird die Tante sagen – das war ja die Prinzessin Friedrich!« hastig übergeworfen hatte.

Aber es kam nicht einmal zu einem strafenden Blick, denn die Prinzessin nahm mich in die Arme und erzählte lachend, wie sie eben schon meine Bekanntschaft gemacht habe. Ihre Worte überstürzten sich wie ein Wasserfall und wurden von ebenso hastigen und burschikosen Gebärden begleitet. Eine komische »Prinzessin«, dachte ich mir im stillen und sah mit gesteigertem Erstaunen zu ihren Kindern herüber, die sich grade nach allen Regeln der Kunst zu prügeln begannen und des wohlgepflegten Rasens nicht achteten, auf den sich sonst nicht einmal mein Ball verirren durfte.

»Der Hellmut sagt, die Alix wär eine Zigeunerin«, schrie das kleine Mädchen plötzlich.

»Zigeunerinnen sind viel hübscher als semmelblonde Frauenzimmer, wie du eins bist«, entgegnete der Knabe, und es bedurfte des Dazwischentretens der Mutter, um mit einer Ohrfeige nach rechts und links dem Streit ein Ende zu machen.

Mein Schicksal hatte sich dabei entschieden: selbst der Kuchen, in den das Prinzeßchen mit Behagen hineinbiß, hinderte sie nicht, mir feindselige Blicke zuzuwerfen, während ihr Bruder mir die Aufmerksamkeiten eines vollendeten Kavaliers erwies. Er mochte sieben Jahre älter sein als ich, war schlank und hochaufgeschossen, mit lustigen grauen Augen und aufgeworfenen roten Lippen. Die kleine Friederike glich ihm wenig; sie war ein dürftiges Persönchen mit jenen neidisch heruntergezogenen Mundwinkeln, die die Gesichter solcher Kinder zu entstellen pflegen, die sich früh ihrer Reizlosigkeit bewußt werden. Als Hellmut nach dem Tee zum Badersee hinüber wollte, um dort Kahn zu fahren, weigerte sie sich, mitzukommen, wohl in der Hoffnung, daß er dann allein gehen müsse und der Spaß ihm verdorben wäre. Ihre Mutter aber meinte: »Um so besser werden sich Alix und Hellmut amüsieren«, und so brachen wir auf, vom Diener begleitet, der uns rudern sollte.

Geheimnisvoll und spiegelklar, wie immer, lag der See vor uns. Vor dem kleinen Wirtshaus, das damals noch bescheiden an seinem Ufer lag, saßen nur wenige Touristen.

»Jetzt wollen wir uns erst gütlich tun und den schlabbrigen Tee herunterspülen«, sagte Hellmut und bestellte Tiroler Wein, mit dem wir lustig unsere neue Freundschaft leben ließen. Als der Diener im Hintergrund, vertieft in die »Fliegenden«, ruhig vor seinem Seidel saß, schlichen wir davon. Die Abneigung gegen irgendwelche Beaufsichtigung, die Hellmut dadurch bekundete, steigerte meine Sympathie für ihn. Er löste den Kahn selbst von der Kette, und wir ruderten, glückselig über unsre gelungene Kriegslist, in den See hinaus. Bald kamen wir in lebhafte Unterhaltung; Hellmut erzählte mir von Berlin, wo er wohnte, und wo ich nun bald hinkommen sollte, soviel des Schönen und Interessanten, daß meine Abneigung dagegen sich rasch in erwartungsvolle Neugierde verwandelte. Die uns zugestandene Stunde war längst verstrichen, als heftige Rufe vom Ufer her uns zur Rückkehr mahnten. Die ganze Familie war dort versammelt: unsere Mütter, die Tante, das schadenfroh lächelnde Prinzeßchen, – und wir wurden mit Vorwürfen überschüttet, kaum daß wir das Boot verlassen hatten.

»Mach dir nichts draus«, flüsterte Hellmut und wandte sich mit eleganter Verbeugung meiner Tante zu. »Alix ist unschuldig, Frau Baronin«, sagte er lächelnd, »sie wollte nicht ohne den Diener fahren und mahnte dann unausgesetzt zur Rückkehr.« Mit einem raschen dankbaren Blick lohnte ich Hellmuts Ritterlichkeit, und mit einem herzlichen »Aufwiedersehn« schieden wir.

Auf dem Wege heimwärts konnte die Tante es nicht unterlassen, ihrer Befriedigung über den »passenden Verkehr«, den ich nun endlich gefunden hätte, und ihrer Hoffnung Ausdruck zu geben, daß er mich hindern würde, weiter »mit den Dorfbuben herumzuschlampen«. Das empörte mich, und ich nahm mir vor, ihre Hoffnung auf das gründlichste zu täuschen. Schon am nächsten Tag lief ich in aller Frühe mit dem Sepp in die Wälder und ließ mich nur gerade zu den Mahlzeiten sehen. Aber ganz so wie ehemals wurde es trotzdem nicht mehr. Wir fuhren oft nach Partenkirchen hinauf, wo die Prinzessin eine Villa besaß, und sie kam häufig ins Rosenhaus. Vergebens hatte ich versucht, meine alten Freundschaften mit meiner neuen in Einklang zu bringen; Hellmut kehrte dem Sepp und seinen Kameraden gegenüber zu sehr den Herren heraus, so daß sie sich fern hielten, wenn er da war. Auch sonst war irgend etwas nicht mehr so recht in Ordnung; wie mir die Adern stets hoch aufzuschwellen pflegen, wenn ein Gewitter im Anzuge ist, so empfand ich auch seelischen Atmosphärendruck mit peinvoller Sicherheit.

Es kommt zum Krach zwischen Mutter und Tante, dem eine konventionelle Versöhnung folgt. Aber man reist ab.

Papas Freude, als er uns in Berlin empfing, war grenzenlos. In unserm neuen Heim in der Hohenzollernstraße hatte er mir einen Aufbau von Geschenken vorbereitet, grade wie zu Weihnachten. Ich wagte zunächst gar nicht, mich zu freuen in Erwartung von Mamas bekannten, vorwurfsvollem: »Aber Hans!« Doch diesmal blieb es aus; stand doch mein guter Engel daneben: die Großmutter. Wie einst in Potsdam, so war sie jetzt mit uns in ein Haus gezogen; wir glaubten eines langen Aufenthalts in Berlin sicher zu sein.

»Ist mein Herzenskind aber groß geworden!« rief sie, mich gerührt in die Arme schließend. – Großmama, wie alt wurdest du, – hätte ich beinahe erwidert, wenn die Regeln der guten Erziehung mich nicht rasch genug daran gehindert hätten. Ihr glänzendes dunkles Haar war ganz grau, und tiefe Falten zogen sich von Nase und Mund herab. Sie schien mich auch ohne Worte zu verstehen, denn mit einem wehmütigen Lächeln sagte sie: »Ich bin jetzt eine alte Frau, mein Alixchen, – das Leben ist nur selten ein Jungbrunnen!«

War meine Stimmung jetzt schon gedämpft, so wurde sie noch mehr herabgedrückt, als ich mich umsah bei uns: alles kam mir beschränkter vor als sonst, fremde Leute wohnten mit uns im gleichen Haus, und statt des großen Karlsruher Gartens fand sich nur ein Vorgärtchen an der Straße, dessen Rasen man nicht zertrampeln, dessen Blumen man nicht abpflücken durfte. Ich frug nach August und nach den Pferden. Der Stall lag jenseits der Straße, Papa führte mich hinüber; meine Enttäuschung über diese Entfernung war groß, sie steigerte sich, als ich eintrat: unsre Goldfüchse waren fort, nur drei Pferde standen darin, ein fremder Reitknecht trat mir entgegen. »Weißt du, in Berlin gibt es so schöne Droschken, da braucht man Kutscher und Wagen nicht«, sagte Papa lächelnd, aber ich sah recht gut, daß seine Schnurrbartenden verräterisch zuckten und seine Harmlosigkeit Lügen straften. Ich biß mir auf die Lippen und ging nachdenklich nach Hause, und mehr als einmal zuckte ich angstvoll zusammen, wenn Papa – ein Zeichen seiner tiefen inneren Erregung – ohne besondere Ursache heftig wurde.

Bald darauf kam ich in die Schule, ein Privatinstitut in der Königin Augustastraße, das erst seit kurzem bestand und nur wenig Zöglinge hatte. Meine Großmutter stellte mich der Vorsteherin vor, einer kleinen, dicken Dame mit fettglänzendem Gesicht und feuchten Händen, mit denen sie mir zu meinem Entsetzen die Backen tätschelte. Der erste Eindruck, den ich von den Stunden empfing, war der einer grenzenlosen Langenweile. Erst als man mich in eine höhere Klasse nahm, wo die Mädchen alle älter waren als ich, gewann die Sache mit dem Erwachen meines Ehrgeizes an Interesse. Der trockene Memorierstoff, auf den der ganze Unterricht hinauslief, vermochte mich freilich auch hier nicht zu fesseln, aber es den anderen zuvortun, die Beste in der Klasse sein, – das spornte mich an. Und ich brauchte mich nicht einmal anzustrengen, um mein Ziel zu erreichen, denn ich lernte leicht und bekam immer die besten Noten. Meine Kameradinnen konnten mich deshalb alle nicht leiden, und ich hatte vor ihnen ein unbestimmtes Schuldbewußtsein, da ich überdies ihre Interessen nicht teilte, – spielte ich doch trotz meines großen Kochherds und meiner vielen Puppen nur selten mit dergleichen, und den Austausch bunter Oblaten, ein Hauptsport damals, fand ich albern, – so blieb ich ganz isoliert. Neben mir in der Klasse saß ein Mädchen, das mir zuerst auch nichts andres war, als eine Konkurrentin, durch die ich mich nicht überflügeln lassen durfte, und eine gefährliche dazu. Bald merkte ich, daß sie noch mehr gemieden wurde als ich, daß man sie mit Neckereien und Bosheiten verfolgte. »Judenmädel« stand einmal mit roter Tinte auf ihrem Pult, ein andermal mit weißer Kreide auf ihrem Mantel. Sie weinte stets, wenn sie es sah, wagte aber nicht, sich zu verteidigen.

Einmal, nach der Religionsstunde – wir hatten gerade die Leidensgeschichte Christi durchgenommen – sah ich sie plötzlich inmitten der anderen, die sie dicht umdrängten und auf ein gegebenes Zeichen gemeinsam losbrüllten: »Judenbalg hat Christus gekreuzigt – Judenbalg hat Christus gekreuzigt!« Dann tanzten sie im Kreise um sie herum, und auf ein »Eins, Zwei, Drei« der

Anführerin spieen sie alle vor ihr aus. Ich kochte vor Wut und stürzte mich besinnungslos zwischen sie. »Gemeine Bande«, schrie ich, während sie überrascht auseinanderprallten, »schämt ihr euch nicht: zehn gegen eine?« – »Sie ist aber doch eine Jüdin«, knurrte die mir Zunächststehende. »Und wenn sie es ist – wißt ihr denn nicht, daß Christus auch ein Jude war?« gab ich zur Antwort. Dann wandte ich mich der noch immer Weinenden zu: »So heule doch nicht, Edith«, flüsterte ich, »sonst lassen sie dich gar nicht in Ruh.«

Von da ab befreundeten wir uns mehr und mehr. Wir waren beides einzige Kinder, die durch ihr stetes Zusammensein mit Erwachsenen reifer zu sein pflegen als andre; Bücher waren unsre Leidenschaft, und ein eifriger Austausch zwischen uns begann, gab auch stets neuen Stoff zur Unterhaltung. Wir wohnten überdies Haus an Haus, so daß wir unsern Schulweg zusammen machen konnten. Aber das sollte nicht die einzige Wirkung meines Eintretens für die Angegriffene sein. Eines Tages ließ mich die Schulvorsteherin zu sich rufen. »Du hast gesagt, Christus sei ein Jude«, fuhr sie mich mit zornigem Stirnrunzeln an, »wie kommst du dazu?« »Maria und Joseph«, stotterte ich in höchster Verlegenheit, »waren doch auch Juden, und – und David doch auch, von dessen Stamm er ist.« – »Christus ist Gottes Sohn, merke dir das«, schrie sie, wobei ihre Stimme sich überschlug, »und streue nicht Unfrieden in die gläubigen Seelen deiner Kolleginnen.« Ich schluckte krampfhaft an den aufsteigenden Tränen. »Ich sehe, du bereust deine Sünde«, sagte sie würdevoll, »so sei dir für diesmal vergeben«, und ihre feuchten Hände fuhren mir übers Gesicht. Am liebsten wär ich davongelaufen, aber meine Empörung über die gemeine Art, wie die Mädchen sich an mir gerächt hatten, hielt mich fest, und ich erzählte den ganzen Zusammenhang der Geschichte. Die Wirkung war für mich verblüffend. »Das ist ja natürlich sehr, sehr unartig von ihnen gewesen«, erklärte sie mit hochgezogenen Augenbrauen, »entschuldigt aber in keiner Weise deine weit größere Sünde.«

Verwirrt und erregt trat ich den Weg nach Hause an. Religiöse Zweifel hatten mich noch nie gequält. Ich glaubte an den lieben Herrn Jesus, von dem Großmama mir immer erzählte, der die Unglücklichen tröstet, den Armen Hilfe, den Kranken Heilung bringt und die Kinder lieb hat. Daß Christi Gotteskindschaft von so ungeheurer Bedeutung sein sollte, – das war mir noch nie in den Sinn gekommen. Geradewegs zu Großmama ging ich und erzählte ihr alles.

»Das hat Fräulein Patze gewiß nicht so schlimm gemeint, wie du das auffaßt«, sagte sie, »wir sind alle Gottes Kinder; wer aber, wie Christus, den Willen des Vaters in höchster Vollkommenheit erfüllt, der ist sein liebster Sohn.« Ich war zunächst beruhigt, merkte aber in den Religionsstunden mehr auf den Sinn der Worte als vorher und fühlte bald den Widerspruch zwischen dem, was dort gelehrt wurde, und dem, was Großmama sagte, heraus. Mein Herz und mein Verstand entschieden für sie, und für die Lehrerinnen blieb nichts als Geringschätzung übrig. Ich lernte zwar nach wie vor vortrefflich, aber für mein inneres Leben, für meine geistige Entwicklung, blieb die Schule ebenso bedeutungslos wie jede Art von Unterricht bisher.

Mein Schulerlebnis sollte auch nach anderer Richtung nicht ohne Folgen bleiben. Edith und ich waren natürlich noch mehr als früher aufeinander angewiesen, und oft genug hatte sie mich schon zu sich eingeladen, ohne daß es mir erlaubt worden wäre, der Einladung zu folgen. Erst nachdem sich Großmama ins Mittel gelegt und ich Papas Herz erweicht hatte, durfte ich zu ihr gehen. Es war alles sehr schön bei ihr, und ihre Eltern, die die Tochter nicht ohne Absicht in die vornehme Schule schicken mochten, wußten sich vor Freundlichkeit gar nicht zu lassen. Mein Besuch galt ihnen vielleicht als die erste Stufe zu dem Ziel, das ihnen für ihr einziges Kind vorschwebte, eine adlige Heirat, – denn er sollte den Verkehr mit aristokratischen Kreisen einleiten. Mir war es unbehaglich in der Nähe des Ehepaars: der Frau mit dem bei jeder Bewegung krachenden Korsett und den vielen Ringen auf den fleischigen Händen, des Mannes mit der dicken Uhrkette über dem Spitzbauch. Nach einem reichlichen Imbiß spielten wir ein Gesellschaftsspiel. Ich verlor, wie immer, – meine Ungeschicklichkeit in solchen Spielen war nicht leicht zu übertreffen, da meine Gedanken dabei stets spazieren gingen –, bekam aber trotzdem eine Menge der reizendsten Gewinne, unter denen ein kleiner Muschelwagen mit einem silbernen Ziegenbock davor das schönste war.

Daheim schüttete ich meine Schätze vor den Eltern aus, aber sie teilten meine Freude nicht; Papa räusperte sich heftig, und Mama kniff die Lippen zusammen. Und dann kam's, das viel gefürchtete Gewitter: sie warfen einander gegenseitig vor, daß sie mich zu der »protzigen Judensippschaft« gelassen hatten, die sich »erlaubte, dem Kinde solche Geschenke zu machen«. Schluchzend kroch ich in mein Bett. Ich durfte nie wieder hinüber. In der Schule ging ich Edith, die vergebens auf eine Gegeneinladung wartete und von den gekränkten Eltern nun wohl auch ihre bestimmten Instruktionen bekommen hatte, scheu aus dem Wege. Im sonntäglichen Familienkreis bei Großmama kam noch einmal die Rede auf die Geschichte. Tante Jettchen, ihre Schwägerin, der gefürchtete Kleinkinderschreck und Sittenwächter, geriet heftig aneinander mit ihr und erklärte schließlich kategorisch: »Juden sind kein Umgang für Mädchen, die eine Position in der Gesellschaft haben.« Manch einer lächelte verstohlen zu diesem Ausspruch, wußte man doch, daß sie um so empfindlicher war, was diesen Punkt betraf, als sie es nie verwinden konnte, daß Baron Wolkenstein ihr Schwiegersohn geworden war. Sein Ahnherr war Hofjude bei Friedrich dem Großen gewesen, und dieser hatte ihn mit der Bemerkung geadelt: »Machen wir den Kerl zum Baron, ein Edelmann wird doch nie draus.« Selbst in der vierten Generation hatte das Taufwasser die Erinnerung an den Familienstammbaum nicht zu verwischen vermocht.

Im Frühjahr wurde ich krank. Wiederholte Schwindelanfälle waren der Anlaß gewesen, mich schon Wochen vorher aus der Schule zu nehmen. Dann bekam ich die Masern und lag lange Zeit zu Bett. Als ich wieder aufstehen durfte, konnte ich mich durchaus nicht erholen. Eine Herzschwäche war zurückgeblieben. Ich sollte viel an der Luft sein und war daher vor- und nachmittags im Zoologischen Garten, wo ich mit Großmama auf einer sonnigen Bank zu sitzen pflegte, die recht schmal gewordenen Hände müßig im Schoß, den Kopf, der mir immer so schwer war, hinten übergelehnt. Sie las mir vor und hatte sich zu dem Zweck eine besondere Art von Lektüre ausgewählt: Schilderungen der Jugendzeit bedeutender Männer, die sie ihren Lebensbeschreibungen und Selbstbiographien entnahm. Zwei davon machten mir einen unauslöschlichen Eindruck: die Napoleons und die Goethes. Wie der große Kaiser ein armer Junge gewesen war und sich dem niederdrückenden Einfluß von Not und Verlassenheit nicht nur nicht unterwarf, sondern beide ihm zu Mitteln seiner Stärke wurden, und wie der Genius des großen Dichters sich schon an des Knaben Puppentheater, vor den staunend aufhorchenden Freunden offenbarte, denen er seine Märchen erzählte – wundervoll war es! »Das muß das Schönste sein im Leben, Großmama: zu sein wie ein Stern, der allen leuchtet« – sagte ich einmal nachdenklich. Und ihre Antwort tönt mir noch in den Ohren: »Den alle lieben, meinst du wohl, weil er alle wärmt!«

Legte sie das Buch weg, so erzählte sie von ihrer eigenen Jugendzeit, die sie in der Stadt des Dichters, fast ständig in seiner Nähe, verleben durfte. Wie arm kam mir, mit der ihren verglichen, meine Kindheit vor! Ich konnte überhaupt gar nicht mehr recht froh werden. Es lag irgend etwas Dumpfes, Schweres in der Luft, das die Mienen immer verstörter, das Lachen immer seltener werden ließ. Selbst meines Vaters Humor versiegte mehr und mehr, und häufiger als je flüchtete ich vor seiner tobenden Heftigkeit zu Großmama hinunter. Aber auch sie war zerstreut und sorgenvoll, so sehr sie sich auch vor mir zusammennahm. Jeden Morgen vertiefte sie sich in den Kurszettel, und die mir rätselhafte Bemerkung: »Die Lombarden fallen« störte unsere sonst so gemütliche Frühstücksrunde. Eines Abends hatte Papa meine Mutter aus irgendeinem geringfügigen Anlaß heftig angefahren, was mich immer ganz besonders entsetzte, und ich lief, so rasch ich konnte, davon, um mich verängstigt im tiefen Sessel von Großmamas Boudoir zu vergraben. Da hörte ich nebenan das Geräusch von Stimmen: Onkel Walter war tags vorher aus Ostpreußen angekommen und betrat mit Großmama in starker Erregung, wie es schien, den Salon.

Die finanzielle Situation der Familie verschlechtert sich. Onkel Walter hat Spielschulden gemacht und muß zudem noch für eine Geliebte mit Kind sorgen. Die Mittel der Großmutter, die alle unterstützt, werden heftig strapaziert. Lily ist sehr beeindruckt von dem Geheimnis, das sie mit ihrer Großmutter teilt.

Trotz des gemeinsamen Geheimnisses, um das meine Gedanken sich in der Stille unaufhörlich drehten, trat seitdem eine leise und noch lange nachwirkende Entfremdung zwischen uns ein. Ich aber achtete von nun an genau auf meine Umgebung, auf alles, was geschah und was gesprochen wurde. Ich merkte, daß Papa mir seltener etwas mitbrachte als früher, wo er fast immer eine Schachtel Bonbons oder ein Spielzeug für mich in der Tasche gehabt hatte. Und wenn er es jetzt noch tat, so war Mamas Empörung über die »Verschwendung« so groß, daß mir von vornherein jede Freude verging. Ich sah, wie im stillen überall gespart und geknausert wurde, ohne daß sich nach außen viel veränderte: unsre alte französische Köchin machte einer deutschen Platz, die keine Kuchen und Pasteten backen konnte, anstelle der Jungfer trat ein Hausmädchen, unter deren Händen Mamas blonder Kopf nicht mehr zu einem Kunstwerk wurde wie früher. Nur der Wilhelm, der Diener, blieb, und seine stets gleichmäßig unbeweglichen Züge verrieten niemandem, wie anders es im Hause der Herrschaft geworden war; er schenkte den billigen Mosel bei Tisch mit derselben Würde ein, wie den teuren Rheinwein früher.

Aber noch mehr, als ich sah, hörte ich, und lernte rasch ein halbes Wort, ein vielsagendes Lächeln verstehen: da mußte der eine den Abschied nehmen, weil er sein »Verhältnis« geheiratet hatte, und der andere ruinierte sich eines »Frauenzimmers« wegen; da wurde einer im Duell erschossen, weil seine Frau auf dem Zimmer eines Schauspielers gefunden worden war, und eine andre wurde in der Gesellschaft »unmöglich«, weil sie ihren Mann heimlich verlassen hatte. Bei alledem schwebte mir immer Onkel Walters Geliebte vor, die Mutter seines Kindes, der meine Phantasie die Gestalt der duldenden Madonna gegeben hatte, und ich nahm im Innern unentwegt Partei für ihre Leidensgefährtinnen.

Der Sommer wird wieder in Grainau (Tante Klotilde!) verbracht.

Dann folgt die Versetzung des Vaters nach Posen.

An einem der letzten Abende vor der Abreise saßen wir zwischen hochaufgetürmten Kisten um den Eßzimmertisch. Schwarz starrten die vorhanglosen Fenster zu mir herüber, vor denen ich stets ein Grauen empfand, wie vor offenen Gräbern. Mama trug ihren unscheinbarsten Morgenrock, ich – im Vollgefühl größter Selbstentsagung – eine Schürze. Nur der Wilhelm wahrte auch inmitten der Unordnung des Umzugs die Form: tadellos, wie stets, war sein Frack, blank geputzt, wie immer, der silberne Teller, auf dem er Mama einen Brief präsentierte. »Aus dem Kabinett Ihrer Majestät der Kaiserin«, sagte er mit der Miene ehrfurchtsvoller Devotion. Mamas Gesicht erhellte sich, während sie las. »Das ist wirklich ein Glücksfall«, – damit reichte sie den Brief meinem Vater. Ihm stieg das Blut zu Kopf bei der Lektüre; die Adern schwollen ihm auf der Stirn; er räusperte sich immer heftiger. »Das hast du ja mal wieder fein eingefädelt«, rief er schließlich mit dröhnender Stimme, warf den Brief auf den Tisch und sprang vom Stuhl auf. Ich erhob mich gleichfalls, um möglichst rasch zu verschwinden. »Du bleibst!« schrie Papa wütend, mein Handgelenk umklammernd. »Alix ist schließlich die Hauptperson, – mag sie entscheiden«, fügte er hinzu und reichte mir trotz Mamas entrüstetem »Aber Hans, wie unpädagogisch!« den gewichtigen, großen Bogen. Er enthielt die kurze Mitteilung, daß »Ihre Majestät gnädigst geruht habe, Fräulein Alix von Kleve eine Freistelle im Augustastift zu bewilligen«, und die Bemerkung von der Kaiserin eigener Hand »sie freue sich, die Enkelin ihrer lieben Jugendfreundin Jenny in die ihrem Herzen so nahe stehende Anstalt aufnehmen zu können.« Im Fluge erschienen all die Bilder des Stifts vor mir, die ich bei meinen Besuchen mit Großmama oft genug gesehen und meinem Vater oft genug geschildert hatte: Alles war Uniform dort, von der Kleidung bis zur Gesinnung, und von den weiten Schlafsälen bis zum Garten atmete alles denselben Geist: den der Hygiene, der Pünktlichkeit, der Ordnung. Da gab es kein stilles Plätzchen und keine Zeit zum Träumen. Das, was mir von klein auf das tiefste Bedürfnis gewesen war: allein sein zu können mit meinen Gedanken, wäre hier Tag und Nacht unbefriedigt geblieben. Aber war es nicht vielleicht die Hand Gottes, die mir gerade diesen Weg der Buße wies? Würde ich nicht mit einem Schlage meine Eltern von drückenden Sorgen befreien, wenn ich ihn, ohne Rücksicht auf meine Wünsche, tapfer betrat? Erwartungsvoll fragend sah Papa mich an. Und leise, mit gesenkten Augen sagte ich: »Es wird wohl das beste für mich sein!«

»Ihr habt ja das Mädel gut klein gekriegt«, höhnte Papa, »aber ich geb das nie und nimmer zu! So steht's noch nicht mit mir, daß ich meine Tochter das Gnadenbrot essen ließe! – Sie bleibt zu Hause, wo sie hingehört, sie wird nicht zum Hofschranzen erzogen – und damit basta!«

Mama blieb still. Ich wurde ins Bett geschickt, hörte aber noch lange des Vaters heftige Stimme: mein Schicksal, das fühlte ich, wurde dort drüben entschieden.

Am Tage darauf mußte ich mich auf des Vaters Knie setzen, und mit einer weichen Zärtlichkeit, die er selten zu zeigen pflegte, sprach er auf mich ein:

»Du bist mein einziges Kind, Alixchen, und meine ganze Lebensfreude. Wenn ich dich von mir gebe, so heißt das, dich verlieren, denn fremde Einflüsse werden auf dich wirken, die meinem Denken und Fühlen entgegengesetzt sind. Glaube mir: niemand meint es so gut mit dir wie ich, wenn ich auch oft grob und heftig bin, – und niemand kann dich lieber haben.« Mit feuchten Augen sah er mich an: »Willst du deinen armen alten Vater wirklich verlassen, mein Kind?«

Schluchzend schlang ich die Arme um seinen Hals: »Ich bleibe bei dir, Papa.«

III. KAPITEL

Wir saßen um den runden Mahagonitisch beim Nachmittagskaffee; von der Hängelampe mit dem grünen Schirm fiel ein warmes Licht auf den zierlich gedeckten Tisch mit seinen Kristalltellern und Sahnenäpfchen und seinen alten, weißen, wappengeschmückten Porzellantassen; die dickbauchige silberne Kaffeekanne blitzte, und der große Napfkuchen duftete sonntäglich. Mit lustigem Prasseln übertönten die brennenden Holzscheite im Kamin die grämliche Herbststimme des Novemberregens draußen.

»Doktor Hugo Meyer«, meldete der Diener und öffnete die Tür vor dem Erwarteten. Mein Vater stand auf. »Dein Erziehungsapparat«, flüsterte er mir lächelnd zu. Ich war wenig neugierig. Sie waren bisher einander alle ähnlich gewesen: grauhaarige Männer mit krummen Rücken und schmutzigen Fingernägeln, ältliche, bebrillte Fräuleins mit blutleeren Lippen – wirklich: nur gleichmäßig funktionierende »Erziehungsapparate«, aber keine Erzieher.

Pflichtschuldigst erhob ich mich, als Papa mich dem neuen Lehrer vorstellte, den er nach vielem Suchen für mich gefunden hatte. »Hier ist unsere Alix, Herr Doktor! Ein großes Mädel, nicht wahr? Sie werden sich tüchtig anstrengen müssen, damit der Geist sich streckt, wie der Körper.« Ich reichte ihm die Hand; sein warmer, kräftiger Händedruck ließ mich erstaunt zu ihm aufsehen – meine früheren Lehrer hatten mir immer nur die Fingerspitzen berührt, was mich von vornherein hatte frösteln lassen.

Ein großer, breitschultriger Mann stand vor mir; ein paar gute

Augen von einem so reinen Blau, wie es mir noch bei keinem Menschen begegnet war, sahen mich forschend an. Und doch konnte ich nur schwer ein Lächeln verbergen: wie schlecht paßte der Mann, dachte ich, in den langen korrekten schwarzen Rock. Eines Arminius Lederwams und Panzer hätte ihm besser gestanden, und unter einem Büffelhelm würde der breite Germanenkopf mit dem gelockten rötlichen Haar und dem dichten Bart nie den Gedanken an einen preußischen Gymnasiallehrer haben aufkommen lassen. Er errötete unter meinem Blick und setzte sich mit einer ungeschickt verlegenen Bewegung, den Zylinder immer noch in der Hand, auf den Rand des ihm angebotenen Stuhles. Es bedurfte der ganzen gesellschaftlichen Geschicklichkeit meiner Mutter und der jovialen Liebenswürdigkeit meines Vaters, um eine Unterhaltung in Fluß zu bringen. Erst als das Gespräch sich ausschließlich auf des Besuchers eigentliches Gebiet konzentrierte, wurde er lebendig, und je mehr er den schwarzen Rock und das Zeremoniell der Salonkonversation vergaß, desto stärker trat seine Natur hervor: die eines Menschen voll Jugendkraft und Enthusiasmus.

Am nächsten Nachmittag begann der Unterricht. Mama saß mit einer Handarbeit dabei. Ihre Gegenwart schien auch der Lehrer peinlich zu empfinden, er kam nicht in die Stimmung, die mich an ihm mit so viel Hoffnung erfüllt hatte, und wir waren schließlich sichtlich enttäuscht voneinander. Wochenlang blieb alles beim alten, und ich sagte mir mit altkluger Bitterkeit, daß ich mich eben wieder einmal umsonst gefreut hätte.

Erst durch den Lehrstoff, den Dr. Meyer vortrug, taute er auf, und je mehr die Zeit vorrückte, desto heller leuchteten seine Augen, desto reicher strömten ihm alle Mittel eindrucksvoller Rede zu. War mein ganzer bisheriger Unterricht nichts als eine Anhäufung von Regeln, Versen, Namen, Zahlen und Daten gewesen, so leblos und reizlos für mich, wie das Spielzeug, mit dem Onkels und Tanten meine Schubladen füllten, so strömte jetzt mit ihm das Leben selbst zu mir, dessen Fülle ich in atemloser Aufmerksamkeit, in herzklopfender Erregung zu fassen und zu halten versuchte. Die toten Helden der Geschichte wurden lebendig vor mir; alle, die um der Freiheit und der Gerechtigkeit willen geblutet hatten, – von Leonidas und Tiberius Gracchus bis zu den Amerikanern, den Griechen, den Polen der Neuzeit –, zeigten mir ihre Narben und Wunden, und meine Begeisterung entflammte sich an ihren Taten und Leiden. Die Dichter sprachen zu mir, und die Lehrer und die Propheten der Menschheit brachten dem kleinen Mädchen die unvergänglichsten ihrer Schätze. Wenn sie auch ihren Wert noch nicht zu würdigen verstand, so erkannte sie doch mit inbrünstigem Schauern ihren Reichtum, und die Welt, bisher für sie nur erfüllt mit den Nebelgestalten ihrer eigenen Schöpfung, sah sie nun aus tausend lebendigen Augen an.

Mündlich und schriftlich hatte ich Gelesenes und Gehörtes nicht nur automatisch wiederzugeben, sondern meine eigenen Eindrücke und Gedanken daran zu knüpfen. Stets verteidigte ich leidenschaftlich meine Helden, und um ihre Widersacher zu malen, war mir das tiefste Schwarz nicht schwarz genug. Suchte der Lehrer meine Engel in Menschen zu verwandeln, so bäumte sich meine Empfindung feindselig gegen ihn auf; und geschah es, daß mein Verstand ihm recht geben mußte, so trauerte ich verzweifelt vor dem gestürzten Heros, als wäre mir ein Freund gestorben.

Ein hoher hölzerner Fußschemel war meine Rednertribüne. Ich konnte nicht zusammenhängend sprechen, wenn ich am Tische saß oder stand; ich bedurfte eines merkbaren räumlichen Abstands zwischen mir und dem Zuhörer und war daher instinktiv auf diesen Ausweg verfallen. Nur in Mamas Gegenwart half auch der Fußschemel nichts, seitdem sie einmal zugehört und über mein Pathos Tränen gelacht hatte. Mein Lehrer verstand mich; kam sie zufällig herein, während ich sprach, so wechselte er stillschweigend den Gegenstand des Unterrichts. Aber nicht nur der Stoff und die Form, auch der Tenor des Inhalts wurde ein anderer, wenn wir nicht allein blieben.

Meine Mutter hatte einmal ausnahmsweise der Geschichtsstunde beigewohnt, als Dr. Meyer Friedrichs des Großen Polenpolitik einer abfälligen Kritik unterzog. Er war Hannoveraner und hatte sich als solcher trotz aller Begeisterung für das Deutsche Reich den Hohenzollern gegenüber einen scharfen kritischen Blick bewahrt. Seine Auseinandersetzung unterbrach meine Mutter plötzlich mit einer Leidenschaftlichkeit, die bei der sonst so vornehm kühlen Frau wie etwas völlig Neues erschien: »Herr Doktor«, rief sie, »vergessen Sie nicht, wen Sie vor sich haben. Wir sind Preußen!« – »Verzeihen Sie, gnädige Frau«, entgegnete er, während das Blut ihm in Wangen und Schläfen schoß, »die objektive Geschichtsforschung ...« – »Was geht mich die objektive Geschichtsforschung an«, warf sie heftig dazwischen, »wir haben unser angestammtes Fürstenhaus zu lieben und unsere Kinder im Respekt vor ihm zu erziehen. Lehren Sie Alix einfache Tatsachen, keine zersetzende Kritik. Sie ist sowieso schon superklug genug.« Ich erwartete eine energische Antwort. Doch der große, starke Mann schien in sich zusammenzufallen, er senkte die Augen, und sein Gesicht färbte sich noch dunkler. Als wollte er einen bösen Gedanken vertreiben, fuhr er sich mit der Hand, deren Weiße zu ihrer breiten Derbheit einen seltsamen Kontrast bildete, ein paarmal über die Stirn, sah mechanisch nach der Uhr, atmete tief auf, da die abgelaufene Zeit seinen Aufbruch gestattete, und verabschiedete sich noch unbeholfener als gewöhnlich. Mir gab es einen Stich ins Herz: es war zwar nicht ein Heros, dessen Sturz mich verletzte, es war nur ein schüchterner Trieb beginnenden Vertrauens, der mir aus dem Herzen gerissen wurde. Ein Mann, der sich so herunterputzen ließ! Der seine Überzeugung nicht zu vertreten vermochte! Daß Mutter und Schwester daheim mit jedem Groschen rechnen mußten, den er verdiente – das freilich wußte ich damals nicht.

Ich war ein frommes Kind gewesen – mit jener Frömmigkeit, die an den lieben Gott und an die Engel und an den Herrn Jesus ebenso innig glaubt, wie an die sieben Zwerge, an die Knusperhexe und an die kleine Seejungfrau; mit jenem Glauben, der gar kein Glauben ist, weil noch kein Schatten eines Zweifels ihn erprobte.

Das Licht des grellen Tages fiel nun in diese unberührte traumdunkle Märchenwelt meiner Religion.

In der Geschichtsstunde, zu der in späteren Jahren ein besonderer religionsgeschichtlicher Unterricht hinzukam, lernte ich, wie nicht nur innerhalb des Christentums eine Kirche, eine Sekte die andre auf das heftigste bekämpfte, wie jede im Besitz des alleinseligmachenden Glaubens zu sein behauptete, und für jede

Märtyrer geblutet hatten, ich sah auch, daß Juden, Mohammedaner und Buddhisten nicht weniger fromm waren als die Nachfolger Christi und mit derselben Hingabe wie sie für ihren Glauben lebten und starben. Die Fabel von den drei Ringen kannte ich noch nicht, aber ich empfand schon die Schwere ihrer Fragestellung. Mein Lehrer, der dem Mißtrauen meiner Mutter, als er sich weigerte, mir Religionsstunden zu geben, dadurch begegnet war, daß er versprochen hatte, keinerlei Glaubenszweifel in mir zu erwecken, beschränkte sich im wesentlichen auf die Darstellung historischer Ereignisse und wich meinen bohrenden Fragen so lange aus, bis ich es aufgab, sie zu stellen. In meinem Innern aber wurden sie zu Quadersteinen eines babylonischen Turms, von dem auch ich über die Wolken zu sehen hoffte. Da ich noch zu schwach und ungeschickt war, sie ohne Hilfe fest und sicher aufeinander zu schichten, brach mein Bau frühzeitig zusammen. Nicht zu neuen Wundern hatte er mich emporgeführt, doch meinen Kinderglauben begrub er unter seinen Trümmern.

Nur der Unterricht meines Lehrers wirkte noch beruhigend auf die Stürme meines Innern und lenkte mein Interesse in andere Bahnen. Die Literaturgeschichte besonders fesselte mich mehr und mehr. Sie bestand nicht nur aus den Namen der Dichter, den Titeln ihrer Werke und fix und fertigen Urteilen über sie, mit denen ausgerüstet unsere Jugend Bildung zu heucheln pflegt, sie vermittelte mir vielmehr, soweit es meiner geistigen Entwicklung entsprach, die Kenntnis der Werke selbst. In kleinen gelben Heftchen brachte sie mir mein Lehrer, der nicht die Mittel hatte, kostbarere Ausgaben anzuschaffen. Die nordische und die ältere deutsche Literatur, die griechischen und römischen Klassiker lernte ich auf diese Weise kennen; mit der Lektüre wuchs mein Verlangen nach immer neuen Büchern, und statt des Weihrauchs und der Blumen für meinen Tempel kaufte ich mir ein Reclamheft nach dem andern. Nachdem ich erst den Katalog in Händen hatte, ließ es mir keine Ruhe mehr: ich mußte lesen, lesen – alles lesen. Was mir der Lehrer empfahl, genügte meinen von Neugierde und Wissensdurst aufgepeitschten Wünschen längst nicht mehr, noch weniger, was mir die Eltern gaben und erlaubten. In acht Tagen pflegte ich meine Weihnachts- und Geburtstagsbücher auszulesen, und wenn ich mich auch immer aufs neue in Grubes »Charakterbilder« – meine Fundgrube, wie Papa sagte – und in Gustav Freytags »Bilder aus der deutschen Vergangenheit« vertiefte, so füllte das alles die freie Zeit doch nicht aus.

Eines Winterabends war mir der Lesestoff ausgegangen. Meine Eltern waren nicht zu Haus; ich konnte unbemerkt zum nächsten Buchhändler laufen, um zu holen, wonach ich Verlangen trug. Von E. T. A. Hoffmann hatte ich in der Literaturgeschichte gelesen – »das ist noch nichts für dich« war mir geantwortet worden, als ich, in der Meinung, es handle sich um Kindermärchen, den Lehrer darum gebeten hatte. Und dies »das ist nichts für dich« war mir längst zum Empfehlungsbrief der Bücher geworden. Mit »Klein-Zaches« und dem »Goldnen Topf« in der Tasche kam ich zurück. Dann fing ich an zu lesen. Mein Abendbrot, das man mir brachte, blieb unberührt, die Mahnung der Jungfer, schlafen zu gehen, unbeachtet. – Saß ich nicht selbst unter dem Holunderbusch und sah die grüne Schlange, und hörte die klingenden Glöcklein? Grinste mir nicht von der Tür her das Bronzegesicht der zauberhaften Äpfelfrau entgegen? – Da öffnete sich die Tür. »Wie, du bist noch nicht im Bett?!« tönte mir die Stimme meines Vaters entgegen. »Ich muß wohl eingeschlafen sein«, stotterte ich und versteckte hastig mein Buch. »So zieh dich rasch aus – ich werde Mama nichts sagen – gute Nacht.« Damit schloß er die Türe wieder. Ich löschte die Lampe und kroch mit den Kleidern ins Bett; als Mama leise eintrat, glaubte sie mich schlafend. Und dann las ich weiter: von Klein-Zaches mit den drei goldnen Haaren, von der Nachtigall und der Purpurrose, von der Lotosblume und dem Goldkäfer. Es ließ mich nicht los, bis ich zu Ende war, und ich lebte von da an in der Welt Hoffmanns, so daß mir jede Berührung der Wirklichkeit weh tat, wie ein Nadelstich. Schwerer als je wurde mir jetzt der Unterricht, der mir schon immer qualvoll gewesen war: die Musikstunde. Ich liebte die Musik; durch Hoffmann erschien sie mir wie ein Himmelszauber; – schon als kleines Kind konnte ich stundenlang still zuhören, wenn jemand sang oder spielte, – meine eigene Klimperei, bei der ich nie über den Kampf mit der Technik hinauskam und vor Noten und Vorsatzzeichen von der Musik nichts hörte, wurde mir immer unerträglicher. Vergebens bat ich Mama, mich meiner offenbaren Talentlosigkeit wegen davon zu befreien – Klavierspielen gehörte zur guten Erziehung, also blieb's dabei. Ich suchte mir selbst einen Ausweg: statt zur Lehrerin, ging ich spazieren, oder ich entschuldigte mich mit »Kopfweh«. Um niemandem von den Meinen zu begegnen, mußte ich dann freilich abgelegene Wege suchen.

In einem regenreichen Frühjahr des Jahres 1877 war der polnische Stadtteil Posens, wo die Ärmsten wohnten – die Walischei – durch die aus den Ufern tretende Warthe vollkommen unter Wasser gesetzt worden. Krankheit und Not nahmen überhand, so daß auch in den Gesellschaftskreisen meiner Eltern auf dem üblichen Wege der Wohltätigkeitsvorstellungen Hilfe geschaffen werden sollte. Ich wirkte nicht mit, wie früher in Karlsruhe – mit dem langen, dünnen, blassen Mädchen war wohl kein Staat zu machen –, aber den Proben und Aufführungen wohnte ich bei, weil meine Mutter zu den Hauptdarstellern gehörte. Da erfuhr ich denn mancherlei von den Unglücklichen, denen der Ertrag dieser Eitelkeitsparaden zugute kommen sollte. Armut – was wußte ich von ihr? Sie hatte mich bis zu Tränen erschüttert, als sie mir in den hungernden Sklaven Roms zur Zeit Neros, in den um Brot schreienden Weibern von Paris zu Beginn der großen Revolution, in den Jammergestalten der schlesischen Weber in den Elendsjahren Preußens entgegengetreten war. Aber jetzt, in der Herrlichkeit des Deutschen Reichs, unter dem Zepter des guten alten Kaisers – jetzt gab es doch keine Armut mehr! Daß uns gegenüber in der polnischen Kneipe Tag für Tag Betrunkene vor der Türe saßen, daß selbst Weiber im Rausch in den Rinnstein fielen, erregte nur meinen Ekel, nicht mein Mitleid. Ihr Laster war's ja und nicht ihr Elend, dem sie verfallen waren. Ich beschloß, die Armut, die ich nicht kannte, zu suchen; und die Angst, die mich angesichts des Abenteuers zittern ließ, erhöhte noch die Romantik meines Unternehmens. All die phantastischen Irrwege der Helden Hoffmannscher Erzählungen standen mir lockend vor Augen.

Es war ein naßkalter Märzmorgen, als ich, mit der Musikmappe am Arm, über den Wilhelmsplatz zum Markt hinunterging. Ein bekanntes Gesicht trieb mich in den dunklen Dom, wo mir eine schwere Wolke von verbrauchter Winterluft, von Menschendunst und Weihrauch entgegenschlug. Die Tapfen vieler schmutziger Füße hatten den Boden mit einer schwarzen klebrigen Schicht überzogen. Von ein paar dicken Altarkerzen flakkerte das Licht bläulich in den Raum, und die Züge des Priesters, der mit heiserem Krächzen in der Stimme die Messe zelebrierte, erschienen fahl, wie die eines Toten. Von unbestimmtem Grauen getrieben, lief ich der nächsten Türe zu; kurz vorher aber glitt ich aus und fiel auf die Fliesen. Der zähe Schmutz blieb an Händen und Knien kleben, mühsam nur, unter aufsteigender Übelkeit, rieb ich ihn ab. Ein böser Anfang! dachte ich, als ich durch immer engere und dunklere Straßen meinem Ziele zustrebte. Schon sah ich hie und da, wie das Wasser aus den Kellern gepumpt und mit Eimern heraufgetragen wurde; dann wurden die Häuser immer kleiner, so daß die Dächer fast mit den Händen zu fassen waren, und über immer breitere Wasserrinnen vermittelten primitive Brücken den Übergang. In den tiefer gelegenen Gassen stand das Wasser so hoch, daß Flöße aus Brettern die Passanten hin und her führten. Auf den schwarzgelben Fluten schwammen Küchenabfälle, zerbrochene Töpfe, übelriechende Kehrichthaufen, in denen dürftig gekleidete Kinder, oft bis zu den Knien im Wasser watend, mit schmutzigen Fingern nach Spielzeug suchten. Mir war's, als stiege eine Kälte an mir empor, mich umwindend wie eine graue, feuchte Schlange. Der gellende Ton eines Glöckchens ließ mich zur Seite sehen: ein Chorknabe schwang es, dem der Geistliche folgte. Vor der Tür des grellgelben Häuschens, hinter der sie verschwanden, drängten sich Weiber und Kinder, barfüßig, schmutzig, zerlumpt; nur ein paar faltige rote Röcke und bunte Kopftücher zeugten von einstigen, besseren Zeiten. Ihr Schwatzen wurde allmählich zum Gekreisch, ihre Gebärden machten, je lebhafter sie wurden, den Eindruck konvulsivischer Zuckungen; aus allen Häusern der Straße strömten sie zusammen, – wie war es nur möglich, daß ihrer so viele darinnen wohnen konnten?! Angstvoll hatte ich mich in einen Torweg verkrochen, als sich neben mir eine Tür knarrend öffnete: rückwärts torkelnd, fluchend und schimpfend kam ein Mann heraus, eine Flasche als Waffe gegen seine Verfolger schwingend. Da klang der gellende Ton des Glöckchens wieder, und jeder andere verstummte vor ihm; die schwatzenden Weiber, die betrunkenen Männer und die johlenden Kinder sanken in die Knie, wo irgendein Stein oder eine Stufe aus dem Wasser hervorsah. An ihnen vorüber schritt der Gebete murmelnde Priester; schwarz und schwer breitete sich sein Talar hinter ihm auf den Fluten aus.

Ein Mann und ein Weib folgten ihm, hager und gebückt alle beide; in wirren Strähnen hingen strohgelbe Haare ihr in das von Weinen aufgedunsene Gesicht; ihre grauen knochigen Finger umklammerten den Griff des schmalen schwarzen Schreines, den sie gemeinsam trugen; ein Myrtenkränzlein aus Papier, mit dem Bilde der schwarzen Madonna war sein einziger Schmuck. Stumm, wie die beiden, folgte ihnen die Menge – ein langer Zug des Elends, den der Betrunkene, die leere Flasche zwischen den gefalteten Händen, schwankend beschloß. Kein Laut war mehr hörbar, als das Plätschern des Wassers zwischen den vielen, vielen Füßen der langsam Schreitenden.

Wie aus bösem Traum erwachend, fuhr ich zusammen. An der weit offenen Tür des Hauses, aus dem der Sarg getragen worden war, mußte ich vorüber. Es war ganz dunkel darin, und doch sah ich, daß etwas am Boden hockte und mich anstarrte mit großen, leeren Augen – die Armut. – So rasch meine zitternden Beine mich tragen konnten, entfloh ich. Frostgeschüttelt warf ich mich zu Hause auf mein Bett. Am nächsten Morgen erkannte ich niemanden mehr.

Viele Wochen schwebte ich zwischen Tod und Leben. Noch Jahre danach konnte ich mich nicht ohne Entsetzen der wilden Fieberträume erinnern, die mich damals gepeinigt hatten. Den Dom sah ich, und der Priester am Altar war ein Gerippe, und in den unergründlich tiefen schwarzen Schlamm des Bodens zogen mich lauter schmutzige Knochenhände; – durch gelbe Fluten lief ich atemlos, hinter mir endlose Scharen von Männern und Weibern, denen Hunger, Betrunkenheit, Mordlust aus den rot unterlaufenen Augen glühte. Dazwischen tanzte Klein-Zaches auf der Bettdecke und bohrte mir seinen winzigen Degen ins Gehirn, und Serpentine mit den großen blauen Augen ringelte sich erstickend um meinen Hals.

»Wie kommt sie nur zu solchen Phantasien?« hörte ich dazwischen meine Mutter sagen, die in aufopfernder Pflichterfüllung nicht von meinem Lager wich.

»Wie ist's nur möglich, daß die Malaria sie packen konnte?« sagte wohl auch der Arzt, der dem mörderischen Sumpffieber nur unten bei den Überschwemmten begegnet war.

Ich schwieg, viel zu müde, viel zu apathisch zum Sprechen; denn einer großen Schwäche machte das Fieber Platz. Ich glaubte fest an meinen baldigen Tod, wunschlos, widerstandslos. Auch durch meiner Mutter gleichmäßig freundliches Lächeln, das so beruhigend auf einen Kranken wirken konnte, wollte ich mich nicht täuschen lassen. Die Angst, die sich in meines Vaters Zügen malte, wenn er an mein Bett trat, schien mir mehr der Wahrheit zu entsprechen.

Und doch erholte ich mich, und langsam, ganz langsam kam mit der wachsenden Kraft die Freude am Leben wieder. Als ob er mir Dank schuldig wäre, weil ich lebte, so überschüttete mich mein Vater nun mit Geschenken: erwartungsvoll sah ich schon nach der Tür, wenn ich mittags den Schritt des Heimkehrenden hörte; Bücher, Blumen, Obst, Bonbons – irgend etwas brachte er mir täglich. Wie gut waren überhaupt die Menschen, sie kümmerten sich alle um mich: jeden Tag hatte mein Lehrer den Arzt vor dem Hause erwartet, um direkte Nachricht zu haben, und jetzt schickte er mir seine schönsten Bücher; kein Regiment in der Stadt gab es, dessen Musikkorps der Genesenden nicht ein Ständchen gebracht hätte, und der gute alte General Kirchbach kam selbst in mein Krankenzimmer, um mir eine – Puppe auf die Kissen zu legen.

»Mit der Puppe, Mama, soll mal mein Töchterchen spielen!« sagte ich lächelnd, als er weg war, – denn mit dem Spielen war es für mich endgültig vorbei.

Nach drei Monaten sollte ich aufstehen; als ich mich gerade erheben wollte und, von heftigem Schwindel gepackt, nach dem Bettpfosten griff, sah ich Blut auf dem Laken. Ich erschrak, denn ich wollte gesund sein. Aber schon hatte der Arzt mich umfaßt und sanft in die Kissen zurückgedrückt. Er lachte: »Also so stehts mit dem kleinen Fräulein! Die Kinderschuhe hat es richtig ausgetreten.« Verständnislos sah ich die Mutter an, der das Blut in die Schläfen gestiegen war. »Alles Nötige werden Sie Ihrer Tochter erklären«, damit wandte er sich zum Gehen. »Sie ist erst zwölf Jahre, Herr Doktor –« entgegnete sie zögernd. »Tut nichts

– tut nichts – so schwere Krankheiten bedeuten immer eine große Umwälzung«; er drückte mir nochmals die Hand: »Nun stehen wir hübsch ein paar Tage später auf.«

»Du brauchst dich nicht zu ängstigen, Alixchen«, damit wandte Mama sich mir wieder zu, als er fort war, und erklärte mir mit wenigen Worten meinen Zustand. Ein Gefühl des Stolzes erfüllte mich: nun war ich also wirklich kein Kind mehr, – und meine Träume suchten die Zukunft: so kam denn endlich das Leben, das lockende, zauberreiche!

Während meiner Krankheit hatte ich mich so sehr gestreckt, daß kein Kleid mir mehr paßte. In den Wochen, die ich noch zwischen Bett und Sofa verlebte, trug ich meiner Mutter schleppende Schlafröcke, was mir sehr gefiel. Mein Bild im Spiegel, das mir so lange gleichgültig gewesen war, suchte ich wieder; und so blaß und so schlank ich auch war, es gefiel mir nicht übel: die großen dunklen Augen, die schwarzen Locken über der weißen Stirn, die schmalen Hände mit den rosigen Fingerspitzen – wer weiß, ob nicht doch noch etwas aus mir werden konnte!

Als wir mit unseren Koffern zum Bahnhof fuhren, von wo der Zug uns wieder gen Süden tragen sollte, hatte ich kein einziges verbotenes Buch mit durchzuschmuggeln versucht; mich verlangte es nicht, zu lesen, denn leben – leben und genießen – wollte ich!

IV. KAPITEL

Nach monatelangem Aufenthalt in den Bergen kehrten wir heim. Der Wind, der um den weißen Schaum der Gießbäche und über das blauschimmernde Firneis fegt, bringt so viel frische Kühle zu Tal, daß krankhafte Fieberhitze ihm nimmer standhält; und der friedliche Klang der Herdenglocken und das nächtliche Zirpen der Grillen im Gras zaubert den ruhigen Schlaf zurück, auch wenn er noch so lange untreu war. Ein überraschtes »Aber, Alixchen!« von einem strahlenden Lächeln begleitet, war alles, was mein Vater zu sagen vermochte, als er uns in Posen wieder in Empfang nahm. Am nächsten Tage besuchten uns Verwandte, die dorthin versetzt worden waren; meine Kusine, die so alt war wie ich, ein kleines unansehnliches Geschöpfchen im kurzen Kinderkleid, sah staunend zu mir empor und sagte: »Du bist ja ein Fräulein!« Bald darauf kam mein Lehrer. Wortlos blieb er einen Augenblick an der Türe stehen. »Wie – wie geht es – Ihnen?« kam es dann zögernd über seine Lippen. Noch nie hatte er mich bis dahin »Sie« genannt! Der Sepp von Grainau fiel mir ein, den ich in diesem Sommer nur mit Mühe dazu gebracht hatte, bei dem gewohnten »Du« zu bleiben, und der Hans Guntersberg, der wieder in Garmisch gewesen war, und dessen huldigende Gedichte mir nur darum keinen Eindruck machten, weil ich die unreine Haut und die Schweißhände ihres Verfassers nicht vergessen konnte.

Ich war wirklich kein Kind mehr! Stillschweigend packte ich all mein Spielzeug in einen großen Korb und ließ ihn auf den Boden schaffen.

Die neugewonnene Lebenskraft war wie ein Motor, der das ganze Räderwerk der Maschine auf einmal in Bewegung setzt: mit Feuereifer stürzte ich mich über meine Studien; dabei galt mir jeder Tag für verloren, an dem ich nicht ein Gedicht gemacht oder an irgendeinem meiner Dramenentwürfe gearbeitet hätte, zugleich aber schmückte ich mich mit Vergnügen für die Tanzstunde, und genoß die Erlaubnis, an der Geselligkeit im Hause der Eltern teilzunehmen, mit vollen Zügen …

Oben auf dem Fort Winiary, wo ein großer schattiger Kasinogarten die Posener Offizierskreise im Sommer zu vereinigen pflegte und ich, die verwöhnte Tochter des allmächtigen Korpschefs, mit den Erwachsenen Krocket und Boccia spielte, saßen wir gerade fröhlich um den Kaffeetisch, als ein blutjunger Leutnant atemlos auf uns zugestürzt kam. »Herr Oberst, Herr Oberst –« mehr brachte er nicht heraus, die dicken Tränen liefen ihm über die Wangen. »Zum Donnerwetter, was gibt's denn?« herrschte mein Vater ihn an. »Seine Majestät unser allergnädigster Kaiser–« er versuchte stramm zu stehen wie zur Meldung, aber die Knie zitterten ihm – »ist – ist erschossen.« Mit einem wilden Aufschluchzen brach er ab. Mein Vater wurde aschfahl. »Das ist nicht wahr«, schrie er. Stumm reichte ihm der Unglücksbote ein halb zerknülltes Papier – das Extrablatt. Aus dem ganzen Garten waren inzwischen die Menschen zusammengelaufen, Soldaten und Offiziere, Männer und Frauen, jung und alt. Alle weinten. Mein Vater allein stand wie erstarrt zwischen ihnen, nur das stahlblaue Funkeln seiner Augen verriet, wie es in ihm aussah. Wortlos, von jener gemeinsamen Empfindung getrieben, die uns angesichts erschütternder Ereignisse stets beherrscht: daß etwas geschehen müsse – irgend etwas, das die gräßliche Spannung löst –, eilten wir alle dem Ausgang zu. Als wir uns der Stadt näherten – aus den Fenstern der ersten Häuser wehten vereinzelt schon schwarze Tücher, vom Turm der Garnisonskirche läuteten die Glocken – und wir die weite Sandfläche des in der Sonne glühenden Kanonenplatzes betraten, kam uns ein Mann mit einem Stelzbein entgegen, auf dem abgetragenen Arbeitsrock ein sichtlich in aller Eile befestigtes eisernes Kreuz. »Der Kaiser lebt, der Kaiser lebt«, rief er, eine neue Depesche hochhaltend. Wir hatten das Neue, Überraschende noch kaum gefaßt, als er seinen schäbigen Hut zwischen die harten Fäuste preßte: »Lieber Vater im Himmel« – alle Mützen flogen von den Köpfen, alle Hände falteten sich, – »schütze unsern guten Kaiser!«

Mein Vater war in jenen Tagen in unbeschreiblicher Aufregung; mitten im Gespräch oder bei der Lektüre konnte er auffahren und zähneknirschend murmeln: »Aufhängen soll man die Kerle – einen neben den andern!« Ich aber verkroch mich in mein Zimmer und versuchte die große Erschütterung dadurch zu bemeistern, daß ich sie in Worte faßte. In Versen und in Prosa brachte ich meine Empfindungen zu Papier, und eines Morgens legte ich meinem Vater das Niedergeschriebene auf den Schreibtisch. Seine Freude war so groß, daß er es kopieren ließ und Bekannten und Freunden zeigte; auch mein Lehrer, der entzückt schien, verbreitete es. Wenn auf einen Punkt konzentrierte, fieberhaft gesteigerte Empfindungen die Massen beherrschen, so wird von ihnen stets begrüßt, was diesen Gefühlen Ausdruck verleiht. So kommt's, daß oft künstlerisch Wertloses in aufgeregten Zeiten Bedeutung erlangt; so kam es wohl auch, daß meine Verse mich über den engeren Kreis der Freunde hinaus bekannt machten. Begegnete man mir schon anders als sonst dreizehnjährigen Mädchen, weil ich erwachsen aussah und hübsch und meines Vaters Tochter war, so umgab man mich jetzt mit einer Treibhausluft, in der Eitelkeit und Hochmut wie Tropenpflanzen wuchern konnten. In der Tanzstunde, die ich besuchte, nahm ich die Huldigungen der Gymnasiasten entgegen, die nicht nur meiner frischen Jugend galten, sondern auch den literarischen Leistungen, die, wie ich erfuhr, in Gestalt meiner Aufsätze durch meinen Lehrer in der Klasse bekannt wurden. In den häuslichen Gesellschaften und auf dem Fort Winiary suchten die jungen Offiziere die Unterhaltung des »interessanten« Backfischs, und meine einzige Freundin Mathilde – jenes blasse Kusinchen, das mich bei der Heimkehr begrüßt hatte, – war eine Bewunderung für mich. Meine Mutter war die einzige, die ernüchternd wirken wollte. Da sie aber meine Interessen in Bausch und Bogen als »dummes Zeug« bezeichnete und die Methode hatte, jede, auch die reinste Flamme meiner Begeisterung mit dem kalten Wasser ihrer sarkastischen Kritik zu begießen, so erreichte sie das Gegenteil von dem, was sie bezweckte, und entfremdete mich ihr dadurch vollkommen. So allein wurde es möglich, daß sie ahnungslos neben mir hergehen konnte, als die schwersten körperlichen und geistigen Kämpfe mich zu vernichten drohten.

Seit meiner Krankheit hatte ich allerlei Beschwerden, die sich von Jahr zu Jahr steigerten. Blutwallungen, die mir den Kopf zu sprengen drohten und den Herzschlag bis in die Kehle hinauf trieben, hatten mich schon in Grainau gequält. Instinktiv war ich dann auf die Berge gelaufen, oder war beim ersten Morgengrauen heimlich im eisigen Wasser des Rosensees untergetaucht. In Posen aber war ich fast immer zu Haus; die kleinen Spaziergänge, das in Rücksicht auf meinen stets empfindlichen Hals nur bei Sonnenschein und Windstille gestattete Schlittschuhlaufen halfen mir natürlich nichts; turnen durfte ich nicht, weil das – wie Mama sagte – die Hände breit macht; und die Tanzstunde mit der guten Bowle, an der es nie fehlte, steigerte nur das Quälende meines Zustands. Etwas Heißes, Dunkles beherrschte mich mehr und mehr; abends, wenn ich schlafen wollte, flogen Glutwellen über meinen Körper. Meine tobenden Freiheitsgesänge machten Liebesliedern Platz, die ich aus Scham und Furcht zutiefst in meinem Schreibtisch versteckte. Ihr Gegenstand war zuerst ein Phantasiegebilde, ein erlösender Lohengrin, wie in meiner frühen Kindheit, bald aber wurden es Menschen von Fleisch und Blut. Nicht aus der Schar meiner Tanzstundenfreunde wählte ich sie, sondern aus dem Bekanntenkreise meiner Eltern. Die Schönheit gab dabei allein den Ausschlag, mit allem übrigen – dem Glanz der Geburt, dem überragenden Geist und der Güte des Herzens – schmückte sie meine Phantasie verschwenderisch. Ganze Romane erlebte ich in wachen Träumen; alle Stadien der Leidenschaft empfand ich: Abschied und Wiedersehen, Eifersucht und Untreue, Besitz und Verlust; und mit fieberheißen Händen füllte ich Bücher um Bücher mit meinem erträumten Glück und Leid.

In artigen Reimen mit wohlerzogenen Gefühlen stellte ich zu gleicher Zeit meine arme Muse zu allen Festtagen in den Dienst der Familie und nahm für mein »hübsches Talent« die allgemeine Anerkennung entgegen. Nur eine erfuhr zuweilen von den Geheimnissen meines Schreibtisches: Mathilde, das blasse Kusinchen, die allsonntäglich zu mir kam, und zu der ich lief, wenn das Herz mir gar zu voll war. Sie war, als ich sie kennenlernte, noch ein Kind ihrem Alter, ihrer geistigen und körperlichen Entwicklung nach, und ich hätte sie nicht beachtet, wenn sie mir nicht in einem Moment begegnet wäre, wo ich einen Menschen brauchte, wie der schmelzende Schnee auf den Bergen ein Bett, in das er sich ergießen kann. Ich hatte kein anderes Interesse für sie als das, daß sie mich aufnahm. Abends in der Dämmerstunde, oder in den Zeiten, wo ich zu Bett lag, halb verhüllt von den weißen Vorhängen, während das rote Licht der Ampel über mir strahlte, mußte sie bei mir sitzen. Dann erzählte ich von meiner Liebe, meiner Sehnsucht. Was ich im Traum erlebte, gestaltete sich vor ihr wie Wirklichkeit. Sie glaubte mir alles, sie weinte und seufzte mit mir; und je mehr sie es tat, desto mehr verwischte sich vor mir selbst Phantasie und Leben, desto mehr verirrte ich mich in den Irrgängen meiner Einbildungen.

Mehr als je war ich damals mir selbst überlassen, aber nur ein Zufall ließ mich erfahren, warum. Das Flüstern um mich her, das vielsagende Lächeln, all die weißen Linnenhaufen, die genäht und sorgfältig vor mir versteckt wurden, hatten mich schon neugierig gemacht. Daß Mama vielfach leidend war, jeder Frage danach aber auswich und tief errötete, wenn sie dennoch antworten mußte, erschien mir auch seltsam genug. Ein Satz in einem Brief der Großmutter, den man mir achtlos zu lesen gegeben hatte, klärte mich auf: Mama war guter Hoffnung. »Guter Hoffnung«, – beinahe komisch kam mir der Ausdruck vor, wenn ich sie beobachtete: ihre zusammengezogenen Brauen, ihre aufeinandergepreßten Lippen, die sich kaum mehr zu einem Lächeln öffneten, ihr Klagen und Seufzen. Nein, die Hoffnung war für sie keine gute. Es schien fast, als schäme sie sich ihrer, da sie sie sorgfältig verbarg. Und in Gedanken an Annas Erzählungen errötete auch ich, wenn ich in Gegenwart der Eltern daran dachte. Sie sprachen niemals von dem, was sich vorbereitete; und erst als mein Schwesterchen geboren worden war, wurde mir das Ereignis vom Vater angekündigt. Seine rührende Freude wirkte ansteckend auf mich, und es gab Stunden, wo der Gedanke an das hilflose kleine Wesen in der Wiege wie eine Erlösung über mich kam: hier war eine Aufgabe für mich, die mich mir selbst entreißen konnte. Und hielt ich es in den Armen, das süße weiße Körperchen, so gingen mir die Augen über vor zärtlicher Liebe, und heimlich schwor ich mir zu: dich will ich behüten vor all der Qual, die ich erlitt. Aber die polnische Amme, ein leidenschaftliches Geschöpf, das mit der angstvollen eifersüchtigen Liebe wilder Tiere an dem Säugling hing, als wäre es ihr eigenes Kind, tat, was sie konnte, um mich fernzuhalten; auch meine Mutter schien mich in der Kinderstube ungern zu sehen, und so ging ich bald wieder meine einsamen äußeren und inneren Wege.

Eines Tages, als ich verspätet wie immer an den Frühstückstisch trat, – ich pflegte erst gegen Morgen tief und ruhig zu schlafen –, belehrte mich ein Blick auf die Eltern, daß sie eine heftige Auseinandersetzung gehabt hatten. Das war mir zwar nichts Neues, denn Mama sah neuerdings häufig verweint aus, und Papa wurde beim kleinsten Anlaß heftiger denn je, – an der kurzen Begrüßung merkte ich aber, daß ich die Ursache ihres Streits gewesen sein mußte.

»Da lies!« sagte mein Vater und reichte mir ein längeres Schreiben mit der Unterschrift unseres Garnisonpfarrers. Es lautete:

Posen, den 6. Januar 1879

Hochverehrter Herr Oberst!

Sie werden es mir nicht verübeln können, wenn ich als Seelsorger unsrer Gemeinde, dem das ewige Heil aller ihrer Glieder am Herzen liegt, im Interesse Ihrer Tochter diese Zeilen an Sie richte.

Schon seit längerer Zeit habe ich beobachtet, und aus vielen mir zugegangenen Berichten wohlwollender Männer und Frauen schließen können, welch ernster Gefahr Alix entgegengeht. Das vielleicht durch eine größere geistige Begabung irre geleitete Kind hat viel von jener echten jungfräulichen Demut und Bescheidenheit, die der Schmuck jeder christlichen Familie ist, verloren, und ihre junge Seele dem Teufel des Hochmuts zu überliefern schon begonnen. Ich hätte mich aber trotzdem in Ihre Entschlüsse und die Ihrer hochverehrten Frau Gemahlin noch nicht einzumischen gewagt, wenn mir nicht kürzlich eine Mitteilung gemacht worden wäre, deren Richtigkeit ich nicht anzweifeln kann. Darnach hat Ihre Tochter einem jungen, noch ganz unverdorbenem Mann gegenüber erklärt, daß der Opfertod unsers Herrn und Heilandes ihr nicht anbetungswürdig erscheine; jeder Mensch würde freudig zu sterben bereit sein, wenn er wüßte, daß er dadurch die Menschheit erlösen könne. Für einen Gottessohn, der seiner ewigen Seligkeit gewiß sei, wäre dies also keine bewundernswürdige Tat. Sie fügte noch hinzu, daß Unzählige aus weit geringeren Ursachen ruhig in den Tod gegangen wären.

Es ist mir, Gott sei Lob und Dank, mit des Herrn gnädiger Hilfe gelungen, den jungen in seiner christlichen Überzeugung durch Ihre Tochter erschütterten Mann auf den Weg des Glaubens zurückzuführen; nunmehr aber habe ich die Pflicht, Sie, hochverehrter Herr Oberst, inständig zu bitten, Ihr irregeleitetes Kind dem Einfluß eines Seelsorgers anzuvertrauen, der diese Menschenblume in das Licht des Gotteswortes rückt, und sie von all dem bösen Ungeziefer befreit, das an ihr nagt.

Ich würde mich glücklich schätzen, wenn ich in persönlicher Unterredung meinen Rat zu einer Tat werden lassen könnte.

Genehmigen Sie, hochverehrter Herr Oberst, den Ausdruck meiner ausgezeichneten Hochachtung,

mit der ich verbleibe
Ihr ganz ergebener
Eberhard
Pfarrer

»Nun, was sagst du dazu?« fragte mein Vater, der immer ungeduldiger mit den Fingern auf dem Tisch trommelte, so daß Gläser und Tassen klirrten.

»Gemein!« war das einzige, was ich zunächst hervorbringen konnte.

»Genau dasselbe habe ich gesagt!« polterte Papa. »Ein netter unverdorbener Jüngling, der mit frommem Augenverdrehen hingeht und meine Tochter beim Herrn Oberbonzen verpetzt. Ich hätte Lust, dem Kerl die Hosen stramm zu ziehen und dem Eberhard die blauen Flecke als einzige Antwort zu zeigen!«

»Du solltest aber doch erst hören, lieber Hans, wie weit Alix schuldig ist«, warf Mama erregt ein.

»Ich habe gesagt, was er schreibt, und bin bereit, es ihm ins Gesicht zu sagen!« rief ich und warf trotzig den Kopf zurück.

Mama preßte die Lippen zusammen, was ihrem schönen Gesicht etwas Grausames gab. »Da hörst du es«, sagte sie, »das sind die Früchte der religionslosen Erziehung. Du hast es nicht anders gewollt, und ich habe um des lieben Friedens willen nachgegeben. Jetzt aber hab ich genug, übergenug davon! Pfarrer Eberhard werde ich antworten.«

Die Eltern melden Lily daraufhin als besonders frühreif zum Konfirmandenunterricht bei eben jenem Pfarrer Eberhard an, der sich als besonders engstirnig, bigott und autoritär erweist. Lily gerät in schwere Glaubenskonflikte. Er fragt sie nach ihrer Lektüre:

Ich erschrak; sollte ich ihm das Geheimnis meiner schönsten Stunden verraten?! Ein tiefes, schmerzliches Aufatmen – es mußte sein – mußte sein, um meines Heiles willen! Zu jener Zeit hatte ich angefangen, mir aus Papas Bücherschrank Goethes Werke zu holen, – einen Band nach dem anderen. Wenn ich mich darin vertiefte, so war ich am sichersten vor mir selbst: wie hatte ich mich für Iphigenie begeistert, um Gretchen geweint, und Werthers Leiden hatte ich mir gekauft, um sie immer in der Tasche tragen zu können. Ich pflegte sie herauszuziehen, wie der katholische Priester sein Brevier, wenn er sich vor Anfechtungen schützen will.

»Das ist ja unerhört, unerhört!« unterbrach der Pfarrer meine Beichte, und seine Stimme überschlug sich, wie in der Kirche, sobald er von der Fleischeslust sprach. »Da es dein ernster Wille zu sein scheint, dich zu bessern«, sagte er dann so laut, als hätte er die Rekruten der ganzen Garnison vor sich, »so wirst du tun, was ich von dir verlangen muß: du rührst diese verwerflichen Bücher während der Zeit des Konfirmandenunterrichts nicht mehr an. Du liest nur, was ich dir gebe. Du kommst jedesmal eine Viertelstunde früher zur Stunde zu mir als die andern Kinder, damit sie in ihrer Unschuld nicht gefährdet werden. Versprichst du mir das?« Ich senkte stumm den Kopf; noch einmal legten sich seine Finger um die meinen, dann war ich entlassen. Wie zerschlagen schlich ich nach Hause. Aber ich war fest entschlossen, zu tun, was er verlangt hatte.

Am nächsten Morgen gab es zu Haus eine böse Szene: Pfarrer Eberhard hatte meinen Eltern über meinen Besuch Bericht erstattet und sie aufgefordert, sein »schweres Rettungswerk« zu unterstützen. Ich sah wohl, daß meines Vaters Zorn sich mehr gegen den Pfarrer, als gegen mich richtete, aber wie immer, wenn Mama mit ihrer ganzen Energie auftrat, überließ er ihr das Feld, mir nur unter heftigem Händedruck ein »verdammte Pfaffen« zuflüsternd. Alle meine Schubfächer wurden untersucht, alle Bücher konfisziert, die in die Rubrik: Lehrbücher und Backfischliteratur nicht hineinpaßten; der Schlüssel vom Bücherschrank wurde abgezogen, – nur die verborgenen Schätze im Sofa blieben unentdeckt. Ich befand mich in einer unbeschreiblichen Aufregung: Der erste Mensch, an den ich mich hilfesuchend gewandt, vor dem ich mein Inneres enthüllt hatte, wie vor keinem bisher, vertraute mir so wenig, daß er mich überwachen ließ wie einen Verbrecher! Auch mit meinem Lehrer hatte Mama an demselben Tage eine längere Unterredung, von der er sehr rot und verschüchtert zu mir kam. Er umging von da an noch vorsichtiger als sonst jede Berührung religiöser Fragen. Er wurde überhaupt immer scheuer vor mir und war seltsam zerstreut.

Eine unüberwindbare Bitterkeit ließ diese erste Erfahrung mit dem Pfarrer in mir zurück; das persönliche Vertrauen war ein für allemal vernichtet, aber ich hoffte trotzdem, daß das, was er lehrte, mir Befreiung bringen würde. Und ich klammerte mich an diese Hoffnung. Ich las in den Büchern, die er mir gab, und in der Bibel, ich klagte mich vor mir selber an, wenn ich eine rechte Andachtsstimmung nicht festhalten konnte und immer wieder an den Widersprüchen und Unwahrscheinlichkeiten, die mir aufstießen, Anstoß nahm.

Zuweilen fragte mein Vater mich nach meinen Stunden; er, der menschlicher, feiner dachte, und der mich so lieb hatte wie niemand sonst, hätte mir vielleicht helfen können, wenn nicht eine tiefe, innere Entfremdung zwischen uns eingetreten wäre. Hatte seine aufbrausende Heftigkeit, die zwar weniger im Verkehr mit mir, als der Dienerschaft und den Untergebenen gegenüber hervortrat, ein inniges Verhältnis zwischen uns schon nicht aufkommen lassen – jedes laute Wort ließ mich erzittern, – so machte meine allmähliche Erkenntnis unserer pekuniären Lage, als deren Ursache ich ihn allein ansah, mich hart und unnahbar. Ich sah, wie oft meine Mutter weinte, wenn unerwartete Rechnungen kamen; ich las in den Briefen meiner Großmutter an Mama, die mir zuweilen gegeben wurden, zwischen den Zeilen, wie die Geldsorgen auf der ganzen Familie lasteten. Ich fing an zu begreifen, warum Mama sich über Geschenke ihres Mannes nicht freute, was mir früher so herzlos erschienen war. Es kam vor, daß ich sie darin schon nachahmte, und erst ein Blick auf Papas trauriges Gesicht, auf seine vor Enttäuschung zuckenden Lippen, löste meine natürliche Freude über hübsche Dinge aus. Mitleid aber ist kein Mittel des Vertrauens, besonders nicht bei einem Kinde und einem Weibe; Mitleid erhebt über den Bemitleideten; das Kind, wie das Weib, muß emporsehen können zu dem Menschen, dem sein ganzes Vertrauen gehören soll. So blieb ich allein, auch in diesem, dem schwersten Kampf meiner Kindheit. Niemand half mir, selbst Gott nicht, so oft und so verzweifelt ich ihn auch anrief.

In langen Nächten voll innerer Kämpfe suchte ich mir klar zu werden über den Weg, den ich zu gehen hatte, und baute mir langsam, Stein um Stein mühselig zusammentragend, die Kirche meiner Religion auf. Ein heißes Glücksgefühl erfüllte mich, als ich mein Werk vollendet sah und der Entschluß in mir feststand, mich zu keinem anderen Glaubensbekenntnis als zu meinem eigenen zwingen zu lassen, – koste es, was es wolle.

Um die Weihnachtszeit 1879 besuchte ich Pfarrer Eberhard und erklärte ihm, daß ich außerstande sei, das Apostolikum vor dem Altar zu beschwören, daß er mich daher von der Einsegnung dispensieren möge. Zugleich legte ich ihm eine schriftliche Zusammenfassung meiner religiösen Ansichten vor – ein persönliches Glaubensbekenntnis, das jeder der Konfirmanden niederzuschreiben verpflichtet war. Es lautet:

»›Ich glaube an Gott den Vater, allmächtigen Schöpfer Himmels und der Erden.‹

Ich glaube nicht an diesen Gott. Ich glaube nicht, daß er in sechs Tagen die Welt geschaffen hat, daß er ihm zum Bilde den Menschen schuf. Ich glaube der Wissenschaft mehr als den unbekannten Fabelerzählern des Alten Testaments.

›Ich glaube an Jesum Christum, Gottes eingeborenen Sohn, unsern Herrn, der empfangen ist von dem Heiligen Geiste, geboren von der Jungfrau Maria, gelitten unter Pontio Pilato, gekreuziget, gestorben und begraben, niedergefahren zur Hölle, am dritten Tage auferstanden ist von den Toten, aufgefahren gen Himmel, sitzend zur Rechten Gottes, des allmächtigen Vaters, von dannen er kommen wird, zu richten die Lebendigen und die Toten.‹

Ich glaube nicht an diesen Christus, denn ich halte es für heidnisch, an eine Menschwerdung Gottes zu glauben. Ich glaube weder an seine wunderbare Geburt noch an seine Höllen-, noch an seine Himmelfahrt, noch an seine Wunder.

›Ich glaube an den Heiligen Geist, eine heilige christliche Kirche, die Gemeinschaft der Heiligen, Vergebung der Sünden, Auferstehung des Fleisches und ein ewiges Leben.‹

Ich glaube nicht an diesen Heiligen Geist, ich glaube nicht an eine heilige, christliche Kirche, die mordet, brennt, verfolgt, steinigt, die Seelen martert, die Wahrheit leugnet. Ich glaube nicht an Vergebung der Sünden, weil Sünde sich nur durch bessere Taten vergibt. Ich glaube nicht an Auferstehung des Fleisches, denn das ist wissenschaftlich unmöglich.

Ich glaube an eine höhere Gewalt, die wir Gott nennen, die der Ursprung des ersten Lebens ist, die die Kraft des Werdens in das erste Atom gelegt hat. Mein Geist ist ein Teil dieses Gottesgeistes.

Ich glaube an Jesus, als an einen edlen Menschen, der zuerst das Gebot der Menschenliebe predigte und danach lebte. Ich glaube, daß er in Niedrigkeit geboren wurde, damit wir daran erkennen sollen, daß die Geburt nicht den Menschen macht, sondern eigene Arbeit und eigenes Streben. Christi Gebot der Menschenliebe wird die nach ihm benannte Kirche richten.

Ich glaube an den Geist Gottes, der sich in allem Schönen und Großen offenbart, der nach dem Tode des Körpers in andern fortlebt, sei es auf oder über der Erde. Die Kirche und ihre Dogmen halte ich für menschliche Einrichtungen, denen ein freier Geist sich nicht zu beugen braucht.

Sollte dennoch die mir gelehrte christliche Religion die wahre sein, so hoffe ich, das mit der Zeit zu erkennen. Wenn es ein Verbrechen ist, daß ich mich jetzt von ihr lossage, so scheint es mir ein noch größeres Verbrechen zu sein, mich zu ihr zu bekennen, wo mein Herz nichts davon weiß.«

Pfarrer Eberhard war zuerst keines Wortes mächtig. Dann aber entlud sich sein Zorn schrankenlos über mir. Jede Selbstbeherrschung vergessend, schlug er mit Anklagen, Vorwürfen, Drohungen auf mich ein – es war wie eine Bastonnade! Aber ich ergab mich nicht. Durch Wochen und Monate setzte der Kampf zwischen uns sich fort, von dem niemand wußte als wir beide. War es Rücksicht, oder war es die Sorge, seine Niederlage einzugestehen – er weihte diesmal auch meine Eltern nicht ein. Zwischen jeder Zusammenkunft sammelte ich mein Rüstzeug aus meinem verborgenen Bücherschatz, der um vieles gewachsen war, und grübelte zu gleicher Zeit über die Ausführung abenteuerlicher Pläne. Gab der Pfarrer nicht nach, so war ich entschlossen, zu fliehen. Um mir das nötige Geld zu verschaffen, schickte ich Gedichte und Aufsätze an die verschiedensten Zeitschriften – natürlich vergebens! – und verkaufte in obskuren Läden ein Schmuckstück nach dem anderen. Als ich gerade im Begriffe stand, das Kostbarste – eine alte Brillantbrosche, die meine Großmutter mir einmal geschenkt hatte – fortzutragen, hörte ich im Vorübergehen einen heftigen Wortwechsel zwischen meinen Eltern. Aufhorchend blieb ich stehen: es handelte sich wieder einmal um eine unbezahlte Rechnung. Mama schluchzte; Papa rief aufgeregt: »Ich brauche mir deine Vorwürfe nicht gefallen zu lassen. Ich saufe nicht, ich rauche nicht, ich rühre keine Karte an, ich habe keine Weibergeschichten – was willst du eigentlich von mir?« – »Du hast immer zwei Pferde zu viel im Stall –« antwortete Mama heftig, »und Alix' Privaterziehung, die Tausende verschlingt, war auch überflüssig.« – »Laß mir das Kind in Frieden!« brauste Papa auf – »die einzige Freude, die ich habe, laß ich mir nicht vergällen – –.«

Jedes Wort traf mich ins Herz; mir hatten sie so große Opfer gebracht – mir, die ich das Schwerste über sie heraufbeschwor; – ich war meines Vaters einzige Freude – ich, die ihm das Herz brechen wollte! – Ich lief davon, verkaufte mein Schmuckstück und kam hochrot und atemlos nach Hause zurück, nur von dem Gedanken getrieben, den armen Eltern eine Last abzunehmen. Sie saßen versöhnt nebeneinander und sahen mich verwundert an, als ich Mama hastig ein paar Goldstücke in die Hand drückte. »Was soll denn das?« fragte sie, und »Woher hast du das Geld?«

mein Vater. Ich erschrak; ich hatte in meinem Eifer an die Möglichkeit dieser Frage nicht gedacht. Sollte ich die Wahrheit sagen? Das hieße auch meine übrigen Verkäufe verraten und meine Flucht von vornherein unmöglich machen. Mein Blick fiel auf das »Daheim« mit dem Anfang einer neuen Erzählung an der Spitze. »Es ist – es ist – das Honorar für – diese Geschichte«, kam es mühsam und stockend von meinen Lippen. Nun war ich im Netz meiner eigenen Lüge gefangen, und die Furcht vor den Folgen hinderte mich, es zu zerreißen. Die Eltern glaubten mir; mein Vater umarmte mich voll Rührung, und wenn er auch meine flehentliche Bitte, das Geheimnis meiner Autorschaft zu wahren, zu erfüllen versprach, so war er doch viel zu stolz auf den Erfolg seiner Tochter, als daß er nicht wenigstens den nächsten Freunden und Verwandten davon Mitteilung gemacht hätte. Die Aufklärung ließ nicht lange auf sich warten. Eine Kusine meines Vaters war mit der Verfasserin des Romans, den ich vorgab, geschrieben zu haben, befreundet und fragte ihn brieflich nicht wenig erstaunt nach dem Zusammenhang dieser seltsamen Historie. Es kam zu einem furchtbaren Auftritt. Mein Vater kannte sich selbst nicht mehr. »Mein guter Name! Mein guter Name!« stöhnte er immer wieder und lief wie wahnsinnig im Zimmer hin und her. »Ich muß mich erschießen! Ich überlebe die Schande nicht!« schrie er dazwischen, während Mama still vor sich hin weinte. Stumm und regungslos stand ich mitten im Zimmer und rührte mich auch dann nicht, als Papa mit funkelnden, rot unterlaufenen Augen vor mir stehen blieb und die hoch erhobene Faust klatschend auf meine Wange niedersausen ließ.

Stumpfsinnig vor mich hinbrütend, lag ich ein paar Tage im Bett. Niemand kümmerte sich um mich als die Anna, die mir auch mitleidig in die Kleider half, als Pfarrer Eberhards Besuch mir gemeldet wurde. Mit gefalteten Händen und tief bekümmerter Miene trat er ein. Daß sie keinem echten Gefühle Ausdruck gab, sah ich an den Lichtern leisen Triumphs, die in seinen Augen glänzten: Endlich war der Sieg sein – endlich! Er hielt mir eine wohlvorbereitete Rede, die ich mit keiner Silbe unterbrach. Das furchtbare Ereignis habe hoffentlich, so sagte er, meinen Hochmut gebrochen und mich belehrt, daß Gott seiner nicht spotten ließe. Noch sei es Zeit für mich, umzukehren vom Wege der Sünde, und demütig dem zu folgen, der allein Wahrheit, Licht und Leben wäre. »Nach all dem Kummer, den du deinen Eltern bereitet hast, wirst du ihnen die Schande nicht antun, vom Altar des Herrn fernbleiben zu wollen.« Ich schwieg auch jetzt, trotz der beziehungsreichen Pause, die er eintreten ließ. »Du wirst die Zeit bis dahin zur Einkehr, zur Buße, zum Gebet verwenden.« Wieder eine Pause. »Und wie Gott im Himmel seine Hand nicht von dir abziehen, und Jesus Christi Blut auch dich rein waschen wird von deinen Sünden, so werden deine lieben Eltern dir verzeihn. Ich werde mit Gottes Hilfe die Schwergeprüften aufrichten und dich ihnen wieder zuführen.« Ich schwieg noch immer. »Wirst du tun, was ich, der Diener deines Herrn und Heilandes, von dir fordere?« Ein mechanisches »Ja« war meine Antwort.

Widerstandslos ließ ich mich am Tag der Konfirmation schmücken, nahm den Strauß weißer Rosen in die Hand und stieg mit den Eltern in den Wagen. Die ganze Straße stand voll Menschen, – wie bei einem Begräbnis, dachte ich. Auch vor der Kirche sammelten sich die Neugierigen in ihren bunten fröhlichen Festtagskleidern. Durch die Fenster flutete die Sonne, so daß ich geblendet die vom Weinen heißen Augen schloß, als ich zwischen Vater und Mutter auf rotem Teppich durch die weite, weiße Säulenhalle schritt. Die Glocken läuteten, brausend setzte die Orgel ein, laut dröhnten über mir die kräftigen Stimmen des Soldatenchors. Jeder Ton schnitt mir messerscharf in die Seele. Es blitzte und funkelte ringsum von Uniformen und Orden und raschelte von seidenen Kleidern. Ich sah nicht auf. Da schlug ein ganz leiser, weher Laut, wie »Alix« an mein Ohr. Ich hob den Kopf. Es war mein Lehrer, der mich mit einem Blick ansah – einem Blick, der mir rätselhaft schien. Und dann standen wir vor dem Altar. Er war ringsum mit einem Wald von Palmen umgeben, ohne eine einzige Blume dazwischen. »Wie ein Begräbnis«, dachte ich noch einmal. Ich hörte nicht, was der Pfarrer sprach; mir war plötzlich, als stünde ich dicht vor dem Felsentor des Höllentals, und der brausende Bach drohte mich zu verschlingen. Mein Strauß entfiel mir; der ihn aufhob, war mein Lehrer; ich begegnete seinen Augen dabei – seltsam, wie er mich ansah! Verwirrt blickte ich um mich; meine Mitschülerinnen sprachen schon das Apostolikum, und ein strenger Blick des Pfarrers mahnte mich an meine Pflicht. Einem aufgezogenen Uhrwerk gleich, sagte ich, ohne zu stocken, die drei Artikel auf. Und währenddessen fühlte ich die vielen hundert Augen auf mich gerichtet, – gespannt, höhnend, triumphierend. Darnach war es einen Atemzug lang totenstill, ehe der Pfarrer von jeder einzelnen das persönliche Bekenntnis zu den gesprochenen Worten abnahm und den Segen erteilte. Ich war die letzte. Er erhob die Stimme bedeutungsvoll, als er sich mir zuwandte. Sage nein – sage nein – klang es in mir. Angstvoll, hilfesuchend sah ich mich um: auf das gütige, verzeihende Lächeln meines Vaters fiel mein Blick, auf den leisen liebevollen Gruß meiner Mutter – – –

»Bekennst du dich von ganzem Herzen zu unserm allerheiligsten Glauben, so antworte: Ja.« – – –

Irgendwo fiel ein Schirm – ein Säbel rasselte – jemand schluchzte auf – und die vielen, vielen Augen durchstachen mich.

»Ja!« klang es laut und rauh durch die Kirche. War das wirklich meine Stimme gewesen?! Mechanisch kniete ich nieder, wie die andern. Ob wohl die Schleppe richtig lag, dachte ich stumpfsinnig, und etwas wie Neugierde nach dem Spruch, den der Pfarrer mir geben würde, regte sich in mir.

»Darinnen freuet euch nicht, daß euch die Geister untertan sind, sondern daß eure Namen geschrieben sind im Himmel.«

Das fuhr wie ein Peitschenhieb auf mich nieder. Mein Name – und im Himmel geschrieben!! Hatte ich nicht eben vor Gottes Altar einen Meineid geschworen?! – –

V. KAPITEL

Den Sommer nach der Konfirmation verbringt Lily in Pirgallen bei Onkel und Großmutter, wo sie sich erholen und zerstreuen soll. Sie erhält, 15jährig, ihren ersten Heiratsantrag, der sie sehr in Verlegenheit stürzt und ihr, ausgescholten, den Abschied leicht macht.

Danach soll sie bei ihrer Tante in Augsburg »den letzten Schliff« erhalten.

Hier warten qualvolle Monate auf sie. Alles Eigene, Phantasievolle, Kreative wird rüde unterdrückt zugunsten des Phantombildes der für den Mann und eine vornehme Häuslichkeit perfekt erzogenen jungen Dame. Lily erträgt ein erstaunliches Maß an Unterdrückung und Herabsetzung. Der Wunsch der Eltern nach dem Wohlwollen der reichen, herrschsüchtigen Tante ist auch ihr Gebot.

Aber wie es wirklich in ihr aussieht, läßt sich doch nicht ganz verhehlen:

An meine Kusine schrieb ich damals: »Du fragst, ob ich irgend etwas schreibe? Es lebt vieles in meinem Kopf und Herzen, aber ich finde keine Zeit dazu, es zu gestalten. Das ist ein wunder Punkt in meinem Leben. In mir kocht und glüht es, und ich glaube wohl, daß ich Talent habe, und daß es hinausstürmen will. Da muß ich denn doppelt hohe Barrieren bauen. Ich muß soviel Prosaisches tun – und wenn ich erst zu Hause bin, wo ich Mama viel abnehmen muß, wird meine Zeit vollends ganz ausgefüllt sein. Es mag Menschen geben, die für die Prosa des Lebens geboren sind; ihnen werden die gewöhnlichen Pflichten nicht schwer; mir werden sie schrecklich schwer … Mein armer Pegasus hat zuerst daran glauben und am Altar der Pflicht verbluten müssen! … Es ist am Ende das Beste so. Was soll ein armes Mädel mit ihm anfangen? Die Phantasie war das Unglück meines Lebens; sie aus mir herauszuschneiden war eine gräßlich schmerzhafte Operation. Nun, da sie gelungen ist, will ich das, was blieb, nur benutzen, um Haus und Leben damit zu schmücken, meinen Eltern und einmal meinem Mann zu dienen.«

Ich war wirklich eine »junge Dame« geworden; ich fühlte nicht einmal mehr, daß die hoffnungsvollsten Triebe meines Lebensbodens niedergetrampelt waren. »Man beurteilt ein junges Mädchen nach seinem Aussehen, weniger nach seinem Wissen«, schrieb ich, mir die Ansichten der Tante zu eigen machend, »sie wird mit Recht für arrogant gehalten, wenn sie schon eine eigne Meinung haben will.« Mein Tagebuch, das ich seit dem Augsburger Aufenthalt nicht berührt hatte, weil ich es nicht durfte, blieb auch jetzt unausgefüllt, obwohl mich niemand mehr daran hinderte. Großmama frug einmal brieflich danach, und ich antwortete mit schnippischem Selbstbewußtsein: »Ich schreibe keins, weil ich finde, daß man sich in meinem Alter darin Dinge vorlügt, die man nicht denkt, und aus Ereignissen wichtige macht, die man besser vergißt. Mein Leben brauche ich nicht aufzuschreiben, denn die Nachwelt wird es nicht kümmern. Auch Verse mache ich nicht mehr, denn mein Streben ist darauf gerichtet, mein eignes Ich und die Welt um mich so poetisch wie möglich zu gestalten« – durch bemalte Teller und Schachteln, bestickte Deckchen und ein mißhandeltes Klavier! – »damit ich einmal meinem Mann eine hübsche Häuslichkeit schaffen kann.«

Mein Mann! – Die Tante sorgte dafür, daß meine Träume sich mehr und mehr um ihn drehten und meine Phantasie, die wir so tief eingesargt wähnten, nach dieser Richtung üppigste Blüten trieb. War nicht das Ziel all ihrer Erziehungskünste der Mann? War es nicht wie ein glattes Rechenexempel, wenn sie mir auseinandersetzte, warum und wann und wen ich heiraten sollte? »Da ich kinderlos bin, wird für dich reichlich gesorgt sein«, sagte sie, als wir einmal im Siebentischwald spazierengingen und ihr Arm schwer und schmerzhaft wie stets auf dem meinen ruhte, »aber natürlich erst nach meinem Tode. Jetzt bist du arm und bei der schlechten Wirtschaft deiner Eltern kannst du kaum auf eine Zulage rechnen. Mach also keine Dummheiten. Sorgen treiben gewöhnlich die Liebe zum Hause hinaus. Und wenn ich versucht habe, dich aus deinem Wolkenkuckucksheim in die nüchterne Alltäglichkeit zurückzuführen, so doch nur, damit du dich nicht mit irgendeiner konfusen Leidenschaft verplemperst. Du kannst jetzt die großen Ansprüche machen – verscherze dir das nicht!« Ich hörte ruhig zu, ich war so gut erzogen, daß mir das alles selbstverständlich klang.

Nur einmal war's, als zerrisse ein dunkler Vorhang vor meinen Augen, und ich sah plötzlich, wie eine Vision, die tiefe, dunkle, kalte Leere meines Herzens. Ich suchte spät abends im Park nach einem Tuch, das ich irgendwo liegen gelassen hatte, als ich vor mir, eng aneinandergeschmiegt, zwei Menschen gehen sah: unsere Lina, das Stubenmädchen, und Johann, den Kutscher. Von Zeit zu Zeit blieben sie stehen und küßten sich – endlos, verzehrend. »Maria und Josef«, schrie die Lina auf, als sie mich sah, »das gnä Fräuln!« Mit Wangen, die glühten, und Augen, die glänzten, mehr vor Glück als vor Scham, streckte sie die Hände nach mir aus: »Gnä Fräuln werdens nit der Frau Baronin sagen, gel ja?« bat sie schmeichelnd, »de Liab is ja koan Unrecht nöt. Wers freili so noblich haben kann wie das gnä Fräuln, der ka ruhig aufn Prinzen warten, der glei mitn Trauring kimmt und gradaus in die Kirch eini führt. Aber mir –« sie lächelte den verlegen danebenstehenden Johann zärtlich an, »mir haben nix als das bissel Liab – und dös – dös müssen wir haben ... So red doch auch was, Hannsl!« Sie stieß ihn aufmunternd in die Seite. »Recht hast!« stotterte er. »A Freud muß der Mensch haben, so a rechte herzklopfete Freud!« Es dunkelte mir vor den Augen, laut aufgeschluchzt hätte ich am liebsten. Wie arm, wie schrecklich arm war ich! Aber ich war ja so gut erzogen! So versicherte ich denn dem Paar meine Verschwiegenheit und kehrte in meine »nobliche« Gefangenschaft zurück.

Während der folgenden Monate in Augsburg wurde meiner Erziehung durch die Einführung in die Wohltätigkeitsbestrebungen der guten Gesellschaft der letzte Schliff gegeben. Meine Tante war Vorstandsmitglied der verschiedensten Vereine und galt allgemein für äußerst hilfsbereit. Mir waren darüber schon oft Zweifel aufgestoßen, wenn arme Leute, deren Unglück sichtlich rasche Hilfe verlangte, von der Schwelle des glänzenden Hauses abgefertigt und ihre Angelegenheit dem Bureaukratismus irgendeines Vereins überwiesen wurde. Aber meine Tante wußte so viel von der Großartigkeit der Augsburger Armenfürsorge – sowohl der kommunalen als auch privaten – zu erzählen, daß ich meine Bedenken zurückhielt und mir von dem, was geleistet wurde, die glänzendsten Vorstellungen machte. Schon meine erste Teilnahme an der Sitzung eines Krippenvereins ließ mir die Dinge in anderem Licht erscheinen. Da saßen lauter reiche Frauen in seidenrauschenden Kleidern um den Tisch; keine einzige unter ihnen hatte keine Loge im Theater, keine Equipage vor der Türe – und doch berieten sie stundenlang, auf welche Weise die zur Erweiterung der Anstalt notwendigen paar hundert Mark aufgebracht werden könnten. Ein Bazar wurde beschlossen. Schon auf der Heimfahrt jammerte meine Tante über all die damit verbundnen Mühen und Scherereien, über ein neues Kleid, das ich – als Verkäuferin – notwendig dafür haben müßte, über einen neuen Hut, den sie nur in München bekommen könnte – kurz, ich konnte die Frage nicht unterdrücken, ob nicht die Kosten erheblich geringer sein würden, wenn jede der Damen durch Zahlung von fünfzig Mark die ganze Sache rasch und glatt erledigt hätte. Aber da kam ich schön an. »Du hast doch gar keinen Begriff von Geld und Geldeswert!« sagte sie. »Wenn du meinst, wir könnten alle Augenblicke solche Summen einfach hergeben. Was wir für uns tun und unsere Toilette, ist unsere Sache, für die Bedürftigen aber muß die ganze Bevölkerung herangezogen werden.«

Auch zu Recherchen wurde ich mitgenommen oder durfte sie hie und da selbst machen. So kam ich einmal zu einer armen Witwe in die Wertach-Vorstadt, die sich und ihre vier Kinder mit Wäschenähen zu ernähren bemühte und um Unterstützung nachgesucht hatte. Durch einen engen, dunklen Hof mußte ich gehen, in dessen dumpfer Kellerluft eine Schar blasser, kleiner Buben und Mädel sich herumtrieb. Sie scharten sich alle mit offenen Mäulchen um mich, als ich nach Frau Hard frug. »Über drei Stiegen links wohnt Mutta«, sagte ein blasser Junge mit einem ernsthaften Altmännergesicht, und die Schwester, deren Züge auch vom Lachen so wenig zu wissen schienen wie dieser Hof vom Sonnenschein, führte mich hinauf.

Mit jenem angstvoll nervösen Ausdruck gehetzter Tiere, der sich den Gesichtern all der Menschen einprägt, die den Kampf ums tägliche Brot jeden Morgen in gleicher Schärfe aufs neue beginnen müssen, sah die arme Frau mir entgegen. Während sie Heftfäden aus all den vielen weißen Wäschestücken zog, die fast das ganze winzige Zimmer füllten, und dazwischen hie und da aufsprang, um nach dem brodelnden Topf in der dunklen Küche nebenan zu sehen, von dem ein widerlicher Geruch nach schlechtem Fett sich allmählich überallhin ausbreitete, erzählte sie mir ihre Leidensgeschichte. Der Mann, ein Maler, war vor drei Jahren an der Schwindsucht gestorben – »ka Wunder nöt bei dera Fabrik am Stadtbach draußen«, – die Direktion hatte ihr eine einmalige Unterstützung von hundert Mark zugewiesen. »Gott vergelts ihna viel tausendmal«, fügte sie tief gerührt hinzu, als sie davon sprach; trotz allem Fleiß konnte sie aber doch nicht das Nötigste schaffen. Inzwischen kamen die Kinder herein und drängten sich halb neugierig, halb eingeschüchtert in einer Zimmerecke zusammen. »Mit die Kinder is halt a Kreuz«, sagte die Mutter seufzend, »eins – das ginge noch an, aber vier, da weiß man nicht aus noch ein vor Sorg und Kummer.« Der Kleinste stolperte in diesem Augenblick über seine eigenen dünnen rachitischen Beinchen und fiel auf einen der Leinwandhaufen. Die Mutter patschte ihm erregt auf die Händchen, zankte gleich alle viere, daß sie »so arg im Wege« stünden und stieß sie unsanft in die Küche, mit der Mahnung, dort ganz still zu sitzen. Mir krampfte sich das Herz zusammen vor Mitleid mit diesen armen Geschöpfen, die der eigenen Mutter nur eine Last waren und es mit brutaler Deutlichkeit von ihr selbst erfahren mußten. Fast war ich schon fertig mit meinem Urteil über die Hartherzigkeit der armen Näherin, als sie mir weinend erzählte, wie sie des besseren Verdienstes wegen ein Jahr lang in die Fabrik gegangen wäre, da sei aber ihr Jüngstes aus dem Fenster gestürzt, während sie abwesend war, und seitdem könne sie die Kinder nicht allein lassen. Aus lauter Angst um sie nähme sie alle vier sogar mit, wenn sie liefern ginge. »Glei spräng i nach, wenn noch eins da nunter fiele!«

Ich verlor die Selbstbeherrschung – nie hatte ich auch nur im entferntesten von solch einem Elend gewußt –, die Tränen strömten mir aus den Augen. Ein schwaches Lächeln huschte über die verhärmten Züge der Frau; sie ließ die Arbeit sinken und streichelte mir tröstend die Hände: »So a guts Herzerl sans – das hat mir gewiß der liebe Herrgott geschickt!« – mich durchstach das Wort mit Messerschärfe: Ja, war es denn möglich, daß Gott solchen Jammer mit ansehen konnte?! Was hatte die Mutter, was hatten die kleinen Kinder getan, daß sie so leiden mußten? Warum lebten sie denn eigentlich, da doch ihr Leben gar keins war? Und wie kam ich dazu, nicht zu sein wie sie? Dunkel errötend sah ich an meinem eleganten Kleide hinab und blickte scheu zu den vielfach geflickten dürftigen Röckchen der Kinder hinüber, die sich wieder der Türe genähert hatten, um mich anzustaunen. Und ich fühlte plötzlich die Spitzen meines Hemdes auf meinem Körper brennen – hatten nicht am Ende ebenso arme durchstochene Finger sie genäht, wie die der Witwe vor mir? Oh, wie ich mich schämte! Wären die Kinder auf mich zugestürzt und hätten mir das weiche Tuch meines Kleides vom Leibe gerissen, hätte die Mutter sich mit meinem Mantel bekleidet –, ich hätte es in diesem Augenblick ganz natürlich gefunden. Statt dessen ruhten die Augen der Kleinen mit keinem anderen Ausdruck als dem der Bewunderung auf mir, und die Mutter pries überschwenglich mein »gutes Herz«.

Ich zog den gedruckten Bogen aus der Tasche, um das Notwendigste einzutragen. Mechanisch stellte ich meine Fragen. »Wie alt sind Sie?« – »Sechsundzwanzig.« – Erschrocken sah ich auf: dies gelbe, faltige Gesicht, der krumme Rücken, die dünnen Haare, der erloschene Blick – und sechsundzwanzig Jahre! Ich sah plötzlich meine Tante vor mir, die vierzigjährige – und ein dumpfer Zorn bemächtigte sich meiner. »Wie lange arbeiten Sie am Tage?« – »I steh halt um fünfe auf und leg mich um zwölfen nieder!« – Und das alles nur, um das elende Leben am nächsten Tag weiterzufristen!

»Was verdienen Sie in der Woche?« – »Sechs Mark, und wanns arg gut geht, achte. In der stillen Zeit gibts oft keine drei und vier. Und fünf – sechs Wochen im Jahr is die Arbeit rar.« – Also hatte sie für sich und die ihren weniger, als mein Taschengeld betrug – und ich gebrauchte für bloßen Toilettentand mehr als sie mit den Kindern zum Leben hatte!

Ich ertrug es nicht länger. Das Weltbild verschob sich mir, und seine Farben flossen zusammen, so daß nichts als ein schmutziges Grau übrigblieb. Ich griff in die Tasche, und in der Empfindung, etwas zu tun, was für mich weit beschämender war, als für die arme Frau, schüttete ich ihr den Inhalt meiner Börse in den Schoß und lief, so rasch ich konnte, davon. Als ich, trotz aller Mühe, mich zu beherrschen, atemlos und erregt von dem Erlebten berichtete, erklärte die Tante mich für »überspannt«. »Wie kannst du die Dinge nur von unsern Empfindungen aus bewerten. Die Leute sind das nicht anders gewöhnt, und wenn für das Notwendigste gesorgt wird, sind sie zufrieden. Sie übermäßig zu bedauern heißt, sie zu Sozialdemokraten machen.«

Ein andermal kam ich zu einem alten Manne, dessen Tochter Fabrikarbeiterin war. Die Armenunterstützung, die er erhielt, reichte zu seiner Erhaltung nicht aus, und sie hatte erklärt, von ihrem Lohn nur wenig erübrigen zu können. Der Alte saß am Fenster eines reinlichen Zimmerchens, als ich eintrat; er hustete beinahe ununterbrochen, rauchte aber trotzdem die Pfeife, und fast undurchdringliche Wolken umgaben ihn. Meinem Wunsch, ein Fenster zu öffnen, widerstand er heftig. »I hobs auf der Brust und vertrag ka Zugluft nöt«, sagte er. Unter Räuspern und Husten begann ich mein Verhör. Er beklagte sich lebhaft über die Tochter, die »a schön's Stück Geld« verdiene, aber »alleweil mehr an Putz denkt als an den alten Vater« und lieber auf »die Tanzböden umanand hupft« als bei ihm zu sein, der »dös ausgeschamte Ding doch nu amal in die Welt gesetzt hat«. Gerade ging die Türe auf »d' Resi« kam nach Haus, ein schmalbrüstiges junges Mädchen mit hektischem Rot auf den Wangen und fiebrig glänzenden Augen. Sie hustete. »Kannst nit a bissel s' Fenster auftun?« bat sie nach einer verlegenen Begrüßung. »Wenn man eh' den ganzen Tag gar nix wie Staub schluckt.« Aber der Alte gab nicht nach, sondern eiferte bloß über die ungeratenen Kinder – »zu meiner Zeit gab's koanen eignen Willen nöt bei die Madl. Heut zu Täg is aus mit'n schuldigen Respekt.« Die Resi bat mich, ihr mit meinem Fragebogen in die Küche zu folgen. Dort riß sie das Fenster auf, und ein Hustenanfall erschütterte ihre Brust, so daß ihr vor Anstrengung die Schweißtropfen auf der Stirne standen. Seit vier Jahren arbeitete sie, die eben erst achtzehn geworden war, in der großen Spinnerei, zu deren Aktionären auch meine Tante gehörte, wie ich aus ihrem eifrigen Studium der betreffenden Kurszettel erfahren hatte. Sie verdiente sieben Mark in der Woche, wovon sie dem Vater die Hälfte abgab. »Für mehr langt's gewiß nit, Fräulein«, fügte sie mit tränenden Augen hinzu, »i brauch a bissel was für's Gewand, und dann – schauen's, wie's mi grad gepackt hat – dös kommt alle Tag' a paar Mal – der Herr Doktor hat gesagt, i soll viel Milli trinken, da hol' i mi heimli an halben Liter am Tag« – aus dem Winkel des Schränkchens suchte sie ein Töpfchen hervor, dabei ängstlich nach der Türe schielend, ob auch der Vater nichts merken könne. »Recht a gute Luft, meint der Herr Doktor, wär' halt auch nötig« – ein bitteres Lächeln huschte um ihre Lippen – »Sie merken's ja selber, wie's hier damit steht, und schlafen muß i a no bei ihm drinnen! Wie's aber in der Fabrik is, das wissen's gewiß nit – da schluckt einer weiter nix wie Baumwolle.«

Zu Hause meinte ich, es wäre am besten, der Alte käme ins Spital. Die Tante war empört über meine Herzlosigkeit. »Ein Kind gehört zu seinen Eltern«, sagte sie, »und dann am sichersten, wenn sie alt und krank sind.« Nach einer neuen, »sachverständigeren« Untersuchung wurde festgestellt, daß die Resi am Sonnabend stets auf dem Tanzboden zu finden sei und für bunte Bänder immer Geld übrig zu haben scheine. Diese Entdeckung wurde mir mit allen Zeichen einer Entrüstung mitgeteilt, die ich beim besten Willen nicht zu teilen vermochte. »Wir gehen doch auch in Gesellschaften – noch dazu, ohne die ganze Woche gearbeitet zu haben«, sagte ich naiv, »und die Resi ist jung wie wir, dazu arm und krank – laßt ihr doch das bißchen Lebensfreude.«

Von da an wurden mir die Armenbesuche verboten. Nur zu Weihnachten durfte ich an der allgemeinen Bescherung des Krippenvereins teilnehmen. In einem langen niedrigen Saal standen hölzerne Tafeln mit geschmacklosen bunten Wollsachen, Schuhen, derben Wäschestücken, ein paar Pfefferkuchen und verschrumpelten Äpfeln bedeckt; ein dürftig geschmückter Baum streckte seine großen Zweige wie lauter wehklagend erhobene Arme nach der Zimmerdecke. Lieblos und nüchtern – gar nicht nach Weihnachten – sah es aus, und ich mußte der Großmutter denken, die selbst den Ärmsten immer irgendeine »Überraschung« bereitete, denn »les choses superflus sont des choses très nécessaires« pflegte sie mit ihrem gütigsten Lächeln zu sagen. Auf der einen Seite drängten sich die Frauen und Kinder eng zusammen, auf der anderen saßen die Damen des Vorstands, und unter dem Baum stand Pfarrer Haberland, der die Festpredigt hielt. Er war mir völlig fremd diesen Abend, als er so viel vom »Vater im Himmel« sprach, »der die Armen nicht verläßt«, von »den wahrhaft christlichen Seelen der gütigen Geberinnen«, von der gebotenen »Dankbarkeit und Zufriedenheit der Empfangenden«. Dann wurde gesungen und dann beschert, wobei die Mütter ihre Kinder immer wieder ermahnten, »vergelts Gott« zu sagen, obwohl die kleine Gesellschaft offenbar nicht recht wußte, warum. – Über eine Gummipuppe und ein Holzpferdchen hätten sie sich tausendmal mehr gefreut als über all die prosaischen Nützlichkeiten.

Trotzdem von der Riesentanne in unserem Musiksaal wenige Stunden später hunderte von Kerzen ein warmes strahlendes Licht verbreiteten und alle Geschenke meiner Eitelkeit zu schmeicheln schienen, verlebte ich noch nie ein so trauriges Weihnachtsfest. Ich sei »schlechter Laune«, meinte die Tante ärgerlich, der mein Dank nicht stürmisch genug war. Nachts darauf hatte ich wieder einen heftigen Anfall von Seitenschmerzen und wußte bald nicht mehr, ob meine Tränen um das körperliche Leid oder um die Zerrissenheit meines Innern flossen.

Ich mochte die Sitzungen der Vereine nicht mehr besuchen, trotzdem mir dringend empfohlen wurde, mir die gute Gelegenheit, so viel zu lernen, nicht entgehen zu lassen. Nur nichts hören und sehen von dieser Hölle, in die die Armen mir rettungslos verdammt erschienen!

Ich ging aufs Eis und in Gesellschaften und ins Theater, und je mehr die natürliche Lebenslust befriedigt und die Eitelkeit genährt wurde, desto leichter wurde mir ums Herz. Fuhren wir spazieren, die Tante und ich, und unser blauer Wagen rollte in die Vorstadt mitten durch den Zug der heimkehrenden Arbeiter, so schloß ich am liebsten die Augen, nachdem meine Bitte, diese Gegend zu meiden, als »sentimental« unerfüllt geblieben war. Aber gerade wenn ich nicht hinsah und nur die müden Schritte hörte und das freudlose Gemurmel vieler Stimmen, war es mir, als ginge ich mitten unter ihnen und sähe meinen Doppelgänger bequem in die seidenen Kissen gelehnt an mir vorüberrollen. Und dann packte mich eine Wut – eine Wut, daß ich am liebsten den nächsten Stein genommen und ihn den vornehmen Faulenzern ins Gesicht geschleudert hätte!

Sah ich dann, wie aus wüstem Traum erwachend, um mich, so fiel mein Blick nur auf gleichgültige oder bewundernde Mienen – es gab sogar Männer, die die Mütze zogen vor uns. Ich wandte jedesmal den Kopf ab.

Im Mai kam mein Vater, um mich heimzuholen. Er war von überströmender Freude und Zärtlichkeit, die ich gerührt und dankbar empfand. Seine Schwester rühmte mich als das Produkt ihrer Erziehung, wobei sie ihrer Mühen und Opfer ausgiebig gedachte und es an Seitenhieben auf die Eltern nicht fehlen ließ, die mich in so »verwahrlostem« Zustand ihr übergeben hatten. Seltsam, wie mein sonst so heftiger Vater sich das alles gefallen ließ; zwar schwollen ihm oft die Adern auf der Stirn, aber er schwieg. Ich freute mich auf Zuhause, auf die Liebe, die mich umgeben, die Freiheit, die ich genießen sollte, auf die Pflichten, von deren Erfüllung ich mir Befriedigung versprach. Alles Böse wollte ich den Eltern vergessen machen, was sie durch mich erfahren hatten! Meine Gedanken und meine Empfindungen waren schon lange, lange vor mir daheim.

Als ich zum stillen Abschied am letzten Abend im dämmernden Park auf und nieder ging, kam es über mich, wie eine Vision. Ein großes, dunkles Tor sah ich und eine endlose schwarze Schlange langsam schleichender Menschen, die daraus hervorkroch: Mädchen, wie die Resi, und Frauen, wie die arme Witwe, und viele, viele Kinder mit sonnenlosen Gesichtern. – Ich warf mich ins Gras und weinte bitterlich. Als ich dann ins helle Licht der Lampen trat, schlang die Tante, beim Anblick meiner tränenfeuchten Augen, gerührt über so tiefen Abschiedsschmerz, die Arme um mich.

»Bleibe mein gutes Kind«, sagte sie beim Abschied mit Betonung.

VI. KAPITEL

Lily kehrt in die Garnison des Vaters, nach Brandenburg, zurück. Der Sommer vergeht mit Spiel und Fest und Flirt, der Lily besonders reizt. Empört konstatiert sie die Benachteiligung des weiblichen Geschlechts auch auf diesem Gebiet: wo dem jungen Mann – ihre Anschauung betrifft da vor allem den jungen Offizier – so ziemlich »alles« erlaubt ist, gilt jede offen gezeigte Freundlichkeit oder Sympathie bei einem jungen Mädchen als provokatives Entgegenkommen, das Tadel und Verbote nach sich zieht. Gegen Ende dieses trotz allem wohl fast ganz dem Vergnügen gewidmeten Sommers erkrankt Lily schwer an einer Nierenentzündung.

Nun wird sie schlafen – –« hörte ich in halbem Traum den Arzt zu meiner Mutter sagen, während sich leise die Türe hinter ihnen schloß. Seit vier Tagen hatte ich mich in Schmerzen gewunden, die selbst der Morphiumspritze standhielten. Heute war ich chloroformiert worden. Durstig hatte ich unter der Gazemaske den süßen Duft wachsender Betäubung eingesogen. Jetzt lag ich schwer, wie in Ketten gebunden, auf dem Bett – schmerzlos, schlaflos. Ein mattes, rosig flackerndes Licht ging von dem Nachtlämpchen neben mir aus. Die gelben Blätter auf der Tapete zuckten hin und her – zuerst langsam, dann immer schneller, schneller –, mir wurde schwindlig dabei. Ich schloß die Augen. Gott, war ich müde!

Dann wußten die Ärzte endlich, woran ich litt: die Nierenentzündung, die mich so überwältigt hatte, ließ keinen Zweifel mehr daran. Ich mußte bewegungslos, gerade gestreckt im Bette liegen, auch dann noch, als die Weiße mit den Mondaugen mich längst verlassen hatte. Statt ihrer spitzen Eisfinger in meinem Körper bohrten sich viele kalte Gedanken in mein Hirn.

Wo war ich? Hatte nicht der Morphiumrausch des Leichtsinns alles Gute, Starke in mir eingeschläfert? War ich nicht meinen großen Kinderhoffnungen untreu geworden? Oder: sie mir?! Tanzen, reiten, lachen, mit Herzen spielen wie mit Federbällen – das Schwesterchen ein bißchen hätscheln, das Haus ein bißchen schmücken –, sollte das des Lebens einziger Inhalt sein? War ich mit sechs Jahren nicht reicher gewesen als heute, nach einem Jahrzehnt? Und viel reicher damals, da ich mir den Baldurtempel baute? Ich grub – grub ratlos im verschütteten Schacht meines Innern. Halb verhungert im dunkelsten Winkel, saß sie in sich versunken und grau, meine arme Seele. Wie arm, wie elend war ich! Wo war mein Ziel für mich, des Ringens wert? Wo eine große Flamme, um des Lebens dunkle Asche wieder anzufachen?!

Ein schmales, blasses Antlitz, von schwarzen Spitzen umschlossen, beugte sich über mich. »Großmama«, flüsterte ich, und es war, als ob die Hoffnung eine Türe öffnete, die ins Helle führte. »Nur still, mein Liebling, ganz still –«, sagte sie lächelnd, und eine Träne fiel mir auf die Stirn, eine Freudenträne.

Mit einer Pflichttreue, die keine Schwäche aufkommen ließ, hatte meine Mutter mich Tag und Nacht gepflegt. Großmama war gekommen, sie abzulösen. Sie war es auch, die, wie immer, wenn es zum Wohle ihrer Kinder und Enkel notwendig war, die Mittel hergab, durch die ich gesund werden sollte. Als der Arzt mir eine Karlsbader Kur verordnete, wußte ich wohl, warum Mama die Lippen zusammenpreßte und Papa sich unruhig räusperte: was sie hatten, verschlang des Lebens notwendiger Aufwand.

So fuhr ich denn mit Großmama, sobald ich transportfähig war, nach Karlsbad, wo sie selbst so oft schon Heilung gefunden hatte. Ihr alter Arzt, zu dem sie mich brachte, schüttelte den Kopf über mich, einen dicken, kahlen Mönchskopf, der auf einem dünnbeinigen Zwergenkörper saß. »Nur Seelenaufruhr, wo es nicht das Alter ist, führt zu solchen Körperkatastrophen« – ein fragender Blick aus kleinen blitzenden Äuglein richtete sich auf mich.

»Wie alt ist denn das Fräulein?«

»Siebzehn Jahr!«

»Siebzehn Jahr!« Er sprang auf vom Stuhl und durchmaß das Zimmer mit kleinen hastigen Schritten, wobei der runde Kopf sich immer von einer Schulter zur anderen neigte.

»Liebesschmerzen?« – Dabei bohrte sich sein Blick in den meinen. Ich lachte verneinend und schwieg. Hätte er andere Schmerzen verstanden, auch wenn ich sie ihm erklärt haben würde?

Mit jener taktvollen Zurückhaltung, die jeden Zwang auf das Vertrauen eines Menschen – auch des Nächsten – sorgfältig vermeidet, forschte auch Großmama nicht weiter, und ich, so gar nicht gewöhnt, mich auszusprechen, fürchtete mich fast davor. Aber wenn wir im Morgensonnenschein unsere Spaziergänge machten, auf bequemen Wegen durch duftenden Tannenwald, der gerade seine grünen Frühlingskerzchen aufgesteckt hatte, und die Gipfel der sanft geschwungenen Höhenzüge erreichten, die dem Kranken Kraftleistungen so freundlich vortäuschen, dann durchströmte mich linde, lösende Lenzluft, und schüchtern tastend wagten sich Fragen hervor und Geständnisse.

»Ich kann nicht glauben, Großmama«, sagte ich einmal, als sie von dem inneren Frieden durch den Glauben gesprochen hatte. Wir saßen gerade vor der großen, alten Fichte, mit dem verwitterten Muttergottesbild daran, die auf dem Wege zum Freundschaftstempel den ganzen Wald zu beherrschen scheint.

»So laß alle Fragen des Glaubens dahingestellt und handle nur im Geiste Christi, erfülle deine Pflichten, diene den Menschen, unterdrücke die bösen Triebe in dir und pflege die guten, dann wird der Glaube von selbst kommen, und es wird stille werden in dir.«

Ich schwieg, mechanisch zeichnete mein Schirm Kreise in den Sand. War der Baum vor mir nicht auf Kosten derer, die er besiegte, denen er die Sonne nahm, so gewaltig emporgewachsen? Ein lebendiger Protest erschien er gegen das Madonnenbild mit den Schwertern im Herzen, das sich in seine Rinde grub. Etwas in mir empörte sich gegen die gütige alte Frau neben mir. Meine Kraft täglich in kleinen Opfern verbluten lassen, hieß das nicht schließlich mich selber morden? Und ich begehrte ja gar nicht des Ziels, ich wollte nicht stille werden, ich wollte den Kampf und das laute, sprühende Leben. Aber der Mut fehlte mir zu sagen, was ich dachte. Darum fragte ich nur leise: »Und das Glück, Großmama?«

Sie lächelte, und eine ganz kleine, wehe Falte erschien zwischen ihren Brauen.

»Das Glück! – Wir sitzen, wenn wir jung sind, immer wie vor einem Vorhang und starren gebannt darauf hin und erwarten ein Zaubermärchen von dem Augenblick, wo er aufgeht. Indessen versäumen wir all die echten Gaben des Glücks, die es um uns ausstreut: die Liebe der Unseren, die Gaben des Geistes, die Frühlingsblumen und den Sommerhimmel. Mache nur die Augen auf und strecke die Hände aus, dann hast du sie.«

»Ist das alles?!«

»Nein, mein Kind«, entgegnete die Großmutter, und ein feierlicher Ernst legte sich über ihre Züge. »Du wirst Weib werden und Mutter, und Liebe empfangen und tausendfältige Sorgen. Und dann wirst du wissen, daß sie auf sich nehmen und Liebe geben, mehr als dir gegeben wurde, das Glück ist.«

Wir gingen weiter; ich kämpfte mit den Tränen. Meine Mutter fiel mir ein: sie erfüllte bis zur Erschöpfung ihre Pflicht, aber ihre Lippen preßten sich immer enger aufeinander, als müßten sie krampfhaft die Qual zurückdrängen, die nach Ausdruck verlangte. Und an Onkel Walter dachte ich und an jenen unvergessenen Auftritt mit seiner Mutter in Berlin; und an all die leisen Zurücksetzungen und Kränkungen, die sie, die immer Gute, von ihren Kindern zu ertragen hatte. Ich wußte: auch sie hatte gelebt und geliebt und nach schwindelnden Höhen gestrebt, und dies war das Ende, das von ihr gepriesene, von all dem Sehnen, all den heißen Hoffnungen, die einzige Frucht, die aus dem blühenden Leben so vieler Talente, so vieler Kräfte hervorging? Mich überlief's, wenn ich mein Leben an diesem maß. Ich fühlte schmerzhaft die große Kluft zwischen ihrem abgeklärten Alter und meiner gährenden Jugend. Liebe und Verehrung kann bestehen zwischen beiden, auch wohlwollendes Verständnis, und starke Wirkungen können ausgehen von einem zum anderen, aber jene magnetischen Ströme fehlen, durch die das Feinste und Tiefste lebendig vom Menschen zum Menschen flutet. Auf dem Wege zu schwindelnden Bergeshöhen kann der Greis nicht mehr Schritt halten mit dem Jüngling, und grausam ist es, wenn er ihn an sich fesselt, aber noch viel grausamer gegen sich selbst, wenn Jugend, ihre Triebe hemmend, sich freiwillig dem Alter unterwirft. Trennung – auch wenn sie Wunden reißt – ist eine Bedingung des Lebens.

Unter allerlei Gesellschaft in Karlsbad befindet sich auch ein Herr v. Gersdorff, der mit Nietzsche befreundet gewesen ist.

Eines schönen Maienmorgens saßen wir in großer Gesellschaft eben eingetroffener Verwandter auf der »alten Wiese« vor dem »Elefanten«; Großmama war mit ihnen in die Besprechung alter und neuer Familiengeschichten vertieft, die mich immer sehr langweilten; Gersdorff las in einem der vielen Bücher, ohne die er das Haus nicht zu verlassen pflegte. Ich machte mich im stillen über die bademäßig herausgeputzte, mit rosa Brottüten bewaffnete, rührig, wie zum ernstesten Geschäft, ihrem Ziel, dem lockenden Frühstück, zustrebende Menge lustig, die an uns vorüberflutete. Mir war sehr wohl, sehr behaglich zumute, wie nur einem jungen Gesundgewordenen sein kann, der die gekräftigten Glieder in der warmen Frühlingssonne dehnt. Da fiel mein Blick auf die »Fröhliche Wissenschaft«, Nietzsches jüngstes Werk, das neben Gersdorffs Tasse lag. Er hatte Großmama zuweilen einzelne Abschnitte daraus vorgelesen, von denen mir die Empfindung des unheimlich Fremden zurückgeblieben war. Mechanisch fing ich an, darin zu blättern, bis ein Satz mir ins Auge sprang: »Das Leben sagt: Folge mir nicht nach; – sondern dir! sondern dir! Leidenschaft ist besser als Stoizismus und Heuchelei, Ehrlichsein, selbst im Bösen, besser, als sich an die Sittlichkeit des Herkommens verlieren ...«

Wenn ein eifriger Luftstrom durch plötzlich weit aufgerissene Fenster den im warmen Zimmer Sitzenden trifft, so schauert er zuerst frierend und angstvoll zusammen, um im nächsten Augenblick mit tiefen durstigen Zügen den reinen Quell einzusaugen, der ihm die dunstig-schwere Schwüle ringsum erst zum Bewußtsein bringt. Wie solch einem war mir zumute. Kämpfte ich nicht ständig, um mich dem Leben und dem Herkommen unterzuordnen? Versuchte ich nicht, mir einzureden, jeder Sieg über meine innersten Triebe sei ein Zeichen wachsender Tugend? Und hatte doch stets ein schlechtes Gewissen dabei!

Lustige Stimmen schlugen an mein Ohr:

»Auf Wiedersehen beim Konzertnachmittag ...«

»Gehst du zur Reunion heut abend ...?«

»Wir gehen ins Theater ...«

Halb abwesend starrte ich von einem zum anderen.

»Alix hat Tagesträume«, hörte ich Großmama sagen; verwirrt schlug ich das Buch zu. Abends vor dem Schlafengehen trug ich den Satz aus dem Gedächtnis in mein Notizbuch ein – zwischen lauter Adressen, Gedichten und Rezepten. Mit Großmama wechselte ich kein Wort darüber; ich fürchtete mich; wie ein Dieb kam ich mir vor, der ängstlich den gestohlenen Brillanten hütet, und instinktiv fühlte ich, daß es keinen größeren Gegensatz geben könne, als den zwischen diesen Worten und der Lehre von der Nachfolge Christi, zu der Großmama sich bekannte. Ein Schleier war zwischen uns niedergefallen, der nicht trennt, aber die Klarheit der Züge verwischt.

Ende Mai machten wir unserem Arzt die Abschiedsvisite.

»Na also!« sagte er zufrieden. »Da wären die roten Backen wieder! Aber nun gilt's brav sein und gehorchen und das Herzchen festhalten ...!«

Nachdem er eine Reihe von Verordnungen gegeben hatte, hielt er zögernd inne. »Und nun das Schlimmste für so ein junges, hübsches Fräulein: für die nächsten sechs – acht Monate ist jede Art starker Bewegung verboten. Also kein Reiten – kein Tanzen –«

Er erwartete offenbar meinen heftigsten Widerspruch und sah mich auf mein freimütiges »Gewiß, Herr Doktor« mit unverhohlenem Erstaunen an.

»Du bist ein tapfres Kind!« sagte Großmama, als wir die Treppe hinuntergingen ...

»Gar nicht, Großmama!« erwiderte ich. »Denn nur eins wünsch ich mir: Ruhe zum Lernen, zum Lesen und Arbeiten.«

Es schließt sich eine Reise mit der Großmutter nach Weimar an.

In Weimar wohnten wir bei Großmamas Bruder an der Akkerwand, dicht neben dem Hause der Frau von Stein, wo die Lorbeerbäume in ihren großen Kübeln noch ebenso auf dem Vorplatz standen wie zu der klassischen Zeit, da die »liebe Lotte« unter ihnen zum Nachmittagstee ihre Freunde empfing. Aus unseren Fenstern sah man weit hinein in den Park.

Noch am selben Tage ging ich mit Großmama nach dem Frauenplan, um in Goethes Stadthaus den letzten seines Namens zu besuchen, der ihr Jugendfreund war. Still und zurückgezogen, sich ängstlich vor der Berührung mit der Welt hütend, lebte Walter Goethe oben in den Giebelzimmern seiner verstorbenen Mutter. Ein großes Bild des Dichters hing im Empfangsraum; es erdrückte die kleine Stube und noch mehr den kleinen, armen Nachkömmling darin. Ich konnt es nicht fassen, daß dies ein Goethe war! Erst als die beiden Freunde miteinander sprachen, fühlte ich die andere Welt, aus der sie stammten. Wie warm und echt waren die Empfindungen, denen sie Worte liehen, wie lebendig die Interessen, an denen sie Anteil nahmen – so sprach man heute nicht mehr miteinander, wo Gefühl ein Spott und Blasiertheit Trumpf war.

Je länger wir in Weimar blieben, desto mehr empfand ich seinen Geist. Freilich, die Menschen, mit denen Großmama verkehrte, waren alle alt, alles ihre Zeitgenossen, und doch, weil sie treu ihrer Jugend waren, seelenjung. Da war der Onkel, bei dem wir wohnten, ein Mann von jener schlichten Vornehmheit, die allein das Zeichen echter Kultur ist; da war der Großherzog mit seiner leidenschaftlichen Liebe für Weimars Tradition, der er bescheiden sich selbst unterordnete, überall nach geistigen Werten Umschau haltend und sich der Funde freuend, wie ein Sammler an seinen Schätzen; da waren Frauen, die begeistert und begeisternd nicht Namen und Titel und bunte Uniformen zu Gaste luden, sondern führende Geister, werdende und gewordene. Ich taute allmählich auf in dieser Umgebung und lernte, ohne Scheu vor dem Ausgelachtwerden oder dem erstaunten Verstummen der anderen, von dem reden, was mich interessierte, und fragen nach dem, was ich zu wissen begehrte. Der Vorsatz befestigte sich in mir: ich wollte nicht mehr zurück in die Welt der Konvention und der kühlen Phrase, wo feste Schlösser vor Herz und Mund Bedingung guter Erziehung sind.

Großmama sprach von einem künftigen Hofdamenposten für mich. So ganz nach meinem Geschmack war das allerdings nicht; von all den Tanten und Kusinen, die ihn inne hatten, wußte ich, wie viel drückende Dienstbarkeit er mit sich brachte. Aber viel besser erschien es mir immerhin, in Weimar abhängig zu sein, als von einer Garnison zur anderen stets in derselben Leutnantsatmosphäre leben. Meine heimlich gehegten Dichterträume würden hier vielleicht reifen können, und ganz im verborgenen tauchte dazu eine romantische Hoffnung auf: ihn hier zu finden, den märchenhaften Schwanenritter, dem mein Herz gehören sollte!

Gegen Ende unseres Aufenthalts ging ich noch einmal mit Großmama zu Walter Goethe. Er war ungewöhnlich freundlich zu mir und erfüllte ohne weiteres meinen Wunsch, allein in Goethes Zimmer gehen zu dürfen. Ich schloß es mir auf und öffnete die kleinen Läden und stand dann still und stumm mit gefalteten Händen vor dem Stuhl, in dem er gestorben war, an seinem Bett. Wie einem, der auszieht zum Kampf und Abschied nimmt, unsicher, ob er jemals wiederkehrt, war mir zumute. Goethes Gebet kam mir unwillkürlich auf die Lippen: Gib mir große Gedanken und ein reines Herz.

Ich mochte blaß und verweint genug aussehen, als wir abreisten; sorgenvoll sah mich Großmama an: »Bist du nicht wohl, mein Kind?«

Da kam mir zum Bewußtsein, was ich ihr alles verdankte: Zu dem heißen Wunderquell hatte sie mich geführt, der meinen Körper heilte, und erschlossen hatte sie die Quellen, die meine Seele nährten. Mit beiden Händen griff ich nach ihrer Hand und preßte die Lippen darauf: »Ich bin ganz, ganz gesund, Großmama!«

VII. KAPITEL

Es folgen Ferien in Pirgallen, wo Lily ihren Onkel Walter wieder einmal als harten, unsozialen Gutsherrn sieht. Sie liest Goethe und weist einen neuen Bewerber ab, was ihr übelgenommen wird. Sie ist 18 Jahre alt! Wie verständlich, daß sie ihre Zukunft offenhalten will und auf einen wartet, den sie lieben kann.

Dann wird der Vater Brigadechef in Schwerin, in der tiefsten Provinz, das Städtchen vom herzoglichen Schloß beherrscht. Engstes Standesdenken. Lily sucht sich zu zerstreuen. Sie dichtet einen Prolog für das kleine Hoftheater. Vom Erfolg beflügelt, versucht sie zu schreiben, erkennt aber selbst, daß sie noch nichts Rechtes zu sagen hat.

Wieder in den Bergen, in Grainau, trifft sie Prinz Hellmut wieder, einen Gespielen aus Kindertagen. Eine Romanze spinnt sich an. Zurück in Schwerin treffen sich Lily und Hellmut wieder.

Mitte Juni war ich wieder in Schwerin. In vier Wochen stand der Einzug des Großherzogs bevor, dem eine Reihe von Festlichkeiten aller Art folgen sollte. Unmöglich konnte ich meiner Mutter alle Toilettensorgen allein überlassen, und meine Tante, die kurz nach Hellmuts Abreise in Grainau eingetroffen war, schenkte mir aus lauter Rührung über meine Pflichttreue ein rosaseidenes Kleid, von weißem, goldgesticktem Tüll überrieselt. Nun saß ich zu Mamas hellem Erstaunen selbst in der Schneiderstube. »Das sind ja ganz neue Talente, die du entwickelst«, sagte sie, während ich unermüdlich anprobierte, steckte und heftete, nur die mechanische Vollendung der Arbeit der Näherin überlassend. Niemand sollt' es merken, daß unsere Kleider nicht bei Gerson gearbeitet worden waren. Es war mir beinahe störend, daß ein paar unentwegte Bewerber vom vorigen Winter zu meinem Geburtstag eine Landpartie arrangiert hatten, die mich einen ganzen Tag Arbeitsunterbrechung kosten würde. Schließlich aber amüsierte ich mich dabei köstlich und ließ mir vergnügter denn je den Hof machen. Wir lagerten gerade unter den Buchen und ließen die Sektpfropfen knallen, als mein Vater erschien, der am Vormittag nicht hatte abkommen können, und eine himmelblaue Uniform neben ihm auftauchte.

»Ich bringe Se. Durchlaucht den Prinzen Hellmut gleich mit, der uns heute seinen Besuch hat machen wollen«, sagte Papa. Alle waren aufgesprungen und verstummt. Jeder Prinz, selbst der kleinste, ruft in jedem, selbst dem vornehmsten Kreis, eine Verlegenheitspause hervor. Hellmut verbeugte sich und trat dann rasch zu mir, die ich mich allein von meinem Rasenplatz nicht gerührt hatte. »Diesen Tag habe ich mir zu meiner Antrittsvisite ausgesucht, um Ihnen als alter Freund meine ergebensten Glückwünsche zu Füßen zu legen.« Bei der förmlichen Anrede sah ich erstaunt zu ihm auf.

»Ich danke Ihnen, Durchlaucht, daß Sie sich meiner erinnern«, antwortete ich mit kaum verhülltem Spott.

Als wir nachher ziemlich isoliert beieinander saßen – die anderen hielten sich trotz all ihrer Neugierde in respektvoller Entfernung –, erklärte er mir sein Verhalten. Mein Vater hatte ihn gebeten, von dem »Du« unserer Kindheit Abstand zu nehmen, »Sie kennen die Klatschmäuler kleiner Residenzen zu gut, um meinen Wunsch mißzuverstehen«, hatte er hinzugefügt. Er war ein schlechter Psychologe, der gute Papa! Er hätte wissen müssen, daß dieses Verbot unseren Beziehungen die Harmlosigkeit nahm und ihnen den Stempel der Heimlichkeit aufdrückte. Wir kehrten ohne Verabredung zum Du zurück, sobald wir allein waren, und redeten uns vor anderen, belustigt über die Komödie, die wir den Dummen vorspielten, »Durchlaucht« und »gnädigstes Fräulein« an.

Strahlende Sommertage kamen. Die Jahreszeit, in der wir geboren wurden, hat eine geheimnisvolle Bedeutung für unser Leben. Nie fühle ich das Dasein mit seinen Schrecken und Schmerzen, seinen Wonnen und Seligkeiten so stark und tief, als wenn dem Himmel und der Erde Glutwellen entströmen. Wie die Rosenknospe sich öffnet und sich bis zur Tiefe ihres goldenen Kelchs der leuchtenden Sonne preisgibt, so öffnet sich dann mein Herz.

An einem Julimorgen zogen unter klingendem Spiel und wehenden Fahnen Friedrich Franz II. und Anastasia, seine Gemahlin, durch die Straßen von Schwerin zum Schloß. Am Abend desselben Tages, während der Mond hoch am Himmel stand und das Märchenschloß in silberne Schleier hüllte, war der ganze See von großen und kleinen, mit tausenden bunter Lampen geschmückten Schiffen belebt. Bis hoch in die Masten schwangen sich die Lichterketten, und Blumengirlanden schleiften im schimmernden Wasser.

Nur wenige Würdenträger waren an diesem Abend ins Schloß geladen, um von den Terrassen des Burggartens aus dem Schauspiel unten zuzusehen. Wir gehörten dazu, und Hellmut auch, der der Suite des vornehmsten Gastes, des Königs von Griechenland, attachiert worden war.

Abseits stand ich unter den Taxushecken, als eine Stimme hinter mir flüsterte: »Komm mit.« Ich nahm den Arm, der sich mir bot, und fühlte bebend den Druck, mit der er den meinen an sich preßte.

Versteckt zwischen den Rotdornbüschen lag drunten ein Boot. Es trug keine Lichter, nur Kissen und Decken und zu Füßen der Sitze in hellen Körben eine Fülle von Rosen. Wir fuhren dicht am umbuschten Ufer entlang und hinaus, wo der See immer dunkler und einsamer wurde. Wie ein Heer von Glühwürmchen erschienen von hier aus die Lichter der Schiffe, während der Mond groß und majestätisch zu uns hernieder sah.

»Frierst du, Alix?« – Er zog die Ruder ein und hüllte mich kniend fester in die Decken. Seine Hand, die meinen bloßen Arm berührte, war heiß und zitterte, und durch mein Herz zuckte ein schneidender Schmerz, der dabei doch so seltsam wohl tat ... Wir sahen einander an – tief und fest.

Da tauchte ein anderes dunkles Boot neben uns auf.

»Durchlaucht verzeihen – die Herrschaften brechen auf –, darf ich meine Hilfe anbieten?« Graf Waldburg war's, ein Regimentskamerad des Prinzen, der rasch entschlossen in unser Boot sprang, mitten in die bunten Schiffe hineinruderte, wo wir – zu dritt! – von allen Seiten gesehen wurden und mit unseren Rosen in die Blumenschlacht eingriffen; zusammen erschienen wir im Burggarten in der Gesellschaft und erzählten so harmlos als möglich von unserer lustigen gemeinsamen Fahrt.

»Ich danke Ihnen, Waldburg«, flüsterte Hellmut. Noch ein Zusammenschlagen der Sporen, ein höflich-kühles Kopfneigen als Antwort von mir, und ich schritt hinter den Eltern dem Wagen zu, der uns heimbrachte.

Wie lauter Träume folgten einander die Sommertage. Krachende, kurze Gewitter schienen die sonst so schwere Luft Mecklenburgs immer wieder zu zerstreuen; die Jugend wagte es plötzlich, jung zu sein, und die Alten lächelten nachsichtig darüber.

Der sonst so stille Park war voller Leben: wir tanzten auf glattem Rasen zwischen buntbewimpelten Masten; wir spielten alte traute Kinderspiele unter dem Schatten der Bäume; und, müde geworden, verloren wir uns in den geschnittenen Buchengängen, vorbei an springenden Wasserkünsten und verwitterten Götterbildern. Blind und taub für die Welt um uns her, und doch wie gefeit durch die Weihe der Hohenzeit des Jahres, bewegten wir uns unter den Menschen.

Oft ging es in bekränzten Wagen weiter hinaus in die Wälder, oder an einen der ferneren Seen, von denen jeder uns schöner dünkte als der andere: der eine, weil er sich schmal und lang zum Horizont erstreckte, von freundlichen Dörfern rings umgeben, der andere, weil er einsam und dunkel zwischen bewaldeten Hügeln lag. Oder wir ritten am taufrischen Morgen mit verhängten Zügeln querfeldein, wo oft meilenweit kein Mensch uns begegnete, kein Haus zu sehen war, bis ein stattlicher Gutshof auftauchte, die ärmlichen Taglöhnerhäuser überragend, – ein verkleinertes Abbild von Schwerin. Wenn ich sie sah, pflegte ich schon von weitem kehrtzumachen.

»Sie fürchten sich wohl vor den Dorfkötern?« meinte bei solcher Gelegenheit eine schnippische Freundin. »Das traut mir wohl keiner zu«, antwortete ich, »aber ich schäme mich vor den armen Leuten.« Alles lachte; nur Hellmut wandte sich mir zu und sagte: »Das würden die armen Leute am wenigsten verstehen. Ich glaube, daß sie für uns nichts empfinden als Neugierde und Bewunderung.«

»Um so schlimmer! Ich verstehe sie nur, wenn sie mit Steinen nach uns werfen«, entgegnete ich laut und drückte meiner Stute die Peitsche in die Flanke, so daß sie gehorsam in langen Galopp verfiel. Hellmut aber blieb mir dicht zur Seite, griff mit der Rechten kräftig in meine Zügel und sagte, während seine hellen Augen mich übermütig anblitzten: »Wirst du mir nicht davongehen, du Süße, Wilde!« Mein Groll war verflogen, – daß ich mich ihm, dem Starken, unterwerfen durfte, – welch tiefe Seligkeit war das!

Einmal waren wir nach Rabensteinfeld hinüber gerudert, dem stillen Witwensitz der alten Großherzogin. Mit dem Dampfschiff war uns eine große Gesellschaft vorausgefahren, lauter ältere und gesetzte Angehörige, die zuweilen die Verpflichtung fühlten, uns Jugend zu beschützen. Ich hielt das nie lange aus und war stets die erste, die Mittel und Wege fand, aus ihrem Gesichtskreis zu verschwinden. Hellmut benahm sich korrekter und wollte die Form nicht verletzen. Auch jetzt stand ich mit einem lachenden: »Wer kein Philister ist, folgt mir«, vom Teetisch auf und ging hinunter an das Seeufer. Ein paar junge Herren kamen mir nach, und empört über Hellmuts Eigensinn, kokettierte ich mit ihnen in erzwungener Lustigkeit.

Als wir in der Abenddämmerung zu Fuß heimkehrten, gesellte er sich endlich wieder zu mir. Eine tiefe Falte grub sich zwischen seine Brauen, die seinem sonst so guten Gesicht einen bösen Ausdruck verlieh. »Das darfst du mir nicht wieder antun – hörst du«, zischte er mich an und eisern umklammerten seine Finger mein Handgelenk. »Verzeih mir –«, flüsterte ich, »aber warum hast du mich allein gelassen?« – »Weißt du nicht, daß ich alles nur um deinetwillen tue?« – Ganz weich war seine Stimme dabei, und schweigsam gingen wir nebeneinander, die Worte waren zu arm für die Fülle unseres Gefühls.

An einem anderen glühheißen Sommertag gab das Grenadier-

Regiment ein Fest im Jagdschloß von Friedrichstal. Heiß und ermattet vom Tanz und vom Spiel, gingen wir alle zum Neumühler See herunter, wo die Buchen und Birken über dem Uferweg dichte Lauben bilden. Allmählich zerstreute sich die Menge hier- und dorthin; wir blieben nur zu fünfen beieinander, – zwei Mädchen und drei Herren. An einer kleinen dichtumbuschten Bucht lagerten wir, und die Lust packte mich, die Füße im Wasser zu kühlen. Meine Gefährtin errötete dunkel bei meiner Aufforderung, es mir nachzutun. »Du, das ist unpassend«, flüsterte sie mir leise zu. »Unpassend?« wiederholte ich laut, »zeigst du vielleicht nicht deine Hände, deine Arme, deinen Hals, – warum nicht deine Füße?« – »Bravo, bravo«, applaudierte einer der Herren. Das stachelte mich auf, und keck von einem zum anderen blickend, fuhr ich fort: »Soll ich euch sagen, was wir alle wissen und ihr nur nicht zu sagen euch getraut? – Wir schämen uns nur unserer Häßlichkeit –« Damit hatte ich rasch Schuhe und Strümpfe abgestreift.

Eine beklemmende Stille trat ein; ich wagte nicht, mich umzusehen, mein Blick haftete auf meinen nackten Füßen, als sähe ich sie zum erstenmal, – sie waren so weiß, so schrecklich weiß! – mir stieg das Blut bis in die Stirne. Ich berührte scheu das Wasser mit den Zehen. »Es – es ist – zu kalt«, brachte ich mühsam hervor und zog die Füße rasch unter die Kleider. Ein Geräusch verriet mir, daß die Herren sich entfernten; die Kleine neben mir, noch röter und verlegener als ich, half mir rasch beim Anziehen und lief dann auch davon. Langsam erhob ich mich, – die Glieder waren mir schwer, – da stand Hellmut vor mir – ein paar Schweißtropfen auf der Stirn und doch ganz blaß.

»Nun baue ich Tag um Tag eine Mauer um dich, damit nichts und niemand dir zu nahe treten kann, und du – du gibst dich diesen – diesen Schurken preis«, kam es stockend über seine Lippen. Mir stürzten die Tränen aus den Augen, – doch schon hatten seine Arme mich umschlungen, und sein Mund preßte sich auf den meinen, und die heißen, lang zurückgedämmten Wogen der Leidenschaft schlugen über uns zusammen.

Wie wir uns trennten, wie ich nach Hause kam, – ich weiß nichts mehr davon. Ich weiß nur, daß ich am weit geöffneten Fenster saß und die linde Nachtluft tief und langsam einsog, als hätte ich nie vorher die Wonne des Atmens gekannt. Dann stockte mein Herzschlag, – ein fester Tritt, ein schleppender Säbel unterbrachen die Stille, ein lichtes Blau schimmerte durch die Büsche des Gartens. »Alix –« klang es sehnsüchtig. – Und ich nahm die Rose, die mir noch zerdrückt im Gürtel hing und warf sie in zwei geöffnete Hände.

Alles Denken war ausgelöscht in meinem Hirn, ich fühlte nur mit gesteigerter Intensität. Morgens am Kaffeetisch umarmte ich zärtlich den Vater, – es fiel mir plötzlich schwer aufs Herz, daß ich seiner rührenden Liebe stets so kühl begegnet war –. »Du hast ja schon in aller Frühe illuminiert«, sagte er und streichelte mir halb erstaunt, halb beglückt die Wangen. Schüchtern und schuldbewußt küßte ich der Mutter die Hände, – wie schlecht hatte ich bisher ihre Treue gelohnt! – ach, und wie ernst und verhärmt sah sie aus! Als aber das Schwesterchen hereinsprang, hob ich sie auf den Schoß und flüsterte in ihr rosiges, von lauter Goldlöckchen umspieltes Ohr: »Du – ich weiß was ganz Heimliches: heut nacht tanzten die Nixen mit dem grauen Schloßzwerg, bis er vor lauter Atemnot auf den Rasen plumpste. Ich glaub' immer, da liegt er noch und schnarcht, und die Nixen haben vor Lachen den Heimweg ins Wasser vergessen. Komm schnell hinaus, – am Ende sehn wir sie noch!« Sie jubelte hell auf vor Freude, und richtig, – zehn Minuten später waren wir unten am See.

Klein-Ilschen suchte – ich aber war still und ernst geworden und sah hinüber zum fernen jenseitigen Ufer: sollte das Glück, das mir dort begegnet war, auch nur ein nächtlicher Spuk gewesen sein? – Wir fanden die Nixen nicht – Klein-Ilschen war böse. Wie wir langsam heimwärts gingen, kam ein Reiter uns entgegen, – ich wagte kaum aufzusehen. Doch schon war er neben mir und hielt den Fuchs am Zügel. »Willst du reiten, Kleine?« sagte er und hob das Schwesterchen, dessen Leidenschaft Pferde waren, in den Sattel. Still gingen wir weiter, unsere Augen aber versenkten sich ineinander, tief, immer tiefer, – bis sie Gewißheit hatten und auch im fernsten Winkel der Seele nichts Lebendiges fanden als nur das eigene Bild.

»Die Nixen waren weg«, sagte das Schwesterchen zu Hause zu Mama, »aber Prinz Hellmut ließ mich reiten!«

»Prinz Hellmut?!« Ein rascher mißtrauischer Blick streifte mich. Ich wandte mich zu den Fenstern und ordnete eifrig die vielen kleinen Lichter zur abendlichen Illumination.

Der Großherzogin Geburtstag war heute; mit dem prächtigsten und zugleich dem letzten Fest dieses Sommers sollte er gefeiert werden. Verwandte und Freunde des Hofes, Deputationen der Garde-Regimenter, der ganze Adel Mecklenburgs waren in Schwerin versammelt. Stundenlang rollten auch vor unserem Hause die Wagen, und die Besucher kamen und gingen; Staatsvisiten waren es zumeist, aber auch solche guter alter Bekannter. Im weißen Spitzenkleid, ein paar gelbe Rosen im Gürtel, stand ich im Salon, neigte mich vorschriftsmäßig über die Hände der Damen und senkte den Kopf vor den Herren. Was mich sonst ermüdete, machte mich heute froh, denn mit geschärften Augen sah ich die Menge der bewundernden Blicke. Wie ich mich dann am späten Nachmittag vor der Abfahrt zum Schloß im Spiegel sah, umrauscht von rosa Seide, deren starker Farbenton gedämpft durch goldgestickten Tüll schimmerte – Rosen auf der langen Schleppe verstreut und Rosen in den dunkeln Locken –, da war ich zufrieden.

Dicht gedrängt standen die Menschen auf der Schloßbrücke, wo die Wagen nur Schritt vor Schritt vorwärts kamen. »Alix von Kleve« – »Alix von Kleve« ging es flüsternd von Mund zu Mund. Dankbar lächelnd neigte ich mich rechts und links aus dem offenen Wagenfenster. Auf den schwarzen Marmorstufen der großen Treppe, in deren tiefem Dunkel das Gold des Geländers und der Säulen sich spiegelte, standen die Lakaien im roten Rock und die Läufer mit dem seltsamen gewaltigen Blumenstrauß über den Stirnen. Und droben in den Vorzimmern gleißte und glänzte es von goldgestickten Uniformen, hellen Schleppen und funkelnden Edelsteinen. Wir wurden zu unseren Plätzen gewiesen. In der Ahnengalerie stand die Jugend. Ich sah durch die Bogenfenster über den See hinaus und rührte mich nicht. Was gingen mich die andern Menschen an? Wozu war ich hier, als allein seinetwegen? Worauf wartete ich, als auf ihn? Die Musik im Thronsaal neben uns intonierte den »Einzug der Gäste« auf der Wartburg, drei schwere Schläge mit dem Hofmarschallstab kündigten das Nahen der Herrschaften an. Ich erwachte aus meinen Träumen.

Ein Rauschen ab und auf: wir versanken in unseren Kleidern und tauchten wieder auf – wie eine lange hellschimmernde Woge. Mein Blick haftete sekundenlang auf dem Herrscherpaar, das langsam durch unsere Reihen schritt: der schlanke Mann mit dem Kennzeichen seines Geschlechts, dem kahlen, glatten Schädel, darunter ein Antlitz von jener blaßgrauen Farbe, die das Morphium allmählich auf die Haut seiner Opfer malt, zwei fiebrig glänzende Augen darin und zwei Lippen, zu jenem wehmütig-freundlichen Lächeln verzogen, mit dem die früh vom Tode Gezeichneten die Jugend grüßen. Neben ihm das Weib: um den üppig-schlanken Leib schmiegte sich ihr Gewand schillernd wie Schlangenhaut, auf dem hoch erhobenen dunkeln Kopf trug sie stolz die Krone von Brillanten, dunkelrot wölbten sich die Lippen über den kleinen, weißen Raubtierzähnen, und ein gieriges Leuchten wie von heißem Lebenshunger tauchte in ihren wunderschönen Augen auf. Über uns sah sie hinweg, sie brauchte uns nicht zu sehen – sie war mehr als die Jugend. In meinem Herzen aber wallte das Mitleid auf – mit dem Mann und mit der Frau.

Dann kam der König von Griechenland, – wie die meisten Könige: kein König. Und dann die Königin, – weich und licht und holdselig, wie die guten Feen aus den Märchen, und hinter ihnen der Schwarm der anderen. – Aber ich sah keinen mehr, denn aus dem Zuge heraus war Hellmut zu mir getreten.

In einem runden Turmzimmer mit bunten Fenstern saßen wir zu viert um den rosengeschmückten Tisch: Hellmut und ich, Graf Waldburg und seine Braut, die kleine Komteß Lantheim. Wir aßen nicht viel, aber unsere Gläser klangen immer wieder aneinander, und prickelnd floß der eisige Sekt durch unsere Kehlen. Leise und schmeichelnd tönte von fern die Musik.

Im goldenen Saal, durch dessen Fenster die Glut des Abendhimmels hineinströmte, während viele hunderte flammender Kerzen alle Wände und Pfeiler aufleuchten ließen wie gelbes Feuer, wurde getanzt. Es war noch fast leer, als wir eintraten. In wiegendem, lockendem Rhythmus klang die süße Walzerweise der »Schönen blauen Donau« von der Estrade.

Ich lag in seinem Arm, und die Töne schienen uns zu tragen. »Alix – ich liebe dich«, hauchte mir im weichen Takt der Bewegung seine Stimme ins Ohr – »verzehrend lieb ich dich – ich laß dich nicht los – nie – nimmermehr –« Sein heißer Atem berührte mich wie ein zärtlich kosender Kuß, und meine Haare wehten um seine Wangen.

»Durchlaucht – Galopp – wenn ich bitten darf!« hörten wir plötzlich neben uns sagen. Aufatmend standen wir still, – wir hatten wirklich das strenge, höfische Walzerverbot vergessen! Im gleichen Augenblicke trat der Kammerherr der Großherzogin auf uns zu: »Ihre Königliche Hoheit befehlen –«

»Mich auch?« frug Hellmut. Er senkte bejahend den Kopf, während ein leises malitiöses Lächeln seine Lippen kräuselte. Sollte die schöne Fürstin so konventionell sein und unser Vergehen gar noch persönlich rügen wollen?

»Sie tanzen bezaubernd, – ich mache Ihnen mein Kompliment, Fräulein von Kleve!« sagte sie laut, als ich in tiefer Verbeugung ihre Hand an die Lippen zog. »Die Mecklenburger Damen können sich ein Beispiel nehmen!« Die Umstehenden horchten hoch auf.

»Tanzen Sie noch einmal denselben Walzer, lieber Prinz, den man offenbar nur verbietet, weil man ihn zu tanzen nicht versteht.«

Wie auf Kommando bildete sich ein weiter Kreis um uns. Und wir tanzten. Aber ich fühlte die vielen musternden, neidischen, feindseligen Blicke, die mich betasteten, wie mit feuchtkalten Fingern, und durchbohrten, wie mit Nadelstichen. Ein Schwindel packte mich – fester, immer fester lehnte ich mich in Hellmuts Arm –, er trug mich mehr, als daß ich tanzte.

»Führen Sie Ihre Tänzerin auf die Terrasse – das wird ihr guttun –« sagte die Großherzogin, als ich mich blaß und zitternd wieder verbeugte. Ein Ton war in ihrer Stimme, der mich auffahren ließ, – hatte sie unser Geheimnis erraten?

Wir gingen hinaus. Viele bunte Lampions erhellten die Terrasse und den Burggarten, plaudernde Gruppen standen ringsumher. Wir aber suchten die Nacht und die Stille. Tief unten schmiegte sich ein von weißen Blüten übersäter Strauch an die dunkle Mauer, und ein schwerer süßer Duft breitete sich rings um ihn. Jasmin – meine Blume!

Weißt du noch, Hellmut, wie du übermütig in die Zweige

griffst und ein Regen schneeiger Blätter mir auf Schultern und Haare fiel? und wie sie matt zu Boden taumelten vor dem heißen Hauch deines Mundes? Du preßtest mich wild an dein Herz, daß der Atem mir stockte, – du hättest mich morden können in jener Nacht, – mit einem Liebesblick hätt ich es dir vergolten. »Warum sagst du mir nicht, daß du mich liebst – warum bist du so still?« frugst du, und ich seufzte, den Arm fest um deinen Hals: »Ich kann dir's nicht sagen – ich kann nicht – ich liebe dich viel – viel zu sehr!«

Droben tanzten sie wieder – wir sahen die Paare hinter den hellen Fenstern vorüberschweben –, und eine Melodie verirrte sich zuweilen bis zu uns. Wie mit kosenden Stimmen antworteten ihr die Wellen, die plätschernd ans Ufer schlugen, und fern von den hohen Baumwipfeln des Parks klang hie und da ein verträumtes Vogelzwitschern. Immer verzehrender glühten unsere Augen ineinander, verlangender, sehnsüchtiger wurden unsere Küsse.

Da verstummte die ferne Musik, ein heftiger Schreck machte dich zittern. »Wir müssen hinauf« – sagtest du heiser und fuhrst dann hastig fort, während wir die Treppe zur Terrasse emporstiegen: »Wir müssen uns trennen – mein Dienst ist morgen zu Ende –«

»Und in der nächsten Woche reisen wir«, flüsterte ich mühsam«, – es würgte mir am Halse.

»Im Herbst erst sehen wir uns wieder –«

»Das ertrag ich nicht – –«

»Ich sterbe vor Sehnsucht –« Und noch einmal zogst du mich an dich, und aufschluchzend barg ich meinen Kopf an deiner Brust.

»Weine nicht, Liebling, weine nicht, – für ein ganzes Leben voll Liebe, das uns bevorsteht, ist das Opfer dieser nächsten Wochen am Ende nicht zu groß«, versuchtest du uns beide zu trösten, dabei fielen heiße Tropfen aus deinen Augen mir auf die Stirn. –

Das Paar verspricht sich einander, aber Prinz Hellmut hat kein Geld und braucht die Unterstützung und den Segen seiner Familie. Außerdem ist Lily nicht »standesgemäß«.

Nach Wochen voll Tanz und Sorgen macht Hellmut sich auf, sein Schicksal zu klären.

»Morgen noch fahr ich selbst zu Tante Brigitte und, wenn's nicht anders ist, zu Georg. Ich muß ein Ende machen – so oder so!« flüsterte er mir zu, ehe wir den Ballsaal wieder betraten. Ich suchte meine Eltern; – wir verabschiedeten uns. Am Ausgang, wo sich die meisten Menschen zusammendrängten, trat Hellmut an meinen Vater heran: »Darf ich mich gleich heute für die nächsten Wochen verabschieden, Herr General«, – sagte er sehr laut und förmlich – »mein Vetter, Herzog Georg, wünscht meine Anwesenheit bei den Hofbällen.« – »Reisen Sie glücklich«, antwortete mein Vater, und mir schien, als ob er erleichtert dabei aufatmete. »Amüsieren Sie sich gut« – brachte ich mühsam hervor und legte meine kalten Finger flüchtig in die seinen.

Nur die fieberhafte Erregung gab mir Kraft, mich in den nächsten Wochen aufrecht zu halten. Ich fehlte in keiner Gesellschaft, auf keinem Ball; keine tanzte so unermüdlich wie ich, an keinem andern Tisch wurde so viel Sekt getrunken wie an dem meinen.

Eines Tages traf ich Graf Waldburg im Theater. Er machte in den Pausen mit großem Eifer Propaganda für eine Schlittenpartie, die mit einem Diner im Hotel enden sollte. »Seine Durchlaucht Prinz Hellmut bittet Sie um die Ehre, Sie fahren zu dürfen«, wandte er sich an mich. Als ich fragend zu ihm aufsah, zuckte er die Achseln und sagte, nur für mich hörbar: »Durchlaucht haben mir nichts weiter mitgeteilt, als daß ich rasch für eine Gelegenheit zu längerer Aussprache sorgen möchte.«

Zweimal vierundzwanzig Stunden noch! Die Erregung steigerte sich bis zum Unerträglichen. Inzwischen fing es an zu tauen. Ein schmutziges Grau bedeckte die Straßen der Stadt, und dichte Nebel hingen über den Seen. Mit hellem Schellengeläut erschien trotzdem am festgesetzten Tage Hellmuts Schlitten vor unserer Tür, – eine winzige mit Pelzen dicht ausgefütterte Muschel, vor der ein russischer Traber unruhig den Boden stampfte. Mein Vater führte mich hinunter. Hellmuts erster Blick sagte mir alles – ich schwankte, als Papa mir in den Schlitten half. »Also um fünf Uhr pünktlich im Hotel!« rief er noch freundlich, dann flogen wir davon.

»Georg hat mich ausgelacht – Tante Brigitta war zynisch genug, mir zu versichern: für ein vernünftiges Verhältnis hätte sie Geld – für eine dumme Ehe nicht!« Mit rauher Stimme hatte er gesprochen. »Was meinst du, wenn wir statt zum Rendezvous auf dem Schloßplatz direkt auf den See führen, – der hält uns nicht lange!«

Ich packte ihn entsetzt am Arm. »Nein, Hellmut, nein«, flehte ich, »wir haben ja noch gar nicht gelebt!« Der Fanatismus des Daseins durchglühte mich – so sterben – so – nein! Und wie eine Erleuchtung kam es über mich: Tante Klotilde, – sie mußte und konnte helfen. Mit schmetternden Fanfaren begrüßte die Musik die Ankommenden, als wir beide, die Herzen von neuer Hoffnung geschwellt, auf den Schloßplatz einbogen und uns fröhlich an die Spitze des langen Zuges setzten. War das eine Fahrt durch den Wald, wo der tauende Schnee eine glatte Bahn geschaffen hatte! Wie wir den Nebel nicht spürten, obwohl er unsere Pelze mit Millionen winziger Wasserperlen besetzte, so empfanden wir keinen Zweifel mehr an der wiedererwachten Sonne unseres Glücks.

Die anderen kamen durchfroren von der stundenlangen Fahrt ins Hotel, uns, die wir ihnen weit voran gewesen waren und doch als letzte zurückkehrten, war glühheiß. Noch lange saßen wir zusammen; die vielen Gänge des Mahls, bei dem die meisten Paare immer einsilbiger wurden, das langsame Servieren, das jeden Nichtmecklenburger immer ungeduldiger machte, – wir merkten es nicht. Für uns war's viel zu früh, als es galt, Abschied zu nehmen. Vor dem halbdunkeln Torweg, im rieselnden Regen, umschloß eine kräftige Hand noch einmal die meine, und spitze Nägel gruben sich mir ins Fleisch.

Noch in der Nacht schrieb ich an Tante Klotilde. Mein ganzes Herz schüttete ich ihr aus; mit all meiner Hoffnung klammerte ich mich an sie; jede Seite ihres Wesens suchte ich zu rühren.

Wenige Tage später wurde ich zu ungewohnter Stunde zu meinem Vater gerufen. Hochrot im Gesicht, mit meinem Brief in der Hand, trat er mir entgegen. Mama saß vor Schrecken totenblaß im Lehnstuhl. Es gab eine unbeschreibliche Szene. Demselben Manne, der mir seine Zärtlichkeit nie genug zeigen konnte, war jetzt kein Wort zu verletzend, um mich zu beschimpfen. Ich stand vor ihm, wie versteinert. Erst als er Hellmut einen Ehrlosen nannte und die wahnsinnigsten Drohungen gegen ihn ausstieß, kam ich zu mir. »Das duld ich nicht, daß du seine Ehre angreifts«, rief ich und trat ihm dicht unter die Augen, »schlag doch mit Fäusten auf mich, wenn du willst, aber ihn – ihn darfst du nicht anrühren.« Papa sah mich groß an, wandte sich ab und stöhnte qualvoll. Das ertrug ich nicht mehr. Weinend warf ich mich ihm zu Füßen. »Papachen – hab' doch Mitleid mit mir – mein Unglück ist doch schon groß genug«, schluchzte ich. Und dieselbe Hand, die mich fast geschlagen hätte, hob mich empor. »Mein armes, armes Kind«, sagte er, und mit dem Ausdruck eines zu Tode Verwundeten sah er mich an.

Mama war still gewesen bis dahin. Jetzt hörte ich ihre ruhige kühle Stimme wie von weit, weit her. Sie las den Brief der Tante vor, ich verstand ihn kaum, nur die Worte »Pflicht«, »Opfer«, »Ehrgefühl« wiederholten sich, wie es schien, häufig. »Alix wird«, so schloß er ungefähr, »durch diese Erfahrung klug werden und ihre zügellosen Leidenschaften bändigen lernen. Unser ganzes Leben ist Entsagung und Pflichterfüllung ...« Ich lachte gellend auf bei dieser schönen Tirade, um gleich nachher in einen wilden Weinkrampf auszubrechen. Papa trug mich in mein Bett. Meine Mutter verließ mich von da an keine Minute. Gegen Abend ließ sie mich aufstehen. Kaum auf den Füßen konnt ich mich halten, und vor Schmerzen hätte ich am liebsten geschrien, aber meine Willenskraft war stärker als alles. Ich vermochte es sogar, meinen Vater dankbar anzulächeln, als er mir mitteilte, er habe »die schwere Aufgabe auf sich genommen, den Prinzen über den Ausgang der traurigen Angelegenheit in Kenntnis zu setzen«.

Als ich dann, wie immer, im Nebenzimmer den Tee bereitete, hörte ich, mit meinen fieberhaft geschärften Sinnen, Mama zu ihm sagen: »Ich kenne Alix genug, um keine ernstliche Sorge zu haben. Wo wir bisher gewesen sind, – es gab immer irgendeine mehr oder weniger fatale Liebesgeschichte. In diesem Fall, wo ihre Eitelkeit mitspricht, sieht die Sache erheblicher aus.« »Aber du sahst sie doch! – Eine solche Verzweiflung läßt das äußerste fürchten!« wandte mein Vater ein. »Vertraue mir, lieber Hans – du siehst sie immer wie in einem goldnen Spiegel! Ich habe, gottlob, meine sehr nüchternen und klaren Augen behalten«, antwortete Mama, »wir haben jetzt nichts zu tun, als zu verhüten, daß sie sich und uns durch tragische Posen kompromittiert – alles andre überlasse ruhig der Zeit und –«, fügte sie mit einem halben Lachen hinzu – »dem nächsten Mann!«

Was sie sagte, war mir nur willkommen, und ich benahm mich, ihren Worten entsprechend, während ich zu gleicher Zeit mit vollkommener Ruhe an die Ausführung eines Planes ging, der vom ersten Augenblick an, da ich von der Ablehnung der Tante erfahren hatte, für mich feststand. Ich ließ mir zur Gutenacht die Stirn küssen und legte mich ruhig nieder; daß Mama noch einmal kommen und nach mir sehen würde, wußte ich, und wartete, bis sie zurück in ihr Schlafzimmer ging und jeder Ton im Hause erstorben war. Dann stand ich auf, zog mich sorgfältig an, packte das nötigste in eine bereitstehende Handtasche und schlich mit angehaltenem Atem die Treppe hinunter. Die Haustür knarrte nicht einmal, als ich sie aufschloß. Es regnete in Strömen, kein Mensch war zu hören, noch zu sehen. Ich wartete in meinen Mantel gewickelt, bis ein fester Schritt mir entgegenklang, ein schleppender Säbel auf das Pflaster taktmäßig aufschlug. So kam er jetzt jeden Abend, vom Fenster aus ein verabredetes Zeichen erwartend, in den dicht an unserem Hause liegenden Park. Er fuhr zurück, als er mich vor sich sah. Es bedurfte nicht vieler Worte zwischen uns. Aber was ich gleichgültig, mit einer ganz fremden ruhigen Stimme erzählte, das erschütterte ihn so, daß er sich schwer auf meine Schulter lehnen mußte. »Ich kann dich nicht lassen, Alix!« stöhnte er immer wieder. »Das sollst du auch nicht, Hellmut!« antwortete ich fest. »Da uns zum Ehebund der Goldsegen fehlt, schließen wir ihn unter dem Segen der Liebe.« Mit weit geöffneten Augen sah er mich an. »Du wolltest –?« klang es fragend, zögernd. »Deine Geliebte werden – ja. Selbstverständlich muß ich Schwerin sofort verlassen – – –«

»Alix, du fieberst – du weißt ja gar nicht, was du sagst, – das ist ja heller Wahnsinn!« rief er. Ich fühlte plötzlich, wie die feuchte Kälte der Nacht von den Fußsohlen an langsam an mir emporkroch. »Ich bin nicht wahnsinnig, Liebster –« sagte ich weich und drückte seine Hand zärtlich an meine Wange, »ganz im Gegenteil: ich will die wahnsinnige Weltordnung für mein Teil vernünftig machen! – Nun laß uns nicht länger hier stehen, Hellmut, wo jede Minute kostbar ist. Irgendeine kleine Station wird sich mit deinem Wagen doch noch erreichen lassen, wo ich den ersten Morgenzug erwarten kann –.« Er trat einen Schritt zurück, – »mach mich doch nicht zum Schurken – Alix« – er packte mich am Arm und schüttelte mich, als wolle er mich aus einem Traum erwecken. Und wirklich – während der Regen mir ins Antlitz peitschte – und die letzten Laternen erloschen, kam es mit grausamer Klarheit über mich. »Hellmut!« rief ich noch einmal und breitete die Arme aus. Er stürzte auf mich zu, bedeckte mir Mund und Augen und Wangen und Hände mit wilden Küssen – und verschwand, wie von Furien gepeitscht, in der dunkeln Allee.

VIII. KAPITEL

Um Abstand von ihrer unglücklichen Liebesaffäre zu gewinnen, reist Lily wieder einmal nach Pirgallen.

Ihr Vater wird nach Bromberg versetzt, was Lily Schuldgefühle bereitet.

Die Großmutter versucht sie abzulenken.

Sie hatte einen Kinderhort ins Leben gerufen, wo die noch nicht schulpflichtigen Kleinen unter Aufsicht einer alten Frau aus dem Dorfe spielten und in die ersten Begriffe der Reinlichkeit eingeweiht wurden. Großmama brachte täglich ein paar Stunden unter ihnen zu und saß, wie eine Erscheinung aus anderer Welt in ihrem schwarzen Samtkleid auf erhöhtem Sitz, mit den feinen Fingern Papierpuppen ausschneidend, während sie den Flachsköpfen, die sie dicht umdrängten, Märchen erzählte. Dazwischen flocht sie manchem Ruschelkopf die Zöpfe, oder putzte ein triefendes Näslein, oder wusch ein paar gar zu schmutzige Pfötchen. Was sie mit freundlichem Gleichmut tat, das kostete mich viel Überwindung. Diese Kinder straften die beruhigend-sentimentale Auffassung von der blühenden ländlichen Jugend Lügen. Nur wenige waren rund und pausbäckig und körperlich fehlerlos. Die meisten wackelten mühsam auf krummen Beinchen daher, an Ausschlägen an Kopf und Körper, an triefenden Augen litten viele, selbst Krüppel fehlten nicht, und mit Schmutz und Ungeziefer waren fast alle behaftet. Manche unter ihnen stierten mit verblödeten Blicken ins Leere oder saßen stundenlang auf demselben Fleck, wie lebensmüde Greise. Andere, laute und lärmende, führten Worte im Munde, deren Sinn, den ich erst allmählich erriet, mir die Schamröte in die Wangen trieb. Ob es ihnen wirklich irgend etwas nutzen konnte, daß sie hier während ein paar Kinderjahren vom inneren und äußeren Schmutz ein wenig gereinigt wurden?! dachte ich bei mir und wurde in meiner Vermutung bestärkt, wenn sich ihre eigenen Mütter immer wieder über die gesundheitsschädliche Anwendung zu vielen Wassers beklagen kamen.

»Und wenn wir nichts weiter erreichen, als ihnen ein paar fröhliche Stunden schaffen und für ihr ganzes späteres Leben die wohlige Erinnerung an etwas Sonnenschein – so ist das genug«, sagte Großmama.

Wir gingen auch ins Dorf und besuchten die Insten. Mit unheimlicher Regelmäßigkeit wiederholte sich dabei stets dasselbe: Frauen empfingen uns, oft kaum dreißigjährig und schon mit grauen Haaren, schlaffen Brüsten und runden Rücken, Greisinnen unter ihnen, zahnlose, mit tausend Falten in der Pergamenthaut, aber nur hie und da blühende junge Mädchen. Die gingen alle in die Stadt, in den Dienst oder in die Fabrik, und brachten, wenn sie heimkamen, vaterlose Würmchen mit, die die alten Eltern schlecht und recht aufziehen mußten. Immer waren's dieselben Klagen, die uns entgegenschollen: der Vater, der Gatte, der Sohn vertrank die paar Groschen Verdienst und lohnte Weiber und Töchter obendrein mit Schlägen, wenn Schmalhans zu Hause Küchenmeister war.

Nicht weniger als drei Schankwirte machten sich in Pirgallen die Gäste streitig. Der scharfe Geruch von Fusel, schlechtem Tabak und Menschenschweiß, der in ihren Räumen klebte, ließ mir vor Ekel den Atem stocken, und doch war der Aufenthalt dort noch besser, als in der Stickluft der Häuser, zwischen lärmenden Kindern und keifenden Frauen. Mich grauste vor jedem Trunkenbold, – jetzt fing ich an, ihn zu verstehen. Vergebens hatte Großmama bei ihrem Sohn die Einrichtung von Leseabenden, die Einführung guter Bücher für Pirgallens Bewohner zu erreichen gesucht, damit sie den Weg ins Wirtshaus seltener fänden. »Das hieße Bedürfnisse wecken, die schließlich zur Landflucht treiben«, war seine Antwort gewesen.

Nur weiter draußen, wo die Häuser der Fischer einsam am Haffstrand lagen und die grauen Wellen jetzt im März noch Eisschollen auf ihrem Rücken trugen, lebten die Familien nach uraltem Brauch friedlich zusammen. Die kurze Pfeife im Mund, flickte der Hausvater die Netze, und die Hausfrau saß am Webstuhl, schweigsam wie er. Kam der Feierabend, so las der Alte aus der vergriffenen Bibel mit schwerer, eintöniger Stimme, und ein Gebet schloß den Tageslauf. Und doch kam mir's hier unheimlicher vor als im Dorf. Hier herrschte noch mit eiserner Strenge das Gesetz der Unterordnung der Kinder unter den Willen der Väter. Jeder Wunsch in die Ferne wurde erstickt, zerprügelt, jede lebenswarme Freude starb, wenn sie hier in die Türe trat.

Wir kamen nie mit leeren Händen, der Dank war immer ein überschwenglicher, der nicht im Verhältnis zur Gabe stand. Mochte er nun von Herzen kommen oder verlogen sein, mir war er gleich unerträglich. Großmama meinte, daß ich durch sein Abwehren beleidigend wirkte.

»Ich kann nicht anders, Großmama«, sagte ich, »wenn ich der armen Lene eine Suppe bringe, so schäme ich mich, daß ich mich am liebsten vor ihr verstecken möchte. Warum in aller Welt bin ich nicht die Lene?!«

»Daß du es besser hast, mußt du mit besser sein vergelten«, entgegnete sie ernst. Meine Empfindung aber steigerte sich nur. Das Rätsel des Elends in der Welt und seine Unlösbarkeit richtete sich riesengroß vor mir auf, ein Felsentor mit schwarzer Eisenpforte. Rostflecke bedeckten sie und Blut klebte an ihr, – Zeichen der vielen, die an ihr rüttelnd vergebens Eingang verlangt hatten. Niemand besaß den Schlüssel, und der Glaube, der über sie hinwegträgt zu sonnigen Welten jenseitiger Vergeltung, war mir verlorengegangen.

Abends lasen wir miteinander, Großmama und ich. Die stenographischen Berichte der Reichstagsverhandlungen, die sie durch ihren Sohn regelmäßig erhielt, bildeten damals ihre Lieblingslektüre. Mich langweilten sie zunächst schrecklich, ich verstand ja nicht einmal das ABC der Sache. Daß Bismarck, den wir alle wie einen Halbgott verehrten, sich mit der ganzen Leidenschaft seiner Sprache, dem ganzen Gewicht seiner Persönlichkeit für etwas, meiner Empfindung nach so Untergeordnetes, wie das Branntweinmonopol ins Zeug legte, kam mir komisch, ja fast verächtlich vor. Erst als Ende März die Frage der Verlängerung des Sozialistengesetzes auf der Tagesordnung stand, wuchs mein Interesse mit der dramatischen Bewegtheit der Verhandlungen.

Meine Großmutter war von jeher eine Gegnerin aller Ausnahmegesetze gewesen, mochten sie sich nun gegen Polen oder gegen Sozialdemokraten richten. »Sie schaffen nur Märtyrer, und Märtyrer werben Scharen von Proselyten«, pflegte sie zu sagen; aber sich mit Söhnen oder Schwiegersohn, denen keine Maßregel gegen die Umstürzler energisch genug war, darüber auseinanderzusetzen, hatte sie längst aufgegeben. Mir selbst ging es in bezug auf die Sozialdemokratie, wie den meisten Menschen in bezug auf die Religion: ich hatte noch nie über sie nachgedacht, ich vermochte es kaum, weil gewisse dogmatische Anschauungen sich mir von klein auf als etwas Selbstverständliches eingeprägt hatten, ohne daß mein Glaube daran ein irgendwie lebendiger gewesen wäre. Sozialdemokraten sind Verbrecher, auf deren ungeschriebenen Tafeln der Königsmord zum Gesetz erhoben wird; sie sind gemeine Lüstlinge, die ein Leben niedrigster Genüsse zum Ziel alles Strebens machen; sie sind Volksverführer und Betrüger, die, wo es ihren Vorteil gilt, die Ideale der Freiheit und Brüderlichkeit im Munde führen, – nie hatte ich etwas anderes gehört, noch nie war mir ein Zweifel an diesen traditionellen Auffassungen in den Sinn gekommen. Die kalte Atmosphäre der Ideallosigkeit, in der auch die Religion zu Eis erstarrte, und die die Lebenslust der Kreise war, in denen ich lebte, ließ mich immer stärker frösteln, je älter ich wurde, und steigerte meine Sehnsucht nach einem heißen Sonnenland des inneren Lebens, wo Hoffnungsblumen noch wachsen können. Die Sozialdemokratie, die auf unseren alten Kaiser die Mordwaffe gerichtet hatte, die das Vaterland ständig beschimpfte, die Familie zerstören, die Frauen zum Gemeingut machen wollte, erschien mir wie die letzte Entwicklungsphase der Vereisung. Es gab daher Augenblicke, wo ich meinem Vater und meinem Onkel mehr beipflichtete als meiner Großmutter und deren Wunsch, »die infamen Kerls an den Laternenpfählen aufzuknüpfen«, mich nicht empörte.

Mit steigendem Staunen las ich jetzt die Debatten. Als der Minister von Puttkamer, – der mir als kirchlicher Reaktionär schon unangenehm genug war, – die gegen die Übermacht reicher Fabrikanten um ihr Brot kämpfenden belgischen Kohlenarbeiter, von denen damals die Presse voll war, als Beispiel jener »sozialrevolutionären Bewegung« hinstellte, der die deutsche Regierung »mit niederschmetterndem Widerstand begegnen« würde, frappierte mich diese Identifizierung armer darbender Arbeiter mit den deutschen Sozialdemokraten außerordentlich, und als *Bebel* antwortete, vergaß ich über alledem, was er sagte, die Person des Redners. Daß der Übermut der durch die Arbeit der Armen reich gewordenen belgischen Fabrikanten und die Unterstützung, die die Regierung ihnen angedeihen ließ, indem sie mit militärischer Gewalt wie gegen Vaterlandsfeinde gegen die Bergarbeiter vorging, die revolutionäre Bewegung hervorgerufen hatte, – hervorrufen mußte, weil Menschen auf die Dauer keine stumpfsinnigen Sklaven sind, ebenso wie die Herrschaft der Knute in Rußland notwendig den Meuchelmord zeugte, – das alles wirkte auf mich mit der Selbstverständlichkeit eigenster Gedankengänge, und mich empörte die versteckte Absichtlichkeit, mit der dem Redner die Worte im Munde verdreht wurden und seine politischen Gegner ihm immer wieder unterstellten, er habe den Mord verherrlicht. Ich fiel erst wieder – und recht empfindlich – aus den Himmeln meiner Begeisterung, als Stöcker von den elenden Löhnen Berliner Mantelnäherinnen sprach, und Singer, der Parteigänger Bebels, der sich mir eben als Vertreter aller Unterdrückten offenbart hatte, dem persönlichen Vorwurf, daß er selbst durch solche Löhne reich geworden sei, nur mit lahmen Ausreden begegnete.

»Es ist wie bei den Predigern des Christentums«, sagte ich, wie immer rasch verbittert durch eine Enttäuschung, zu Großmama, »richtet euch nach meinen Worten, aber nicht nach meinen Taten.« Und erheblich ernüchtert las ich weiter. Aber schon wenige Seiten später schlug meine Empfindung abermals um, – es war eben nur Empfindung, die sich wie Sommerfäden vom Winde hin und her treiben ließ, weil sie nicht zwischen die festen Pfeiler der Erkenntnis gesponnen war. Ein konservativer Redner verlas ein Zitat aus dem Kommunistischen Manifest, wonach die Weibergemeinschaft eines der Postulate der Sozialdemokratie wäre. Aus Liebknechts Erwiderung ergab sich, daß es sich auch diesmal um eine gegnerische Fälschung handelte. Seinem ganzen Inhalt nach gab er das Manifest wieder. Ich faßte nur auf, was mich am tiefsten traf: die Forderung einer von ökonomischen Rücksichten vollkommen losgelösten Ehe. Wurde nicht hier die Standarte eines Ideals aufgerichtet, das die ganze christliche Zivilisation nicht nur nicht verwirklicht, sondern mehr und mehr in den Staub getreten hatte?!

Ich sprach mit Großmama darüber.

»Das ist das Verdienst der Sozialdemokratie«, sagte sie, »über das man manche ihrer Sünden vergessen könnte, daß sie alte wahrhaft christliche Ideale in ein neues Kleid gesteckt hat und die Menge glauben läßt, es handle sich auch um neue Körper. Aber eine Verwirklichung kann sie trotzdem nicht dekretieren. Jahrhunderte einer christlichen Erziehung und Gesetzgebung gehören dazu. Sieh dir doch hier einmal die Menschen an. Schon die Verwirklichung einer uns so geläufigen Forderung, wie die des allgemeinen Stimmrechts, erscheint angesichts ihrer verfrüht. Oder meinst du, daß es zum Besten der Menschheit ist, wenn die Mehrheit, d. h. heute noch die Schlechten, die Dummen und Rohen, an ihrer Spitze stehen?« Ich verstummte vor diesem Argument: unsere betrunkenen Instleute – entscheidende Faktoren in Fragen der Kulturentwicklung, das war zweifellos absurd.

Es folgt allerlei Geselligkeit, dann kehrt Lily zu den Eltern zurück.

Bromberg ist eine Industriestadt mit einer zum Teil polnischen Arbeiterbevölkerung. Was Uniform trug, vermied die Nähe der Fabriken. Als ich einmal mit meinem Vater spazieren ritt, flog über eine Mauer weg ein Hagel von kleinen Steinen unseren Pferden zwischen die Beine. Sie stiegen erschrocken und sausten dann in Karriere über die Landstraße, so daß mir Hut und Schleier davonflog und es ein Stück Arbeit kostete, sich im Sattel zu halten. Papa, der seinen Fuchs besser im Zügel hielt, war indessen vergebens den heimtückischen Angreifern auf der Spur gewesen; er konnte sich nicht fassen vor Wut, und ich hörte tagelang nichts anderes als sein maßloses Schimpfen auf diese »Satansbrut von Sozialdemokraten«. Niemand als sie waren die

Attentäter gewesen, sie, die sich im Reichstag durch ihre Haltung gegenüber der Militärvorlage als Vaterlandsverräter dokumentiert hatten, sie, die nichts anders verdienten, als samt und sonders nach den Kolonien deportiert zu werden.

Die Kriegswolken ballten sich gewitterdrohend zusammen. Daß sie nur in der Phantasie Bismarcks lebten, als willkommenes Mittel, seine Forderungen durchzusetzen, – das glaubten wir hier, dicht an der russischen Grenze, nicht. Eine Tag um Tag steigende Erregung bemächtigte sich unser: die jungen Offiziere strahlten in der Erwartung, daß ihr Leben endlich zum Ereignis werden könnte; mein Vater, der die Schrecken des Krieges kannte, war bei allem Ernst, mit dem er die Situation betrachtete, doch in gehobener Stimmung. »Soldat sein und nur Krieg spielen und Rekruten drillen, ist dasselbe wie Künstler sein und nichts als Malstunden geben«, pflegte er zu sagen. In unserer nächsten Nähe an der Grenze standen die Kosaken, und Woche um Woche wurden die russischen Garnisonen verstärkt. Mein Vater reiste nach Berlin. Wenige Tage nach seiner Rückkehr wurden die Weisungen von dort unheildrohender. In aller Stille wurden die Offiziere benachrichtigt, beizeiten für rasche Entfernung ihrer Familien zu sorgen, kam es zur Kriegserklärung, so konnten die russischen Reiter in wenigen Stunden mitten in Bromberg sein. Mein Vater, der im Kriegsfall zum Kommandanten der wichtigsten, weil der feindlichen Grenze am nächsten liegenden Festung Thorn bestimmt war, bereitete seine Equipierung bis in alle Einzelheiten vor, wir verpackten Silber und Schmuck, stellten die Koffer bereit; denn möglicherweise galt es, binnen wenigen Stunden die Stadt zu verlassen.

Da der Kriegslärm auch an der Westgrenze des Reichs immer lauter wurde, konnte darüber kein Zweifel sein: kam es zur Explosion dieses massenhaft angesammelten Zündstoffs, so war es ein Weltkrieg, an dessen Schwelle wir standen.

Bismarcks fulminante Rede, sein Appell an die Deutschen, die Gott fürchteten und sonst nichts in der Welt, – die Ablehnung des Septennats und die Auflösung des Reichstags steigerten die fieberhafte Erregung, in der wir alle lebten. Zum erstenmal verfolgte ich mit brennendem Interesse die Wahlkämpfe und begrüßte freudig den Sieg der Vaterlandsfreunde über die Sozialdemokraten, die uns wehrlos den Feinden hatten überliefern wollen.

Als aber dann der Kriegslärm so merkwürdig plötzlich verstummte und all das glühende Feuer patriotischer Begeisterung nur da zu sein schien, um die Gerichte gar zu kochen, die Bismarck dem Reichstag vorsetzte, war ich rasch ernüchtert.

Lily reist mit dem Vater nach Augsburg zur Tante und dann mit dieser nach Tegernsee, wo sich endlich wieder geistig anregende Gesellschaft findet.

Wo sich im Kreuther Tal die Wege kreuzen, der eine zum Bad, der andere nach dem Achensee führt, lag in einem weiten schattigen Park ein Haus, nicht viel anders als das eines reichen Bauern, mit Galerien ringsum und buntbemalten Läden. Auf den grünen Rasenflächen davor, auf den Spielplätzen zu beiden Seiten herrschte alltäglich ein frohes Leben und Treiben. Der Gastfreundschaft schienen keine Grenzen gesteckt, zu jeder Tageszeit ward man freudig begrüßt und reichlich bewirtet. Mich lockte dies Haus schon lange; die ersten Künstler, das wußte ich, gingen dort aus und ein. Aber meine Tante rümpfte die Nase, wenn ich seiner Erwähnung tat, und mit tadelndem Kopfschütteln wurden diejenigen aus unsern Kreisen betrachtet, die den Bann gebrochen hatten und sich's wohl sein ließen in *Schwarzeck*. Ein Baron Goldberger, ein Wiener Bankier, war der Besitzer, und sein Aussehen verriet seine Rasse noch mehr als sein Name, so daß sich ihm gegenüber *jener ästhetische Antisemitismus* geltend machte, den auch Vorurteilslose oft nicht abstreiten können. Der Magnet des Hauses waren seine vier Töchter, von denen eine immer hübscher war als die andre. Nachdem uns zu Ohren kam, daß selbst der Herzog Karl Theodor bei ihnen verkehrte, überwand Onkel Arthur den Widerstand der Tante, und eines Nachmittags fuhren wir hin, um unsere Antrittsvisite zu machen. Schon diese ersten Stunden inmitten eines Kreises von Münchner Künstlern und Schriftstellern öffneten mir Ausblicke in eine neue Welt: Fragen des Lebens und der Kunst wurden mit so rückhaltloser Offenheit besprochen, daß ich es zunächst fast peinlich empfand und, ungewohnt, mich unter Fremden auszusprechen, außerstande war, mich daran zu beteiligen. Um so aufmerksamer hörte ich zu: war dies ein Abglanz der Welt, die ich suchte, ein Teil jener Menschheit, die, von neuen Idealen erfüllt, auszog, um sie zu erobern?!

Ich wurde einer der häufigsten Gäste in Schwarzeck. Ich trotzte selbst dem Befehl der Tante, die mich glaubte zurückhalten zu können, wenn sie für mich nicht anspannen ließ, und fuhr mit der Post, oder ging zu Fuß.

Eines Nachmittags fand ich die Tee-Gesellschaft in heftigster Debatte begriffen. Irgendein Artikel aus M. G. Conrads »Gesellschaft« schien der Anlaß gewesen zu sein. Ich erinnerte mich dunkel, von dieser »sittenlosen«, »die Sicherheit von Staat und Kirche untergrabenden« Zeitschrift in unserer konservativen, norddeutschen Presse – der einzigen, die ich zu Gesicht bekam – zuweilen gelesen zu haben.

»Und ich sage Ihnen, daß er recht hat – tausendmal recht«, rief ein junger blonder Dichter, das gelbe Heft wie eine Fahne schwingend, »Wahrheit, hüllenlose Wahrheit ist die Muse der kommenden Dichtung. Nur indem wir sie ohne Rücksicht auf hyperästhetische Altjungfernnerven, auch in ihrer Häßlichkeit, auch mit ihren Schwären und Wunden vor die Menschheit hinstellen, schaffen wir Kunstwerke, Kulturwerte.«

»Ernst ist das Leben, heiter sei die Kunst«, warf ein Maler Pilotyscher Richtung ein, »sie soll uns erheben, uns auf Momente wenigstens über das Elend des Daseins hinweghelfen –«

»Hinwegtäuschen, sagen Sie lieber«, mischte sich die junge Frau eines Münchener Redakteurs ins Gespräch, die, wie man munkelte, unter anderem Namen Geschichten schrieb, die junge Mädchen nicht lesen durften, »sie soll den großen Kindern Märchen erzählen, statt sie zu lehren, mit der brutalen Wahrheit des Lebens fertigzuwerden.«

»Wenn das ihre Aufgabe sein soll«, entgegnete der Maler, »dann werden wir glücklich dahin gelangen, Operationssäle und Wochenstuben auf der Bühne zu sehen. Mit dem Irrenhaus hat ja Ibsen schon den Anfang gemacht.«

Der Name wirkte vollends wie Sprengstoff. Seit dem letzten Winter, wo der Herzog von Meiningen den unerhörten Schritt gewagt hatte, die »Gespenster« auf seine Bühne zu bringen, wo Berlin dem Beispiel gefolgt war und ein Kreis junger Heißsporne den Dichter auf den Schild erhob, las und hörte ich oft von ihm, als von einem halb Verrückten, einem, der mit Wollust im Schmutze wühle. Ihn kennenzulernen, hatte ich gar kein Verlangen getragen, denn auf der Suche nach neuen Idealen konnte er unmöglich ein Wegweiser sein.

»*Ibsen* ist größer als Zola«, übertönte eine rauhe Männerstimme wie ein ferner Lawinensturz die Durcheinanderredenden, »Zola ist der Zustandsschilderer par excellence, Ibsen aber legt die kritische Sonde an die tiefsten Übel der Gesellschaft. Wenn Sie sich hier so aufregen, meine Herrschaften, so zeigt das nur, daß es irgendwo einen Punkt gibt, wo auch Sie unter seiner Berührung schmerzhaft zusammenzucken. Daß wir vor lauter Moral, vor lauter Pflichten, kurz vor all den großen und kleinen Stricken und Ketten, die uns formen und einschnüren, unser Ich verloren haben und als Phantome toter Traditionen herumlaufen, statt als lebendige Menschen, – das ist es, was jeden trifft, und was Ibsen zeigt. Neugierig bin ich nur, ob diese Erkenntnis uns schließlich zu Kettenbrechern machen wird, oder ob irgendwelche vorsorglichen Menschheitswärter nicht schon mit neuen Zwangsjacken bereitstehen –«

Das allgemeine Gespräch verlief sich allmählich in die Rinnsale der Einzelunterhaltung und versickerte schließlich im Sande der Alltagsfragen. Während die anderen sich im Park zerstreuten, sprach ich den mit der rauhen Stimme an, einen echten vierschrötigen Bajuwaren. »Können Sie mir die Werke Ibsens nennen, die bisher in deutscher Sprache erschienen sind?« Er musterte mich augenblinzelnd.

»Hm« – machte er – »ob's der gnädigen Frau Tante auch recht sein wird?!«

»Darauf dürfte es kaum ankommen, da ich sie lesen will«, entgegnete ich scharf, verärgert über die spöttische Art seiner Antwort. Er lachte dröhnend.

»Wir haben ja, scheint's, auch so 'n Tropfen Rebellenblut in den Adern!« Mit großen, ungefügen Buchstaben schrieb er mir die Titel der Bücher auf eine Ecke Zeitungspapier, zerdrückte mir mit seiner Riesenfaust fast die Hand, die ich ihm dankbar gereicht hatte, und stapfte zum Parktor hinaus.

»Wer war das?« fragte ich eine der Töchter.

»Ach – der! Den hat der Doktor neulich mal mitgebracht. Wie

er heißt, habe ich nicht verstanden. Ein ungehobelter Gesell, nicht wahr?«

Ich nickte zerstreut. Noch auf dem Rückweg gab ich eine Karte an eine Münchener Buchhandlung auf und sah von nun an jedem Postboten erwartungsvoll entgegen, heftige Kopfschmerzen als Vorwand meines ungewohnten häuslichen Lebens vorschützend.

Und endlich kamen die Bücher! Ich las sie nicht – ich trank sie, wie ein Durstender in der Wüste das frische Wasser. Nicht das Kunstwerk genoß ich in ihnen, und nichts sah ich von den handelnden Menschen; mir war vielmehr, als hätte ich lange im Dunkeln erwartungsvoll vor einem dichten Vorhang gestanden, den plötzlich ein Sturmwind auseinanderriß, um mir den blendenden, kristallhellen Spiegel dahinter zu enthüllen, der scharf und klar mein eigenes Bild zurückwarf, und das der Vielen um mich her.

Worte las ich, die mich trafen wie Offenbarungen: von den wenigen Menschen, die auf Vorposten stehen und für die Wahrheiten kämpfen, die noch zu neugeboren sind, als daß sie die Mehrheit für sich haben könnten. Und Tradition und Konvention sah ich ihrer bunten Gewänder entkleidet als nackte Lügen vor mir, und mit einem einzigen Blick erkannte ich des Weibes Puppendasein. Lebte ich nicht auch davon, daß ich den anderen Kunststücke vormachte?! »Ich habe Pflichten, die ebenso heilig sind – Pflichten gegen mich selbst –«; »ich muß nachdenken, ob das, was mir gelehrt wurde, richtig ist, oder vielmehr, ob es für mich richtig ist«, sagte Nora und verließ das Puppenheim, um sich selbst zu finden. *»Irgendwie und -wann werde ich handeln müssen, wie Nora«*, heißt es in meinem Tagebuch von Sommer 1887, »viele Fesseln – feine, die ich kaum fühlte, und grobe, die sich mir ins Fleisch schnitten, – umschnüren mich von klein an. Aber ich erkenne jetzt, daß ich jedes Jahr einige davon abstreifte. Sollte ich nicht auch mit den letzten fertig werden?« Und an meine Kusine, die mir über meine Ibsenbegeisterung erschrokkene Vorhaltungen machte, schrieb ich: »Wer, wie Ibsen, den Mut hat, das Schwache, das Schlechte, das geistig Tote niederzureißen, der ist kein Pessimist, wie die Leute ihn schelten, die zu feige und zu bequem sind, um die Augen zu öffnen. Nur der lebensstarke Glaube an eine Zukunft, für deren helle Tempel Platz geschaffen werden muß, gibt die Riesenkraft zu solchem Werk der Zerstörung ... Du warnst mich vor ›unüberlegten Handlungen‹; daraus sehe ich, wie wenig du mich verstehst. Denn gerade damit hat es ein Ende. Das Spiel ist aus. Auch ich muß die Aufgabe lösen, mich selbst zu erziehen, ehe ich irgendwo Hand anlegen kann, wo es für mich etwas zu tun gibt.«

IX. KAPITEL

Der Vater wird Divisionskommandeur in Münster/Westfalen. 13. Division – für den abergläubischen General ein schlechtes Omen.

Nach der ersten Einrichtung am neuen Ort entdeckt Lily eine Bibliothek, und von nun an führt sie ein Doppelleben zwischen gesellschaftlichen Verpflichtungen und Lesen, Lesen.

Licht war für mich nur die Welt der Bücher; Erkenntnisse, die ich gewann, erfüllten mich mit tiefer heißer Freude und die Sehnsucht wuchs hinaus aus der Enge des Lebens; von der Phantasie nahm sie die leuchtendsten Farben, um Menschen zu malen, die von Idealen erfüllt, mit den reichsten Waffen des Geistes ausgestattet, eine dunkel geahnte andere Welt zu erobern ausgingen. Mein Tagebuch und die Briefe an Mathilde waren die Vertrauten meines eigentlichen, verborgenen Lebens.

»Ich bin in meinem Studium der Kulturgeschichte beim fünften großen Werk angelangt«, schrieb ich damals, »mein Interesse dafür ist immer im Wachsen, und immer wieder finde ich, was mich fast von Kindheit an – damals noch wie eine Ahnung – erfüllte: daß wir uns trotz allem, was den Blick momentan verdunkeln mag, unaufhaltsam vorwärtsbewegen. Wehe denen, die hemmen wollen, sei es in der Kunst, der Wissenschaft, der Religion, oder der Politik! – Nur eins schmerzt mich oft bis zur Verzweiflung: daß ich nur Zuschauer bin und weder beim Niederreißen des Alten, noch beim Aufbauen des Neuen tatkräftig eingreifen kann.«

An anderer Stelle heißt es: »Auf dem Wege meiner stillen Studien bin ich zu der Erkenntnis gelangt, daß unsere Entwicklung wie auf einer Wendeltreppe vorwärtsschreitet. Zuerst lernt man mechanisch, ohne zu verstehen, dann lernt man verstehen; aus beiden folgt das eigene Denken, und erst auf diesen drei Stufen erhebt sich der persönliche Mensch und fängt nun scheinbar von vorn an: er lernt, er versteht, er denkt – oder er entzündet das trocken aufgehäufte Pulver des Verstandes mit dem elektrischen Funken seines eigenen Geistes und sprengt damit die starren Formelmauern, um nun selbst Licht und Wärme zu verbreiten. Auf jeder Stufe bleiben viele Menschen stehen; darum wird man mit dem Vorwärtsschreiten immer einsamer und läßt viele hinter sich zurück, die nicht gleichen Schritt mit uns hielten.«

Soweit meine Kusine sich auf Diskussionen einließ, trat sie mir entgegen. Sie verteidigte z. B. die Heroengeschichte gegenüber der Kulturgeschichte; sie suchte mir zu beweisen, daß die Könige, Staatsmänner und Feldherrn die Geschichte »machen«, während ich erklärte, »daß der einzige dauernde gesunde Fortschritt aus dem Volk herauswächst und die Großen der Erde oft nichts sind als Marionetten in der Hand der ungeheuern namenlosen Masse«. Ich hatte viel zu sehr das Bedürfnis, mich irgend jemandem gegenüber auszusprechen, und ihr Urteil war mir überdies viel zu wenig maßgebend, als daß ich mich von ihren Gegengründen hätte abschrecken lassen. »Meine letzte Entdekkung muß ich Dir mitteilen, obwohl ich von vornherein weiß, daß Du über meine ›umstürzlerischen‹ Ansichten wieder empört sein wirst. Je mehr ich die Geschichte der Völker studiere, desto klarer wird mir, daß der große, viel zu wenig anerkannte Fortschritt unserer Zeit in der völlig veränderten Wertung der Arbeit besteht. Kein Volk der Vergangenheit hat die Arbeit an sich als etwas Ehrenvolles betrachtet. Im Gegenteil: nur der Sklave, der Kriegsgefangene, kurz, der Entrechtete, Ehrlose arbeitete. Die Arbeit war eines freien Mannes unwürdig. Das war die durchgängige Ansicht der antiken Völker, das war auch die der Germanen. Und zu jenen Ehrlosen, die zur Arbeit gewissermaßen verdammt waren, gehörten charakteristischerweise nicht nur die Unfreien unter den Frauen, sondern ihr ganzes Geschlecht. Die Arbeit eine Ehre – das Nichtstun ein Laster, – dahin fangen wir erst an, uns zu entwickeln, und zu ihrer vollen Bedeutung wird diese Erkenntnis erst in später Zukunft gelangen. – Für mich persönlich ist sie nicht eine bloße verstandesmäßige Einsicht, sondern ein Ereignis, das mich erschütterte. Wird der Wert des Menschen an seiner Leistung gemessen, – wie bestehe ich vor dieser Prüfung?! Ich bin dreiundzwanzig Jahre alt, gesund an Geist und Körper, leistungsfähiger vielleicht als viele, und ich arbeite nicht nur nichts, ich lebe nicht einmal, sondern werde gelebt!«

Wie sich der Heißhungrige über jeden Bissen stürzt, so warf ich mich über jede Möglichkeit des Erlebens und der Arbeit.

Zu jener Zeit starb der alte Kaiser, und im Märtyrerschicksal seines Nachfolgers begann der Tragödie letzter Akt. Mit jener steigenden Erregbarkeit meiner Nerven, die auch die Ereignisse außerhalb des eigenen Schicksals zum persönlichen Erlebnis werden ließ, verfolgte ich die Berichte der Presse, dachte des »neuen Herrn«, der nun kam, dessen verkümmerter Arm mich vor Jahrzehnten schreckte, und der, seit jenem Gespräch mit Graf Lehnsburg, seltsam drohend sich meinem Vater entgegenzustrecken schien. Die alte Welt versank, – der Todeskampf Friedrichs III. war auch der ihre. Und mit wilder Zerstörungslust schienen die Elemente ihn zu begleiten. Unaufhörlich strömte der Regen, aus ihren Ufern traten die Flüsse, die Dämme brachen – Tausende stiller Heimstätten wurden vernichtet, Hunderttausenden armer Menschen drohte Hunger und Elend. Und ich saß hier im gesicherten Schutz unseres Hauses mit gebundenen Händen! – In fieberhaftem Eifer schrieb ich die Märchen nieder, die ich meinem Schwesterchen im Laufe der Jahre erzählt hatte. Ich schickte sie aufs geratewohl einem Königsberger Verleger, mit der Bestimmung, den etwaigen Erlös den Überschwemmten zuzuführen. »Veröffentlichungen dieser Art liegen außerhalb unseres Gebiets«, schrieb er, und rasch entmutigt warf ich sie ins Feuer. Kurz darauf wurde ein Dilettantenkonzert zum Besten der Notleidenden arrangiert, und ich, deren Karnevalsverse in Erinnerung geblieben waren, sollte einen Prolog dazu verfassen und vortragen. Es wurde mir nicht schwer, ich brauchte nur auszusprechen, was ich empfand, und als ich am Tage der Aufführung im schwarzen Trauerkleid auf hohem Podium stand, eine stumme dunkle Menge vor mir, und fühlte, wie meine Stimme den Saal erfüllte, – da war mir's, als sprengte mein eigenes klopfendes Herz die Eisenreifen, die es umschnürt hatten. Von der tiefen Glocke in meiner Brust sprach man mir, nachdem die einen mir stumm die Hand geschüttelt, die anderen, voll Enthusiasmus, mir gedankt hatten. Besaß ich die Macht, die Menschen zu erschüttern, sie zum Großen und Guten aus ihrer Stumpfheit aufzurütteln? Eröffnete sich hier irgendein Weg für mich, auf dem ich endlich, endlich dem nutzlosen Leben entfliehen konnte? »O daß ich die Kräfte, die ich besitze, in einer jener Pionierarbeiten einsetzen dürfte, die durch die Wüste der Welt neue Wege bahnen!« schrieb ich noch in der Nacht danach an meine Kusine.

Mein Prolog wurde gedruckt und in ein paar tausend Exemplaren verkauft. Aber dem Hochgefühl folgte bald die Ernüchterung. Ein Tropfen auf den heißen Stein war, was ich für die Überschwemmten erreicht hatte; in die Alltagsstimmung fielen die Begeisterten rasch zurück; in das Alltagsleben mußte ich aufs neue. Ich befand mich in einer förmlichen Krisis, die mich schüttelte wie ein Fieber, mir allen Schlaf und alle Selbstbeherrschung raubte. Als mein Vater mich daher eines Abends fragte, warum ich so stumm und stocksteif dasäße, antwortete ich mit einer Leidenschaft, die sich nicht mehr zurückdämmen ließ: »Weil das Leben mir zum Ekel wurde – weil ich mich selbst nicht länger ertragen kann. –«

»Ja um Himmels willen, was ist denn geschehen? Wieder so 'ne verdammte Liebesgeschichte?« Papa schwollen vor Schreck die Adern auf der Stirn. Mama dagegen sah mich flüchtig forschend an und lächelte dann ihr feines maliziöses Lächeln.

»Das Gegenteil dürfte richtig sein, – ihr fehlt momentan die Liebesgeschichte«, sagte sie, und sekundenlang fuhr es mir blitzartig durchs Gehirn, ob sie am Ende recht haben könnte. Dann aber antwortete ich rasch, um den Gedanken in mir selbst zu erlöschen:

»Arbeiten möcht ich, – irgend etwas leisten, das mich ganz und gar in Anspruch nimmt. Ich beneide den Steinklopfer an der Straße, der abends wenigstens arbeitgesättigt todmüde auf seinen Strohsack sinkt.«

»Du hast doch genug zu tun, wie ich bemerke«, meinte Papa nach einem kleinen zögernden Nachdenken, »du liest, du malst, du schneiderst, du beschäftigst dich mit deiner Schwester, du bist der unersetzliche Arrangeur unserer Feste –«

Mama unterbrach ihn. »Das genügt natürlich Alix' Ehrgeiz nicht. Häusliche Pflichten sind ein überwundner Standpunkt. Aber du hast ja Auswahl genug, wenn du ihrer überdrüssig wurdest«, damit wandte sie sich an mich; ihr ganzes Gesicht war rot, und ihre schmalen Lippen bebten, »du kannst Gesellschafterin – Gouvernante – Hofdame werden. Sieh dann selber zu, wie das harte Brot der Fremde schmeckt!«

Mir stürzten die Tränen aus den Augen. Mir ahnte längst, daß mir kein Ausweg blieb, und doch erschütterte mich die trockne Aufzählung dieser einzigen Möglichkeiten, die für mich Unmöglichkeiten waren. Mein Vater konnte niemanden weinen sehen, am wenigsten seine Töchter. Er sprang auf und zog mich in die Arme, mir mit einem leisen: »Armes Kind, armes Kind!« die Wangen streichelnd. Es blieb dann eine Weile ganz still zwischen uns. Und dann sprach er mit derselben weichen Stimme auf mich ein, wie auf eine Kranke, – mit langen Pausen dazwischen, als wollte er mir zum Antworten Zeit lassen. »Sei still, mein Kind – bitte weine nicht mehr. – Wie ein Vorwurf ist das für mich – daß ich nicht besser für dich sorgte! Wärst du ein Mann, so hätte ich dich schon auf Wege geführt, die einen Lebensinhalt gewährleisten, aber so – – du bist nur ein Mädchen – nur für einen einzigen Beruf bestimmt, – alle anderen wären doch nichts als traurige Lückenbüßer. Du sollst diesem einzigen nicht so krampfhaft – oder leichtsinnig – aus dem Wege gehen! Ich bin ein alter Mann und werde nicht ruhig sterben können, wenn ich dich nicht im Hafen weiß!«

»Papa – lieber Papa!« schluchzte ich auf; dann lief ich hinaus und schloß mein Schlafzimmer hinter mir zu und saß auf dem Bett stundenlang mit brennenden Augen und wundem Herzen. Nun hatte ich ein Buch nach dem anderen heißhungrig verschlungen, und dunkel und leer gähnte mein Inneres mich trotzdem an, – hatte Erkenntnisse gewonnen, die mich berauschten, und wenn ich zum nüchternen Tageslicht erwachte, war ich elender als zuvor. So ist das Glück geistigen Werdens und Wachsens denn auch nichts weiter als Betäubung? Ist wirklich das Schicksal des Weibes nur der Mann? Und hat es kein Recht auf ein eigenes Leben? – Der Mann! Ich dachte derer, die mir im letzten Winter gehuldigt hatten, – gute Tänzer, lustige Kurmacher, zu einem flüchtigen Flirt wie geschaffen – aber an sie gekettet, ihnen unterworfen sein – ein ganzes Leben lang – entsetzlich! Plötzlich aber fühlte ich mich wie eingehüllt von einem Feuerstrom, so daß im ersten Schreck das Herz mir stockte: ein Kind! ein Kind! – das war des Lebens Zweck und Inhalt. Ein Kind wollt ich haben, gleichgültig von wem, ein lebendiges Teil meiner Selbst, einen Sohn – das Geschöpf meines Körpers und meines Geistes –, der meine Träume erfüllen, der werden sollte, was ich zu werden vergebens hoffte! Was galt mir der Mann: mochte er sein, was er wollte – nur den Vater meines Sohnes brauchte ich!

Und als wir am nächsten Abend wieder um den runden Tisch zusammensaßen, sagte ich: »Du sollst dich nicht weiter um mich grämen, Papachen, – paß auf, über kurz oder lang hast du einen Schwiegersohn und bist die böse Tochter los!« Worauf ich lachend einen zärtlichen Kuß bekam. Mama nahm keine Notiz von meiner Bemerkung; erst am folgenden Tag kam sie darauf zurück. »Ich habe dir niemals zur Ehe zugeredet«, sagte sie, »und hüte mich auch jetzt davor. Das Glück, das ein Mädchen von ihr erwartet, findet sie nie.« – »Ich will auch kein Glück – eine Lebensaufgabe will ich – ein Kind«, stieß ich widerwillig hervor, denn mich meiner Mutter anzuvertrauen, kostete mir die größte Überwindung. »Ein Kind?!« wiederholte sie, »um dich vollends mit Sorgen zu beladen?!«

Sie hatte mich offenbar nie so wenig verstanden wie heute.

Mein Vater dagegen war noch nie so liebevoll zu mir gewesen. Was er mir an den Augen absehen konnte, das tat er. Lange Morgenritte machten wir wieder zusammen, hinaus in die weite Heide, vorbei an all den stolz in sich abgeschlossenen einsamen Bauernhöfen und an manch uraltem Schloß mit festen Türmen und tiefen Gräben ringsum. Und wenn er weiter ins Land Inspektionsreisen machte – nach Minden, nach Soest, nach Paderborn –, nahm er mich mit; während er seinen Dienst erledigte, lernte ich all die Schätze alter Kunst, all die Wahrzeichen alter Geschichte kennen, an denen Westfalen so reich ist.

In der ersten Häfte des Monats Juni fuhren wir nach Aachen, der Garnison des 53. Infanterieregiments, dessen Chef Kaiser Friedrich war. Das Wetter war so schön, die Stadt und ihre Umgebung so unerschöpflich, daß wir länger blieben, als es der Dienst meines Vaters erfordert hätte.

Um Mittag des 15. Juni 1888 – wir kehrten gerade von einem Spaziergang in unser Hotel zurück – kam ein junger Leutnant atemlos von der Kaserne und bat uns, ihm so rasch wie möglich dorthin zu folgen. Was er erzählte, war so seltsam, daß wir, wäre es nicht heller Tag gewesen, an seiner Nüchternheit hätten zweifeln dürfen. Ein Zug Soldaten habe, so berichtete er, auf dem Kasernenhof exerziert; kaum sei er abgetreten, als einem der Offiziere von seinem Fenster aus große lateinische Schriftzeichen im Sande aufgefallen seien, die offenbar von den regelmäßig sich wiederholenden Fußtritten herrühren mußten. Man habe inzwischen rasch zu einem Photographen geschickt, um das merkwürdige Phänomen auf der Platte festzuhalten, und »Exzellenz müssen es unbedingt auch in Augenschein nehmen –« fügte er eifrig hinzu. »Zum Donnerwetter, was ist es denn?« sauste mein Vater ihn an. »Es heißt für jeden deutlich –.«

»Extrablatt! Extrablatt!« unterbrachen den ängstlich stotternden Leutnant in diesem Augenblick viele Stimmen. »Heute Morgen elf Uhr ist Kaiser Friedrich gestorben!«

Der junge Offizier wurde leichenblaß. »Elf Uhr?!« wiederholte er langsam. »Um diese Stunde entstand die Schrift!«

Wir traten in den Kasernenhof. Das ganze Regiment schien versammelt und starrte wie gebannt auf den regenfeuchten Platz. Mitten darauf stand in riesigen Lettern:

W W II.

X. KAPITEL

Münster, 29. Dez. 1888

Liebe Mathilde!

Das Dreibretzeljahr, von dem ich mir so viel versprochen hatte, geht zu Ende. Es ist nicht süß, ja nicht einmal schmackhaft gewesen, und sein einziges greifbares Resultat ist, daß ich meine hochfliegenden Wünsche und Hoffnungen sauber verpackt zu anderem Urväterhausrat in die alte Truhe legte, wo ich sie vielleicht an Sonn- und Feiertagen des Lebens hie und da herausnehmen und mit wehmütiger Resignation betrachten werde, wie die Großmütter die Liebesbriefe ihrer sechzehn Jahre. Du brauchst mir zum neuen Jahr kein Glück zu wünschen; ich weiß von vornherein, was es bringt: das landläufige Mädchenschicksal einer Vernunftheirat. Ich kenne den Glücklichen noch nicht, der sich an den Resten meines Ich entflammen wird – aber ich werde ihn finden und trainiere mich jetzt schon zur Kühle und Ruhe, damit mir nicht am unrechten Ort das Herz durchgeht.

Heut nacht hab ich beim müden Schimmer meiner Rosa-Ampel lange wach gesessen und geträumt – gegrübelt wohl eher, denn träumen tut man kaum mehr, wenn das erste Vierteljahrhundert des Lebens sich seinem Ende zuneigt; und tut mans trotzdem, so sind es eben – schlechte Träume. Im Kamin prasselte das Feuer, und wenn ich aufsah, blickte mir aus dem Spiegel ein Gesicht entgegen, das das einer Toten hätte sein können, wenn nicht die Augen von verhaltenen Tränen geschimmert und die Lippen wie eine klaffende Wunde blutrot geleuchtet hätten. Ein Kindergesicht wars nie – bin ich denn überhaupt ein Kind gewesen? Ein glückliches Kind? Es muß sehr lange her sein, denn ich besinne mich nicht darauf. Ich mag auch nicht die Tafeln der Erinnerung aufdecken. Häßliche Bilder zeigen sie. Freilich meist golden umrahmt, auf Elfenbein gemalt in schillernden Farben, aber sieh dir den Höllenspuk nur genauer an: war nicht das Schicksal ein wahnwitziger Maler, daß es so kostbares Material an solchen Schund verwandte?

Was hat denn gehalten von alledem? Die Liebe etwa? Armes Menschenkind! Sie ging an dir vorüber und du sahst nur so viel von ihr, um die Sehnsucht danach, die fiebernde, heiße, ewig zu spüren! Und der Glanz? Wie schnell sah das allzu scharfe Auge, daß er nichts war als Flittergold – Raketen, die prasseln und strahlen; wenn sie verglimmt sind, ist es viel dunkler noch als zuvor! – –

Ich habe die Wissenschaft gepflegt, wie eine verbotene Liebschaft, – die bleibt mir. Ich habe die Kunst geliebt, schüchtern nur und von ferne, um die Hehre nicht mit meiner Pfuscherei zu besudeln, – die bleibt mir. Das mag jenen Luxustieren unter den Menschen genügen, die vom Leben nichts wollen als Genuß – jenen, die so hohl sind, daß sie immer empfangen können. Ich aber wollte schaffen!! – Wozu lebe ich denn überhaupt? Würde mich jemand vermissen, würde eine Lücke bleiben, wenn ich nicht wäre? Meine Eltern, meine Schwester, meine Freunde würden trauern. Wie lange? Ich bin ihnen doch allen fremd geblieben! Wer wird denn nur wahrhaft vermißt? Ein guter Vater – eine treue, sorgende Mutter! –

Pfui, du hast geweint – schnell, lache, setze die Maske auf – wer zeigt denn heutzutage sein Gesicht? Es wären der Falten, der Tränen zu viele!

Verzeih – ich schrieb in Gedanken ein Romankapitel. Im nächsten Brief sollst Du hören, wie herrlich ich mich amüsiere!

Prost Neujahr! – Übrigens eine prachtvolle Phrase, mit der man sich um das ›Glück‹ wünschen herumdrücken kann.
Deine Alix.

Der Karneval kommt und mit ihm taucht ein Bewerber auf, ein Herr v. Syburg, reich, streng, konservativ, ein ernstzuneh-

mender Heiratskandidat. Lily flieht zu Anna Limburg, einer Bekannten, die sich im Rheinland fürstlich verheiratet hat.

Mein Vater schrieb mir fast täglich, und selten nur blieb Syburgs Name unerwähnt in seinen Briefen. »Ich sah ihn auf dem letzten Rennen in Hamm«, hieß es zuletzt, »er frug voll aufrichtiger Teilnahme nach Deinem Befinden und freute sich Deines Wohlergehens. Er hofft Dich in Brake bei Bodenbergs zu sehen; Limburgs werden des alten Herrn siebzigjährigen Geburtstag doch sicher mitfeiern helfen.«

Daß er sich so gewaltsam in mein Leben hineindrängte und die Erwägungen der Vernunft, die Gefühle der Kindespflicht, die Sehnsucht nach Inhalt und Zweck des Daseins seine Wünsche unterstützten! Jene geheimnisvolle Gewalt des Instinkts, die mich in Münster von seiner Seite gerissen hatte, schien mich auch jetzt unter ihren Willen zwingen zu wollen. »Geh ihm aus dem Wege –« flüsterte sie mir zu. Aber von jeher hielt ich sie für meinen bösen Engel, mit dem ich glaubte ringen zu müssen. Zu tief hatte sich mir der Mutter einziges Erziehungsprinzip eingeprägt, das Selbstbeherrschung mit Selbstentäußerung gleichsetzte.

So saß ich denn am nächsten Morgen zur Abfahrt gerüstet am Frühstückstisch – »ohne Mailaune«, wie Anna neckend bemerkte, – als der Diener die Post brachte: »Revolution im Kohlenrevier« stand in fetten Lettern an der Spitze des Kreisblatts, und mein Vater schrieb: »In Gelsenkirchen haben sich ein paar dumme Bengels mausig gemacht, und die Kohlenfritzen flehen nun mit schlotternden Knien um militärischen Schutz. Obwohl etwas Angst und eine kleine Tracht Prügel den Protzen, die die armen Leute zum Besten ihres Geldsacks in die Gruben schikken, ganz gesund wäre, mußte ich heute schon eine Kompanie Dreizehner nach Gelsenkirchen schicken, denen die Kürassiere morgen folgen werden. Ich finde solche Aktionen eines Soldaten unwürdig ...«

»Zu dumm!« rief Anna ärgerlich. »Nun ist's mit der ganzen Stimmung vorbei. Statt lustig zu sein, werden uns die Herren mit Politik anöden!«

»Am besten wär's, wir blieben zu Hause«, meinte ihr Mann. Davon aber wollte sie nichts wissen. Sie weinte fast vor Erregung.

»Angsthase, der du bist! Wenn's in Münster brennt, wirst du in Limburg noch nach der Feuerspritze laufen!« Der Fürst lachte und streichelte der kleinen Frau begütigend die Wangen. »Sei ruhig, Kindchen – natürlich fahren wir! Brake ist, Gottlob, weit vom Schuß, und im Dortmunder Kreis scheint alles ruhig zu sein.«

Aber je mehr wir uns auf der Fahrt aus den grünen Bergtälern entfernten, und je zahlreicher die zum Himmel starrenden Essen wurden, desto stärker sprach ihr Anblick für ungewöhnliche Vorgänge: das Leben, das ihnen sonst in grauen Wölkchen, in schwarzen Schwaden, in tollem Funkensprühen vielgestaltig entquoll, war erloschen. Ungehindert strahlte die Maiensonne vom wolkenlosen Himmel; wie ein Feiertag war's.

Im grauen Herrenhaus zu Brake, das, von einem Wassergraben umgeben, mit seinen dicken Mauern und kleinen Fenstern düster ins weite ebene Land hinaussah, wurden wir freudig empfangen. Viele hatten im letzten Augenblick abtelegraphiert, vor allem fehlte es an jungen Herren für die tanzlustigen Mädchen, sie waren entweder mit ihrer Truppe im Streikgebiet um Gelsenkirchen oder mußten in ihren Garnisonen aller Befehle gewärtig sein. Nur Syburg trat mir entgegen – mit einem so freudigen Aufleuchten in den sonst so unbeweglichen Zügen, daß es mir unwillkürlich warm ums Herz ward – und Hessenstein, der mit seiner Schwadron in Dortmund im Quartier lag und herübergeritten war. »Am liebsten hätte ich alle meine Kerls mitgenommen«, sagte er. »Man schämt sich förmlich seines Säbelrasselns inmitten völliger Kirchenruhe.«

»Wenn Sie nur nicht doch noch recht blutige Arbeit bekommen!« meinte Syburg. »Eine Rotte Betrunkener, – und das Unglück ist geschehen.«

Anna sollte Recht behalten: trotz der blumengeschmückten Tafel, der feurigen Weine und der launigen Toaste auf den Hausherrn und das Geburtstagskind wollte die echte Feststimmung nicht aufkommen. Alles war voll von den Ereignissen, und jeder wußte andere Details zu erzählen. Der Ortspfarrer war eben von Castrop zurückgekehrt. Er hatte die Streikenden der Zechen Erin und Schwerin gesehen und gesprochen. »Ihr Verhalten ist ein so würdiges«, sagte er, »daß die Aufregung der Zechenbeamten demgegenüber einen peinlichen Eindruck macht.«

»Dasselbe habe ich eben vom Oberpräsidenten gehört, den ich in Witten traf«, meinte Graf Recke. »Er kam aus Gelsenkirchen, wo er mit den Arbeitern der Hibernia verhandelt hat. Ihre Forderungen halten sich zunächst in durchaus diskutablen Grenzen, und wenn die Presse wegen der Achtstundenschicht Zetermordio schreit, so weiß sie eben nicht, was uns alten Westfalen von Jugend an bekannt ist: daß nach unseren Bergordnungen vom 17. Jahrhundert an die Schicht schlechthin achtstündig war und erst das gesegnete 19. Jahrhundert, wie mit so vielen guten alten Bestimmungen, auch damit aufräumte. Die Knappschaften verlangen nichts anderes als das Recht ihrer Väter.«

Baron Bodenberg bestätigte Reckes Behauptung.

»Und mit ihren übrigen Wünschen steht es im Grunde nicht anders«, fügte er hinzu, »in meiner Jugend hatten die Grubenbesitzer den Knappen gegenüber keine freie Hand. Über Annahme und Entlassung der Arbeiter, Feststellung der Löhne, Regelung des Betriebs usw. usw. stand die Entscheidung damals ausschließlich der königlichen Bergbehörde zu. Jetzt, im Zeitalter der famosen freien Konkurrenz kann jeder Jude, der sich eine Grube kauft, aber nie in seinem Leben selbst die Nase hineinsteckt, machen, was er will. Opponieren ihm mal die alten Leute, so holt er sich polnisches Gesindel und ruiniert uns durch das hergelaufene Volk den guten Stamm und seine gute Gesinnung. Ich sprach erst gestern einen Hauer von der Zeche Schleswig, der hier vom Gutshofe stammt, ein Spielkamerad meiner Söhne war und ein Knappe vom guten alten Schlage ist. ›Wir wollen gar nicht randalieren‹, meinte der, ›und hauen unseren grünen Jungens selbst eine runter, wenn sie spektakeln. Auch um den Lohn ist's uns nicht so sehr zu tun, nur kürzere Schicht müssen wir haben und anständige Behandlung.‹ Und solche Leute werden wie Aufrührer mit Pulver und Blei bedroht!«

»Ich glaube, die Herren sehen die Dinge zu sehr durch die Brille der Tradition«, mischte sich Fürst Limburg ins Gespräch. »Alte Bestimmungen und altes Recht entsprechen doch kaum mehr der ganz veränderten Betriebsweise. Und das wissen die einsichtsvolleren unter den Knappen sicher ganz genau. Mir scheint daher, daß die eigentliche Triebkraft der ganzen Bewegung nicht in der Sehnsucht nach der ›guten alten Zeit‹ zu suchen ist.«

»Und worin sonst, wenn ich fragen darf?« warf der alte Bodenberg, der so sehr das Orakel der Gegend war, daß er Widerspruch selten erfuhr, gereizt ein.

»In demselben Gegensatz, der auch die Sozialdemokratie groß zieht: dem zwischen den ungeheuren Reichtümern auf der Seite der Unternehmer und der Besitzlosigkeit, um nicht zu sagen der Armut, auf der Seite der Arbeiter –«

»Armut! Darin sieht man wieder Ihre jugendliche Neigung zu starken Worten!« polterte Bodenberg; »als ob unsere Bergleute von Armut auch nur 'ne Ahnung hätten! Haben alle ihr Häuschen, ihren Gemüsegarten und mästen sich ein Schwein –«

»Und doch, Herr Baron, haben wir unten im Dorf manche Ehefrau, die schon mitverdienen muß, und die Kinder schicken sie gewiß auch nicht aus Vergnügen so früh als möglich – mit gefälschten Geburtsscheinen, wenn's nicht anders geht – in die Grube«, ließ sich der Pfarrer vernehmen.

»Von der verdammten Genußsucht kommt das, und von nichts anderem!« unterbrach ihn der alte Baron, »zu meiner Zeit gingen die Knappenfrauen noch in Kopftüchern und Schürzen in die Kirche – heute muß jede einen Federhut tragen und die Röcke auf dem Tanzboden schwenken –«

»Wenn die Leute sehen, daß die Herren Direktoren mit vierzig- und fünfzigtausend Mark Gehalt auf Gummirädern fahren und Sektgelage geben und die Aktionäre schmunzelnd enorme Dividenden schlucken, so ist's doch kein Wunder, daß sie's ihnen auf der einen Seite nachmachen möchten und auf der anderen vor Neid immer rabiater werden. Die ganze Bewegung ist dadurch entstanden – ich komme damit auf meinen Ausgangspunkt zurück –, daß die glänzende Konjunktur der letzten Jahre ausschließlich den Besitzern und Aktionären, nicht aber den Bergleuten zugute kam. Hier hakt notwendigerweise die sozialdemokratische Agitation ein.«

»Sie sehen, was das betrifft, sicher zu schwarz, lieber Limburg«, sagte Graf Recke, »jedenfalls, soweit unser Hörder Kreis in Frage kommt. Unsere frommen, königstreuen Bergleute –

und Sozialdemokraten! Selbst ihre Versammlungen schließen sie mit einem Hoch auf den Kaiser!«

Hessenstein räusperte sich vernehmlich: »Und doch haben mir heute morgen ein paar Kameraden von den Dreizehnern erzählt, daß die Direktoren der Zeche Schleswig gleichfalls um militärischen Schutz gebeten haben. Man fürchte Ausschreitungen gegen Streikbrecher, hieß es.«

Bodenberg lachte, daß ihm die Tränen in den weißen Bart liefen: »Das ist wirklich kostbar! – Die Furcht ist schon die anstekkendste Krankheit! – Viel eher möcht' ich glauben, daß unsere Dorfschönen sich auf diese ungewöhnliche Weise für den morgigen Feuertag die Tänzer bestellten, die ihnen wahrscheinlich ebenso fehlen wie uns!«

Schweigsam hatte Syburg bis dahin zugehört. Sein kühler, hochmütig-wissender Ausdruck – der typische des altpreußischen Beamten – reizte mich.

»Ihre landrätliche Würde verbietet Ihnen wohl, sich auszusprechen?« wandte ich mich spottend an ihn, und als er, unangenehm überrascht, aufsah, fügte ich rasch hinzu: »Oder sollten Sie ketzerische Gedanken zu verbergen haben?«

»Ketzerische Gedanken?!« – er warf mir einen tadelnden Blick zu – vielleicht! Aber andere, als Sie anzunehmen scheinen! So milde, wie die Herren hier, vermag ich die Dinge nicht zu beurteilen. Nach meiner Ansicht hat eine gewissenlose sozialdemokratische Agitation die gut bezahlten Bergarbeiter zum Kontraktbruch verführt, und es ist unsere Pflicht, sie, wenn es sein muß, mit Gewalt auf den Weg des Rechts zurückzuführen. Wortbruch und Pflichtvergessenheit sind überall der Anfang vom Ende.«

»Ganz Ihrer Meinung, Herr von Syburg!« antwortete ich, während mir das Blut heiß in die Schläfen stieg. »Es kommt nur darauf an, auf welcher Seite Wortbruch und Pflichtvergessenheit zu finden ist! Wenn die Grubenbesitzer, die in der glücklichen Lage sind, eine Havanna rauchend vor dem Tischlein-deck-dich zu sitzen, den Arbeitern nicht so viel geben, daß sie anständig leben können, so ist das Pflichtvergessenheit; und wenn sie, die zu allen Vergnügungen der Welt Zeit haben, ihnen das althergebrachte Recht auf eine geregelte Arbeitszeit vorenthalten, so ist das Wortbruch!«

Syburg preßte die Lippen zusammen, – er zwang sich offenbar zu einer ruhigen Antwort.

»Sie sprechen aus der Gefühlsperspektive der Frau. Das ist verzeihlich. Sie kennen, Gott sei Dank, diese aufrührerische, mit sozialdemokratischen Phrasen vollgefütterte Bande nicht, die jetzt auf den Gruben und in den Fabriken das große Wort führt und an allem rüttelt, was uns heilig ist.«

Wie eine Vision sah ich plötzlich all die Gestalten des Elends wieder, die mir im Leben begegnet waren: aus den Vorstädten Posens und Augsburgs, aus den Dörfern des Samlands.

»Sie mögen recht haben«, sagte ich nachdenklich, »die kenn' ich nicht – aber andere kenn' ich. Und das Eine weiß ich gewiß –« meine Stimme zitterte vor Erregung – »wäre ich eine von denen, meine Geduld wäre erschöpft, und ich würde mich um Treue und Pflicht nicht kümmern.«

Syburgs blasses Gesicht hatte sich mit tiefer Röte überzogen; doch die Herrin des Hauses hob die Tafel auf, und er unterdrückte noch rasch eine scharfe Antwort, die ihm offenbar auf den Lippen schwebte. Während des ganzen warmen Frühlingsabends, der uns alle in den Park hinauslockte, mied er mich. Nur beim Abschied hielt er meine Hand fest in der seinen und flüsterte: »Ich möchte, daß wir uns versöhnen – ganz und auf immer –, darf ich darauf hoffen, wenn ich nach Hohenlimburg komme?« Ich nickte nur.

Wir blieben über Nacht in Brake, um den bequemen Frühzug benutzen zu können. Aber als wir am nächsten Morgen herunterkamen, trat uns der alte Bodenberg mit ernstem Gesicht entgegen. »In Witten und Annen hat das Militär scharf geschossen«, sagte er, »in Dortmund soll die Haltung der Arbeiter eine drohende sein – nach Hörde sind, wie mein Verwalter eben berichtet, die Kürassiere unterwegs. Wenn auch die Stimmung der Leute in unserer nächsten Nachbarschaft vollkommen friedlich ist, so möchte ich Sie doch bitten, diesen Tag noch abzuwarten – oder wenigstens Ihre Damen hier zu lassen –« So sehr wir uns sträubten – Anna, weil die Gesellschaft des alten Ehepaars sie langweilte, ich, weil mir nichts erwünschter gewesen wäre, als den Aufstand der Arbeiter in der Nähe zu sehen, – wir mußten uns fügen.

Ich lief in den Park, – vielleicht, daß sich von hier aus irgend etwas erspähen ließ. Das Abenteuerfieber der Jugend packte mich, dasselbe Fieber, durch das Schulbuben auf Auswandererschiffe getrieben und schwärmerische Byron-Seelen in phantastische Freiheitskämpfe gerissen werden, das Fieber, das überall ausbricht, wo ein Gluthauch plötzlich die Normaltemperatur des Alltags vertreibt. Hohe Mauern wehrten mir den Ausblick. Sollten sie mich immer wieder von der lebendigen Welt da draußen trennen?

Ich trat auf den Gutshof. Feiertägige Stille herrschte auch hier. Aber drüben, wo zwei mächtige Linden am Ausgang zur Straße Wache standen, sah ich einen Haufen lebhaft gestikulierender Menschen. Ein grauer Kopf mit der Bergmannsmütze auf den kurzgeschorenen Haaren ragte aus ihrer Mitte hervor. »Ich, ich bin dabeigewesen!« hörte ich ihn schreien, als ich näher hinzutrat, – »ein Wunder, daß ich mit heilen Gliedern davonkam! Sie haben geschossen, wie verrückt.«

»So erzählt doch, Mann, erzählt!« – »Wo – wo ist's denn gewesen?« bestürmten ihn die Umstehenden. »In Bochum – gestern abend. Ein blutjunger Leutnant kommandierte Feuer – grad, als die Menschen aus dem Bahnhof strömten. Wie die Hunde die Hammelherde, so umschlossen die Soldaten die Leute – lauter harmloses Volk – kaum einer von uns darunter, – und dann lag der Platz voller Toter –«

Irgendwoher klang eine Kirchenglocke. Der Bergmann schwieg, riß die Mütze vom Kopf und schlug mit der harten rissigen Hand das Kreuz über Stirn und Brust. Erst jetzt sah ich ihn genauer. Der Kohlenstaub schien sich in die Falten unter den Augen eingebrannt zu haben, so daß sie aussahen wie die großen runden Augenhöhlen der Totenschädel. Farblos fahl waren die Züge; eine breite, gelbe Narbe, die das Gesicht in zwei Hälften teilte, entstellte sie zur Fratze. Er wandte sich zum Gehen, und die Menge drängte ihm nach. Die gerade schwarze Straße, mit den kahlen Pappeln zu jeder Seite und dem schweren Grau trübdunstigen Frühlingshimmels ringsum, verschlang sie rasch. Drohend wie ein Galgen ragten in der Ferne die Glockenstühle in die Luft, und die Sonnenstrahlen scheuten sich vor der Berührung dieser Öde …

Langsam, schweren Herzens, wandte ich mich wieder dem Schlosse zu. Die Hausbewohner waren zur Sonntagsandacht in der Halle versammelt. Auf hohem Stuhl saß der Hausherr und las aus der alten Bibel: »Kommet her zu mir alle, die ihr mühselig und beladen seid ...«

Und die Vertreter christlicher Ordnung schossen auf die Mühseligen und Beladenen! dachte ich bitter.

»Es läßt mir keine Ruhe«, sagte der alte Bodenberg, nachdem der letzte Ton auf dem Harmonium verklungen war und die Dienerschaft sich entfernt hatte. »Kommen Sie, Limburg, wir gehen ein Stück Weges zur Zeche hinunter –«

Entsetzt schrie Anna auf: »Das darfst du mir nicht antun, Fritz!« Aber begütigend legte die alte Baronin ihre feine Greisenhand auf den Arm der Erregten: »Fürchten Sie nichts, kleine Frau, – die Leute hier krümmen unseren Männern kein Härchen.« Wir blieben trotzdem in kaum zu bemeisternder Unruhe zurück. Wir horchten auf jeden Ton, während einer den anderen durch eine möglichst harmlos-heitere Unterhaltung über die Erregung hinwegzutäuschen suchte, und sprangen gleichzeitig erleichtert auf, als nach einer Stunde Bodenbergs kräftige Stimme vom Hof herauf durch das Fenster klang.

»Hab' ich's euch nicht gesagt?« lachte er uns entgegen. »Sie freuen sich drunten ihres Feiertags, wie nur je. Die Kinder spielen auf den Straßen, die Frauen stehen im Sonntagsputz vor den Türen und schwatzen mit den Nachbarn.«

»Und doch heißt es, daß Soldaten kommen«, unterbrach ihn Limburg mit einem Ausdruck schwerer Besorgnis in den Zügen.

»Mögen sie doch! Gegen die Kinder, die jetzt schon in der Vorfreude hurraschreiend ihre Fähnchen schwingen, werden sie kaum zu Felde ziehen. Sahen Sie nicht den krummbeinigen Schlingel, dem seine Gefährtin, ein süßes Mädelchen mit Haaren wie rote Flammen, den Platz an der Spitze der kleinen Gesellschaft streitig machte? Gefährliche Aufrührer sind das, nicht wahr?!«

»Gewiß sah ich sie – aber ich sah auch die Gesichter der Männer hinter den Fenstern der Kneipe ...«

Ein Geräusch – wie ein fernes Prasseln von Hagelkörnern auf Glasscheiben – unterbrach das Gespräch. Bodenberg wurde aschfahl – »Gewehrsalven« – murmelte Limburg. Wir standen, wie an den Boden gebannt, – in atemloser Erwartung. Unten auf dem Hof liefen die Leute zusammen. »Sie schießen«, schrie einer. Wir stürzten hinunter bis ans Tor, keiner sprach mehr ein Wort, aber von *einer* Angst erfüllt starrten wir alle die lange, öde, schwarze Straße hinab. Die Zeit schien stillzustehen, Ewigkeiten dünkten uns die Minuten. Endlich erhob sich in der Ferne eine Wolke Staubs vom Boden: Menschen, die liefen, als wäre der Teufel ihnen auf den Fersen. Näher und näher kamen sie: Weiber mit wehenden Haaren und verzerrten Zügen – schreiende Kinder mit rot verquollenen Augen – ihre Sonntagskleider bedeckt mit dem schwarzen Ruß der Straße. »Sie morden uns –« stöhnte eine weißhaarige Alte, warf die hageren Arme verzweifelt um den Kopf und brach vor uns zusammen …

Tröstend und helfend gingen Brakes Bewohner von einem zu anderen, und endlich gelang es, aus dem wirren Durcheinander des allgemeinen Erzählens ein Bild dessen zu gewinnen, was geschehen war.

Der Ton der Pfeifen und Trommeln hatte alles auf die Dorfstraße gelockt. Den Großen voran waren die Kinder jubelnd den einziehenden Soldaten entgegengelaufen, als ein barsches »Platz da« ihres Führers, eines jungen Leutnants, die Freude in Furcht verwandelt hatte. Die Kinder hatten sich hinter den Großen verkrochen, die Männer eine drohende Haltung angenommen.

»Nur das rothaarige Lieserl stellte sich keck mitten auf die Straße«, sagte die Alte, die noch auf dem Boden hockte.

»Und den Franz sah ich, wie er einen Stecken aus unserem Zaun riß und damit wild herumfuchtelte«, berichtete zungenfertig eine andere. »›Platz da‹ – rief der Leutnant dann noch einmal, und die Soldaten trieben uns alle gegen die Häuser. Da drängte sich die Mutter vom Franz mit dem Kleinsten an der Brust durch die Reihen – der Junge ist ihr Ältester, ihren Mann brachten sie ihr voriges Jahr tot aus der Grube –; sie hatte ihn gerade erwischt, als der Herr Offizier noch mal losschrie –«

»›Immer die Augen auf den Feind halten‹, sagte er. Ich hab' es ganz genau gehört«, ergänzte ein blasses Ding mit fanatisch funkelnden Augen die Worte der Erzählerin.

»Den Feind, damit meinte er uns!« riefen sie alle durcheinander und selbst auf den Wangen der Müdesten und Stillsten erschienen rote Flecken.

»Da war's aus mit der Ruhe bei den Knappen – sie drohten mit den Fäusten, sie schimpften, auch ein paar Steine flogen ...« Die Erzählerin schluchzte auf.

»Dann schossen sie auf uns –«, sagte mit tonloser Stimme die Alte. Und nun schwiegen sie alle – nur verhaltenes Weinen unterbrach die Stille.

Ich griff mir an den Kopf, – es war doch wohl nur ein böser Traum, der mich narrte?! Es brauste mir in den Ohren, das Entsetzen schnürte mir die Kehle zusammen.

»Dem Franz seine Mutter war die erste, die fiel –«, wie aus weiter Ferne schlugen die Worte wieder an mein Ohr. »Ich sah sie dicht vor mir – die Haare ganz voll Blut, – das Jüngste an die Brust gepreßt – und den Stock noch in der Hand, den sie dem Franz entrissen hatte ...«

War ich es, die qualvoll aufstöhnte – oder war es *ein* Ton, der sich uns allen entriß?!

»... Ja, und die rote Liese lag auch mitten auf der Straße – sie guckte grade in den Himmel mit den toten Augen ...«

»Das süße Mädelchen mit den Flammenhaaren ...« flüsterte der alte Bodenberg mit erstickter Stimme.

Wir fuhren noch an demselben Tage auf einem großen Umweg zurück. Dicht hinter Unna wies der Fürst aus dem Fenster. »Wir passieren hier den historischen Boden der Zukunft«, sagte er, »dort drüben auf der Heide stand noch zu meines Vaters Lebzeiten jener uralte sagenumwobene Birkenbaum, und jenseits, von den Schlückinger Höhen, sahen die Bauern, wie die blutige Schlacht um ihn tobte.«

»Vielleicht ist sie heute schon keine Sage mehr«, antwortete ich.

Mit steigender Erregung verfolgte ich in den nächsten Tagen die Ereignisse. Noch mehr als durch die Zeitungen erfuhren wir durch Briefe und durch die Erzählungen der Augenzeugen.

Kaum eine Stimme war, die für die Zechendirektoren Partei ergriffen hätte, und die Empörung war allgemein, je häufiger sie den Bergleuten, die im Vertrauen auf ihre Versprechungen die Arbeit wieder aufgenommen hatten, ihr Wort brachen.

»Habt ihr endlich Hunger genug?!« Damit empfingen die Zechenbeamten von Gelsenkirchen die wieder einfahrenden Knappen, und in Hörde trieben sie kranke Weiber und Kinder aus den Zechenhäusern, wenn die Männer im Ausstand beharrten.

»Ich glaube, daß wir vor einer großen Umwälzung stehen«, schrieb ich an meine Kusine, »die Macht des Kapitals muß gebrochen werden. Vor hundert Jahren hat die Revolution den Absolutismus und den Feudalismus gestürzt – sie waren dessen wert! –, eine künftige Revolution wird den Kapitalismus vernichten, und wir werden das wunderbare Schauspiel erleben, daß der Adel und die Arbeiter zusammengehen.«

Die Deputation der Bergleute zum Kaiser schien mir der Auftakt des großen Schauspiels, das ich erwartete. Und die ersten Nachrichten von ihrem Empfang, von der Anerkennung ihrer Wünsche durch den Monarchen bestätigten meine Hoffnungen. Dann aber sickerten allerlei andere Gerüchte durch: die drei Deputierten waren keineswegs befriedigt zurückgekommen; kaum zehn Minuten hatte er Zeit gehabt, sie anzuhören, mit einer Drohung gegen alle, die sich den Anordnungen der Behörden widersetzen würden, hatte er seine Antwort geschlossen. Und was folgte, schien die Wahrheit der Gerüchte zu bestätigen: das ganze Streikkomitee wurde verhaftet, der Oberpräsident, der stets zu vermitteln gesucht hatte, mußte einem Nachfolger weichen, dem der Ruf eines Scharfmachers voranging. »Studt ist ein glatter Höfling«, schrieb mir mein Vater, »der mir neulich mit dem verbindlichsten Lächeln erklärte, daß meine offenbare Verkennung so trefflicher Leute, wie der Grubenmagnaten, höheren Orts unliebsam empfunden würde. Mich soll's nicht wundern, wenn wir in Preußen noch mal so weit kommen, vor jedem Geldsack auf dem Bauche zu rutschen.«

Unter den Enttäuschungen litt ich, als beträfen sie mich selbst. Mit der Märtyrergloriole hatte ich das Haupt der erschossenen Bergmannsfrau und das rote Köpfchen des Proletarierkindes umwoben und den gräßlichen Eindruck in der eigenen Erinnerung verklärt; nun waren sie umsonst gestorben, und nichts als der schwarze Straßenruß umgab sie.

Ich war in wehmütig weicher Stimmung, als Syburg kam. Am Morgen desselben Tages hatte mir Anna mit einem selig-verschämten Lächeln von ihrer Mutterhoffnung erzählt, hatte mich in das weiße Zimmer geführt, das den jungen Erdenbürger erwartete, und all die weichen, duftigen Dinge aus Spitzen und Battist waren mir durch die Finger geglitten. Meine Hände waren heiß geworden dabei, und die Tränen waren mir in die Augen gestiegen. Und die kleine Anna hatte sich emporgereckt, um mich mit einem altklug wissenden Ausdruck auf den Mund zu küssen.

Nun ließ sie all die Kupplerkünste spielen, in denen junge, glückliche Frauen Meisterinnen sind. Sie pries neckend meine Schönheit und meine Tugenden, erzählte allerlei Abenteuerliches von meinen vielen Verehrern und ließ uns schließlich, Müdigkeit vorschützend, im Park allein. Syburg schien nur darauf gewartet zu haben.

»Ich möchte Klarheit haben zwischen uns, volle Klarheit, Fräulein Alix«, begann er, zum erstenmal vertraulich meinen Namen nennend. Ich fuhr unwillkürlich erschrocken zusammen. Aber die Frage, die er stellte, war nicht die erwartete – gefürchtete. »Man hat mir erzählt, Sie hätten sich neulich nach dem Aufstand auf der Zeche Schleswig mit größter Schärfe für die Streikenden ausgesprochen.«

Ich bezwang meinen Zorn über diese Art, mich auf Herz und Nieren zu prüfen.

»Und wenn ich es getan hätte«, sagte ich rasch und abwehrend, »ist es nicht eine der ersten Forderungen Ihres Christentums, den Unschuldigen beizustehen? – Gebietet es nicht Ihre Religion, sich opfermütig zwischen die Kinder und ihre Mörder zu werfen?«

»*Mein* Christentum?! *Meine* Religion?!« Er sah mich groß an. »Sie haben sich falsch ausgedrückt, wie ich hoffe! Unser Glaube ist der gleiche – nicht wahr, Fräulein Alix?«

»Sie spielen ein männliches Gretchen, Herr von Syburg!« fuhr ich auf, »mit welchem Recht behandeln Sie mich wie ihr Beichtkind?!«

»Mit dem Recht des Mannes, der das Jawort ihrer Eltern erhielt!« Er griff nach meiner Hand, die ich ihm heftig entriß.

»So erfahren Sie denn, daß ich dies Recht nicht anerkenne! Niemand hat über mich zu verfügen – niemand – als ich, ich ganz allein. Und ich – ich werfe Ihnen ihr Jawort vor die Füße!«

Ich wandte ihm den Rücken, schritt ruhig durch die Lindenallee, über den Burghof, die Treppen hinauf in mein Zimmer – warf die Tür ins Schloß, riegelte zu – reckte die Arme weit aus: nun war ich frei!

Anna ließ ich vergebens klopfen – fragen – bitten. Ich wäre außerstande gewesen, irgend jemandem Rede und Antwort zu stehen. Ich mußte allein sein.

Noch stand ich mit einem Gefühl des Schreckens vor dem Abgrund, der zwischen mir und meiner Welt auseinanderklaffte. Unter den Speerwürfen blendenden Sonnenlichts war der Nebel zerrissen, den ich, mich selbst belügend, so lange für eine Brücke gehalten hatte. Ich stand auf fremdem Boden, – zurechtfinden mußte ich mich, meine Gedanken sammeln, über meine Zukunft entscheiden.

Am nächsten Morgen, in aller Frühe schrieb ich an meine Eltern und trug den Brief selbst zur Stadt hinunter. Schneidend pfiff der Wind über die Höhen, als ich abwärts schritt. In grauen Wolken verschwanden die Türme der Burg, und aus der Tiefe grüßten mich sieghaft die schwarzen Schlote.

XI. KAPITEL

Es war hoher Sommer, als ich mich entschloß, meines Vaters Wunsch Folge zu leisten und zum Kaisermanöver nach Münster zurückzukehren.

Am Tage meiner Ankunft prangte die Stadt schon in vollem Schmuck: Fahnen und Wimpel in bunter Farbenpracht flatterten im Winde, aus den Fenstern hingen Teppiche, über die Straßen zogen sich grüne Girlanden, mit roten und blauen Sommerblumen besteckt. Eine bunte Volksmenge füllte die Straßen. Alte Trachten tauchten auf: Frauen mit schweren, goldgestickten Hauben, Männer mit weißen Strümpfen und roten Westen, auf denen dicke Silberknöpfe glänzten. Als am nächsten Morgen in glühendem Sommersonnenschein das Kaiserpaar einzog, schien die ganze Luft erfüllt von dem gewaltigen Konzert der Glocken, und der Donner der Geschütze klang nur wie der tiefe Akkord der Begleitung. Alle Pracht und allen Reichtum hatte der Adel Westfalens aufgeboten; in altertümlichen Kaleschen, gemalt und goldverziert, gepuderte Kutscher und Lakaien in roten, blauen, gelben und weißen Röcken auf Bock und Trittbrett, fuhren seine Vertreter mittags zum Empfang ins Schloß.

Im Speisesaal war auf erhöhtem Platz die Kaisertafel gedeckt; aus Gold waren Bestecke, Schüsseln und Schalen, phantastische Orchideen nickten aus hohen Kristallkelchen, Kränze von gelben Rosen hoben sich leuchtend von der mattvioletten Seide der Wände. Tisch an Tisch reihte sich in dem weiten Raum darunter, und den Dreihundert, die sich hier zusammenfanden, wurde von silbernen Schüsseln auf silbernen Tellern serviert. Ich saß in einem fröhlichen kleinen Kreis abseits unter dem Schatten großblättriger Palmen; zwischen ihren Stämmen hindurch konnte ich hinauf zur Kaisertafel blicken. Das Profil Wilhelms II. stand scharf gegen den hellen Hintergrund. Ich sah, wie er das Sektglas wieder und wieder zum Munde hob und wie er lachte, – der kleine dicke Herzog von Croy, der ihm gegenübersaß, liebte derbe Späße, – aber es war das Lachen eines Ausgelassenen, das mit Heiterkeit nichts zu tun hat. Die starke rechte Hand gestikulierte lebhaft und benutzte nur hie und da das Doppelbesteck, um ein paar Bissen zu schneiden und zum Munde zu führen. Kraftlos, bewegungslos wie ein fremdes Glied hing die behandschuhte Linke an dem kurzen Kinderarm.

Zu Füßen der Porta Westfalica waren vierzehn Tage später die Kaisermanöver. Mit einer Parade vor den Toren von Minden wurden sie eröffnet. Es war dasselbe Bild wie immer bei solchen Gelegenheiten: schwarze Menschenmassen, graue Staubwolken, geschmacklos dekorierte Tribünen, von Fremden und Einheimischen dicht besetzt; auf dem Felde davor, wohin das Auge reichte, blitzende Uniformen, wehende Helmbüsche, stampfende Pferde. In der Ferne die blauen Höhenzüge des Wesergebirges, – ein ruhig-ernster Abschluß des lebendigen Bildes.

Ich stand in der Mittelloge der Tribüne. Dicht vor mir die Suite des Kaisers, die fremdländischen Fürsten, er selbst und an ihnen vorüber ein glänzender Strom von Soldaten, den die Tonwellen schmetternder Fanfaren zu tragen und zu treiben schienen. Ich wollte nicht staunen, nicht bewundern, aber die Worte des Spottes erstarben mir auf den Lippen. Wecken jene Klänge verlorene Erinnerungen aus barbarischer Vorzeit? Peitscht der Anblick kriegerischer Wehr jenen Tropfen Blutes auf, der von unseren Vorfahren, denen Kampf Lust und Leben war, noch in unseren Adern rollt? Oder ist es nicht bloß die Suggestion der Masse, der Musik, der Farben, die unsere Sinne berauscht? Würde es uns nicht in dieselbe Erregung versetzen, wenn diese Soldaten Männer der Arbeit wären, ihre Waffen blanke Werkzeuge, ihre Uniformen Festgewänder, das ganze strahlendbunte Bild eine gewaltige Revue der Arbeit?

Ich grübelte noch darüber nach, als ein brausendes »Hurra« mich aufsehen ließ. Der Kaiser hatte sich an die Spitze der 53er gesetzt und führte das Regiment seines Vaters an den Tribünen vorüber. Als spontane Gefühlsäußerung wurde jubelnd begrüßt, was nur eine Ausübung höfisch-militärischer Sitte war.

»Wird ihm diesmal schwer geworden sein«, meinte Fürst Limburg leise, der neben mir stand. »Warum?« frug ich verwundert. »Der Spuk im Aachener Kasernenhof soll ihn nicht wenig erregt haben!«

Am nächsten Morgen ritt ich mit Limburgs unter Führung eines Korps-Gendarmen ins Manövergelände. Mit trüben Gedanken, die der regnerische Tag nicht heller machte, war ich zu Pferde gestiegen. Meinen Vater hatte ich seit meiner Rückkehr so wortkarg und finster gefunden wie nie vorher; in diesen Tagen aber war er von haltloser Heftigkeit, so daß alles vor ihm zitterte. Ob er wohl auch an das pommersche Kaisermanöver vom Jahre 87 dachte?! – In einem Gehöft fanden wir Verdy, den Kriegsminister, dessen sarkastischer Witz mich immer ebenso anzog, wie sein vernachlässigtes Äußere mich abstieß. »Sauwetter«, brummte er, mir die Hand schüttelnd. »Sie hätten sich auch was Besseres aussuchen können, als diesem Manöver beizuwohnen.«

»Was bedeutet die seltsame Betonung, Exzellenz?« frug ich unruhig.

»Na, Sie sehen doch – es regnet«, wich er aus, »und dann – all das Hofgeschmeiß, über das man stolpert! Wissen Sie übrigens, – Majestät hat Herrn von Wittich in letzter Stunde die Führung des markierten Feindes übertragen.« Ich erschrak. Wittich, der Generaladjutant und Günstling des Kaisers, ein Mann, dessen militärische Leistungen mein Vater zu verhöhnen pflegte, – stand ihm heute als Gegner gegenüber!

Wir ritten weiter. Unterwegs begegnete uns ein Ordonanzoffizier vom Stabe meines Vaters. Er strahlte.

»Das war ein Bravourstück«, rief er mir schon von weitem entgegen. »Die dreizehnte Division hat einen Marsch hinter sich, der alles in Erstaunen setzte. Natürlich kam die feindliche Kavallerie zu spät und wurde glänzend abgewiesen.«

Ich atmete auf. Vor der Mühle Habichtshorst wehte die Kaiserstandarte. Wir ritten so nah heran wie möglich.

Im nächsten Augenblick brauste und dröhnte es dicht vor uns: unter tausenden von Pferdehufen bebte die Erde, die ganze

Kavallerie-Division stürmte zum Angriff – ein Anblick, der den Herzschlag stocken ließ und jenes Fieber gespannter Erregung auslöste, das den Hazardspieler packt, wenn er die Elfenbeinkugel rollen sieht. Ich vergaß meine Unruhe – den Vater – den peitschenden Regen –, meine Hand, die den Feldstecher vor die Augen hielt, zitterte. Einen Moment trat das Antlitz des Kaisers in mein Gesichtsfeld: seine Augen glühten und seine Lippen zuckten. Ich begriff plötzlich seine Leidenschaft für solch ein Schauspiel.

Gleich darauf hörte ich Trommeln und Pfeifen: im Sturmschritt rückte die Infanterie von der anderen Seite vor, – sie kam in unzählbaren Massen, wie aus der Erde gestampft, mit Hurra und knatterndem Gewehrfeuer. Ich sah den Fuchs meines Vaters – da plötzlich ein Signal: Das Ganze Halt!, und still stand der Kampf.

Merkwürdig scheu wichen mir auf dem Heimweg unsere Offiziere aus. Kurz vor Minden traf ich Hessenstein, den ich anrief. »Was ist geschehen?« frug ich verängstigt.

»Es soll einen bösen Auftritt gegeben haben«, antwortete er. »Auf die Mitteilung, daß er geschlagen sei, ist Ihr Herr Vater in helle Wut geraten. ›Sie sind wohl des Teufels‹, soll er geschrien haben, ›ihre ganze Kavallerie ist ja vernichtet.‹ Alle, die ich sprach, geben ihm übrigens recht. Der Sturm auf Nordhemmern und Holzhausen hätte zweifellos seinen Sieg gesichert, wenn er nicht abgebrochen worden wäre.«

Wir reisten noch an demselben Tage nach Münster zurück und erwarteten dort meinen Vater. Er war ruhiger, als ich gefürchtet hatte, und erwog mit solcher Sicherheit die Aussichten auf ein Armeekorps, daß wir selbst kaum mehr daran zu zweifeln vermochten.

Als der nahende Karneval uns gerade wieder an die geselligen »Pflichten« zu erinnern begann, starb die alte Kaiserin Augusta, und es war für diesen Winter mit Spiel und Tanz vorbei. Nichts hätte mich mehr befriedigen können. Nun konnte ich mich ungestört der Aufgabe widmen, deren Erfüllung ein neues Leben einleiten sollte.

Das kleine Buch, das ich in Hohenlimburg zu schreiben begonnen hatte, enthielt die Skizzen, aus denen ich ein Gemälde schaffen wollte, so stark an Farben, so lebendig an Gestalten, daß in Zukunft niemand daran würde vorübergehen können. Aber so rasch jener erste Entwurf entstanden war, so langsam ging's mit der neuen Arbeit. Ich entdeckte Lücken in meiner Bildung, die durch die mir zu Gebote stehenden Mittel unausfüllbar blieben. Meine Unwissenheit auf den Gebieten der Philosophie und der Naturwissenschaften stürzte mich oft in die tiefste Verzweiflung. Mein ganzes bisheriges Leben erschien mir dann wertlos, die Zukunft, wie ich sie erträumte, auf immer gefährdet. Oft saß ich bis in die Nacht hinein grübelnd am Schreibtisch, und erst, wenn das letzte Scheit Holz im Kamin erlosch und die Finger in der Winterkälte erstarrten, huschte ich fröstelnd in mein Schlafzimmer.

Ich war in dieser Zeit so mit meinen eigenen Gedanken beschäftigt, daß ich mich automatenhaft in meiner Umgebung bewegte, bis mir eines Tages meines Vaters klanglose Stimme auffiel. »Bist du krank, Papachen?« frug ich besorgt. Er lachte gequält: »Ich sollte es sein!« Als ich am nächsten Morgen zum Frühstück in sein Zimmer trat, lag er im Lehnstuhl, leichenblaß, mit weit aufgerissenen Augen. Ich stürzte neben ihm in die Knie und griff nach seiner schlaff herabhängenden Hand. In dem Augenblick kam er zur Besinnung; ein Ton, der nichts Menschliches an sich hatte, drang aus seiner Kehle, – er sprang auf, schlug wild aufschluchzend die Hände vors Gesicht, um in der nächsten Minute wieder zurückzusinken. Da fiel mein Blick auf einen weißen Bogen, aus einem blauen Umschlag halb herausgerissen, – ich griff danach und las mit verdunkeltem Blick nur die drei Worte: »... der Abschied bewilligt ...«

»Die dreizehnte Division!« murmelte mein Vater.

Nicht rasch genug konnten wir unseren Haushalt auflösen. Mein Vater vertauschte noch an demselben Tage die geliebte Uniform mit dem schwarzen Rock. Aber er wagte sich damit bei Tage nicht auf die Straße; sein Gesicht färbte sich dunkelrot bei jedem Soldaten, der ohne Gruß an ihm vorüberging. Ich folgte ihm wie sein Schatten; er sah aus wie einer, dem der Tod nachschleicht. Ohne Anteilnahme hörte er zu, wenn meine Mutter Zukunftspläne schmiedete; wenn sie aber in der Aussicht auf ein ruhiges Leben förmlich froh zu werden vermochte, erhob er sich schwerfällig und ging hinaus. Er kümmerte sich um nichts, äußerte keinen Wunsch, ließ alles geschehen.

Meine Mutter verkaufte ein gut Teil der Möbel – er merkte es nicht; sein Adjutant verhandelte mit Hilfe des Reitknechts mit den Pferdehändlern – er betrat den Stall nicht mehr. Als dann aber der Morgen kam, wo die Pferde fortgeführt werden sollten, und wir alle versuchten, ihn in seinem Zimmer festzuhalten, lief er plötzlich auf den Flur hinaus, – hell hatte der Fuchs, sein Lieblingspferd, gewiehert, auf dem Hofe unten stand er, sein goldiges Seidenhaar glänzte im Sonnenlicht, und lustig bellend, wie sonst vor dem Morgenritt, sprang ihm Percy, der weiße Terrier, an die Nase. Gegen die Scheibe preßte mein Vater die Stirn, ein Beben erschütterte seinen starken Körper, und schwere Tränen rollten ihm über die Wangen. Der Fuchs verschwand im Torweg; nur der Hund blieb noch unschlüssig stehen, kniff den Schwanz, sah fragend zu uns hinauf und trottete dann erst nach – langsam, ganz langsam.

XII. KAPITEL

Nach der Entlassung des Vaters sucht die Familie zuerst Zuflucht in einer Pension im Harz. Lily muß der Mutter zur Hand gehen und sich viel um die kleine Schwester kümmern. Alle leben sehr bedrückt.

Dann aber übersiedelt man nach Berlin.

Lilys innig geliebte Großmutter ist im fernen Ostpreußen gestorben. Es geht an Lily die Aufforderung, deren Nachlaß für den Herausgeber der Goethe-Zeitschrift zu sichten. Hier bietet sich vielleicht die Möglichkeit zu der herbeigesehnten Selbständigkeit, die in erster Linie wirtschaftliche Unabhängigkeit heißen mußte.

In Berlin gibt es wieder anregende Geselligkeit und neue Lektüre: Sudermann, Hauptmann, Strindberg. Lily veröffentlicht erste Aufsätze in der Goethe-Zeitschrift und erlebt Anerkennung. Lily reist nach Weimar, um dort im Archiv zu arbeiten, ein Buch zu schreiben. Die Enge der höfischen Kleinstadt ermüdet sie, und sie geht nach Lablaken (im Buch Pirgallen), um dort in Ruhe zu arbeiten. Im Herbst geht es zurück nach Berlin. Das neue, großstädtische Leben beginnt.

Täglich, am frühen Nachmittag, gingen wir vier in den nahen Zoologischen Garten, wo sich die Bewohner des Westens am Neptunteich unter den Musikkapellen ein Stelldichein gaben. Hier traf sich der behäbige Spießbürger mit Freunden und Verwandten, im stillen beglückt, nach der vorschriftsmäßigen Sommerreise wieder ruhig am rotgedeckten

Tisch zu sitzen, statt schwitzend und prustend Ausflüge abzuklappern. Hier erschien in schäbiger Eleganz die Offiziers- und Beamtenwitwe, um ihre schon stark angejahrten, interessant verschleierten Töchter vor Männeraugen spazierenzuführen. Hier ließen sich mit der Stickerei und dem mitgebrachten Kuchen zu stundenlangem Klatsch all die Überflüssigen nieder, an denen das weibliche Geschlecht so reich ist. Droben aber, vor dem Restaurant, wo die weißen Tischtücher weithin sichtbar die Klassen schieden, tauchten elegante Toiletten und bunte Gardeuniformen auf, und Rücken an Rücken mit der vornehmen Frau der Hofgesellschaft saß im Glanz ihrer Brillanten und schwarzen Augen die schöne Otero und ihresgleichen. Jenseits jedoch, auf dem Hügel hinter dem Neptun, fanden die Stillen sich ein, die Musik- und die Naturschwärmer, die Nebenabsichtslosen mit ihren Büchern und ihren Zeitungen. Sie alle sahen unten auf der Lästerallee den bunten Strom kokettierender Jugend an sich vorüberfluten: bartlose Knaben mit erzwungener Blasiertheit, kurzröckige Mädchen mit heißen Augen; greisenhafte Jünglinge, lüstern nach Beute um sich schauend; korrekte junge Damen, glatt gescheitelt, mit kühlen, bleichen Wangen.

Nachdem die erste Neugierde gestillt war, ging ich nicht gern hierher; es kam mir wie Zeitverschwendung vor, und überdies sah ich mit leiser Angst mein reizendes Schwesterchen im Kreise flirtender Backfische und Gymnasiasten. Aber mein Vater liebte den Verkehr mit alten Freunden, die hier immer zu finden waren, und meine Mutter amüsierte der großstädtische Trubel. Bald hatten auch wir unseren Stammtisch unter der großen Kastanie bei der Musikkapelle, und Menschen verschiedenster Art gesellten sich zu uns, die nur ein gemeinsames Gefühl aneinander zu fesseln schien: die Unzufriedenheit. Das Leben hatte ihnen allen nicht gehalten, was sie sich von ihm versprochen hatten, und sie gaben nicht sich die Schuld und nicht den Verhältnissen – wodurch Unzufriedenheit zum Hebel der Tatkraft werden kann –, sondern den heimlichen Feinden im Militär- und Zivilkabinett und den Intriganten am neuen Kaiserhof.

Es waren Männer darunter, die, um die magere Pension zu erhöhen und ihren Frauen und Töchtern standesgemäße Toiletten, ihren Söhnen die Leutnantszulage zu sichern, halbe Tage als Agenten der verschiedensten Versicherungsgesellschaften treppauf, treppab liefen und nachmittags im Zoologischen den Junker spielten, der von seinen Renten lebt. Andere, die für ihre ungebrochene Kraft eine Beschäftigung, für ihre leere Zeit eine Ausfüllung brauchten, griffen zu den seltsamsten Hilfsmitteln. Der eine vergrub sich in heraldische Studien, ein zweiter sammelte Briefmarken, ein dritter widmete jede Stunde und jeden Gedanken dem Studium Dantes, ein vierter ging im Spiritismus auf und hatte täglich andere Geistererscheinungen. Aus Langeweile ließ ich mich mit diesem seltsamen Kauz, einem Obersten von Glyzcinski, dessen robuste Erscheinung mit dem breiten roten Gesicht wenig an einen Geisterseher erinnerte, oftmals in Gespräche ein und amüsierte mich im stillen darüber, auf welch vertrautem Fuße er mit dem lieben Gott stand und wie glühend er zu gleicher Zeit die Kirche und ihre Diener haßte. Dankbar für mein vermeintliches Interesse brachte er mir täglich andere Bücher und Broschüren und lief geduldig die Lästerallee mit mir auf und ab, wenn ich es in der von Ärger und Mißgunst geschwängerten Atmosphäre unserer Tafelrunde gar nicht mehr aushalten konnte.

So gingen wir gerade einmal wieder von einer Musikkapelle zur anderen, als der Oberst plötzlich stehen blieb.

»Wie geht's dir, Vetter?« hörte ich ihn sagen; mein Blick fiel durch den Schwarm Vorübergehender hindurch auf ein schmales Gesicht, von dichtem, braunem Bart umrahmt, aus dem zwei tiefe, strahlende Kinderaugen herausleuchteten, wie von großer innerer Freude erhellt. »Gut – sehr gut«, antwortete eine Stimme, die wie ein voller Geigenton klang. Welch glücklicher Mensch muß das sein, dachte ich mit stillem Neid. In dem Augenblick schoben sich die Menschen zwischen uns auseinander, – ich sah einen Rollstuhl, – eine dunkle Pelzdecke, – zwei ganz schmale, weiße Hände, deren blaues Geäder wie mit einem feinen Pinsel gezogen war, – einen schmächtigen Oberkörper – – unmöglich! – das konnte doch der Mann nicht sein mit den strahlenden Kinderaugen! Aber schon richteten sie sich auf mich – verwirrt sah ich zu Boden. »Entschuldigen Sie …« sagte mein Begleiter im Weitergehen. »Wer war das?« frug ich hastig, noch im Bann tiefen Erstaunens.

»Professor von Glyzcinski – mein Vetter«, lautete die lakonische Antwort.

»Können Sie mich mit ihm bekannt machen?« Mein rasch entstandener Wunsch formte sich ebenso rasch zur Bitte. Der Oberst runzelte die Brauen.

»Er ist Atheist und Sozialist«, kam es mit harter Betonung über seine Lippen.

Ich zuckte zusammen und konnte dem Schauder nicht wehren, der mir zitternd über den Rücken lief. Aber mein Wunsch wurde nur noch stärker.

»Stellen Sie mich vor«, bat ich dringend. Er sah mich von der Seite an: »Aber die Verantwortung tragen Sie allein!«

Wir drehten um. Ein kurzes Zeremoniell: »Fräulein von Kleve möchte dich kennenlernen, Georg – sie ist Schriftstellerin.«

Des Professors Gesicht schien sich noch mehr zu erhellen. »Dann freue ich mich doppelt Ihrer Bekanntschaft«, sagte er, und seine Hand umfaßte die meine mit einer kräftigen Herzlichkeit, die ich ihr nicht zugetraut hätte. »Jede arbeitende Frau ist ein Gewinn für unsere Gesellschaft.«

»Auch ein Gewinn für die Kunst und die Wissenschaft?« meinte ich zweifelnd.

»Gewiß! Sobald alle Universitäten und Akademien ihnen offenstehen, wie den Männern!« Ich sah ihn verwundert an. Nur aus Witzblättern hatte ich bisher vom Frauenstudium erfahren, und hie und da war mir eine russische Studentin mit ausgetretenen Stiefeln, zerfranstem Rock und kurzgeschorenen Haaren begegnet, die meine tiefe Abneigung gegen die Verleugnung der Weiblichkeit nur steigerte. Zögernd äußerte ich meine Ansicht. Der Professor lächelte. Die Witwe mit den angejahrten Töchtern ging gerade vorüber.

»Sind diese armen alten Mädchen, die nun schon seit Jahren hier auf den Heiratsmarkt geführt werden, vielleicht würdigere Vertreter der Weiblichkeit?« sagte er, »die russische Studentin ziehe ich ihnen jedenfalls vor; und so arm sie sein mag – sie selbst würde keinenfalls mit ihnen tauschen mögen. Denn sie hat ihre Freiheit, ihre Arbeit und ist tausendmal reicher als jene.« Er schwieg, aber da ich nicht antwortete – das, was er sagte, war mir in seiner einfachen Selbstverständlichkeit doppelt überraschend –, fuhr er nach einer Pause fort: »Stellen Sie sich eine Frau in meiner Lage vor – wie unglücklich müßte sie sich fühlen, weil sie nicht nur von vielen Freuden des Lebens ausgeschlossen, sondern vor allem, weil sie nutzlos, weil sie überflüssig ist. Ich aber bin vollkommen glücklich!«

Der Professor lehnte sich tief in den Rollstuhl zurück, legte die Hände übereinander auf die schwarze Pelzdecke und sah mit einem Ausdruck der Verklärung über die Menschen hinweg in die gelben tanzenden Blätter, in die rosigen Abendwolken hinein. Mein Herz klopfte zum Zerspringen. Ich war keines Wortes mächtig und dankbar, daß die Eltern, die mich suchten, mich jeder Antwort überhoben.

Von nun an war ich es, die die Nachmittage nicht erwarten konnte, die, als es immer herbstlicher wurde und kälter und trüber, oft allein den gewohnten Weg ging, um in dem stiller und stiller werdenden Garten den Mann zu suchen, dessen durchsichtige Krankenhand mich auf steile Höhen mit endlosen Fernsichten und in dunkle Tiefen voll überquellender Schätze führte. Ohne daß er eine Frage stellte, lockte der warme Strahl seiner Augen meine verborgensten Gedanken ans Tageslicht, und wo sie wirr auseinanderfielen, wie vom Sturm zerrissene Telegraphendrähte, knüpfte er sie wieder vorsichtig zusammen. Er brachte mir Bücher, Zeitungen und Zeitschriften mit, und wenn ich damit beladen nach Hause kam, wurde es mir schwer, mich von ihnen zu trennen und zu meiner Arbeit zurückzukehren. Ich hatte mancherlei Versprochenes und Begonnenes zu vollenden und tat es widerwillig, nur von dem Gedanken erfüllt, mich auf eigene Füße zu stellen.

Aber der Professor verstand es, mir selbst diese Arbeit wieder wertvoll zu machen. »Wie viele große, gute und gefährlich umstürzlerische Ideen können Sie einschmuggeln, wenn Sie nur Ihren Goethe tüchtig ausnutzen«, meinte er, »und die vielen kleinen Flämmchen, die Sie entzünden, schlagen schließlich zu einer großen Flamme zusammen.«

Daß diese Arbeit nicht die meine bleiben dürfe – davon war er freilich auch überzeugt, doch er lachte mich aus – mit einem hellen frohen Gelächter, das von Spott nichts weiß –, als ich sagte, für mich gebe es nichts zu tun. »Die Fülle der Aufgaben müßte Sie vielmehr erdrücken, wenn Sie nicht so stark wären, alle auf sich zu nehmen«, versicherte er mir.

Ich vertiefte mich auf seinen Rat in die Literatur der amerikanischen und englischen Frauenbewegung. Ihre Ideen erschienen mir nur als die notwendige Konsequenz meiner eigenen. Unter der Unfreiheit hatte ich gelitten, die Unmöglichkeit, meine geistigen Fähigkeiten auszubilden und zu betätigen, hatte mich fast erdrückt. Ich las Condorcet und John Stuart Mill und lernte die Heldenkämpfe der Amerikanerinnen um die Befreiung der Sklaven kennen. »Sie alle haben ein Recht, sich den Männern gleichzustellen«, sagte ich zum Professor, »denn wie sie opferten diese Frauen Gut und Blut für die Freiheit. Aber wir?«

»Die Verleihung politischer Rechte ist doch auch beim Mann nicht die Konsequenz heroischer Taten!« antwortete er. »Und wenn sie überhaupt an irgendeine Bedingung geknüpft wäre, so würde mir nur eine gerecht erscheinen: das Maß des Leidens. Wer am meisten leidet, sollte die weitestgehenden Rechte haben, um die Ursachen seiner Leiden zu beseitigen. Meinen Sie nicht, daß die Frauen in diesem Fall in erster Linie stünden?!«

Ich dachte an die Arbeiterinnen Augsburgs und konnte ihm nur zustimmen. Am nächsten Tage brachte er mir ein Paket Zeitungen mit. Rote und blaue Striche an den Rändern zeugten von der sorgfältigen Lektüre. Aber als ich sie auseinanderfaltete, erschrak ich: »Die Volkstribüne, Sozialistische Wochenschrift« stand als Titel groß darüber. Jetzt zuckte es doch wie ein ganz leiser Spott um die Lippen des Professors:

»Also auch Sie fürchten sich vor den Sozis!« meinte er lächelnd. »Lesen Sie nur dies Blatt, – ich habe mehr daraus gelernt, als aus manch dickleibigem Buch gelehrter Kollegen!«

Und ich nahm mir die Blätter mit und las sie und war so vertieft, daß ich erst merkte, wie spät es war, als mein Vater draußen die Entreetür aufschloß. Er kam aus Brandenburg zurück, wo er an dem Jubiläumsfest seines alten Regiments teilgenommen hatte.

»Wie, du bist noch auf?« rief er. »Da kann ich dir ja noch Egidys Grüße bestellen!« Damit trat er ein. »Ich wußte gar nicht, daß er Fünfunddreißiger gewesen ist, ehe er zur Kavallerie ging. Übrigens ein famoser Kerl, tapfer und ehrlich. Und, – stell dir vor! – die Rasselbande hat ihn geschnitten! Kannst dir denken, daß ich ihm um so deutlicher meine Anerkennung für seine Überzeugungstreue aussprach. Er wäre mir beinahe um den Hals gefallen vor Dankbarkeit.«

In diesem Augenblick entdeckte mein Vater die »Volkstribüne«, die offen vor mir lag. Die Ader schwoll ihm auf der Stirn, und blaurot färbten sich seine Züge. »Was für ein Schuft hat dir diese Zeitung in die Hände geschmuggelt?« schrie er, »vor meine Pistole mit dem infamen Patron!«

»Ich habe sie mir gekauft«, log ich, »man muß auch seine Gegner aus ihren eigenen Schriften kennenlernen.«

Mein Vater nahm wütend die Blätter vom Tisch und zerriß sie. »Bring mir solche Schweinereien nicht wieder ins Haus!« drohte er mit erhobener Faust. »Von Leuten, die das Vaterland verraten, den Meineid predigen und den Fürstenmord, darf meine Tochter nicht einmal einen Fetzen Papier in Händen haben!« Und wütend warf er die Tür ins Schloß.

Lily verkehrt auch im Kreise eines Herrn v. Egidy, der in einem ernstgenommenen Christentum die Lösung aller gesellschaftlichen Probleme zu finden hofft.

Am Nachmittag erzählte ich dem Professor von Egidy und meinen Beziehungen zu ihm. Ich war noch verärgert, und mein Urteil über die Halbheit, die ihn zwang, an dem Namen »Christentum« festzuhalten, mochte nicht gerade milde klingen. Der Professor schüttelte den Kopf, – ein deutliches Zeichen seines Mißfallens. »Sie verlangen wirklich ein bißchen viel, gnädiges Fräulein! Ist es nicht schon einzig und unerhört und höchst erfreulich, daß ein Mann wie er in dieser Weise den Kampf gegen das traditionelle Christentum aufnimmt? – Zahllose Menschen, die für die Worte ausgesprochener Freidenker nur taube Ohren haben, werden ihn hören, und ihr erster Schritt auf der schiefen Ebene wird dann nicht ihr letzter sein!«

Ich dachte meiner eigenen Erfahrungen und gab ihm recht. Hatte unser Gespräch sich bisher wesentlich um die Frauenfrage gedreht, so kamen wir heute zum erstenmal auf religiöse Fragen zu sprechen. Ich erzählte ihm von meiner Entwicklung. Er hörte mit sichtlichem Interesse zu und sprach mir dann von der seinen.

»Religiöse Gewissenskämpfe sind mir fremd geblieben«, begann er. »Bis ich in die Schule kam, wußte ich nichts von Religion. Als meine Mutter mich zu meinem Klassenlehrer brachte und er mich frug, was ich vom lieben Heiland wüßte, gab ich erstaunt zur Antwort, daß ich von dem Land noch nie etwas gehört hätte. Der Schulreligionsunterricht bestand dann eigentlich nur im mechanischen Auswendiglernen, was ich ebenso gedankenlos absolvierte wie irgendwelche Tabellen oder grammatische Regeln. Was dem Gemüt vieler Kinder die Religion bieten mag, das bot mir die Natur; und da ich von klein an schwächlich war und meinen Altersgenossen und ihren Spielen infolgedessen ziemlich fern blieb, unterstützten meine Eltern meine Passionen. Mein Zimmer war immer ein wahres Aquarium, und das Leben der Tiere und der Pflanzen mit all seinen Wundern lernte ich mit steigendem Entzücken zuerst aus eigenen Beobachtungen kennen. Jetzt habe ich nur noch ein paar Vögel und ein Blumenfenster«, – er lächelte wehmütig, »seit meine Mutter im vorigen Jahre starb und ich bewegungslos bin, würde doch keiner für meinen Privatzoo sorgen können!« Mit der ihm charakteristischen Gebärde reckte er den Oberkörper, als wollte er eine peinliche Erinnerung energisch abstoßen – »und allmählich sind mir denn doch die Menschen interessanter geworden als die Tiere. Ich studierte Philosophie, weil es das einzige ist, was ein Mann wie ich zu seinem Lebensberuf machen kann. Aber meine unglückliche Liebe zu den Naturwissenschaften ist doch gleich in meiner Doktordissertation zum Ausdruck gekommen, in der ich die philosophischen Konsequenzen der Darwinschen Evolutionstheorie behandelte – Sie müssen's mal lesen, gnädiges Fräulein, – ich habe noch heute meine Freude dran, obwohl der liebe Gott noch bedenklich zwischen den Zeilen spukt! Dann habe ich mich hier habilitiert. – Ich wohnte bei meiner guten Mutter, einer blitzgescheiten Frau – schade, daß Sie sie nicht mehr kannten! –, die mit dem lieben Gott auf besonders gespanntem Fuße stand, weil er ihren Jungen zum Krüppel hatte werden lassen. Und ein bißchen mag das auch bei mir dazu beigetragen haben, an seiner Existenz allmählich zu zweifeln. Bei näherem Nachdenken konnte ich die geistigen Kapriolen der frommen Leute nicht mitmachen, die nötig sind, wenn man das unverschuldete Elend in der Welt, wenn man Unrecht und Verbrechen mit dem allgütigen und allmächtigen Himmelsvater in Einklang bringen will. Wäre er, so müßte er entweder ein herzloses Scheusal oder das unglückseligste aller Wesen sein, das gezwungen ist, untätig zuzusehen, wie seine Geschöpfe sich zerfleischen!« Die Stimme des Professors hatte sich gehoben, seine Augen funkelten, sein ganzer zarter Körper schien von starker Energie gespannt.

»Und doch sind Sie ein glücklicher Mensch geworden!« sagte ich mehr zu mir selbst als zu ihm.

»Das habe ich wieder den Naturwissenschaften und meinen vielen lieben Freunden zu verdanken.«

»Ihren Freunden?!«

»Denen, die immer um mich sind und nur reden, wenn ich sie brauche: den Büchern. Darwins Entwicklungsgesetz war es, das mich zuerst mit einem unbeschreiblichen, unzerstörbaren Glücksgefühl erfüllte, denn es festigte meinen Glauben an die unendliche sittliche und intellektuelle Vervollkommnungsfähigkeit der Menschennatur, und er trat an die Stelle des Glaubens an einen unbeweisbaren Gott.«

Das Herz klopfte mir vor Freude; ich umfaßte unwillkürlich mit meiner heißen Hand seine kühlen Finger: »Ich danke Ihnen – danke Ihnen tausendmal«, kam es vor Erregung bebend über meine Lippen, »so bin ich doch nicht mehr allein mit dem, was ich dachte und fühlte und was mir fast schon zu entschwinden drohte. Einmal, in einer glücklichen Stunde, schrieb ich's auf, – darf ich es Ihnen bringen?«

»Ich bitte Sie darum!« Ein warmer Blick traf mich, – er schien mich ganz und gar zu umfassen. »Sollte ich doch am Ende wieder an den lieben Gott glauben müssen – der mir eine Frau wie Sie in den Weg geschickt hat?!«

Die Eltern kamen und holten mich ab. Mein Vater war merkwürdig kurz angebunden. »Du wirst deinen Verkehr mit dem Professor beschränken müssen«, sagte er auf dem Nachhauseweg, »Walter sagte mir, daß er im Rufe steht, einer der gefährlichsten Kathedersozialisten zu sein.« – »Daß er Gott verleugnet, hat er neulich mit zynischer Frivolität selbst zugestanden«, fügte Mama mit hochrotem Gesicht hinzu.

»Wenn er es tat, so ist es weder zynisch noch frivol, sondern ein Beweis derselben tapferen Überzeugungstreue, die Ihr an Egidy zu rühmen pflegt«, antwortete ich.

»Ein Atheist ist ein Verbrecher«, stieß Mama aufgeregt hervor; dann schwiegen wir alle, in dem gemeinsamen Gefühl, auf der Straße keine Szene provozieren zu wollen.

Als am nächsten Tage der Herbst mit Sturm und Regen durch die Straßen fegte und die Bäume arm und kahl zurückließ, die eben noch im Glanz ihres bunten Kleides geprangt hatten, atmete Mama förmlich erleichtert auf: »Nun haben die Zoo-Nachmittage ein Ende!«

Ich aber nahm mein altes Glaubensbekenntnis und mein kleines schwarzes Buch und verließ das Haus zur gewöhnlichen Stunde.

Über den öden Wittenbergplatz führte mein Weg an einer Reihe von Neubauten vorbei, aus denen ein feuchter Kellergeruch mir entgegenströmte, der mich frösteln machte. Die Kleiststraße ging ich entlang, deren neue Häuser, wie lauter Parvenüs, sich durch überladenen Schmuck gegenseitig zu überbieten suchten, und bog dann in die stille dunkle Nettelbeckstraße ein. Schüchterne Sonnenstrahlen, die gerade die Wolken durchbrachen, trafen nur noch die Dächer der Häuser. In eins davon trat ich.

»Professor von Glyzcinski?« Die Portierfrau musterte mich von oben bis unten. »Gartenhaus – Parterre!« Der Hof war noch enger und lichtloser als bei uns, und die Treppe war vollkommen finster. Auf mein Klingeln öffnete der Diener. Im Flur konnte ich die Hand nicht vor Augen sehen. Im nächsten Moment aber schloß ich sie geblendet. Aus der Tür, durch die ich ins Zimmer trat, strömte ein Meer von rotgoldenem Licht.

»Willkommen, mein liebes, gnädiges Fräulein!« hörte ich des Professors weiche Stimme sagen.

Und nun erst sah ich ihn: am Fenster saß er, das dicht von wildem Wein umsponnen, den Blick in lauter Gärten schweifen ließ. Auf die Bücher und Papiere, die den Schreibtisch vor ihm bedeckten, malte die Sonne lauter runde blinkende Silberflecken und streichelte an der Wand gegenüber die vielen, schön aneinandergereihten Bücher. Zwei Vögel mit buntschillernden Flügeln flatterten, durch meinen Eintritt aufgescheucht, durch den Raum und ließen langgezogene Flötentöne hören.

Auf den breiten Lehnstuhl neben dem Schreibtisch deutete einladend die weiße Hand Glyzcinskis, der mir mit seinen Kinderaugen und dem wesenlosen, unter Decken verborgenen Körper wie ein Zauberer inmitten seines Märchenreichs erschien. Flüchtig tauchte mein dunkles Zimmer vor meinem inneren Auge auf, – hatte meine Sehnsucht nicht dieses Märchenreich längst gesucht?

»Wissen Sie, daß ich Sie mit Bestimmtheit erwartet habe?!« sagte er, »darum gibt es auch heute Kuchen zum Kaffee, wie an einem Festtag!« Er versuchte von dem Tischchen aus, das der Diener hereingetragen hatte, mich zu bedienen. »Das ist Frauensache!« lachte ich und nahm ihm die Kaffeekanne ab. Wie alte Freunde saßen wir beieinander.

Und dann las ich ihm »Wider die Lüge« vor.

»Daß Sie mir nichts Gewöhnliches bringen würden, wußte ich«, bemerkte er langsam nach einer kurzen Pause, die mich schon ganz ängstlich gemacht hatte. »Von keinem meiner Studenten dürfte ich so viel Geist und Kraft und Selbständigkeit erwarten ... Ich habe lange über Sie nachgedacht, aber das Resultat dieses Nachdenkens hätte ich noch für mich behalten, wenn Sie mir nicht diesen Einblick in Ihr Geistesleben gewährt haben würden. Nun möchte ich Ihnen einen Vorschlag machen, dessen selbstsüchtige Beweggründe mein Gewissen freilich arg belasten: Sie haben keinen Bruder, ich keine Schwester, – lassen Sie mich Ihr Bruder sein, und gestatten Sie mir dann als solchem, mich Ihrer anzunehmen. All die guten Freunde drüben –« er zeigte auf den Bücherschrank – »will ich Ihnen vorstellen; Sie werden rasch nachholen, was Ihnen an philosophischen Kenntnissen fehlt, – und dann – –«, er stockte.

»Dann?!« fragte ich gespannt.

»Dann werden Sie tun, was mir versagt ist: unsere Ideen unter die Massen tragen.«

»Werde ich es können – – dürfen?! Meine Eltern sind schon jetzt ...«

Er unterbrach mich. Ein harter Zug grub sich um seine Mundwinkel. »Wer den Pflug anfaßt und siehet zurück, der ist unserer Sache nicht wert ...«

»So lehren Sie mich Ihre Sache kennen, – ich glaube freilich schon von vornherein, daß es auch die meine sein wird!«

»Sie sollen nichts glauben, woran Sie zu glauben noch gar kein Recht haben! Das ist die Lehre der neuen Tugend, der intellektuellen Redlichkeit! Nehmen Sie die Bücher dort mit dem dunkelblauen Rücken, – lesen Sie sie in aller Ruhe, und dann sagen Sie mir, was Sie darüber und was Sie über meinen Vorschlag denken.«

Ich erhob mich. Es wurde mir sehr schwer, diesen stillen Raum zu verlassen, der von dem hellen Geist starker Freudigkeit erfüllt schien, wie von der glänzenden Oktobersonne.

»Haben Sie Dank, vielen Dank«, sagte ich noch und wandte mich zum Gehen. Ich stand schon an der Tür, als ich noch einmal seine Stimme hörte:

»Nicht wahr – Sie kommen bald, recht bald – – morgen schon?« Ich nickte. Und dann verschlang mich der dunkle Flur, der finstere Hof, die kühle Straße.

»Woher kommst du?« Mit dieser von einem mißtrauischen Blick begleiteten Frage, empfing mich zu Hause mein Vater. Sie saßen alle drei beim Abendessen. Ich hatte schon irgendeine billige Ausrede auf der Zunge – aber plötzlich wurde mir klar, daß jede verlogene Heimlichkeit mein Erlebnis beschmutzen würde.

»Von Herrn Professor von Glyzcinski ...« Mein Vater hieb mit der Faust auf den Tisch, daß die Gläser klirrten.

»Unerhört!« rief er, »und das wagst du mir ins Gesicht zu sagen, nachdem du meine Meinung über diesen Verkehr erst gestern deutlich genug gehört hast?! – Und rennst wie ein Frauenzimmer einem unverheirateten Mann in die Wohnung?! – Willst du mich denn durchaus ins Grab bringen mit all der Schande, die du mir machst?« Er lief aufgeregt im Zimmer umher, während helle Schweißtropfen auf seiner Stirne standen.

Ich zwang mich zur Ruhe. »Du weißt wohl nicht, was du sagst, Papa! Herr von Glyzcinski ist ein Schwerkranker, meinen Besuch kann niemand mißdeuten!«

Aber die Wut, in die er sich hineingeredet hatte, steigerte sich nur noch mehr. Ich versuchte das Zimmer zu verlassen, während Mama und Klein-Ilschen, vor Schrecken stumm, sich nicht zu rühren wagten.

»Du bleibst!« schrie mein Vater und packte mein Handgelenk.

»Versprich mir, daß dieser Besuch der erste und der letzte war, und ich will ihn vergessen!« Und gleich darauf ruhten seine Blicke mit einem Ausdruck liebevoll besorgter Bitte auf mir. Mein Herz krampfte sich zusammen: Sinnlosem Zorn konnte ich die Stirne bitten, – aber der Liebe?! Ich schloß eine Sekunde lang die Augen: Wer den Pflug anfaßt ...!

»Ich kann dir diesen Wunsch nicht erfüllen, Papa!« Mit weit aufgerissenen Augen starrte er mich an. Dann brach der Sturm von neuem los. Auch meine Mutter mischte sich hinein, – von den teuflischen Verführungskünsten des Gottesleugners hörte ich sie etwas sagen, auch von Weimar sprach sie und versuchte, mich zu bestimmen, meinen für das nächste Frühjahr beabsichtigten Besuch auf die allernächsten Tage festzusetzen. An meinen Ehrgeiz, an meine Eitelkeit appellierte sie, während meines Vaters Stimmung, wie stets nach einem solchen Ausbruch der Leidenschaft, immer weicher wurde. »Wir sind an allem schuld, wir allein«, sagte er, »wir haben dir keinen Verkehr verschafft, wie du ihn zu fordern ein Recht hast. Aber das soll anders – ganz anders werden. Wir werden an den Hof gehen, wo wir hingehören. Und du wirst nun auch mein gutes Kind sein und gehorchen!«

»Nein, Papa! – Ich bin sechsundzwanzig Jahre alt. Wäre ich Euer Sohn, statt Eure Tochter, ihr würdet es selbstverständlich finden, wenn ich meine eigenen Wege ginge. Ich kann nicht denken wie Ihr, und ich bin außerstande, nichts als eine Haustochter zu sein. Paßt Euch der Verkehr nicht, der mir notwendig ist, wollt Ihr Euch nicht mit mir identifizieren, – so laßt mich in Frieden meiner Wege gehen, – gebt mir freiwillig die Freiheit!«

Meine Worte wirkten verblüffend. Die Eltern waren plötzlich ganz ruhig geworden. Sie schienen auf das tiefste verletzt. »Daß wir über solchen Wahnwitz mit dir verhandeln, wirst du selbst nicht erwarten können«, sagte Papa kalt. »Geh in dein Zimmer. Bis morgen früh dürftest du wohl zur Vernunft gekommen sein.«

Aber der Morgen kam und fand mich entschlossen, eher das Haus zu verlassen, als auf meine Besuche bei Herrn von Glyzcinski zu verzichten. Und die Eltern, die zwischen dem Skandal einer davonlaufenden Tochter und dem Eingehen auf ihre Wünsche zu wählen hatten, gaben mir nach. Eine drükkende Stimmung, wie geladen von Mißtrauen und Feindseligkeit, blieb zurück.

Ich hatte inzwischen die Bücher Glyzcinskis gelesen: seine eigene Moralphilosophie und die Schriften der Gründer und Leiter der Ethischen Gesellschaften Amerikas und Englands. Sie vertraten die Einheit der Moral gegenüber der Vielheit der Religionen, sie waren überzeugt, daß alle Menschen, die ernstlich das Gute wollen, sich, unabhängig von ihren verschiedenartigen transzendenten Anschauungen, auf dem Boden allgemein gültiger Ethik zu dem großen Werk sittlicher und sozialer Reform vereinigen könnten. Über Gott und den Göttern stand für sie das Absolute, die Moral; denn nicht darum ist das Gute gut, sagten sie, weil Gott es seinen Gläubigen zu tun befiehlt, er befiehlt es vielmehr, weil es gut ist, also muß auch für die Gottgläubigen das Gute das Allumfassende sein. Sie selbst stellten für das sittliche Handeln keine Einzelvorschriften auf, sie erkannten vielmehr als dessen Richtschnur und Prüfstein das größtmögliche Glück der größten Mehrzahl.

Auf mich wirkten diese Werke wie eine Offenbarung: hier war das erlösende Wort, das nicht nur all die auf Seitenwegen Umherirrenden zusammenrufen und dem gemeinsamen Ziel entgegenführen würde, hier war der Zauberstab, der aus den Felsenherzen der Menschen lebendige Brunnen tatkräftigen Wirkens hervorlocken könnte; hier breitete sich vor meinen inneren Augen jungfräulicher Boden aus, den ich mit zu roden und zu bebauen bestimmt schien. Eine Ethische Gesellschaft in Deutschland zu gründen, die das öffentliche Gewissen der Nation werden sollte, – darauf richteten sich alle meine Gedanken.

Ich ging täglich zum Professor. Schon lange hegte er denselben Wunsch wie ich, ohne, seiner eigenen Gebrechlichkeit wegen, an die Möglichkeit naher Erfüllung zu glauben.

»Hatte ich nicht recht«, sagte er einmal, »wenn ich meinte, ich müsse eigentlich dem lieben Gott dankbar sein für die merkwürdige Begegnung mit Ihnen? Durch Sie wird der Lieblingstraum meines Lebens in Erfüllung gehen!«

Wir arbeiteten unseren Plan in allen Einzelheiten aus: Mitglieder der verschiedensten religiösen und politischen Richtungen sollten den ersten Aufruf zur Gründung der Ethischen Gesellschaft unterzeichnen. Ihr Zweck sollte sein, einen neutralen Boden zu schaffen, auf dem alle Menschen ihre Gedanken freimütig über alle brennenden Fragen der Gegenwart auszutauschen vermöchten, von dem aus gemeinsam geschaffene Gesetzesvorschläge den Regierungen unterbreitet und zu den Ereignissen des öffentlichen Lebens Stellung genommen werden sollte. Niemand dürfe um seines Glaubens oder seiner politischen Anschauungen wegen bekämpft oder ausgeschlossen werden, es sei denn, daß er dadurch gegen das Grundprinzip der Gesellschaft verstoße: das größte Glück der größten Anzahl zu fördern.

Mein Gedankengang geriet bei diesem Punkt ins Stocken. »Wenn ich's mir recht überlege«, sagte ich nachdenklich, »kann ein echter Christ sich unserem Bunde nicht anschließen. Toleranz gegen Andersgläubige kann bei denjenigen kaum erwartet werden, die überzeugt sind, daß ihr Glaube der allein seligmachende sei; und das größte Glück als Ziel unseres Strebens aufzustellen, ist vollends ganz und gar unchristlich.«

Glyzcinski lachte: »Sie haben einen hellen Kopf, liebe Freundin, darum lassen Sie mich Ihnen noch eins verraten: Niemand, der von Herzen an einen lebendigen Gott glaubt, kann auf unsere Seite treten; oder dürfte er zugeben, daß Gott selbst sich der Moral unterordnet?! Die Religion als vager metaphysischer Glaube, als flüchtig berauschendes Genußmittel schwacher Seelen kann innerhalb unserer Reihen Anhänger haben, nicht aber die Religion als Grundlage der Sittlichkeit, – und damit wird ihr Halt und Inhalt zugleich entzogen. Der Kaiser und die Junker haben von ihrem Standpunkt aus vollkommen recht, wenn sie dem Volke die Religion erhalten und die Schule der Kirche mit Haut und Haar ausliefern möchten: nichts hindert die Verbreitung wahrer ethischer Kultur mehr als die Religion. Die Dankbarkeit für alles, was wir haben und sind, körperlich und geistig, wird in sentimentalen Gefühlen auf Gott gelenkt, statt daß sie sich in Taten auslöst für die Menschheit, der wir in Wirklichkeit alles verdanken. Aller Widerstand gegen das Böse, alle Kampfeslust gegen das Unglück wird dadurch gelähmt, daß man den Menschen lehrt, sich demütig vor Gottes Willen zu neigen und ihnen den Glauben an die ewige Seligkeit einflößt. Und alle Tapferkeit, alle Menschenliebe, alle Kraft zur Selbstbefreiung und zur Befreiung der Menschheit aus Elend und Knechtschaft wird im Keime erstickt, wenn die Verantwortlichkeit für das Leiden auf die Gottheit abgewälzt werden kann.«

»Ich verstehe Sie nicht, – Sie scheinen gegen den eigenen Plan zu sprechen, – nach Ihnen müßte keine ethische, sondern eine atheistische Gemeinschaft gegründet werden«, wandte ich ein.

»Sie irren, – atheistische Pfaffen, die wir in diesem Fall züchten würden, schaden unserer Sache mindestens ebenso viel wie kirchliche. Ethik wollen wir verbreiten, und in dieser Ethik ruht die Kraft der Wahrhaftigkeit, die allmählich alle alten Gespenster austreiben wird. Für mich – wir beide sprechen offen miteinander! – ist die Hauptaufgabe der Ethischen Gesellschaft nicht die, für Gerade und Krumme ein gleichmäßig passendes moralisches Mäntelchen zuzuschneiden, sondern im Dienst der sittlichen und sozialen Entwicklung dem Antichristentum und dem Sozialismus die Wege zu bereiten!«

Ich schwieg; ein tiefer Schrecken vor unbekannten Gefahren hatte mich erfaßt. Der Sozialismus! – Männer mit niedrigen Stirnen und schwieligen Fäusten sah ich, schwindsüchtige Frauen und Kinder mit Greisengesichtern, ein Zug von Gestalten, haßerfüllt die Züge, die Fäuste drohend erhoben wider alles, was unser Leben schön und reich machte, eingehüllt in einen Geruch von Schweiß und Blut. Helfen wollte ich ihnen, – einen Weg wollte ich hauen durch die Wildnis ihres Elends, ich fürchtete nicht die Dornen, die mir die Hände zerreißen, die fallenden Äste, die mich verwunden würden, – aber mich ihrem Zuge einreihen –, mich schauderte.

»Wie sind Sie blaß und still geworden!« hörte ich Glyzcinskis warme Stimme. »Verzeihen Sie mir – ich habe mich schon so daran gewöhnt, vor Ihnen laut zu denken, daß mir nicht einfiel, wie sehr ich Sie dadurch erschrecken könnte!«

»Sie haben nur, wie immer, zu gut von mir gedacht, und ich bedarf Ihrer Verzeihung, – nicht umgekehrt«, antwortete ich. »Sie müssen Geduld mit mir haben, – ich muß mich erst an die Neuheit des Gedankens gewöhnen. Ich weiß ja auch im Grunde gar nichts vom Wesen des Sozialismus. Vieles, was ich hörte, stimmte wohl mit meinen eigenen Ansichten überein, vieles aber hat mich immer abgestoßen –.«

»Ich werde wieder meine stummen Freunde für mich sprechen lassen!« Und Glyzcinski bezeichnete mir die Bücher und Broschüren, die ich aus seinem Bücherschrank nehmen sollte. »Nur eins möchte ich Ihnen gleich heute sagen: Auf dem Wege wissenschaftlichen Studiums bin ich zu meinen ethischen Überzeugungen gelangt, auf demselben Wege habe ich erkannt, daß die Entwicklung zum Sozialismus eine gesetzmäßige, unabänderliche ist, gleichgültig, ob unser Gefühl sich dagegen sträubt oder nicht. Nachdem ich das aber einmal erkannt habe, kann es für mich von meinem ethischen Standpunkt aus keine andere Wahl geben als die, mich in den Dienst der Entwicklung zu stellen und mit allen Kräften dahin zu wirken, daß sie eine möglichst friedliche, das Glück der Menschen möglichst wenig gefährdende sei. Andere denselben Weg der Erkenntnis zu führen, den ich gegangen bin, – das ist daher meine Aufgabe –, das ist die Aufgabe, die die Ethischen Gesellschaften haben sollten.«

»Und Sie glauben, daß die Menschen sich dahin führen lassen werden?«

Des Professors Gesicht nahm jenen kindlich-strahlenden Ausdruck an, der mich immer an gotische Heiligenbilder erinnerte.

»Ich glaube daran! Sonst müßte ich mich selbst für eine Ausnahme aller Regel halten!«

Und wieder las ich manche Nacht hindurch. Bei jedem Umschlagen einer Seite erwartete ich das Gräßliche zu finden, das so vielen Menschen das Recht gab, den Sozialismus zu verabscheuen und mit allen Mitteln zu bekämpfen. Aber ich fand es nicht. Nichts entsetzte mich, und wenn ich überrascht war, so nur über die Selbstverständlichkeit jeder Kritik am Bestehenden und jeder Forderung an die Zukunft. Oft lachte ich im stillen vor Freude, wenn ich eigene, längst vertraute Ideen wiederfand; und wo meine Gedanken nicht Schritt halten konnten, sagte mein Gefühl ja und tausendmal ja. Gleiche Rechte für alle: Männer und Frauen; Freiheit der Überzeugung; Sicherung der Existenz; Frieden der Völker; Kunst, Wissenschaft, Natur ein Gemeingut aller; Arbeit eine Pflicht für alle; freie Entwicklung der Persönlichkeit, ungehemmt durch Fesseln der Kaste, der Rasse, des Geschlechts, des Vermögens –: wie konnte irgend jemand, der auch nur über seine nächsten vier Wände hinausdachte, sich der Richtigkeit und Notwendigkeit dieser Forderungen verschließen?!

Eugen Richters famose Broschüre, die ich im Sommer gelesen hatte und die Onkel Walter in Pirgallen gratis unter die Arbeiter verteilte, fiel mir ein. Sollte der Verfasser wissentlich gelogen haben? Und war es Lüge, nichts als Lüge, was die Gegner vom Sozialismus verbreiteten? Daß der Professor mir irgend etwas vorenthalten haben konnte, war doch unmöglich!

Ich besprach alles mit ihm: meine freudige Zustimmung und meine Zweifel und Bedenken. Der Erfurter Parteitag war eben geschlossen worden, das neue Programm lag vor, und Glyzcinski erklärte es mir in allen seinen Einzelheiten. Ich sah, daß die vielverlästerte und mir immer lächerlich erschienene Forderung nach der Verteilung allen Besitzes in Wirklichkeit nicht vorhanden war, daß nur der Grund und Boden, der seine privaten Besitzer reich machte, ohne daß sie arbeiteten, und die Produktionsmittel der Industrie, durch die ihre Eigentümer zu Millionären wurden und ihre Arbeiter zu abhängigen Sklaven, in den Besitz der Allgemeinheit übergehen sollten. Dabei konnten wir alle nur gewinnen, – wir vielen, die wir doch auch nichts als Besitzlose waren! – Warum sträubten wir uns dann?

»Sie sehen selbst: Unwissenheit und Selbstsucht sind die Gegner der Sozialdemokratie, die Lüge ihre Waffe«, sagte der Professor, »und wir sollten sie zu besiegen nicht imstande sein!«

Am nächsten Tag überschritt ich wieder einmal den engen Hof, die dunkle Treppe, den lichtlosen Flur, und stand schon vor seiner Türe, als eine Stimme von innen meinen Fuß stocken ließ. Sie klang tief und warm und hatte jenen österreichischen Akzent, der uns Norddeutsche, wie alles, was vom Süden kommt, so seltsam anheimelt.

»Alle Ströme fließen in unser Meer ...« sagte sie.

»Ich bin ganz Ihrer Meinung und wünschte, daß Ihre Partei uns ebenso einschätzt: als einen Nebenfluß, der ihr reiche Schätze zuzutragen vermag«, antwortete der Professor. Noch ein Stühlerücken, ein paar Höflichkeitsphrasen, ein fester Tritt – ich öffnete rasch die Türe, um nicht als Horcherin ertappt zu werden. Ein großer, blonder Mann stand mir gegenüber, wir sahen einander einen Augenblick lang ins Gesicht, und mit einer stummen Verbeugung ging er an mir vorbei zum Zimmer hinaus.

»Wer war das?« frug ich erstaunt und strich mir mechanisch mit der Hand über die Stirne, – ich mußte diesen Menschen schon irgendwo gesehen haben.

»Dr. Brandt – der bekannte sozialdemokratische Schriftsteller«, sagte Glyzcinski, er strahlte noch vor Freude über den Besuch. »Was meinen Sie, sollen seine Worte der geheime Wahlspruch werden, den wir beide an die Spitze unserer Satzungen stellen?«

»Alle Ströme fließen in unser Meer«, wiederholte ich und drückte fest die Hand, die er mir entgegenstreckte – »hier haben Sie mich zum Bundesgenossen!«

XIII. KAPITEL

Lily fährt mit den Eltern nach Kranz, einem Ostseebad. Mit Glyczinski steht sie in lebhaftem Briefwechsel und schreibt unter anderem:

Bei den Ausflügen, die wir in die Umgegend gemacht haben, bin ich durch das, was ich sah, in meinem Vorsatz bestärkt worden: wie viel Jammer und Elend auf dem Hintergrund des blauen Himmelsgewölbes und des unendlichen brandenden Meeres! Fast möchte man, wie die Menschen bisher, verzweifelt darüber die Hände untätig in den Schoß legen, oder, wie die Anarchisten, Vernichtung predigen, weil anders eine Rettung nicht möglich erscheint. Je mehr ich offenen Auges um mich sehe, desto mehr entwickelt sich bei mir ein Zug zum Fanatismus, und ich muß mir immerfort das Gebot der Toleranz und die Pflicht, leidenschaftslos zu urteilen, vorhalten. Von dem Augenblick an, da man sich klar wird – es mag vielleicht paradox klingen, aber die meisten werden sich wirklich niemals klar darüber! –, daß jenes in Schmutz, Hunger und Stumpfheit aufgewachsene Fischerkind auch ein Mensch ist, genau wie man selber, kein fremdartiges Geschöpf, – von dem Augenblick an beginnt man überhaupt erst zu sehen. Und wenn mir jetzt vorgehalten wird: die Leute empfinden ihr Elend nicht – so kann ich mich nicht mehr dabei beruhigen. Ich fühle vielmehr, – und fühl's mit allen Schmerzen peinigenden Selbstvorwurfs, – daß gerade dies, was ein Trost sein soll, das größte Unglück ist und jeder einzelne von uns die Verantwortung dafür trägt.

Das Erwecken der Menschen zu dem Bewußtsein ihres Elends ist sicher der erste Schritt zu ihrer Erhebung, und wenn ich jetzt den ›Vorwärts‹, dank Ihrer Güte, regelmäßig lese, so scheint mir das Hauptverdienst der Sozialdemokratie darin zu bestehen, daß sie überall dic Sturmglocke läutet. Womit ich mich aber nicht befreunden kann, – das ist die unterschiedslose Verdammung aller Bestrebungen, die nicht von vornherein rot abgestempelt sind. Warum entdeckt der Vorwärts nicht, wie Dr. Brandt, die ›Ströme, die in sein Meer fließen‹? So ist sein Angriff auf die Ethische Bewegung ebenso töricht wie ungerecht. Er müßte uns wahrhaftig von Bildungsanstalten Richterscher und Stöckerscher Art unterscheiden können! Und warum Haß und hämischen Neid gegen die einzelnen Mitglieder anderer Klassen großziehen, – der nichts zur Folge hat als lähmende Bitterkeit –, statt nur den Haß gegen die Zustände, der Mut und Kampflust auslöst? Gerade der Sozialismus lehrt doch, daß die Menschen Ergebnisse der sozialen und wirtschaftlichen Verhältnisse sind; man setzt sich also in Widerspruch zu den eigenen Grundprinzipien, wenn man den Haß gegen Personen verbreitet, die doch so werden mußten, wie sie wurden.

Damit komme ich noch mit einem Wort auf unseren alten Streitpunkt, die Junker betreffend, zurück. Sie erinnern mich daran und werden es vielleicht jetzt wieder tun, daß wir beide doch auch Junker wären und uns trotzdem, lediglich auf Grund unserer ethischen Einsicht, zum Sozialismus bekennen. Nun denn – lachen Sie mich nur ruhig aus, ich höre Sie so gerne lachen! –, ich bestreite Ihre Behauptung! Sind wir nicht von Jugend an Abhängige gewesen, – wir und unsere Eltern, – von unserem Brotgeber, dem Staat? Hätten meine Eltern sich frei bewegen können, ohne sich den Kopf an der Mauer einzurennen, die der Staat um sie gezogen hat? Können Sie es? Und diese Abhängigkeit – macht sie nicht den Proletarier? Ich aber, die ich ein Weib bin, gehöre von Rechts wegen noch tausendmal mehr als Sie zu der großen, dunkeln, darbenden Masse der Enterbten!

Mich hat diese Erkenntnis mit neuer Freudigkeit erfüllt und mit neuer Hoffnung; gilt doch dann dasselbe für unseresgleichen wie für das arme Fischerkind: es bedarf nur der Erweckung, und Tausende neuer Kämpfer gesellen sich brüderlich zu denen, die vorangingen! Wie viele gibt es, deren ganzes Wesen nach Befreiung und Betätigung verlangt, deren geistige Kräfte, ihnen selbst vielleicht oft kaum bewußt, schon im Dienst der großen Menschheitssache stehen, – denken Sie nur an all unsere jungen Künstler und Schriftsteller!

Gegen den Willen ihrer Eltern kehrt Lily nach Berlin zurück, um dem erkrankten Glyzcinski beizustehen.

Unter seiner Anleitung liest sie Marx und Engels.

Es gelingt G. tatsächlich, die von ihm geplante »Ethische Gesellschaft« ins Leben zu rufen.

Die konstituierende Versammlung der Ethischen Gesellschaft stand vor der Tür. Aus allen Teilen Deutschlands strömten uns Begrüßungsschreiben, Beitrittserklärungen, Zustimmungskundgebungen zu, – es schien wirklich, als hätten sich viele im stillen nach einer geistigen Vereinigung auf dieser Basis gesehnt. Selten nur traf ich Glyzcinski nachmittags allein: Gelehrte und Ungelehrte, Leute mit berühmten Namen und mit Würden beladen erschienen neben armen Handwerkern, und Frauen aus allen Kreisen fanden sich ein. Es war ein anderes Publikum, als das bei Egidy gewesen war: entschiedener in seiner antireligiösen Gesinnung, von sozialem Pflichtbewußtsein stärker durchdrungen. Und die nahende Vollendung des lange vorbereiteten Werks gestaltete auch die letzten Kommissionssitzungen harmonischer. Wir waren alle voll Zuversicht und voll guten Willens, uns auf dem Boden »allgemein menschlicher Ethik« zusammenzufinden.

Von jener Begeisterung getragen, die die Geburtsstunde jeder neuen humanitären Schöpfung begleitet und die Teilnehmer glauben läßt, der Beginn sei schon die Vollendung, verliefen die offiziellen Gründungstage unserer Gesellschaft. Es tat förmlich weh, zu der Nüchternheit der Alltagsaufgaben zurückzukehren, und die meisten Menschen, die uns eben noch zugejubelt hatten, ergriffen vor ihnen die Flucht. Mir, die ich von der Welterlösung geträumt hatte, wurde es besonders schwer, an all den internen Beratungen und Zusammenkünften teilzunehmen, wo über Fragen wie die der Versammlungslokale, der Einkassierung der Beiträge und dergleichen mehr oft stundenlang verhandelt wurde. Ich ging regelmäßig hin, um Glyzcinski darüber zu berichten, der nur ausnahmsweise an den Sitzungen teilnehmen konnte und daher auch oft den Grad meiner Ernüchterung nicht verstand. In Rücksicht auf ihn, dessen Freundschaft mit mir kein Geheimnis war, mehr als in Anerkennung meiner sehr geringen Verdienste um die Gesellschaft, wurde mir, statt seiner – der jede Wahl von vornherein abgelehnt hatte – der Schriftführerposten im Hauptvorstand angeboten. Ich zögerte keinen Augenblick, ihn anzunehmen, da ich mir wohl bewußt war, gerade durch ihn den größten Einfluß gewinnen zu können. Zu Hause erzählte ich nicht ohne Stolz von der mir widerfahrenen Ehre. Der Vater kam gerade aus seinem Klub, und ich hatte in meiner Freude auf seine Mienen nicht geachtet und Mamas heimliche Zeichen nicht bemerkt.

»Wie –« fuhr er los, »ein Mensch, der meinen ehrlichen Namen trägt, offizieller Vertreter dieser Gesellschaft internationaler Schwindler?!« Ich wollte ihn unterbrechen, aber er ließ mich nicht zu Worte kommen. »Habt ihr vielleicht nicht soeben, wie ich natürlich von Fremden erfahren mußte, für die wahnwitzige Utopie ewigen Friedens demonstriert, was nichts anderes bedeutet, als diesen Schuften, den Sozialdemokraten, Wasser auf ihre Mühle zu treiben!« Seine Stimme schwoll an, als stünde er auf dem Kasernenhof, »und die Religion wollt ihr schon den Kindern durch euren sogenannten Moralunterricht austreiben. Eine nette Moral das – wahrhaftig!« Er trat auf mich zu: »Ich verbiete dir ein für allemal, mit diesen Gottesleugnern und Vaterlandsverrätern gemeinsame Sache zu machen – sonst –«

»Du erlaubst, daß ich mich entferne –« unterbrach ich den Tobenden und ging hinaus.

Am nächsten Morgen kam er mir entgegen: ganz blaß, mit überwachten, müden Augen. »Höre auf deinen alten Vater, mein Kind, der es gut mit dir meint, – du bist auf falschem Wege, – schneide dir nicht die Rückkehr ab, indem du dich öffentlich engagierst!«

»Laß mir Zeit zum Überlegen, lieber Vater«, bat ich stockend, innerlich fast schon überwunden; nur bei Glyzcinski wollte ich mir noch Rat erholen.

»Geben Sie nach, – für diesmal noch!« sagte er. »Das geringste Maß von Schmerz sollen wir anderen zufügen. Und am schönsten ist's, wenn der Gegner sich uns aus Überzeugung schließlich selbst ergibt.«

Meinen Vater überwältigte fast die Rührung, als ich ihm sagte, daß ich mich seinem Wunsche fügen wolle. Er ging selbst zum Professor und unterhielt sich ruhig und eingehend mit ihm, »wie ein vollendeter Ethiker«. Dann mußte ich mit ihm in die Stadt, um mir ein Kleid auszusuchen: »Ich will nicht, daß du durch die ewige Näherei in der Arbeit gestört wirst, die dir am Herzen liegt!«

Es dauerte jedoch nicht lange, und ich fühlte, daß es nur eines geringfügigen Anlasses bedurfte, um einen neuen Sturm heraufzubeschwören.

Ich schwebte in ständiger Angst. Schon der Tritt meines Vaters auf der Treppe machte mich zittern, und möglichst leise verließ ich nachmittags das Haus, um erst dann erleichtert aufzuatmen, wenn die Tür von Glyzcinskis Studierstube sich hinter mir schloß.

»Jetzt müßt' ich Sie pflegen können, wie Sie mich«, sagte er dann wohl, und sein warmer Blick voll Liebe und Mitleid ruhte auf mir.

Eines Novemberabends – ich hatte infolge eines heftigen Erkältungsfiebers ein paar Tage das Bett hüten müssen – kam ein Brief vom Professor:

»Mein liebes gnädigstes Fräulein!

Wir haben schon oft miteinander gesprochen, daß die Schaffung eines Ethischen Journals sich angesichts der Entwicklung der Gesellschaft als eine immer stärkere Notwendigkeit erweist. Dieser Tage habe ich innerhalb unserer literarischen Gruppe die Frage erörtert, und der Verleger unserer Flugblätter hat sich bereiterklärt, eine Zeitschrift, wie wir sie brauchen, in Gemeinschaft mit mir ins Leben zu rufen; da ich jedoch außerstande bin, sie allein zu leiten, – der Redakteur eines solchen Blattes muß persönlich bei wichtigen Vorkommnissen zugegen sein können –, liegt die letzte Entscheidung der Sache in Ihrer Hand. Die Stellung als mein Mitredakteur wird Ihre Arbeitskraft stark in Anspruch nehmen, und im Anfang ist der Verlag leider außerstande, Ihnen ein höheres Honorar, als etwa fünfzehnhundert bis zweitausend Mark jährlich zu bieten. Aber ich hoffe und glaube, daß Ihre Liebe zur Sache groß genug ist, um über diese Schwierigkeiten hinwegzusehen.

Mit verbindlichen Empfehlungen den Exzellenzen und herzlichen Grüßen an Sie

Ihr treuergebenster
Georg von Glyzcinski.«

Das ist Befreiung! jubelte ich – und zitterte doch vor Angst, als ich den Brief meinen Eltern gab. Die Szene, die folgte, war schlimmer als je vorher. »Solange du meinen Namen trägst, niemals – niemals!« Dabei blieb der Vater. Ich lief in die Nettelbeckstraße und brach, aufschluchzend, neben dem Stuhl des Freundes zusammen. Minutenlang vermochte ich nicht zu sprechen und fühlte nur, wie der schmalen Hand, die mir leise über die Stirne strich, wohltätige Ruhe entströmte. Und dann erzählte ich –

»›Solange du meinen Namen trägst‹ – das sagte Ihr Vater?« Glyzcinski wandte den Kopf und sah zum Fenster hinaus, wo die roten und gelben Blätter im Herbststurm tanzten. Es dunkelte schon, – eine Mahnung zum Aufbruch.

»Ich fürchte mich so –« murmelte ich mit neu hervorstürzenden Tränen. Und aus dem Zwielicht und der Stille hörte ich seine leise Stimme sagen: »Möchtest du bei mir bleiben, mein Schwesterchen?« – »Immer – immer –« stöhnte ich und preßte meine Lippen, ehe er's hindern konnte, auf die Hand, die weiß und unirdisch im Dämmer leuchtete.

Am frühen Morgen des nächsten Tages erhielt ich diesen Brief:

»Mein liebes, gnädiges Fräulein!

Schon vor Monaten habe ich mir oft gedacht: wenn Sie eine Anzahl Jahre älter geworden wären, ohne das Glück gefunden zu haben, das Sie in so reichem Maße verdienen, – wenn Sie sich mit dem Gedanken, auf Liebe und Glück verzichten zu müssen, vertraut gemacht hätten, dann wollte ich fragen: Liebe Freundin, wollen wir zueinander ziehen, Mann und Frau werden, dabei aber – wie es mir beschieden wäre – als Bruder und Schwester weiterleben?!

Der Umstand nun, daß sich jetzt ein Arbeitsplan für uns meldet, dessen Verwirklichung, nach dem Standpunkt, den Ihr Herr

Vater einnimmt, zu schließen, durch jene Lebensvereinigung sehr erleichtert werden würde, ist der Grund, daß ich schon heut mit dieser Frage an Sie herantrete.

Wir würden keine Liebes-, sondern eine Freundschafts- und Arbeitsehe führen; sie würde für Sie alles andere eher als eine ›Versorgung‹ sein; wir würden wie die Zukunftsmenschen leben, wo auch die Frau sich durch eigene Arbeit erhält. Ich bin ohne Vermögen und habe nur ein geringes Einkommen. Im übrigen wissen Sie, daß mein Leben jeden Tag zu Ende sein kann.

Und nun dürfen Sie rasch ›nein‹ sagen. Meine Freundschaft zu Ihnen würde auch dann immer dieselbe bleiben. Das ›ja‹ würde jedenfalls eine lange Überlegung notwendig machen. Handelt es sich doch um etwas Ähnliches, als wenn ein Mädchen den Nonnenschleier nimmt. Sollten Sie trotz alledem einmal ›ja‹ sagen, so könnte es doch eine in ihrer Art schöne Ehe werden.

Ewig
Ihr treuer Freund
Georg von Glyzcinski.«

Ich hatte kaum zu Ende gelesen – mit klopfendem Herzen und tiefen Atemzügen –, als ich schon am Schreibtisch saß und meine Feder über das Papier flog.

Lily nimmt G.'s Werbung an und ruft damit den heftigsten Widerstand der Eltern, ganz besonders des Vaters, hervor. Das Zusammenleben mit ihnen wird immer unerträglicher, und so beschließt Lily, gegen den elterlichen Widerstand, G.'s Frau zu werden. Gizychi (Glyzcinski) fragt sie noch einmal:

»So willst du wirklich – wirklich diesen Krüppel heiraten, den man im Mittelalter der Zauberei angeklagt, und ganz gewiß verbrannt haben würde?« sagte er mit ungläubigem Lächeln.

»Ich will!« antwortete ich fest. »Und wenn es sein muß, ohne den Segen der Eltern.« Da ich wußte, daß meines Vaters Heftigkeit mich nicht würde zu Worte kommen lassen, so schrieb ich ihm einen langen, liebevollen Brief, in dem ich ihm klar zu machen versuchte, daß ich alt genug sei, um nach eigener Überzeugung mein Leben zu gestalten, daß es im höheren Sinne gewissenlos und pflichtwidrig wäre, statt der eigenen Einsicht und dem eigenen Gefühl sklavisch dem Machtgebot anderer zu gehorchen, daß es schlimmer sei als töten, wenn ein Mensch den anderen zeitlebens zur Unmündigkeit und Unfreiheit verdamme.

Einen ganzen Vormittag lang schien mein Vater meinen Brief zu ignorieren, erst als ich das Haus verlassen wollte, trat er mir im Flur entgegen.

»Du bleibst!« rief er und umklammerte mein Handgelenk. »Die sechs Monate Frist, die ich dir gestellt habe, sind noch nicht um, – aber du zwingst mich, meine Bedingungen zu ändern. Du wirst von heute ab deine Besuche einstellen. Dieser sittenstrenge Ethiker soll mir nicht ganz und gar deine Seele vergiften.«

»Du brichst dein Versprechen, Papa –« stieß ich hervor und riß mich gewaltsam los. In demselben Augenblick griff er nach der alten Reiterpistole auf seinem Schreibtisch –.

»Ein Schritt noch und ich schieße –.« Aber schon lief ich die Treppe hinunter – über die Straße – über den Platz, – Menschen und Wagen und Häuser sah ich wie Schatten an mir vorüberfliegen.

Wie ich zu Georg kam, – ich weiß es nicht, – der gelle Angstschrei, den er ausstieß, als ich mitten in seinem Zimmer niederfiel, brachte mich zur Besinnung. Noch an demselben Abend fuhr ich zu Freunden von ihm, die mir auf alle Fälle ihr Haus schon zur Verfügung gestellt hatten. Ohne Angabe meiner Adresse teilte ich den Eltern mit, daß ich nicht mehr zu ihnen zurückkehren werde. Aber noch ehe mein Brief sie erreicht haben konnte, benachrichtigte mich Georg, daß Onkel Walter mich zu sprechen wünsche. Er erwarte mich im Reichstag. Ich ging hin. Und während im Plenarsaal die Redeschlacht um die Militärvorlage tobte, gingen wir ruhig und gemessen in der Wandelhalle auf und ab, und niemand konnte ahnen, daß sich hier ein Schicksal entschied.

Nach dieser Szene geben die Eltern nach.

Eine Haustrauung in den Räumen G.'s findet statt – ohne den Vater, von dem aber wenigstens etwas kommt:

Ein Telegramm. »In zärtlichster Liebe bin ich bei dir und Georg. Dein Vater.«

Dann ward es still, ganz still bei uns. Wir waren allein.

XIV. KAPITEL

In der Ehe findet Lily den ersehnten Frieden und die Ruhe zur Arbeit. Sie besucht sozialdemokratische Volksversammlungen und erfährt durch eine junge aktive Arbeiterin, Martha Bartels, vom »Frauenverein«. Die »Ethische Gesellschaft« interessiert sich dafür, und am Teetisch der G.'s versammeln sich die Sympathisanten.

So verschiedenartig die Menschen waren, die über den dunkeln Hof und die finstere Treppe den Weg in unsere hellen Zimmer fanden – zweierlei war ihnen allen gemeinsam: die Überzeugung, daß unsere Welt sich das Lebensrecht verscherzt habe, und die Kraft, die Welt der Zukunft mit der Hingabe des ganzen Lebens aufzubauen.

»Ist das nicht recht eigentlich unsere Ethische Gesellschaft?« fragte Georg eines Tages, als unsere Gäste all ihre Reformpläne und Umsturzideen miteinander ausgetauscht hatten und im Rausch der eigenen Begeisterung bis zum späten Abend bei uns geblieben waren. »Von allen Seiten bohren sie schon den Felsen an, der unser Nordland vom Zukunftssüden trennt!« Er strahlte wieder wie ein Kind.

»Ich möchte auch bohren, Georg!« meinte ich – eine tiefe Unzufriedenheit mit mir selbst hatte mich innerhalb dieses Kreises selbständig schaffender Menschen ergriffen –, »nicht immer bloß nachschleichen, wo die anderen schon den ersten Schritt getan haben.« Schon längst beschäftigte mich der Gedanke, daß die

Frauen vor allem berufen seien, Trägerinnen der sozialen Bewegung zu werden, die notwendig zum Sozialismus führen müsse. »Unsere politische Rechtlosigkeit, unsere wirtschaftliche Abhängigkeit, unsere soziale Unterdrückung stellt uns auch ohne unser Wissen und Wollen auf die Seite aller Entrechteten. Unsere mütterlichen Empfindungen machen uns überdies hellsichtiger für Not und Elend. Hätten wir die Frauen – wir hätten die Welt!« Ich lief aufgeregt im Zimmer umher – »das ist eine Aufgabe, die sich der Mühe lohnt – –«

»Und die meine Alix erfüllen kann«, unterbrach mich Georg, mir beide Hände entgegenstreckend.

Gleich am nächsten Tage ließ ich mich in die Vortragsliste der Ethischen Gesellschaft einzeichnen. Da es immer an Rednern fehlte, wurde meine Anmeldung mit Freuden begrüßt. Und nun ging ich an die Vorbereitung. Durch amerikanische und englische Frauenzeitschriften war ich über den Stand der Bewegung im Ausland vollkommen orientiert; der »Vorwärts«, die Arbeiterinnenzeitung, die Versammlungen des Arbeiterinnenvereins, die ich mit Martha Bartels besuchte, hatten mir ein Bild von der Lage der Proletarierinnen, ihren Wünschen und ihren Bestrebungen gegeben; nur von der deutschen Frauenbewegung wußte ich noch nicht viel.

Seit einem halben Jahrhundert kämpfte sie um die Eröffnung bürgerlicher Berufe, um höhere Bildung. Sie kämpfte?! Ach nein; sie hatte in Vereinen und Vereinchen Resolutionen und Petitionen verfaßt – aber die Welt außerhalb ihrer Kreise wußte nichts von ihr. Ich las die Broschüren von Helma Kurz; ich besuchte Frau Vanselow, die ich bei Egidy kennengelernt hatte, und deren Ruf, von allen Frauenrechtlerinnen die radikalste zu sein, sie mir sympathisch machte. Aber die Tendenzen ihres Vereins und seines kleinen Organs waren keine anderen als die der Kurz.

»Ich begreife nicht, wie Sie bei solchen Forderungen stehen bleiben können!« rief ich, als Frau Vanselow mir ihre Prinzipien auseinandersetzte. »Und wenn wir schon Pastoren, Professoren und Advokaten werden können, was haben wir dann besonderes, als einige Berufsphilister und Bildungsproleten mehr! Damit ist die Frauenfrage ebenso wenig gelöst, wie sie etwa bei den

Arbeiterinnen gelöst ist, die längst das Recht haben, zu schuften wie die Männer.«

»Ich bin ganz Ihrer Meinung – ganz und gar –« nickte Frau Vanselow eifrig und hob die schweren Lider von den berühmt schönen Augen – »aber wir müssen vorsichtig – sehr vorsichtig sein, um zunächst nur einzelne Konzessionen zu erringen. Sie sind jung, – kämpfen Sie erst so lange Jahre wie ich, meine liebe Freundin, und Sie werden einsehen, daß wir Frauen nur Schritt für Schritt vorgehen dürfen. Ich besonders habe schwer zu ringen – niemand versteht mich – meine Vereinsdamen sind die Ängstlichkeit selbst –«, sie griff nach meiner Hand und behielt sie in der ihren – »wie froh wäre ich, in Ihnen eine frische Hilfskraft gewinnen zu können!« Ich errötete erfreut; hier bot sich mir eine neue Gelegenheit, um zu wirken. »Ich danke Ihnen für Ihr Vertrauen«, antwortete ich, »aber ehe ich mich Ihnen verpflichte, sollten Sie erst abwarten, was ich leisten kann.«

Mit steigendem Eifer arbeitete ich an meinem Vortrag. Ich lernte ihn Satz für Satz auswendig. Am Abend vor der Versammlung war »Generalprobe« vor Georg als meinem einzigen Zuhörer. »Wenn ich mich schon vor dir so fürchte, wie soll das bloß morgen werden!« sagte ich, und das Papier zitterte in meinen Händen.

Am Abend darauf trat ich in den hellen, dicht gefüllten Saal des Langenbeck-Hauses. Einen Augenblick lang schien die Erde zu schwanken, die Lichter tanzten einen wahnsinnigen Ringelreihen, und mir war, als müßten die vielen Menschen auf den amphitheatralisch hoch aufsteigenden Bänken wie eine Lawine auf mich niederstürzen. Da fiel mein Blick auf Georg: seine strahlenden Augen ruhten fest auf mir, und ein Gefühl sicherer Ruhe überkam mich. Ich sprach zuerst nur für ihn. Allmählich aber strömte etwas mir entgegen wie ein lebendig gewordenes Verstehen – ich fühlte die Menschen, die unter meinen Worten *ein* Mensch geworden waren –, mit *einem* klopfenden Herzen, *einem* horchenden Verstand.

»Jedes Stück unserer Kleidung, von der Leinwand an bis zu

dem Seidenkleid, von den Nägeln unserer Stiefel bis zu dem feinen Leder unserer Handschuhe könnte von hohläugigen, müden Frauen, von blassen um ihre Jugend betrogenen Mädchen qualvolle Leidensgeschichten erzählen. Der hohe Spiegel, der das Bild der schönen, glücklichen Frau wiederstrahlt, hat vielleicht ein keimendes Leben vernichtet ... Und der Damast, der unsere Tafeln deckt, – Leopold Jakoby singt von ihm: ›Daraus hervor grauenhaft – das Gespenst des Hungers grinst mich an – über den Tisch ...«

Ein Aufseufzen ging durch den Saal wie eine schwere Woge, die mich trug – mich empor hob – hoch – immer höher, so daß meine Stimme über alle hinweg in die Ferne drang.

»... die Prostitution ist das einzige Privilegium der Frau ... Ein Mädchen darf, solange es minorenn ist, ohne die Einwilligung ihres Vaters nicht heiraten, aber es darf sich preisgeben, ohne daß sein Vater es daran hindern kann. Die Frau darf – bei uns in Deutschland! – nicht Medizin studieren, weil man für ihre Weiblichkeit so zärtlich besorgt ist und ihre Sittlichkeit hüten will, aber sie darf sich einen Gewerbeschein verschaffen, der sie berechtigt, sich und andere physisch und moralisch zugrunde zu richten. Sie darf – bei uns in Deutschland! – an keiner öffentlichen Wahl sich beteiligen, aber sie darf von ihrem durch den Verkauf ihres Körpers schmählich erworbenen Geld dem Staate Abgaben zahlen ...«

Jetzt war es der Sturm, der von drüben mir entgegenschlug – der Sturm der Empörung, und mein war die Macht, ihn zu lenken, wo es Ruinen einzureißen, dürre Bäume zu stürzen galt!

»... Was tun? fragen wir mit dem großen russischen Dichter, dessen Werk nur ein Ausdruck des Gefühls von Hunderttausenden ist. Wir werden nicht mehr petitionieren, sondern fordern, uns nicht mehr hinter den verschlossenen Türen unserer Vereine über unsere frommen Wünsche unterhalten, sondern auf den offenen Markt hinaustreten und für ihre Erfüllung kämpfen, gleichgültig, ob man mit Steinen nach uns wirft ...«

Brausender Beifall unterbrach mich – ich sah nur Georg, der weit vorgebeugt in seinem Rollstuhl saß und die Augen nicht von mir ließ.

»... Aber was wir auch fordern mögen zugunsten unseres

Geschlechts, das die wirtschaftliche Entwicklung aus dem Frieden des Hauses hinaus in den Kampf ums Dasein trieb – man wird uns mit Phrasen und kläglichen Pflastern für unsere Wunden abspeisen, solange die politische Macht uns fehlt ...«

Erneuter, dröhnender Beifall – aber von irgendwo her mischte sich ein giftiger, zischender Laut hinein.

»... Von der geistigen Inferiorität der Frau höre ich große und kleine Leute sprechen, die darauf gestützt, unsere Forderung der politischen Gleichberechtigung glauben ablehnen zu dürfen. Aber erst wenn die Frauen ebenso viele Jahrhunderte lang wie die Männer die Hilfe der Wissenschaften, die Schulung des Lebens und den Sporn des Ruhmes genossen haben werden, wird es an der Zeit sein, zu fragen, wie es mit ihrem Verstande steht. Das weibliche Geschlecht – so wirft man weiter ein – habe noch kein Genie hervorgebracht. Hat man bei den Negern Amerikas auf das Genie gewartet, ehe man ihnen politische Rechte gab? Hat man ihre Gewährung beim Mann von einer Prüfung seiner Geisteskräfte abhängig gemacht? ... Sie können der Wehrpflicht nicht genügen, darum kommt den Frauen das Stimmrecht nicht zu, lautet das letzte Argument der in die Enge getriebenen Gegner. Ich aber frage: der Mann, der sein Leben vor dem Feinde in die Schanze schlägt, und die Frau, die mit Gefahr ihres Lebens dem Staate die Bürger gebiert – haben sie nicht die gleiche Berechtigung über das Wohl und Wehe des Vaterlands zu entscheiden? Jede dreißigste Frau stirbt an diesem ihrem natürlichen Beruf, und sie wird trotz aller Fortschritte der Wissenschaft auch dann noch in Lebensgefahr schweben, wenn der Völkermord längst der Erinnerung angehören wird ...«

Ich hatte geendet – mir war, als versänke ich in einem vom Orkan gepeitschten Ozean. Es dunkelte mir vor den Augen – ich fühlte Händedrücke – sah in hundert unbekannte Gesichter – vor all diesen fremden Menschen hatte ich eben gesprochen?! Wie war das nur möglich gewesen?! – Meine Mutter stand auf einmal vor mir, mit heißem, erregten Gesicht – meine Schwester umarmte mich stürmisch. – An der Tür drängte sich Martha Bartels durch die Menge, – ich fühlte nur, wie sich ihre heißen Finger schmerzhaft fest um die meinen preßten. Endlich – endlich sah ich Georg! Was galten mir die anderen alle – von ihm allein erwartete ich die Wahrheit: seine Augen waren feucht – er beugte den Kopf über meine Hand und küßte sie.

Die Menschen hatten sich verlaufen. Fast unbemerkt traten wir in die stille, dunkle Ziegelstraße, und leise rollten die Räder des Fahrstuhls über das Pflaster. An einer Straßenecke legte sich mir eine Hand auf die Schulter. Erschrocken wandte ich den Kopf: Mein Vater stand vor uns. »Ich habs zu Hause nicht ausgehalten, – und nun ließ ich all deine Zuhörer Revue passieren. Wie stolz bin ich auf deinen Erfolg!« Und er ging den ganzen langen Weg durch die Karlstraße und den nachtdunklen Tiergarten mit uns.

Frau Vanselow führte mich im Vorstand des Vereins Frauenrecht ein: »Sie werden sich mit mir freuen, meine Damen, daß es mir gelungen ist, diese junge vielversprechende Kraft gerade unserem Verein gewonnen zu haben.« Die Damen begrüßten mich mit neugier-kühler Reserviertheit. Ich war doch wieder in recht beklommener Stimmung. All diese Frauen, die seit Jahrzehnten in der Bewegung standen, die an Wissen, an Erfahrungen, an Verdiensten reich waren, sollte ich – ein Neuling auf allen Gebieten – meinem Willen gefügig machen!

Aber je öfter ich mit ihnen zusammenkam – und es bedurfte zahlreicher Sitzungen, um nur um kleine Schritte vorwärts zu kommen –, desto mehr erstaunte ich. Es war, als ob der Verein um ihr Denken und Streben eine Mauer gezogen hätte. Von dem, was jenseits lag, wußten sie nichts, und nur widerstrebend ließen sie sich von mir an einen Ausguck ziehen, von wo aus sie den Feminismus im Ausland, seine großen Kämpfe und Siege und den Stand der Stimmrechtsbewegung überschauen konnten.

»Das ist alles ganz schön und gut, aber nichts für uns deutsche Frauen«, meinte kopfschüttelnd ein rundliches, bebrilltes Persönchen, dessen Doktortitel sie mir äußerst interessant erscheinen ließ; »wir würden das Wichtigste gefährden: die endliche Zulassung der deutschen Frauen zum Medizinstudium, wenn wir so bedenkliche Fragen wie die politischer Rechte berühren wollten!«

Meinen neuen Vortrag schrieb ich wie im Fluge, kaum daß die Feder den einstürmenden Gedanken zu folgen vermochte. Und die Stimme zitterte mir vor Erregung, als ich ihn das erste Mal vorlas. Meine gestrengen Zuhörerinnen aber blieben merkwürdig kühl. Nur Frau Vanselow nahm meine beiden Hände mit einem verständnisinnigen Druck zwischen die ihren.

»Ich habe mir die Punkte notiert, die Sie ändern, respektive fortlassen müssen«, sagte das rundliche Fräulein Doktor und rückte die Brille fester auf ihr viel zu kurz geratenes Näschen. »Zunächst dürfen Sie nicht sagen, daß die Existenz von Wohltätigkeitsvereinen ein Armutszeugnis für den Staat sei und die Gebenden sich ihrer Wohltätigkeitsakte ebenso schämen müßten, wie die Empfangenden. Sie schlagen damit die Besten vor den Kopf –.«

Ich verteidigte meine Anschauung, aber die Abstimmung entschied gegen mich.

»Auch Ihre Elendschilderungen sind viel zu übertrieben und wirken in höchstem Maße aufreizend«, meinte die Hagere.

»So sollen sie wirken!« entgegnete ich, »und überdies stammen all meine Angaben aus amtlichen Quellen.« Nach einer kurzen, scharfen Auseinandersetzung gab meine Kritikerin seufzend nach.

»Unbedingt notwendig aber ist es, daß Sie den Satz über die Sozialdemokratie streichen«, erklärte eine andere Vorstandsdame, deren verwandtschaftliche Beziehung zu einem freisinnigen Abgeordneten ihr eine Art Respektstellung geschaffen hatte.

»Das ist im Rahmen meines Vortrags einfach unmöglich«, widersprach ich. »Die Sozialdemokratie ist die einzige Partei, die für die Gleichberechtigung des weiblichen Geschlechts eintritt.«

»Schlimm genug! Wir werden darum immer verdächtig erscheinen, wenn wir ihre Wünsche zu den unseren machen – das habe ich ja schon oft betont, ohne Gehör zu finden.«

Ich hielt hartnäckig an dem beanstandeten Satz fest und war nahe daran, den ganzen Vortrag zurückzuziehen. Aber mußte ich nicht Konzessionen machen, um nur überhaupt etwas durchzusetzen?! Ich wurde wieder überstimmt, – Frau Vanselow allein enthielt sich mit einem bedauernden Achselzucken der Abstimmung.

In dem großen Saal des Konzerthauses in der Leipziger Straße fand an einem Sonntagvormittag die Versammlung statt. Bis in die Gallerien hinauf drängten sich die Menschen. An langen Tischen unter der Rednertribüne saßen mit blasierten Gesichtern und gespitzten Bleistiften die Journalisten. Mit triumphierendem Lächeln, den Kopf von einem Spitzenschleier malerisch bedeckt, die ebenmäßige Gestalt eng von schwarzer Seide umschlossen, stand Frau Vanselow neben mir. »Helma Kurz, – sehen Sie nur! Ganz grün ist sie vor Ärger –« hatte sie mir noch hastig zugezischelt. Ein Polizeileutnant saß an meiner anderen Seite, ein weißes Papier breit vor sich auf dem Tisch, an dessen Kopf zunächst nichts weiter als mein Name stand.

Und dann sprach ich, und wieder trug mich die Woge, und ich empfand die dunkle Menge vor mir wie Ton, der sich nach meinem Willen formte. Achtlos zerknitterte ich mein Manuskript zwischen den Händen. Ich bedurfte seiner nicht. Vor dem Rednerpult fielen mir kräftigere Worte und stärkere Beweisführungen ein als am Schreibtisch. Gestern erst hatte Martha Bartels mir von der polizeilichen Auflösung eines Arbeiterinnenvereins berichtet. Gab es ein besseres Beispiel als dies, um die Rechtlosigkeit der Frauen zu beleuchten? »Die Rücksicht auf die Weiblichkeit gebietet solch ein Vorgehen, sagen die Männer«, rief ich aus, »aber die Rücksicht auf dieselbe Weiblichkeit hat noch keinen Mann verhindert, Frauen in die Steinbrüche und Bergwerke zu schicken, und werdende Mütter in die Giftluft der Fabrik!« Frenetischer Beifall von den Galerien herunter ließ mich minutenlang nicht zu Worte kommen. Der Polizeileutnant stenographierte, – entgeistert sah Frau Vanselow mich an: »Das ist gegen die Abmachung!« flüsterte sie erregt. Ich lächelte.

»Und nun frage ich euch, meine Schwestern, habt ihr wirklich nichts zu tun für euer Geschlecht? – Denkt an die jüngste Vergangenheit, wo der Vertreter Sr. Majestät des Kaisers, der Kanzler Leist, Frauen schändete, aber dessen ungeachtet für einen ›tüchtigen und pflichttreuen Beamten‹ erklärt wurde, – und dann wagt es noch, zu sagen: wir haben keine Bürgerpflicht! …

Von Ort zu Ort will ich wandern und jene heilsame Unzufriedenheit, die die Mutter aller Reformen ist, in die Herzen der Frauen pflanzen! ...« Der Polizeileutnant wurde rot vor Eifer, ich hörte das Kritzeln seines Stifts durch alles Klatschen hindurch. Und ich vergaß mein Versprechen und sprach von der Sozialdemokratie, von »den Rittern der Arbeit, die heute die einzigen Ritter der Frauen sind.«

Jetzt brauste der Beifall wie der Frühlingssturm, der die dürren Blätter jauchzend niederschüttelt, um den jungen Knospen Licht und Luft zu schaffen ...

Die folgenden Tage waren ein einziger Ikarussturz, – nur daß die Arme der Liebe mich auffingen, ehe ich den harten Boden berührte. Im Verein Frauenrecht kam es fast zu einem Staatsstreich, um den Vorstand aus dem Sattel zu heben; mit Vorwürfen wurde ich überschüttet. Die Zeitungen berichteten bald höhnisch, halb wegwerfend über die »verkappte Genossin«, konservative Blätter unterließen nicht, den »unerhörten Seitensprung der Frau eines preußischen Universitätsprofessors« an die große Glocke zu hängen, und Georg kam eines Morgens ernst und versonnen aus seiner Vorlesung zurück: »Althoff hat mir einen wohlmeinenden Wink gegeben!« sagte er. Auch mein Vater erschien und machte mir eine Szene, als wäre ich noch zu Haus.

»... Mit Fingern weisen die Leute auf mich ... Im Reichstag – im Klub kann ich mich nicht mehr sehen lassen ...« schrie er. Georg hatte sich, auf beide Hände gestützt, hoch aufgerichtet.

»Exzellenz vergessen«, sagte er kalt und scharf, »daß Sie sich bei mir befinden!« Einen Moment lang maßen sich die beiden Männer mit einem Blick angriffsbereiter Feindschaft, dann verließ mein Vater wortlos das Zimmer, und erschöpft sank Georg in den Stuhl zurück.

XV. KAPITEL

Der Verein Frauenrecht hatte mich trotz meiner Sünden in seinen Vorstand gewählt: Ich war ein »Name« – damit hatte Frau Vanselow die Mitglieder für ihren Plan gewonnen. Und ich hatte trotz meiner inneren Abneigung die Wahl angenommen: der Verein war am Ende doch ein wirksames Mittel zum Zweck. Vor allem galt es eins durchzusetzen: die deutsche Frauenbewegung aus ihrem Veilchen-Dasein zu befreien. Fünfundzwanzig Jahre hatte ich selbst gelebt, ehe ich von ihrer Existenz etwas erfuhr. Die deutsche Presse nahm noch jetzt kaum je irgendwelche Notiz von ihr.

Es gelang mir zunächst – nachdem ich von vornherein die Arbeit dafür auf mich genommen hatte –, eine Zeitungs-Korrespondenz durchzusetzen, und ich hatte die Genugtuung, daß meine Notizen in zahlreichen Blättern Aufnahme fanden. Nun mußte ein Organ geschaffen werden, – eine weithin sichtbare Fahne für unsere Sache. Ich gewann den Verleger der Ethischen Blätter für die Idee und kam strahlend über diesen Erfolg in die Vorstandssitzung des Vereins. Aber statt allgemeiner Freude begegnete ich allgemeinem Widerstand. Über die Verantwortung, die wir damit auf uns nehmen müßten, jammerte die eine, über die »seit Jahren liebgewordenen« Vereinsmitteilungen, an deren Stelle die Zeitschrift treten sollte, die andere.

»Und die Frage der Redaktion ist doch vor allem eine schwer zu entscheidende«, meinte mit bedenklich hoch gezogenen Augenbrauen Frau Vanselow und sah mich prüfend an. Ich begriff.

»Selbstverständlich wird sie unserer verehrten Vorsitzenden

anvertraut werden«, sagte ich rasch. »Und meine liebe Frau von Glyzcinski wird mir hilfreich wie immer zur Seite stehen«, ergänzte Frau Vanselow und streckte mir über den Tisch hinweg die Hand entgegen.

»Ich halte dies Vorgehen für unethisch«, tönte Frau Schwabachs scharfe Stimme dazwischen. Erstaunt sah ich auf: »Das begreife, wer kann!«

»Unser liebes, heute leider fehlendes Fräulein Georgi hat die Mitteilungen bisher als Schriftführerin zu unser aller Zufriedenheit und – unentgeltlich –« ein vielsagender Blick traf mich – »in selbstloser Hingabe an die Sache geleitet. Ich gebe meine Zustimmung nicht, wenn man sie beiseite schiebt!«

Empört fuhr ich auf: »Es handelt sich hier um die Sache und nicht um die Personen, um ein öffentliches Unternehmen und nicht um ein Vereinsblättchen! Jeder Fortschritt verletzt irgendwen, – und wenn Ihre Ethik im Gegensatz zum Fortschritt steht, so gebe ich sie preis und wähle diesen!«

Ich erhob mich rasch und überließ den Vorstand sich selber.

Vier Wochen später erschien die erste Nummer der »Frauenfrage« unter Frau Vanselows und meiner Redaktion. Georg eröffnete sie mit einem Artikel für das Frauenstimmrecht. Etwa zu gleicher Zeit versandte Helma Kurz ein Zirkular an die deutschen Frauenvereine, durch das sie zur Gründung eines nationalen Frauenbundes aufforderte, der sich dem bereits bestehenden in Amerika ins Leben gerufenen internationalen Verbande anschließen sollte.

Mit einem harten »Niemals« begegnete Frau Vanselow meiner Begeisterung für diesen Zusammenschluß. »Aufspielen will sich die Kurz, von sich reden machen, nachdem ihr angesichts unserer Erfolge längst schon die Galle überläuft ...« Nur schwer gelang es mir, sie zu beruhigen und zur Teilnahme an den vorbereitenden Sitzungen zu bewegen. Ein Heer von Frauen, in der ganzen Welt zu einer Organisation zusammengeschlossen, – war das nicht die welterobernde Macht der Zukunft?! Hier würde die Arbeiterin neben der Bourgeoisdame, die Sozialdemokratin neben der Frau des Ostelbiers zu Worte kommen; im friedlichen Austausch der Ideen würde schließlich die lebenskräftigste siegen, – durch die Mütter der kommenden Generation würde leise und natürlich die Quelle in die Menschheit gelenkt werden, die bestimmt war, als Strom die Schiffe der Zukunft zu tragen!

»Also eine Ethische Gesellschaft der Frauen, – nach unserem Plan!« meinte Georg. Ich benutzte den nächsten freien Augenblick, um mit Martha Bartels die Sache zu besprechen. Seltsam: sie wußte von nichts, das Zirkular war ihr nicht zugegangen. »Und wenn ich es schon erhalten hätte«, sagte sie, »es ist mir zweifelhaft, ob meine Genossinnen eine Beteiligung für nützlich gehalten haben würden.«

»Aber bedenken Sie doch, welch ein Agitationsgebiet sich Ihnen eröffnen würde« – eiferte ich, auf das schmerzlichste überrascht durch ihre ablehnende Haltung, – denn daß die Aufforderung sie nur durch irgend einen Zufall nicht erreicht hatte, davon war ich überzeugt, – es war ja im Zirkular die Rede von »allen Frauen«.

»Unser Agitationsgebiet ist das gesamte Proletariat, – groß genug für die gewaltigsten Arbeitskräfte! Eine Vereinigung mit der bürgerlichen Frauenbewegung würde zersplitternd und verwirrend wirken. Die große Masse unserer Arbeiterinnen ist noch nicht so selbstbewußt, um sich den Damen gegenüber als Gleichberechtigte zu fühlen.«

Mir schien, als ob aus ihren Worten mehr Gekränktheit über die Zurücksetzung als Überzeugung sprach.

»Wir reden noch darüber«, sagte ich, innerlich ordentlich froh über die Aufgabe, die sich mir eröffnete: Ich sah sie schon erfüllt, sah in Gedanken Martha Bartels auf der Tribüne stehen und durch ihre schlichte Wahrhaftigkeit die Frauen gewinnen. Ich schrieb an Helma Kurz, um sie auf das Versäumte aufmerksam zu machen, – ich erhielt keine Antwort. Bei dem Begrüßungsabend der deutschen Delegierten erwartete ich mit Ungeduld das Ende des Diners, um sie persönlich zu sprechen. Ich fand es zum mindesten geschmacklos, solch ein Werk bei Wein und Rehbraten in großer Toilette zu beginnen und einander durch Toaste anzuhimmeln, noch ehe irgend etwas geschehen war. Endlich erreichte ich Helma Kurz; sie wurde dunkelrot, als sie mich sah. »Hier ist nicht der Ort, prinzipielle Fragen zu erörtern«, sagte sie heftig und drehte mir den breiten Rücken zu.

Am nächsten Morgen in der Sitzung meldete ich mich als eine

der ersten zur Debatte. Es wurden endlose Reden gehalten: über die Einigkeit der Frauen, über die gemeinsamen großen Ziele, – vergebens wartete ich Stunde um Stunde, daß mir das Wort erteilt werden würde. Ich meldete mich noch einmal. »Sie müssen Ihren Antrag schriftlich formulieren!« schrie Helma Kurz mich bitterböse an. Ich tat es. Ein erregtes Tuscheln um den Vorstandstisch – »Ihr Antrag steht außerhalb der Tagesordnung« – verkündete die Vorsitzende. Ich versuchte mir gewaltsam Gehör zu verschaffen. Um mich kreischten erregte Stimmen: »Schweigen Sie!« – »Hinaus!« – »Wie unethisch.«

Majestätisch richtete sich die schwere Gestalt der Kurz hinter dem Vorstandstisch auf: »An dieser Störung unserer schönen Harmonie sehen Sie, meine Damen, wes Geistes Kind diejenige sein muß, die sie hervorrief!« erklärte sie mit feierlicher Würde, jedes Wort betonend. »Ich werde trotzdem, nicht aus Rücksicht auf die Delegierte des Vereins Frauenrecht« – sie lächelte spöttisch – »sondern auf unsere hier anwesenden bewährten Mitkämpferinnen die Erklärung abgeben, die in einer Weise gefordert wird, wie sie bis dato nur in sozialdemokratischen Radauversammlungen üblich war. Sämtliche deutsche Frauenvereine sind zu dieser Zusammenkunft aufgefordert worden, mit Ausnahme derjenigen natürlich, die nicht auf dem Boden unserer Staats- und Gesellschaftsordnung stehen.« – Ein langanhaltendes Bravo-Rufen unterbrach sie – »Ihre Teilnahme würde die Auflösung des Verbandes zur notwendigen Folge gehabt haben ...« Ich sprang auf und warf noch einmal meine Karte auf den Vorstandstisch. »Im Interesse der ruhigen Fortführung unserer Verhandlungen haben wir beschlossen, Frau von Glyzcinski das Wort zu verweigern.« Erneuter allgemeiner Beifall – –

Ich hatte rasch einen Protest gegen den Ausschluß der Arbeiterinnenvereine zu Papier gebracht und benutzte die Pause zum Sammeln von Unterschriften. Aber wem ich auch in die Nähe trat, – schon vor meiner Person zog man sich scheu zurück. Entrüstet blitzte mich Frau Schwabach mit ihren klugen dunkeln Augen an: »Und Sie sind eine Ethikerin, die das allen Gemeinsame pflegen und betonen soll!« Ich fand in der großen Versammlung nur zwei Stimmen, die sich mir anschlossen, unter ihnen die Frau Vanselows. »Sie schicken das an die Presse? – Famos! Ein empfindlicher Schlag für Helma Kurz!« sagte sie.

»Rom ist nicht an einem Tage gebaut worden«, tröstete mich Georg, als ich verstimmt und enttäuscht nach Hause kam. Es dauerte lange, ehe der heilende Trank seines Menschenglaubens mir die tiefe Verbitterung aus dem Herzen trieb. Aber den letzten Keim der Krankheit tötete er nicht. Was ich in unserer Zeitschrift und in der »Frauenfrage« veröffentlichte, wurde immer schärfer im Ton. Die Menschen, denen ich begegnete, die Bücher, die ich las, die dramatischen Werke, die ich sah – ich beurteilte sie alle nur von dem einen Gesichtspunkt aus: ihrer Stellung zur sozialen Frage, zum Sozialismus.

Ein großer Saal. Grüne Girlanden, mit roten Blumen besteckt, schwebten in runden Bogen um die Galerien, von einer Säule zur anderen. »Proletarier aller Länder, vereinigt euch!« leuchtete es in riesigen Goldbuchstaben auf rotem Grund von der Tribünenwand herab den Eintretenden entgegen. Unter Lorbeerbüschen glänzten die weißen Büsten von Marx und Lassalle. Als wir kamen, war der Riesenraum schon dicht gefüllt: Männer im Festtagsrock, Frauen und Mädchen in bunten Blusen und hellen Kleidern, die Gesichter verklärt, wie die der Kinder von Weihnachtsvorfreude. Ein Glanz der Jugend strahlte aus allen Augen und verwischte die Furchen, die Leidenszüge, die Kummerfalten, und gab den früh gebleichten Wangen die Röte der Kinder des Glücks.

Neugierig richteten sich alle Blicke auf uns: den bleichen Mann im Rollstuhl und die junge Frau ihm zur Seite. Der alte Bartels führte uns bis nach vorn, wo an gedeckten Tischen die Plätze für die Gäste reserviert waren.

»Daß ich das noch erlebe – Herr Professor – das noch erlebe«, wiederholte er immer wieder, mit dicken Freudentränen in den kleinen, zwinkernden Äuglein.

Brausende Hochrufe erschütterten die Luft. – Alles erhob sich – schwenkte die Hüte und wehte mit den Taschentüchern – auf die Tische und auf die Schultern wurden die Kinder gehoben, so daß ihre Köpfchen wie Blumen aus dichtem Wiesengrund über die Massen emporragten. Und durch den breiten Mittelgang, an dem sich rechts und links, eine undurchdringliche Mauer, die Menge staute, kamen sie alle, die alten Kämpfer, deren Namen ein blutiger Schrecken für die einen, ein Symbol künftiger Glückseligkeit für die anderen war.

Mein Blick blieb nur auf den vier Voranschreitenden haften, die ich um mich herum immer wieder flüsternd nennen hörte: Liebknecht – Bebel – Auer – Engels. Groß war der eine, mit grauem Vollbart, hoher Stirn, geistvoll sprühenden Augen, einen feinen Zug von Sarkasmus um den Mund, klein der andere, mit widerspenstiger voller Haarsträhne, die ihm immer wieder nach vorne fiel, so daß sein Blick sich noch mehr verschleierte, – jener merkwürdige Blick, wie ihn nur Dichter und Träumer haben. Einen breiten, hellen Germanenkopf trug der Dritte stolz auf den starken Schultern, ein paar Augen, die gewiß kampflustig zu blitzen verstanden wie die alter Häuptlinge, sahen über die Menge hinweg. Vorne aber ging der alte gefeierte Gast mit einem Lächeln so voll gerührter Güte und freudiger Menschenliebe, als wären das alles seine Kinder, die ihm entgegenjauchzten.

Gesang, Musik, Begrüßungsreden wechselten miteinander ab, wie bei einem großen Familienfest. Nichts Pathetisches, aber auch nichts, das an Aufruhr und revolutionäre Schrecken erinnerte, störte die Stimmung. Das Rot der vielen Schleifen und Fahnen im Saal schien heute nur die Farbe der Freude zu sein, nicht die des Bluts. Auch die ›Freiheit‹, die auftrat, mit der phrygischen Mütze auf dem schwarzen Krauskopf, ihre Verse skandierend wie ein Schulkind, glich mehr einem Boten des Frühlings als der Revolution.

Drunten im Saal, wie oben auf der Tribüne herrschte eitel Fröhlichkeit.

Von einem Tisch zum anderen begrüßten sich die Bekannten, und er, der Held des Tages, drängte sich mit den Freunden immer wieder durch die Reihen und schüttelte die Hände alter Kampfgenossen aus den schweren Zeiten der Verfolgung. Sie kamen auch zu uns und setzten sich um Georgs Rollstuhl, und seine Lippen zuckten, und seine Augen wurden feucht vor Bewegung. Mit einer altväterisch-chevaleresken Verbeugung schenkte mir Engels ein paar Blumen aus der Fülle, die ihm gegeben worden war. »Ein gefährliches Zeichen«, lachte Liebknecht und wies auf die rote Nelke darunter. »Eins des Sieges, wie ich hoffe«, antwortete ich.

Wir gingen still nach Haus. Eine große Freudigkeit erfüllte uns.

Eisig fegte der Ostwind durch die Straßen, feine, schimmernde Eiskristalle tanzten in der Luft, und der Rauhreif wandelte den Tiergarten in ein Wintermärchen. Jeden Morgen begleitete ich jetzt Georg in die Universität. Seine Vorlesungen über soziale Ethik füllten das Auditorium bis in den fernsten Winkel und leidenschaftlich erregte Menschen – alte und junge – Männer und Frauen – begrüßten ihn mit heftigem Beifallsgetrampel. Hinter dem Pult war nichts von ihm zu sehen als der bleiche, dunkel umrahmte Kopf mit den strahlenden Kinderaugen. Er sprach, wie er noch nie gesprochen hatte, er geißelte die Sünden des Kapitalismus mit einer Schärfe, wie sie in diesen Räumen noch nie gehört worden war, und verteidigte die Rechte der Frauen und die der Arbeiter mit einer Begeisterung, die alles mit sich fortriß.

»Der Glaube, daß wir jetzt vor tief gehenden Wandlungen, vor einer Weltwende stehen, wie die Menschheit noch keine erlebt hat, ist eine Überzeugung, die immer weitere Kreise ergreift ... Jetzt ist keine Zeit mehr zu beschaulichem Träumen ...« – Seine Stimme hob sich in ungewohnter Kraft und bekam einen Klang wie eine tiefe Glocke. »... Wir müssen uns klar werden über die Lage der Dinge und wach sein für die Nöte des Tages ... Wir müssen uns bewußt werden, wohin wir gehören ...«

»Er spricht sein Todesurteil ...« hörte ich leise flüstern. Kirchenstill war es. Er wurde vom Katheder heruntergehoben, sein Rollstuhl setzte sich in Bewegung, mit scheuer Ehrfurcht grüßten ihn die Studenten.

G. hat sich eine heftige Erkältung zugezogen.

Er hatte keine Ruhe mehr vor dem Schreibtisch, ich mußte ihn auf und ab fahren; der Husten nahm zu, und jedesmal, wenn er den armen Körper schüttelte, verzogen sich schmerzhaft die Züge. Ich schickte zum Arzt. Er untersuchte ihn und lächelte beruhigend, als Georgs Blick in angstvoller Frage den seinen suchte.

»Eine Erkältung. Halten Sie sich hübsch ruhig, – dann ists bald vorbei.«

In der Nacht stieg das Fieber. Er ließ meine Hand nicht los. Von Zeit zu Zeit sah er mich flehend an, und flüsterte kaum hörbar: »Küsse mich!«

Ich wich nicht von seiner Seite, drei Tage und drei Nächte lang.

»Sie müssen Hilfe haben«, – sagte schließlich der Arzt. Ich schüttelte nur den Kopf. Am Nachmittag des vierten Tages schien das Fieber zu sinken. Die Augen wurden wieder klar.

»Ich habe mit dir zu sprechen, meine Alix«, begann der Kranke mit ruhiger, fester Stimme. »Es geht zu Ende mit mir, – weine nicht, Kindchen, – bitte, weine nicht! – Ich habe, glaube ich, meine Schuldigkeit getan –; was ich ungetan ließ, – du, du wirst es vollenden! – – Du wirst mir treu sein, – im höchsten Sinne treu –« fassungslos brach ich neben ihm zusammen – seine Hände lagen auf meinem Kopf – »über alles in der Welt habe ich dich geliebt –.« Nur wie ein Hauch kamen die Worte über seine Lippen – »zum Paradiese hast du mir das Leben gemacht, – hab Dank, – Dank –.« Ich verlor die Besinnung –

Auf meinem Bett fand ich mich wieder; es war tief in der Nacht, nur ein Licht brannte im Zimmer, die Mutter war neben mir, – so sanft und gut und leise, wie immer, wenn sie Kranke pflegte.

»Alix –« klang es tonlos aus dem Nebenzimmer. Ich stürzte hinein. Aufrecht in seinem Stuhl saß Georg. Ich schlang den Arm um seine Schulter.

»Warum – warum läßt du mich sterben?!« flüsterte es vor meinem Ohr. Sein Kopf sank an meine Schläfe. Tiefe, röchelnde Atemzüge kamen aus seiner Brust.

Wie lange ich regungslos saß, – ich weiß es nicht. – Fahl dämmerte der Tag durch die Scheiben. Der Arzt trat ein und umfaßte die wachsbleiche Hand –

»Es ist vorüber –«

ZWEITER TEIL

KAMPFJAHRE

I. KAPITEL

Nach dem Tod ihres Mannes Georg v. G., tritt Lily Braun aus den Redaktionen der »Ethischen« Blätter u. der »Frauenfrage« aus. Sie will ihre ganze Arbeitskraft jetzt der Sozialdemokratie widmen. Dies ruft wilden Protest von seiten ihrer Familie hervor, und unter deren Druck und mit Rücksicht auf den erkrankten Vater stellt Lily ihre diesbezüglichen Pläne vorerst zurück und folgt einer Einladung zum Internationalen Frauenkongreß nach London.

Am Abend wurde der Kongreß durch einen feierlichen Empfang der ausländischen Delegierten eröffnet. Eine Schar weißgekleideter Mädchen, mit breiten Schärpen in den Landesfarben über der Brust, bildete Spalier auf der Treppe von Queenshall; in ein Meer von Licht war der Riesenraum getaucht, und alle Blumen des Sommers leuchteten und dufteten rings umher. In großer Toilette erschienen die Delegiertinnen, bei jeder Eintretenden ging ihr Name flüsternd von Mund zu Mund. Und wie sie bekannt waren, so kannten sie sich untereinander und begrüßten sich wie alte Kriegskameraden. Ich kam allein in meinem schwarzen Trauerkleid, über das der Witwenschleier schwer herunterfiel. Es war ein leerer Raum um mich, als ob meine dunkle Erscheinung alles Bunte, Helle von sich stieße. Mich kannte niemand. Ein scheu-verwundertes »Wer ist das?« schlug an mein Ohr.

Auf der Estrade versammelten sich die Delegiertinnen, und

jede von ihnen begrüßte im Namen ihres Heimatlandes die wogende Menschenmasse unter uns. Da waren sie alle, die alten Vorkämpferinnen, die Frauen Amerikas und Australiens, die ihrem Geschlecht die Hörsäle der Universitäten und die Pforten zum Parlament eröffnet hatten. Ein neuer Weibestypus: statt der weichen Madonnengesichter, die die Stille und Enge häuslichen Lebens formt, schmale, scharf geschnittene Züge, wie sie die Welt ihren Bürgern meißelt; statt des treuen, warmen Blicks, der über Kinderstube und Küchengarten nicht hinauszuschauen braucht, die wissenden, ernsten, leidenschaftdurchfunkelten Augen jener, denen des Lebens dunkle Abgründe sich offenbaren. Neben ihnen, den Siegerinnen, standen die noch immer Besiegten: die dunkeläugige Türkin im schimmernden Märchengewande der Scheherazade, die Abgesandte Indiens, den schlanken braunen Leib in weiche Schleier gehüllt. Stolz erzählten die einen von ihren Triumphen, klagend die anderen von ihren Leiden – Triumphen auf dem Gebiete des wissenschaftlichen, des sozialen, des politischen Lebens – Leiden, hervorgerufen durch sexuelle, soziale und rechtliche Unterdrückung, als ob Befreiung und Not ihres Geschlechtes damit erschöpft wären. Immer heftiger schlug mir das Herz: Ich sah wie im Traum vor den Türen dieses glänzenden Saales Scharen blasser Frauen im farblosen Kleide der Arbeit, wie Werkstätten und Fabriken sie allabendlich zu Tausenden in ihr elendes Heim entlassen. Und als mein Name gerufen wurde, und die weiße brillantengeschmückte Hand der Präsidentin sich mit einer leise bevormundenden Bewegung auf meine Schultern legte, während sie von Deutschlands rechtlosen Frauen, von meinem ersten Auftreten für ihre politische Gleichstellung sprach, da wußte ich, was ich zu sagen hatte.

»Die Millionen Frauen, die unsere Hemden weben und unsere Kleider nähen, haben mich nicht delegiert, aber ich fühle mich als ihre Abgesandte und nur als die ihre.«

Sekundenlanger Beifall unterbrach mich – galt er nicht mehr meinem gebrochenen Englisch und meiner Trauerkleidung als meinen Worten? Mit einem Blick voll Geringschätzung streifte ich die elegante Zuhörerschaft. Ich werde euch schon verstummen machen –, dachte ich.

»Ihre Vorsitzende rühmte mich als die erste deutsche Frau, die in öffentlicher Versammlung das Stimmrecht für ihr Geschlecht gefordert habe. Ich muß dieses Lob ablehnen. Seit Jahren tragen deutsche Arbeiterinnen von Ort zu Ort die Fahne der politischen Gleichberechtigung, und an der Spitze der Arbeiterpartei, der Sozialdemokratie, steht ein Mann, dem die Frauen der ganzen Welt zu Dank verpflichtet sind: August Bebel.«

Ich hielt unwillkürlich inne, ich erwartete einen Tumult, statt dessen erhoben sich alle Hände zu einmütigem Applaus, und selbst die Damen des Präsidiums, unter denen sich die vornehmsten Frauen Englands befanden, lächelten mir freundlich zu.

Am Ausgang des Saals trat mir eine starkknochige ältere Frau entgegen. In dem Druck ihrer harten, unbehandschuhten Hand erkannte ich die Arbeiterin. »Ich bin Sozialdemokratin«, sagte sie, »und möchte Sie als Genossin begrüßen.« Auf dem Heimweg begleitete sie mich, und ich gab meiner Verwunderung und meiner Freude Ausdruck über das Erlebte. Sie lachte geringschätzig. »Was wollen Sie?! Wir sind in England! Wenn ein Prinz Anarchist und eine Aristokratin Sozialistin ist, so gilt das als ganz besonders interessant. Passen Sie auf: Man wird sich um Sie reißen. Für unsere Sache aber hat das gar keine Bedeutung.« Sie nannte mir ihren Namen – Amie Hicks – und ihre Wohnung, fern im äußersten Norden Londons. »Besuchen Sie mich einmal; ich werde Sie in Arbeiterkreise führen.«

Der Kongreß selbst war eine Parade, wie fast alle Kongresse. Die Reden, die gehalten, die Berichte, die gegeben wurden, waren den Eingeweihten ihrem Inhalt nach aus Büchern und Broschüren bekannt. Der Austausch von Meinungen, der das wichtigste gewesen wäre, wurde an zweite Stelle gerückt, er hätte die Ordnung und den Glanz der Heerschau am Ende trüben können. So wäre als Gewinn allein die Anknüpfung persönlicher Beziehungen übrig geblieben, aber auch er war bei näherem Zusehen für mich nur gering: Diese Frauen hatten mir nichts Neues zu sagen. Ihr A und O, das Frauenstimmrecht, war für mich in dem Augenblick erledigt gewesen, als ich die Selbstverständlichkeit seiner Forderung erkannt hatte.

Bei einer internen Sitzung der Delegationen wurde ich zur Präsidentin für Frauenstimmrecht in Deutschland gewählt.

Meine ablehnende Haltung wurde unter allgemeinem Erstaunen als eine Aufgabe des Prinzips betrachtet.

»Sie alle haben ihre ganze Kraft auf die Lösung dieser einen Frage konzentriert«, sagte ich in dem Versuch, mich verständlich zu machen, »ich bewundere Sie, aber ich kann Ihnen nicht folgen. Das Frauenstimmrecht ist heute für mich nicht mehr das Ziel, für das ich mein Leben einsetze, es ist nur *ein* Ziel, nur eine Etappe ...«

Man verstand mich nicht, von irgendeiner Seite fiel sogar das scharfe Wort: »... unbrauchbar für praktische Arbeit.«

Im Hause meiner Gastfreunde drehte sich das Interesse fast ausschließlich um Fragen der Politik. Was für andere Frauen der Gesellschaft der Flirt, die Kunst, die Toilette, das Theater war: Reizmittel für ihr Nervensystem – das war die Politik für Mrs. Dew. Fast täglich war ich mit ihr im Parlament; sei es, daß wir den Kommissionsberatungen des neuen Fabrikgesetzes beiwohnten – das Publikum hatte ohne weiteres Zutritt – oder in den Wandelgängen und auf der Themseterrasse zwischen Tee und Eis mit den Abgeordneten debattierten. Seltsam: Man nahm uns ernst; vergebens erwartete ich auf den Zügen der Männer jenes gönnerhaft mitleidige Lächeln, mit dem meine Landsleute die politisierende Frau zu betrachten pflegten. Eine gewisse Zurückhaltung mir gegenüber entsprang weniger der Tatsache, daß ich ein Weib, als daß ich eine Deutsche war, die offenbar nur im Bilde der »guten Hausfrau« im Bewußtsein der Engländer lebte.

Schon war es gewitterschwül in den feierlich-hohen Hallen des Parlaments, bei jeder Gelegenheit drohte ein Wetterstrahl die Regierung zu stürzen, und die von Elektrizität geladene Luft drang bis hinter die engen Gitterstäbe der Damengalerie. Unruhiger als sonst raschelten die seidenen Kleider, unterdrückte Erregung durchzitterte die Flüstergespräche. Man achtete kaum der Redner im Saal, man erwartete nur die Katastrophe. Da plötzlich klang eine Stimme von unten empor, rollend wie ferner Donner – dann wieder tief und schwer wie der Ton riesiger alter

Kirchenglocken, – die Damen verstummten, – drängten sich enger an das Gitter, – und aus ihrer bequemen Stellung auf den weichen Polstersitzen reckten sich die Abgeordneten auf. Ich hörte nur die Stimme, den Redner sah ich nicht, aber ich empfand ihn als einen, der zum Herrschen bestimmt war. »Wer ist das?« – »John Burns!« – John Burns – der Verräter?! So war er in der deutschen sozialistischen Presse von dem Augenblick an bezeichnet worden, wo er sich grollend von der englischen Partei losgesagt hatte. Noch am selben Abend stellte Mr. Dew ihn mir vor. Ich war zuerst enttäuscht: Alles überragend hatte ich den Träger dieser Stimme mir gedacht, nun trug er auf dem untersetzten kräftigen Körper nur den Kopf eines Riesen: Dunkle Haare erhoben sich widerspenstig über der breiten, scharf durchfurchten Stirn; hinter buschigen Brauen glänzte ein Augenpaar, das in seiner mächtigen Färbung und fieberhaften Lebendigkeit der Herkunft aus diesem helläugigen Volke Hohn sprach.

Er schüttelte mir kräftig die Hand. Die seinige war breit und schwer, sie zeugte von dem Hammer, den sie geführt hatte; – wie war es möglich gewesen, daß ihr die rote Fahne entglitt, die sie einst an der Spitze des Heers der Arbeitslosen durch das entsetzte London getragen hatte? War dieser Mann nicht der geborene Schöpfer und Führer einer großen, einigen sozialistischen Partei Englands? Ich unterdrückte keine der Fragen, die sich mir aufdrängten.

»Ich weiß, daß die Sozialdemokraten, besonders die deutschen, mich für einen Verräter halten«, sagte er, »aber sie verstehen die Situation nicht. In Deutschland würde ich nicht anders handeln als Bebel und Liebknecht, aber hier …« Mit einer raschen Bewegung schob er die Teetasse beiseite und zeichnete auf die weiße Marmorplatte des Tischs einen Punkt mit einem großen Kreis rings herum. »Sehen Sie«, fuhr er fort, »dieser Punkt ist der Sozialismus, um den Kreis herum steht die deutsche Regierung, Ihr Militär, Ihre Polizei, und diese treiben naturgemäß alle freidenkenden Elemente dem Mittelpunkt zu, mit dem sie sich, infolge des äußeren Drucks, fest vereinigen. Bei uns besteht der Mittelpunkt, aber der Kreis fehlt, und so strömen die Strahlen dieser sozialistischen Sonne ungehindert nach allen

Richtungen aus.« Ich lächelte ein wenig ungläubig. »Ich werde Ihnen beweisen, was ich sage«, fügte er rasch hinzu. »Sie kommen morgen mit mir –«, er ließ mir gar keine Zeit zu Einwendungen, sondern bestimmte Ort und Stunde für unsere Zusammenkunft.

Von da an trafen wir uns oft, im Parlament wie im Londoner Grafschaftsrat. Ich sah erstaunt, mit welchem Respekt Mitglieder aller Parteien diesem Manne begegneten, der noch vor wenigen Jahren im unterirdischen London Gasleitungen gelegt hatte; aber noch mehr erstaunte ich über den freudigen Stolz, mit dem er mir städtische Einrichtungen als »Strahlen der sozialistischen Sonne« erklärte, in denen ich nichts anderes sehen konnte als bürgerlich-soziale Reformen.

»Der deutsche Marxismus hat Sie blind und taub gemacht«, sagte er eines Tages ungeduldig, als ich mich für die Kommunalisierung der Verkehrsmittel durchaus nicht begeistern konnte. »Lassen Sie sich von den Fabiern in die Schule nehmen.«

»Den Fabiern?!«

»Eine Gesellschaft von ›Salonsozialisten‹, würde man bei Ihnen in Deutschland sagen. Tüchtige Leute darunter ...«

Mit einem ihrer Begründer und Leiter, Sydney Webb, machte er mich im Teezimmer des Grafschaftsrats bekannt. Ich wußte von seiner Frau, die als junges Ding ihr reiches Elternhaus verlassen hatte, um der Sache der Arbeiter zu dienen, und nun, gemeinsam mit ihrem Mann, durch Wort und Schrift für Genossenschaften und Gewerkschaften tätig war. Ich wußte auch, daß sie der Frauenbewegung fern, ja ihren Forderungen sogar vielfach feindlich gegenüberstand. Gelesen hatte ich keines ihrer Bücher, nur mit einer gewissen Scheu ging ich darum zu ihr. Eine blühend schöne Frau fand ich, mit dem ganzen Reiz starken geistigen Lebens in den Zügen und einer Güte und Anmut des Wesens, der meine Steifheit nicht lange standhielt. Durch sie erfuhr ich von der Macht und Größe der englischen Gewerkschaftsbewegung und fand den Weg in die Häuser jener Arbeiter, die sich durch die Kraft ihrer Organisation aus physischer und geistiger Versklavung befreit hatten. Wie ein Stück verwirklichter Zukunftsstaat kam es mir vor, wenn ich sie draußen, vor Londons Toren, in ihren Gärten traf oder vor dem Kamin ihres Wohnzimmers oder am gut besetzten Tisch. Wahrhaftig: hier hatten die Strahlen der sozialistischen Sonne aus ödem Land neues Leben hervorgerufen.

In den Versammlungen der Fabier, die ich von da an regelmäßig besuchte, wurden theoretische und praktische Fragen des Sozialismus von allen Seiten beleuchtet und erörtert. Jene Scheu, zu sagen, was man denkt, die die Menschen überall schwach und klein macht, wo religiöser, sittlicher oder politischer Fanatismus die Wahrheit an sich zu besitzen vorgibt, schien hier verschwunden, und mir war, als fiele Licht auf den Weg, den ich zu gehen hatte.

»Es ist nicht wahr, daß die Befreiung der Arbeiterklasse nur ein Werk der Arbeiterklasse selbst sein kann, – es ist nicht wahr, daß der Klassenkampf das Grundelement der sozialistischen Bewegung ist, – es ist nicht wahr, daß die Entwicklung des Sozialismus mit der Sicherheit eines Naturgesetzes notwendig zur Expropriation der Expropriateure führen wird ...« Eine überschlanke Gestalt stand auf der Rednertribüne, mit schmalem, gelblich blassem Gesicht, in das weiche blonde Haare wirr hineinfielen. »Es waren und sind die revoltierenden Söhne der Bourgeoisie selbst – Lassalle, Marx, Liebknecht, Morris, Hyndman, Bax – alle, wie ich, Bourgeois mit Mischung von Kavaliersblut, die die rote Fahne entfalteten. Der Hunger der Armen treibt zur Revolte, der Geist allein zur Revolution ...«

Wie Hochverrat an den grundlegenden Dogmen des Sozialismus klang mir, was dieser Mann hart und scharf in den Saal hinausschleuderte. Aber ein Ton blieb mir hartnäckig im Ohr und weckte etwas in mir, das stark und stolz war. In selbstentsagender Askese hatte ich mich, ein schlichter Soldat, als mein Lebensglück zusammenbrach, in den Dienst der Partei stellen wollen. Kraft und Jugend kehrten mir wieder: Sollte ich nicht fähig sein und berufen, dem Sozialismus den Urwald erobern zu helfen, den alle Giftpflanzen des Vorurteils und des Stumpfsinns noch üppig durchwucherten?

Ich suchte des Redners Bekanntschaft. Es war Bernard Shaw, der Theaterkritiker der Saturday Review, der Entdecker Ibsens und Richard Wagners nicht nur für England, sondern für den Sozialismus, der bissige Spötter, von dessen Witzen die englische

Gesellschaft nie recht wußte, ob sie über sie lachen, oder sich vor ihnen fürchten sollte. Mich verlangte nach einer Erklärung dessen, was er in lapidaren Sätzen eben vor mich hingestellt hatte.

»Sie waren draußen in Letshfield?« frug er mich statt aller Antwort. »Und haben die Bewohner in ihren Heimen gesehen? ... Natürlich auch bewundert?!« Ich nickte. »Und nicht bemerkt, wie drastisch solch eine Miniatur-Zufriedenheitsexistenz lehrt, daß der Arbeiter in seiner Masse nichts mehr verlangt, als ein Bourgeois zu werden!«

»Ist es nicht auch das wünschenswerteste Ziel, ihn zunächst wenigstens satt zu machen?« warf ich ein.

»Sicherlich, denn Armut ist ein Laster –, wenn nur die Sattgewordenen nicht am raschesten derer vergessen würden, die noch immer hungern. Im Grunde sind die Arbeiter das konservativste Element im Staat, und wir Freigelassenen der Bourgeoisie sind dazu da, sie aufzurütteln.«

Der Kreis der Fabier war von nun an derjenige, der mich am meisten anzog, aber die politischen Ereignisse auf der einen, und jenes Gefühl der Unfreiheit auf der anderen Seite, das mit der Annahme auch der weitherzigsten Gastfreundschaft untrennbar verbunden ist, rissen mich wieder nach anderen Richtungen fort. Die Abstimmung über eine an sich unbedeutende Militärfrage führte zu einer Niederlage der Regierung und damit zum Rücktritt des Ministeriums. Eine Erregung, die sich vom Parlament aus mit Windeseile auf alle Straßen fortpflanzte, die Gesichter der überall in Gruppen Zusammenstehenden höher färbte und alle Augen blitzen ließ, bemächtigte sich der Londoner. Sie steigerte sich zur Fieberhitze an jenem Abend in Albert-Hall, wo sich die Menschenmassen vom Parterre dieses Riesenzirkus bis hoch unter die Kuppel zusammendrängten und die gestürzten Minister Rosebery und Harcourt in die vom Atem Tausender und der zitternden Glut des Julitages lebendigen Luft gegen die neue Regierung leidenschaftliche Anklagen erhoben. Selbst die Nachmittagstees des Londoner Westens gestalteten sich zu Agitationsversammlungen. Die Leidenschaft des Hasardspielers schien alle ergriffen zu haben, und gespannt, als gelte es dem Einsatz der ganzen Existenz, hingen die Blicke an der rollenden Roulettekugel des Wahlkampfes.

Eines Nachmittags – mein Aufenthalt neigte sich seinem Ende zu – trat eine einfache, starkknochige Frau, die weißen Haare straff aus der Stirn gezogen, an unseren Teetisch und streckte mir eine harte, unbehandschuhte Hand entgegen: »Sie kennen mich wohl nicht mehr?« Ich sprang auf, fast hätte ich sie in die Arme gezogen: »Amie Hicks?! Sie haben mir Londons Elend zeigen wollen! Wollen Sie es noch tun – gleich jetzt?« Sie lachte verwundert über meinen plötzlichen Eifer, aber ich ließ sie nicht los, und wir verabredeten zunächst einen gemeinsamen Besuch im Büro des Zentralkomitees für Frauenarbeit.

Was ich dort kennenlernte, erregte mein höchstes Interesse: Man hatte sich zur Aufgabe gestellt, die Lage der erwerbstätigen Frauen zu untersuchen und die Resultate zu veröffentlichen, gewerkschaftliche Organisationen zu schaffen und zu unterstützen, die Arbeiterinnenschutz-Gesetzgebung zu studieren und ihre Weiterentwicklung durch mündliche und schriftliche Propaganda zu fördern. »Wir sind gewissermaßen ein Arsenal und liefern der Arbeiterbewegung die Waffen«, sagte mir eine der Leiterinnen; »und wir schaffen zugleich die Möglichkeit, daß die Frau der begüterten Kreise die Lage der Arbeiterin kennen lernt, und die Arbeiterin andererseits sich der Kenntnisse der bürgerlichen Frau bedienen kann«, fügte eine andere hinzu. Der Plan, etwas Ähnliches in Berlin zu gründen, reifte in mir: der Arbeiterbewegung Waffen liefern, war mindestens so nützlich, als selbst die Waffen tragen. Es war praktisch im Grunde dasselbe, was die Fabier theoretisch leisteten, es würde wertvolle Kräfte in den Dienst des Sozialismus zwingen – ihrer selbst fast unbewußt. Es ermöglichte mir, außerhalb der Partei für die Partei zu wirken. Mit krampfhafter Anstrengung zuerst und dann mit wachsender Anteilnahme vertiefte ich mich in das Studium meiner Aufgabe. Ich flüchtete aus den blühenden Gärten in die engen Straßen zwischen die geschwärzten Mauern, wo kein Baum und kein Vogel den Sommer verrät und seine Glut, die draußen vor den Toren die Knospen wachküßt, nichts hervorruft, als ekle Dünste und giftige Miasmen. Je mehr ich ihm entfloh, desto grauer und stiller wurde es auch wieder in mir. Eilig, wie die andern, ohne rechts oder links zu sehen, lief ich durch die Stadt, über klebrige Höfe, steile Treppen hinauf in die Büros der Fabrikinspektionen und der Gewerkschaften, zu Besuchen, Sitzungen und Versammlungen. Zahlen, nichts als Zahlen hörte ich – neben den Lohntabellen, die Arbeitsstunden und die Wochen der Arbeitslosigkeit –, sie verfolgten mich bis in meine Träume, verschwammen ineinander und schoben sich vor meinen Augen dichter und dichter zusammen, bis sie nichts waren als ein einziges schwarzes Trauergewand, das Himmel und Erde verhüllte.

»Nun bleibt mir nur noch übrig, die Illustration zu Ihren Tabellen zu sehen«, sagte ich eines Abends zu Amie Hicks, die die Arbeiterinnen der Zündholzfabrikation – ihre Kolleginnen – organisiert hatte. Sie wandte sich an eine junge Soldatin der Heilsarmee, die bescheiden im Hintergrund stand. »Wollen Sie unsere deutsche Freundin heute nacht nach Whitechapel mitnehmen?«

Das Mädchen sah mich zweifelnd an: »Wenn die Dame sich nicht fürchtet – und sich entschließt, unsere Kleidung anzuziehen.« Ich war natürlich zu allem bereit. Ehe wir uns am späten Nachmittag auf den Weg machten, steckte ich mir die Taschen voll kleiner Kupfermünzen. »Das hat keinen Zweck«, lächelte meine Begleiterin, »es sind ihrer viel zu viele!« Unterwegs erzählte sie mir von ihrer Arbeit: einem unaufhörlichen Kampf mit Laster und Not, einer stündlichen Aufopferung der eigenen Person, und ihr schmales Gesichtchen strahlte dabei wie das ihrer Altersgenossinnen, wenn sie von Karnevalstriumphen zu berichten haben. »Was führte Sie zu Ihrem Beruf?« frug ich. »Jesus rief mich!« antwortete sie einfach.

Es fing an zu dämmern. Die Straßen schrumpften zusammen, während die Menschenmassen unheimlich anschwollen. In ihrer Kleidung schienen die Farben mehr und mehr zu erlöschen, und die Unterschiede zwischen Alter und Jugend verwischte ein gleichmäßiger Ausdruck, zwischen Leid, Stumpfsinn und Gemeinheit schwankend. Kinder keuchten mit Säcken beladen über die Gassen – »Heimarbeiter«, bemerkte meine Begleiterin lakonisch –, an den Rinnsteinen hockten andere in langen Reihen, und wühlten mit schmutzstarrenden, mageren Fingerchen im Straßenkehricht. Ein kleiner Bub mit krummen Beinen wollte sich eben heimlich mit dem gefundenen Rest einer Banane aus dem Kreis der Gefährten davonschleichen. Ein triumphierendes Grinsen verzerrte sein Gesichtchen. Aber schon fielen die anderen wutheulend über ihn her und rissen ihm die fadenscheinigen Lumpen von dem armen rachitischen Körper. Er weinte nicht, er duckte sich nur ein wenig und versuchte die zertretene Banane vom Pflaster abzukratzen, aus seinen verschwollenen Augen traf mich dabei ein Blick voll grenzenloser Verzweiflung.

Wir bogen in eine langgestreckte schmale Sackgasse ein. »Nehmen Sie sich in acht«, warnte meine Begleiterin, als wir in eines der offenen Häuser traten, »die Treppen haben keine Geländer.« Ich tastete mich hinter ihr vorwärts, während ein pestilenzialischer Geruch mir den Atem benahm. Wir stießen eine Türe auf, die weder Griff noch Schlüssel hatte. Ein schwerer grauer Dunst von Staub und Schweiß schlug uns entgegen, gespensterhaft bewegten sich die Gestalten der Bewohner dahinter, während das Rattern und Quietschen schlecht geölter Nähmaschinen jeden anderen Ton verschlang. Dicht aneinandergedrängt saßen Männer und Frauen um den Tisch, auf dem ein kleines Lämpchen vergebens versuchte, spärliches Licht zu verbreiten; an dem einzigen Fenster standen die Maschinen, von zwei Kindern in Bewegung gesetzt. Keines der dunkeln Köpfe hob sich bei unserem Eintritt. Nur als mein Kleid eine der Frauen streifte, sahen ein paar schwarze Augensterne mich prüfend an. »Russische Juden«, sagte meine Begleiterin und wandte sich dem finstersten Winkel des Zimmers zu. Eine durchsichtig weiße Hand streckte sich ihr entgegen. »Er ist schwindsüchtig«, flüsterte sie. Zögernd trat ich näher. In einem armseligen Bett, mit Haufen bunter Stoffreste statt mit Kissen gefüllt, lag ein Mann, das blasse durchgeistigte Antlitz von schwarzen, langen Haaren umrahmt; strahlend richteten sich seine fieberglänzenden Augen auf das junge Mädchen, aber die Milch, die sie aus ihrem Körbchen nahm, enttäuschte ihn; erst als sie ein kleines Buch in seine schlanken Finger legte, lächelte er sie dankbar an. »Ich habe auch wieder ein Gedicht geschrieben –«, sagte er und zog einen Fetzen Zeitungspapier aus den Lumpen hervor, am Rande dicht bekritzelt.

»Nicht einmal Knöpfe kann er mehr annähen«, tönte eine

rohe Stimme neben uns. »Wenn es doch bald zu Ende wäre – gestern spuckte er Blut auf ein fertiges Hemd –«

Ich mußte mich einen Augenblick schwindelnd an den Pfosten des Torweges lehnen, als wir hinunterkamen. Es war inzwischen ganz dunkel geworden. Unter der nächsten Türe stand ein Mädchen mit entblößter Brust und sprühenden Augen. »Marianne!« – Vorwurfsvoll tönte die Stimme meiner Begleiterin. Ein rauhes Lachen antwortete ihr. »Ich will leben!« stieß das Mädchen zwischen den Zähnen hervor. – »Leben!« – wiederholte sie noch einmal mit einem langgezogenen Nachtigallenton. Wir gingen an ihr vorbei in die niedrige Stube; eine verrostete Eisenbettstelle, ein paar Kisten bildeten die ganze Einrichtung. Am Herd in der Ecke stand ein altes Weib mit den gedunsenen Zügen der Trinkerin, auf dem feuchtglänzenden Lehmboden kroch eine Schar kleiner Kinder. Meine Begleiterin hatte gerade begonnen, einem der kleinsten die wunden Füßchen zu verbinden, da sprang unter wüstem Gekreisch die Türe auf: Das Mädchen von draußen stolperte, von ein paar braunen Fäusten gestoßen, ins Zimmer, zwei Schwerbetrunkene hinter ihr. Sie warf sich aufs Bett – ich floh, von Entsetzen gepackt, aus dem Hause.

Der Sonnenzauber hatte keine Macht mehr über mich. Ich hatte nur noch ein Achselzucken, wenn ich die Macht der Gewerkschaften preisen hörte – »die Sattgewordenen vergaßen zuerst der Hungernden« –, und ein verächtliches Lächeln für die Größe und Einheitlichkeit sozialer Hilfsarbeit, die sich von Rechts wegen bankerott erklären müßte. Hier galt es nicht mehr, einzelne vor dem Ertrinken zu retten, und Wunden zu verbinden, hier galt nur eins: die alte Welt, die ihre eigenen Kinder mordete, zu zerstören, um der neuen Platz zu schaffen.

II. KAPITEL

Wieder in Deutschland löst Lily ihren Haushalt auf, um umzuziehen in eine bescheidene Zweizimmerwohnung.

Sie startet eine Kampagne für ihren Plan, einen Zentralausschuß für Frauenarbeit zu gründen, bei dem auch die Frauen der Bourgeoisie einbezogen werden sollen. Überall, auch bei den sozialdemokratischen Frauen stößt sie auf zähen Widerstand.

Enttäuscht ist sie nach einem Treffen mit Martha Bartels.

Am nächsten Morgen kam ein Brief von Martha Bartels: »Seit gestern weiß ich nicht, ob Sie wirklich unsere Genossin sind. Was Sie da vorschlagen, das kann jede Frauenrechtlerin auch. Es zeigt, daß Sie mit der bürgerlichen Gesellschaft noch nicht gebrochen haben, und deshalb können wir kein rechtes Vertrauen gewinnen. Ich sehe nun, daß man immer unrecht tut, wenn man den schönen Gefühlen der Bourgeoisdamen Glauben schenkt.« Hatte sie zu ihrer Enttäuschung nicht ein größeres Recht als ich zu der meinen? War mein ganzes Verhalten nicht wirklich ein Rückzug? Versuchte ich nicht, nach links und rechts Konzessionen zu machen, damit ich nur selbst fein säuberlich auf dem normalen Mittelweg mich erhalten konnte?

In meinen Hoffnungen und Wünschen sehr herabgestimmt, machte ich mich in den nächsten Tagen auf den Weg, um die Führer der sozialdemokratischen Partei aufzusuchen, bei denen ich mich schon angekündigt hatte.

Ich ging zuerst zu Liebknecht. Er wohnte draußen in der Kantstraße, wo inzwischen das neue Berlin aus der Erde schoß wie eine wildwuchernde Urwaldpflanze. In der Tauentzienstraße, die vor fünf Jahren nicht viel mehr als ein breiter Feldweg gewesen war, reihte sich ein Neubau an den andern – hohe vier- und fünfstökkige Häuser, mit lauter Wohnungen zu neun bis zwölf Zimmern. Wo kam der Reichtum nur her, der so üppig zu wohnen vermochte? dachte ich. Und weiter nach dem Westen zogen sich Straßen um Straßen hinaus – lange Spinnenarme, die über die Felder griffen bis fernhin, wo der Grunewald, eine schwarze schmale Linie, am Horizont auftauchte. Ratternd und fauchend bewegte sich die Dampfstraßenbahn den Kurfürstendamm hinauf ihm entgegen. Wieviel kleine gemütliche einstöckige Häuschen zwischen Birkenwäldchen und Kartoffelfeldern waren der Spitzhacke hier zum Opfer gefallen! Und der Riesenbaum, der an der Straßenkreuzung ein Wahrzeichen der Gegend gewesen war, hatte einer Kirche weichen müssen. Gut, daß er fiel, dachte ich; wie hätten die Mauern den alten Recken beengt, wie hätte seine trotzige, rauhe Schönheit ihre Fassadenpracht Lügen gestraft. Die Kirche hatte sich noch immer ihrer Umgebung angepaßt, auch hier hatte sie sich zu ihr nicht in Widerspruch gesetzt.

In die Kantstraße bog ich ein. Dicht an der Stadtbahnbrücke, im dritten Stock, wohnte Liebknecht. Er empfing mich vor einem alten Schreibpult in seinem winzigen Arbeitszimmer, das vollgestopft mit Papieren und Zeitungen war, so daß dazwischen kaum ein freier Raum zum Treten übrig blieb. Sein hartgeschnittenes Gesicht mit den tiefen Furchen, dem Blick, der unter buschigen Brauen wie abwesend über einen hinwegsah, den wirren dunkeln Haaren über der hohen geraden Stirn, dem grauen ungepflegten Bart um das breite Kinn und den seltsam schiefstehenden großen Mund, dazu der Rock, der an den Ellbogen und auf dem Rücken speckig glänzte, das Hemd darunter mit dem weichen halboffenen Umlegekragen, die ausgetretenen Pantoffeln an den graubestrumpften Füßen – das alles wirkte zunächst wenig anziehend. Dann gab er mir flüchtig die Hand, die weich und zart war, – ich mußte ihn wirklich noch einmal betrachten, um zu glauben, daß sie diesem Manne gehörte. Sie gab mir Mut zu reden, ich wäre ohne sie am liebsten wieder umgedreht. Ich erzählte ihm auch von meinen Erfahrungen mit den Frauen. Er lächelte mit einem gutmütigen Spott in den Augen. »Soll ich Ihnen einen wirklich freundschaftlichen Rat geben?« sagte er. »Kümmern Sie sich nicht um sie, wenn Sie was erreichen wollen. Die sind noch rückständiger als die Männer, können gar nicht anders sein. Wo sollen sie auch die Erkenntnis hernehmen, die armen Weiber?! Schon alles mögliche, wenn sie rein aus ihrem proletarischen Instinkt heraus gute Parteigenossinnen sind.«

Vergebens suchte ich ihn bei meinem Thema festzuhalten, es interessierte ihn offenbar nicht; dagegen rief der Name England eine Flut von Gedankenverbindungen in ihm wach. Er glaubte meinen rettungslos bourgeoisen Standpunkt daran zu erkennen, daß ich zwar mit Burns und den Fabiern, nicht aber mit Hyndman und der sozialdemokratischen Föderation, die allein den Marxismus in England repräsentierten, verkehrt habe. Mit den sprunghaften Übergängen eines glänzenden Geistes, der weder die Fähigkeit hat, auf die Interessen des anderen einzugehen, noch die Zähigkeit, sich in eine Frage zu vertiefen, kam er von da auf unsere auswärtige Politik zu sprechen, auf das berechtigte Mißtrauen Englands den offenbaren Weltmachtgelüsten unseres Kaisers gegenüber, auf Rußland, an das wir um so näher uns anschließen würden, je weiter wir von England abrückten, auf den künstlich aufgepeitschten Hurrapatriotismus der Kriegserinnerungsfeiern der Gegenwart, der letzten Endes nur dazu da sei, gegen die Sozialdemokratie mobil zu machen und die gescheiterte Umsturzvorlage in anderer Form wieder aufleben zu lassen.

Mir war diese Gesprächswendung unbehaglich. Gut, daß ich, ohne aufzufallen, schweigen konnte. Hafteten die Eierschalen der Vergangenheit noch so fest an mir, daß die Artikel des »Vorwärts« über die Gedenkfeiern an den »brudermörderischen Krieg« mir das Blut in Wallung brachten? Sie vertraten doch zweifellos Menschlichkeit und Gerechtigkeit in weit höherem Maße, als all die mit Orden und Bändern behängten Kriegervereinler, die sich wie die Wilden an der blutigen Unterdrückung eines Nachbarvolkes noch in der Erinnerung berauschten. Liebknecht war in seiner Gegnerschaft gegen jede Art von Chauvinismus ein Fanatiker. »National gesinnt ist meines Erachtens nur, wer das Recht und das Wohl anderer Nationen ebenso zu achten weiß, wie das der eigenen«, sagte er. Und mir wurde bewußt: Er fühlte international, während ich nur die Idee der Internationalität kühl verstandesmäßig anerkannte. Ich sprach das aus, und er nickte eifrig: »Natürlich, – das ist der Unterschied, – und der kommt zum großen Teil daher, daß das Jahr 48 und das Sozialistengesetz mir das Vaterland nahmen und die Welt zur Heimat machten. Auch der Proletarier, der nichts besitzt, und der Arbeit über alle Grenzen hinweg nachrennen muß, ist von Herzen international, und die Hammerstein und Konsorten«, – er lachte boshaft –, »die sich vom Vaterland den Schmerbauch mästen lassen, predigen uns verruchten Patriotismus!« Er unterbrach sich und stand auf. Ich wollte gehen. »Daraus wird nichts, – nun müssen Sie noch bei meiner Frau Kaffee trinken.«

Ich wurde ins Wohnzimmer geführt. Bei Frau Major X. in Bromberg und bei Frau Hauptmann Z. in Brandenburg war es nicht viel anders gewesen –, nur daß hier statt der Familienbilder die von Marx, Engels und Lassalle an den Wänden prangten, statt des Stichs der Sixtina Walter Cranes Maifestzug, und ich damals noch nicht in die rechte Sofaecke genötigt wurde. Frau Liebknecht war die typische Gouvernante aus vornehmen Häusern, der Bildung und Lebensform nicht die Haut war, sondern das Kleid. Ihm war ich irgendwer gewesen, ihr: »Frau von Glyczinski.«

Es dämmerte schon, als ich mit ihm das Haus verließ. Er ging in seine Redaktion, ich in die Ansbacherstraße, wo ich die Eltern aus Pirgallen zurückerwarten sollte. »Und für meinen Plan kann ich auf Ihre Unterstützung nicht rechnen?« fragte ich nun doch noch einmal. Er blieb stehen: »Meine Unterstützung?! Das würde keinem von uns nützen. Überlegen Sie sich's selbst noch mal, ob er Ihrer eigenen Unterstützung wert ist!«

Zu Hause erinnerte mich ein Brief an den letzten und wichtigsten Besuch, den ich im Interesse des Zentralausschusses machen wollte: bei Bebel. Er lud mich zum Mittagessen ein, »dabei läßt sich am besten besprechen, was Ihnen am Herzen liegt und mich lebhaft interessiert.«

In der Großgörschenstraße wohnte er, einer jener neuen Straßen, die jede Fassadenpracht verschmähte und deren üppiger Blumenschmuck verriet, daß die vielen kleinen Balkons die Sommerfrische ihrer Bewohner waren.

Ein lächelndes Dienstmädchen in blendend weißer Schürze öffnete mir auf mein Läuten an der blank geputzten Klingel. Ein leichter Geruch nach frischer Seife drang mir entgegen, und in dem hellen Zimmer, das ich betrat, blinkte die Politur der Möbel, daß sich die Bilder an den Wänden darin spiegelten. Die vollkommenste Einfachheit herrschte hier, jede Spur künstlerischer Kultur fehlte, aber es fehlte auch jeder Versuch, Nichtvorhandenes vortäuschen zu wollen. Die kleine, runde Frau, die mich herzlich willkommen hieß, mit der schwarzen Schürze über dem schlichten Kleid, den von Güte strahlenden Zügen unter den glatten Scheiteln, war wie ein Teil dieses Raumes. Sie nötigte mich in den Lehnstuhl neben dem Nähtischchen am Fenster, meine Hand fest in der ihren haltend.

»So eine arme, junge Frau«, sagte sie mitleidig; »ich mußte oft an Sie denken und an Ihre Einsamkeit, – ich wäre längst bei Ihnen gewesen, wenn ich nicht gefürchtet hätte, zudringlich zu erscheinen.« Mir wurden die Augen feucht, – meiner Einsamkeit hatten sich auch die Nächsten nicht erinnert. Mit jener Kunst verständnisvollen Zuhörens, die selbst die beste Erziehung nicht zu geben vermag, wenn die Teilnahme des Herzens fehlt, ließ sie sich von meinen kleinen Wohnungs- und Wirtschaftskümmernissen erzählen. »Was, im Wirtshaus essen Sie –?!« Sie schlug die Hände erstaunt zusammen. – »Kein Wunder, daß Sie so blaß und schmal werden; ordentlich herausfüttern müßte man Sie –«

Bebel trat ein, mit einem raschen, elastischen Schritt, die glänzenden Augen gerade auf mich gerichtet, während ein Büschel Haare ihm keck, wie bei einem Knaben, in die Stirne fiel. Von einer breiten Hand – zu schwer fast für den schmächtigen Körper – fühlte ich meine Finger umschlossen. »Ich freue mich Ihres Besuchs –«, seine Stimme klang im Zimmer viel weicher und voller als auf der Rednertribüne, »– nicht mehr allein, weil Sie Glyzcinskis Witwe sind. Nach dem Schriftstück hier –«, er hielt das Programm des Zentralausschusses in der Hand, »– haben wir von Ihnen viel Gutes zu erwarten.«

Er nötigte mich in sein Arbeitszimmer, einen kleinen Raum mit wenigen gestrichenen Holzmöbeln, blank gescheuerter Diele und musterhafter Ordnung. Wir erörterten alle Einzelheiten meines Plans.

»Sie können mit Ihrer Arbeit da einspringen, wo die Regierung nicht eine, sondern hundert Lücken gelassen hat. Unsere Beteiligung freilich wird sich wohl nur auf Ratschläge beschränken.«

»Damit ist mir nicht gedient!« rief ich. »Wie können wir in die Arbeits- und Lebensverhältnisse der Arbeiter Einblick gewinnen, wenn Sie uns nicht die verschlossenen Türen öffnen.«

»Ja, glauben Sie, ich wäre der liebe Gott?!« lachte er. »Ich könnte etwa den Gewerkschaften befehlen, Ihren Bestrebungen Vertrauen entgegenzubringen, oder gar unseren Frauen!!«

Wir wurden zu Tisch gerufen. Kein Diner hatte mir je so gut gemundet wie dieses einfache Mittagsmahl. Die besten Stücke wurden mir auf den Teller gehäuft.

»Sehen Sie, wie's schmeckt, wenn man nicht trübselig allein an einer schmuddeligen Wirtstafel sitzt!« sagte Frau Bebel, befriedigt über meinen Appetit. Sie schwieg sonst meist. Nur wenn der lebhafte Gatte gar zu heftig irgendeinen Gegner angriff, warf sie ein paar besänftigende oder entschuldigende Worte ein, und als er gegen die Junker wetterte, sah sie zuerst ihn, dann mich vielsagend an.

»Ach soo –«, er unterbrach sich ein wenig verlegen, »– Sie gehören ja am Ende auch zu ihnen! – Aber mein Schimpfen ist wahrscheinlich ein sanftes Flötenspiel gegen die Töne, die angesichts der Kreuzzeitungsaffäre in Ihren eigenen Kreisen angeschlagen werden. Der Fall Hammerstein, diese Dekouvrierung eines der Edelsten und Besten, kommt den privilegierten Beschützern von Religion und Sittlichkeit gerade jetzt gewaltig in die Quere. Und die Sache ist noch lange nicht zu Ende, – die ganze Kreuzzeitungspartei, die den jungen Kaiser vor ein paar Jahren als Zugpferd vor ihren eignen Wagen spannen wollte, wird daran glauben müssen.« Er verbreitete sich, immer lebendiger werdend, über die politische Lage und die nächsten Zukunftsaussichten. Er sah überall Symptome für den Zusammenbruch der bürgerlichen Gesellschaft, und auf der anderen Seite

Etappen zum Siege des Sozialismus. »Die Weltmachtpolitik, die, einmal begonnen, nicht mehr aufzuhalten sein wird, ist der Anfang vom Ende. Sie appelliert zwar an die stärksten, an die brutalen Instinkte, aber sie führt schließlich mit Notwendigkeit zur Auspowerung der Massen und treibt sie uns damit in die Arme, – gewisser, als alle Agitation von unserer Seite es vermöchte. Selbst ein möglicher Weltkrieg zwischen den Kolonialmächten wäre nur der Auftakt der Revolution.«

Ich dachte an Shaw und seine unbedingte Gegnerschaft zu dieser ans Fatalistische streifenden Auffassung von der Entwicklung zum Sozialismus und warf in diesem Sinn eine bescheidene Frage in die Unterhaltung: »Stehen wir nicht in Gefahr, als bloße Zuschauer die Hände in den Schoß zu legen, wenn uns die Naturgesetzlichkeit des Sozialismus so zweifellos feststeht?«

»Ein Einwurf, der nach dem Katheder schmeckt! Müssen wir nicht die Menschen für diese Entwicklung vorbereiten?«

»Also ist alle Gegenwartspolitik der Partei nie Selbstzweck –?«

»Sondern nur Mittel zum Ziel«, rief er lebhaft, »und ihr Wert ist nur von diesem Gesichtspunkt aus zu bemessen!«

»Wie habe ich danach Ihr Interesse für meinen Plan einzuschätzen?« frug ich lächelnd. »Als bloße Höflichkeit etwa?!«

»Treiben wir Sozialpolitik aus Höflichkeit?! Doch nur, weil eine gesunde, kräftige Arbeiterschaft, die Zeit hat zum Denken und zum Wirken, die Armee ist, die wir haben müssen.«

Ich streifte mechanisch die Handschuhe über die Finger. Mein Herz schlug in dem raschen Takt der Melodie, die dieser Mann angeschlagen hatte. Der Glaube an die Sache –, das war das Unüberwindliche in ihr. An der Tür hielt mich Bebel noch einmal auf: »Ich rate Ihnen, wenn sie irgend etwas im Kreise unserer Genossinnen erreichen wollen, – setzen Sie sich mit Wanda Orbin (i. e. Clara Zetkin, d. Hg.) in Verbindung. Am besten, fahren Sie zu ihr. Ist sie gegen Ihren Plan, so haben Sie alle miteinander gegen sich!«

Noch am selben Abend schrieb ich an Frau Orbin, um ihr meinen Besuch anzukündigen; zugleich bat ich sie, in ihrer Zeitschrift, der »Freiheit« meine Idee zur Diskussion stellen zu dürfen. Sie antwortete umgehend, aber was sie schrieb, klang wenig ermutigend: Wenn mein Weg mich über Stuttgart führe, so würde ihr mein Besuch willkommen sein; zu einer Reise, eigens ihretwegen, könne sie mir jedoch nicht raten, da sie zwecklos sein würde; von einer Veröffentlichung meines Plans in ihrer Zeitschrift könne auch keine Rede sein: »... die ›Freiheit‹ ist ein rein sozialdemokratisches Blatt, an dem ich grundsätzlich nur solche Mitarbeiter zulasse, die auf dem Boden des Klassenkampfes stehen.« Trotzdem beschloß ich, zu ihr zu fahren, und wäre es nur, um die Bekanntschaft dieser Frau zu machen, deren Leben und deren Persönlichkeit ein wahrhaft vorbildliches zu sein schien. Bebel, den ich in dieser Zeit öfter sah, erzählte mir viel von ihr: wie sie sich mit Peter Orbin, einem russischen Sozialisten, in freier Ehe verbunden habe, ihm nach Paris in Elend und Verbannung gefolgt sei und das schwere Siechtum, das über ihn hereinbrach, jahrelang vor ihren Freunden zu verstecken verstand, indem sie in seinem Namen korrespondierte, in seinem Namen Artikel schrieb und mit zwei kleinen Kindern und dem kranken, ständiger Pflege bedürftigen Mann nicht nur das tägliche Brot für alle schaffte, sondern auch imstande war, für die Partei unermüdlich zu agitieren. Mir schwindelte vor dieser Leistungskraft; meine Schmerzen, meine Kämpfe schrumpften davor kläglich zusammen.

Am nächsten Morgen fuhr ich nach Stuttgart. Ein unbestimmtes Hoffen, das wie durchleuchtet war von froher Ahnung, erfüllte mich: Irgend etwas ganz Ungewöhnliches würde geschehen. Auf dem Bahnhof empfing mich Frau Orbin. Ihre Erscheinung war nicht die imponierende, die ich mir vorgestellt hatte. Ich sah zunächst nichts als eine breite untersetzte Gestalt und einen großen Hut mit zerzausten Federn, der windschief auf ihrem Kopfe saß und ihre Züge beschattete. Fast hätte ich sie nicht wiedererkannt, als sie ihn abgenommen hatte und sich im Speisezimmer des Hotels zu mir setzte. Rotblonde Haare bauschten sich wellig um Stirn und Schläfen, helle Augen, in allen Lichtern des Regenbogens spielend, sahen mir gerade ins Gesicht, auf der Stirn, um Nase und Mund gruben sich kleine senkrechte Falten, die zu der noch jugendlich-weichen Rundung der Wangen in peinlichem Mißverhältnis standen. Ohne alle

Höflichkeitspräliminarien begann sie sofort meinen Plan rücksichtslos zu zerzausen. Sie sprach mit nervöser Überstürzung, die Worte jagten einander, als wollte eins das andere verschlukken. »An einer Zusammenarbeit von uns und Ihnen ist natürlich gar nicht zu denken. Sollte von anderer Seite etwas der Art für möglich erklärt worden sein –«, ein mißtrauisch-fragender Blick traf mich, – »so würde ich jede solche Absicht auf das Schärfste bekämpfen. Der politische Kampf ist für uns das A und O. Darum ist jede Harmonieduselei mit bürgerlichen Elementen vom Übel und kann nur verwirrend wirken, den Klassenkampfcharakter unserer Bewegung verwischen. Nicht die Gegensätze überbrücken, wie bürgerliche Idealisten und Ethiker wünschen, sondern sie auf das Schärfste betonen, ist für uns die Hauptsache. Reinliche Scheidung, – ohne Konzessionen.«

Ich seufzte tief auf. Sie verstand mich falsch und ein feines ironisches Lächeln kräuselte flüchtig ihre Lippen. »Das ist freilich nicht immer ganz bequem, aber für Menschen wie Parteien die einzig mögliche Grundlage ihrer Existenz.«

Sie lud mich für den folgenden Tag zu sich ein. Hätte mich die Frau nicht gereizt, der Sache wegen schien der Besuch keinen Zweck mehr zu haben.

In einer Wohnung von puritanischer Schlichtheit empfing sie mich, aber ein unbestimmtes Etwas, sei es die Wahl der Bilder, der Fall der Vorhänge oder nur die ganze Farbenstimmung des Raumes, verriet das künstlerische Empfinden der Bewohnerin. Und als ihre beiden frischen Buben hereinstürmten, rotwangig und glänzenden Auges, sah ich hinter der Rüstung der Kämpferin den Menschen, die Mutter. Wie reich war sie! – Wir gingen nachmittags hinaus vor die Stadt, die bewaldeten Hügel hinan, die sie so zärtlich umschließen. Die Kinder und die Natur schienen Wanda Orbin zu verwandeln. Sie war viel milder heute. Sie sprach über Kunst und Literatur mit dem Verständnis eines selbständigen Geistes und der Wehmut unglücklich Liebender. »Das alles ist eingeschlafen, hat einschlafen müssen gegenüber der großen, umfassenden Aufgabe«, sagte sie schließlich, und ihre Augen bekamen wieder den fiebrigen Glanz des Fanatismus.

Kaum waren wir in ihrer Wohnung, als ein Mann zu ihr hereinstürzte, atemlos eine Depesche hin- und herschwenkend, während ihm hinter den Augengläsern die dicken Tränen über die bärtigen Wangen liefen. »Engels – Engels ist tot –«, stieß er mühsam hervor. Mit einer abwehrenden Bewegung der Hände – breiter kurzfingeriger Hände, die aussahen, als hätte der Bildhauer Natur sie nur in rohen Umrissen skizziert und vergessen, sie auszuführen – starrte Wanda Orbin dem Unglücksboten sekundenlang ins Gesicht. Dann warf sie die Arme empor und brach in ein konvulsivisches Schluchzen aus, unter dem ihr Körper immer heftiger zu zittern begann. Ihre Füße würden die Schwankende nicht mehr tragen, dachte ich, und schob ihr vorsichtig einen Sessel zu, in dem sie haltlos versank. Inzwischen hatte sich das Zimmer gefüllt: Die Eintretenden tauschten miteinander warme Händedrücke. Alles sammelte sich um die weinende Frau, leise Flüstergespräche, als läge der Tote mitten unter ihnen, flogen nach langer beängstigender Stille hin und her. *Eine* Familie war dies, die Stärkeres zusammengeschweißt hatte als das Blut: aus gemeinsamen Empfindungen, Gedanken und Idealen entsprang die Tiefe gemeinsamer Trauer um den, der ihr Führer gewesen war. Auf Zehenspitzen schlich ich hinaus und fühlte doch mit überwältigender Gewißheit, daß ich dazugehörte.

Spät am Abend kam Wanda Orbin noch einmal zu mir, – sehr weich, sehr liebevoll. »Sie hätten bleiben dürfen, Sie sind uns doch keine Fremde«, sagte sie. Da gewann ich Vertrauen und erzählte ihr von den Zweifeln und Kämpfen der letzten Wochen. Ich sah, wie sie lächelte, – nachsichtig wie eine Mutter über Kinderleiden, aber es verletzte mich nicht. »Im Zwiespalt der Empfindungen kann niemand dem anderen helfen«, meinte sie dann. »Ich weiß nur eins gewiß: ist Ihre Überzeugung erst vollkommen klar und unerschütterlich, so verschwindet vor ihr das bloße Gefühl, wie Sommerschwüle vor dem Gewitter. Zu dieser Überzeugung zu gelangen, das ist freilich das schwerste. Die Logik der Tatsachen, die Lebensverhältnisse pauken dem Proletariat eine Auffassungsweise ein, die sich der bürgerliche Idealist mit großer Mühe aneignen muß, wenn es ihm überhaupt trotz aller Ehrlichkeit gelingt, den alten Adam der bürgerlichen Ideen abzulegen. Es ist so furchtbar schwer, aus seiner Haut zu fahren, sich von dem zu befreien, was Vererbung und Milieu aus uns gemacht haben.« Ihre Augen schauten wie nach innen.

Wir sprachen noch lange miteinander. Sie riet mir jetzt zur Ausführung meines Planes; ich würde durch ihn vielleicht am besten zur Klarheit kommen, und an Rat und – inoffizieller – Hilfe von ihr sollte es nicht fehlen. »Setzen Sie sich in Berlin mit den Gewerkschaften in Verbindung, und zwar speziell mit den Konfektionsarbeitern, die infolge der Bewegung, in der sie augenblicklich stehen, Ihre Sache als eine Unterstützung betrachten dürften. Und dann, vor allen Dingen, suchen Sie unseren Genossen Dr. Heinrich Brandt für sich zu interessieren. Gewinnen Sie ihn, so ist Ihnen geholfen: Er setzt alles durch, was er will.«

Dr. Brandt! – Ich schloß unwillkürlich die Lider, verloren in Erinnerung. »Alle Ströme fließen in unser Meer«, hörte ich eine dunkle klingende Stimme sagen, und flüchtig – ein Traumbild – tauchte ein Mann vor mir auf, blond und schlank, und tiefe graue Augen versanken sekundenlang in den meinen.

Vor dem Spiegel stand ich in meinem Schlafzimmer. Wie lange war es her, daß ich nichts als flüchtige Blicke hineingeworfen hatte, die nur der Ordnung meiner Haare, meiner Kleidung galten. Heute sah ich mich wieder: Schärfer waren meine Züge geworden und schmaler mein Gesicht, meine Gestalt aber war noch immer die eines jungen Mädchens. Ich lächelte: ›Frau‹ von Glyzcinski – und ein Mädchen, ein altes Mädchen sogar von dreißig Jahren! Aber ich wollte nicht alt sein, – heute nicht. Ich fühlte wieder, wie ich rot wurde. Daß das Weib in mir sich nicht töten ließ! Wo doch so vieles schon gestorben war!

Es klingelte. Kurz und scharf. Die Aufwärterin hatte ich früh schon nach Hause geschickt, sie war so alt und so häßlich. Dem Besuch, den ich erwartete, wollte ich selber öffnen.

»Gnädige Frau?!« – Eine überraschte, fragende Stimme. Ich unterschied im Dämmerlicht der Treppe und des Flurs die Silhouette eines Mannes, mit dem weiten Mantel über den Schultern, dem breiten Schlapphut auf dem Kopf. Ich selbst in meinem schwarzen Kleid mußte ihm nur wie ein Schatten erscheinen. Ich ging ihm voran ins Zimmer, das flutendes Sonnenlicht durchstrahlte, wie einst, da ich zum erstenmal über die Schwelle trat. Ich wendete mich um, – meine Hand blieb vergessen in der Heinrich Brandts. »Wir sind uns – keine Fremden –«, stotterte ich verlegen. »Nein, – nein –«, antwortete er und sah mich noch immer an. Die Uhr auf dem Schreibtisch holte zum Schlagen aus. Ich zuckte zusammen, setzte mich hastig, und steif, und förmlich lud ich auch ihn zum Sitzen ein.

»Nein«, wiederholte er, und seine Augen ließen mich noch immer nicht los, während sein Gesicht heller zu werden schien, »– Sie sind mir keine Fremde. Kennen Sie das?« Er zog das graue Heft der Wiener »Zeit« aus seiner Rocktasche. »Im Grunde ein ganz dummer, kleiner Artikel, den Sie da geschrieben haben, und doch so wundervoll! Ein ganzer Mensch steckt dahinter!«

Mir wurde warm ums Herz. Seine Worte streichelten mir die Wangen, seine Stimme erfüllte die Luft um mich mit einem einzigen Wohllaut.

»Und Ihr Plan interessiert mich sehr. Ich habe auch gar nicht abgewartet, bis Sie endlich die Gnade hatten, mich herzubefehlen, ich habe indessen, ohne zu fragen,den Schritt getan, von dessen Erfolg Ihre ganze Sache abhängt.« Ich sah fast erschrokken auf. »Oder sollten Sie wirklich nicht daran gedacht haben, daß Geld, viel Geld dazugehört?« Ich nickte lächelnd. »Ich schrieb an einen unserer ernsthaftesten und reichsten Sozialreformer und schickte ihm Ihr Programm. Ich zweifle nicht, daß er die Sache in angemessener Weise finanzieren wird.«

Ich versuchte, ihm zu danken; es kam vor tiefer innerer Erregung ungeschickt und hölzern heraus.

»Lassen Sie doch diese Formalitäten!« sagte er. »Wenn jemand Dank verdient, so sind Sie es, die den Gedanken hatten. Ich bin bestenfalls nichts als sein untergeordnetes Werkzeug.«

Wir sprachen noch lange miteinander. Ich erzählte von allem, was mir seit den letzten Wochen das Herz bewegte, und Leidenschaft und Haß und Liebe brachen durch die Dämme, die Einsamkeit und Zurückhaltung um sie aufgeschichtet hatten.

»Sie sind wie eine Flamme, die lodernd gen Himmel strebt«, flüsterte er wie zu sich selbst.

Als er gegangen war, blieb ich regungslos, die Hände fest ineinandergekrampft, mitten im Zimmer stehen. War das ein Traum gewesen, oder hatte er wirklich hier vor mir gestanden?! In diesem selben Zimmer, wo ich Georg, meinen einzigen Freund, gefunden und verloren hatte?!

Am nächsten Tag gegen Abend kam er wieder.

»Ich bin zudringlich, nicht wahr?« lachte er mir entgegen. »Aber Sie kommen mir vor, wie ein verflogenes Vögelchen, das sich an Scheiben und Wänden den Kopf stößt und einer Hand bedarf, die es fängt und ins Freie läßt.«

»Sie mögen recht haben. Ich bilde mir wohl nur ein, daß ich in Freiheit flöge, und die anderen Leute waren bisher kurzsichtig genug, mich darin zu bestärken, wohl gar zu bewundern – –«

Es dämmerte. »Entschuldigen Sie einen Augenblick«, sagte ich und ging hinaus, um die Lampe zu holen. Als ich wiederkam, fand ich ihn über das Manuskript eines Artikels gebeugt, den ich eben vollendet hatte. Ärgerlich wollte ich ihn vom Schreibtisch weg an mich reißen. »Verzeihen Sie –«, fest drückte er die Hand darauf, – »das gehört zu meinem Vogelfang. Wie kommen Sie dazu, dergleichen zu schreiben?!« Ich erschrak vor dem finsteren Gesicht, das er mir plötzlich zuwandte. »›Londoner Geselligkeit‹! Haben Sie nichts Besseres zu tun?!« Sein Blick blieb an der Lampe haften, die ich zitternd auf den Tisch stellte. Seine Stirn glättete sich, forschend sahen die großen grauen Augen mir ins Gesicht.

»Sie müssen sich selbst bedienen? – Sie öffnen mir immer selbst?! –«

Ich senkte einen Augenblick lang den Kopf.

»Wie Sie sehen: Ja!« Meine Stimme, die zuerst ein wenig verschleiert klang, wurde klar und fest. »Ich kann mir ein Dienstmädchen nicht halten, und ich muß solche Artikel schreiben, weil ich von meiner Pension nicht leben kann.«

»Verzeihen Sie, – aber wie konnte ich ahnen –« Er sah mir tief in die Augen.

Wir waren von da an täglich zusammen, sei es, daß er mich zu einem Spaziergang abholte, sei es, daß wir uns in der Stadt trafen. Mit tiefer Beglückung empfand ich die zarte Sorgfalt, mit der er mich umgab. Wenn ich jetzt zu den Eltern kam und der Vater in heller Aufregung über die Sozialdemokraten schimpfte,

– »lauter Hochverräter, die man hängen sollte«, – so hörte ich nur mit halbem Ohre hin, es verletzte mich nicht; um mich lag es wie ein warmer, kugelfester Mantel, den die Freundschaft um mich geschlungen hatte.

Die Freundschaft! – Ich glaubte an sie, – ich wollte an sie glauben, auch wenn die heißen Wellen meines Herzens mich zu überfluten drohten. »Sie müssen bald einmal mit mir hinauskommen zu meiner Frau und meinen Buben. Sie ist anders wie Sie, – ganz anders, aber klug und gut, – Sie werden einander verstehen«, hatte er mir einmal gesagt. Es kam aber noch immer nicht dazu, und ich drängte nicht danach.

Eines Nachmittags saßen wir zusammen auf dem schmalen Balkon des Kaffee Klose. In weichem, silbernem Sonnenlicht fluteten unter uns auf der Leipziger Straße die Menschen auf und nieder. Ein früher Herbstnebel, zart und duftig wie Feenschleier, spielte um die endlosen Häuserreihen, und es schien, als dämpfte er selbst das Rasseln der Wagen.

»Sehen Sie nur, was ich heute bekam«, damit hielt ich ihm einen Brief entgegen. »Die Wiener Fabier fordern mich zu einem Vortrag auf« – Er nickte erfreut, ich sah ihn von der Seite an. »Ich habe keine Beziehungen in Wien«, fuhr ich nachdenklich fort, »– sollten Sie auch hier meine Vorsehung gewesen sein?!«

»Und wenn dem so wäre?!«

Ich reichte ihm still die Hand. Ganz sanft, als ob sie sehr zerbrechlich wäre, nahm er sie in die seine, – eine zarte Hand mit dichtem Geäder und nervösen Fingern.

»Glauben Sie«, fragte er langsam, nach einem Schweigen, das die Nähe zweier Menschen zueinander verrät, »glauben Sie, daß ein Tag kommen könnte, an dem unsere Freundschaft uns zwingt, einander ›du‹ zu sagen?«

Ein Zittern durchlief meinen Körper. Ich antwortete nicht. Stumm standen wir auf, stumm fuhren wir zu mir nach Hause. Drinnen im Zimmer sahen wir uns an, das Herz schlug mir zum Zerspringen, die Finger erstarrten mir zu Eis.

»Alix –«, wie ein Hauch kam mein Name über seine Lippen.

»Du –«, mehr vermochte ich nicht zu sagen. Es dunkelte mir vor den Augen. Einen Herzschlag lang fühlte ich seinen Mund auf dem meinen, – dann schlug die Türe, – ich war allein.

Und die Wände schienen um mich zu kreisen, und der Glanz der Abendsonne wurde zu glühenden Flammen. Wie Gesang lag es in der Luft von lauter Harfen – meines Herzens Jubel hatte sie zum Klingen gebracht. In allen Weisen der Welt, im Ton süßer Wiegenlieder und stolzer Siegeshymnen sang und jauchzte es: ich liebe.

Wir verkehrten wie früher miteinander. Nur die Augen wagten es hier und da, eine andere Sprache zu sprechen als der Mund.

Ich war mitten im Packen; schon starrten die lieben Räume mich fremd und öde an, als sein Weib kam, mich zu besuchen. Entgeistert sah ich sie an, als sie vor mir stand: Sie war hochschwanger.

Rasch warf ich die Kleider vom Sofa und nötigte sie hinein, ihr vorsichtig die Kissen in den Rücken legend. Seine Frau! Sein Kind!! – Der Gedanke bohrte sich mir ins Gehirn, daß es mir den Kopf zu sprengen drohte. Nie – nie hatte er mir von Liebe gesprochen, dachte ich, während ich gleichgültig freundschaftliche Phrasen mit ihr wechselte, nur immer von Freundschaft. Und dieser Frau vor mir mit den großen, breiten Händen und den stechenden dunklen Augen hatte ich nichts genommen – nichts, was ich nicht nehmen durfte. Denn daß ich ihn liebte, was schadete das ihr?! Und war nicht mein eigenes, großes, wundervolles Gefühl und seine Freundschaft Glückes genug für mich, die ich gelernt hatte, auf alles Glück zu verzichten?

»Wir ziehen im Winter auch in die Stadt«, sagte sie ruhig, »sonst bekomme ich meinen Mann nicht mehr zu sehen –.« War das eine Anspielung? Ihr Gesicht blieb unbewegt. »Übrigens sah ich eben im Hause, wo Sie mieteten, eine Wohnung, die gut für uns passen würde. Das wäre für alle Teile das beste –, und ich hätte doch auch etwas von Ihnen. Könnte auch von Ihnen lernen, was mir leider noch an Verständnis für die Interessen meines Mannes fehlt.« Ich begriff sie nicht; war das echt, was sie sagte, oder lauerte Bosheit dahinter und Mißtrauen? Feuchtkalt lag ihre Hand beim Abschied in der meinen. Die Schleppe ihres seidenen Kleides raschelte hinter ihr her wie eine Schlange. Ich mußte mich ans Fenster in die Sonne stellen, um wieder warm zu werden, nachdem sie mich verlassen hatte.

III. KAPITEL

Ich stand in Wien auf der Rednertribüne des Ronachersaals und verneigte mich noch einmal vor dem applaudierenden Publikum. Ich wußte: Ich hatte nicht gesprochen wie sonst. Schon als der Vorsitzende mich an den dichtgedrängten Reihen vorbeigeführt hatte, an den eleganten, graziösen Frauen, deren Toiletten nicht wie die der Berlinerin dazu da zu sein schienen, die Trägerin unter der Last des Glanzes vergessen zu machen, sondern ihre Individualität betonten, ihre Reize unterstrichen, an den jungen und alten Herren im Frack und Smoking mit den geschmeidigen Gestalten und dem süffisanten Lächeln des Weltmanns, war mir der Kontrast zwischen dem kühlen Ernst meines Vortrags und dieser Umgebung zum Bewußtsein gekommen. Dann war ein Wogen von bunten Hüten, ein Knistern von seidenen Kleidern, ein Funkeln von Brillanten unter mir gewesen. Operngläser aus Silber und Perlmutter hatten sich auf mich gerichtet, und um das mattschimmernde Rokokoornament an den Decken und Wänden des reizenden Konzertsaales hatte ein feiner, zarter Nebel geschwebt, gewoben aus Zigarettenrauch und Parfüm.

Ich stieg die Stufen hinab. Man klatschte noch immer. Ich mußte wohl so etwas wie eine neue Sensation gewesen sein, wie sie in Gestalt von Sängern, Taschenspielern und Diseusen auf dieser Tribüne gewöhnlich zu erscheinen pflegte.

»Ich gratuliere Ihnen –«, sagte eine dunkle Stimme neben mir. Nur ein Mann in der Welt hatte solche Stimme! Es war Brandt. Und als meine Hand in der seinen lag, war mir, als stünde ich allein mit ihm hoch auf einer Felseninsel, und in der Ferne nur brandete das Meer der Welt.

»Sie in Wien, – meinem geliebten Wien, und ich nicht neben Ihnen, – es kam mir absurd vor«, hörte ich ihn leise sagen. Aber schon sah ich den Kreis, der sich um uns gebildet hatte: Menschen, die warteten, mich begrüßen zu können, mir vorgestellt zu werden, der Vorstand der Fabier, der mich zum Essen geladen hatte. Ich gewann meine Fassung wieder, und während mein Herz hoch aufschlug vor Freude, hatte ich das Bedürfnis, gegen alle, die sich mir näherten, doppelt und dreifach freundlich zu sein.

In einem halbdunkeln verräucherten Kaffee spät am Abend trafen wir uns wieder. Brandt erwartete mich mit Dr. Geier, seinem Schwager, dem Führer der österreichischen Sozialdemokratie, und einem Kreis von Parteigenossen, die mitten in einer Debatte jäh verstummten, als ich eintrat. Sie hatten sich offenbar gezankt, was ich mit der ganzen Empfindlichkeit der Frohgelaunten sofort empfand. Man stand auf, man begrüßte mich, aber meine Anwesenheit wirkte sichtlich störend. Eine kleine brünette Frau mit glänzenden braunen Augen fühlte das Peinliche der Situation und zog mich auf einen Stuhl neben sich.

»Ich bin Adelheid Popp«, sagte sie einfach, »ich habe mich so an Ihrem Vortrag gefreut und wünschte nur, unsere Arbeiterinnen hätten ihn hören können.« »Das hätte ich auch gewünscht, – er wäre dann besser gewesen«, antwortete ich. Ihre Augen lachten mich an. »Wissen Sie was?!« rief sie lebhaft. »Wiederholen Sie ihn in einer Volksversammlung!« Mit freudiger Zustimmung schlug ich in die dargebotene kleine, warme Hand. »Aber garantieren kann ich nicht, daß es derselbe Vortrag wird!« Wir vertieften uns in ein Gespräch, und ich erfuhr, daß diese zierliche Frau eine arme Arbeiterin gewesen war, von dem Augenblick an aber, wo sie der Sozialismus gewonnen hatte, zu einer begeisterten Vorkämpferin der Arbeiterbewegung sich entwickelt habe. Ganz anders war sie wie unsere deutschen Frauen: heiter und gutmütig, ohne eine Spur jener steifen Zurückhaltung, die daheim all meinem Entgegenkommen zu spotten schien. »Sie sollen mal schauen, was in Wien eine Volksversammlung heißt!«

Das Gespräch der anderen hatte indessen da wieder angeknüpft, wo ich den Faden zerrissen hatte. Ich hörte zu.

»Ist es nicht unerhört für einen praktischen Politiker, sich auf Seite der Breslauer Hundertachtundfünfzig zu stellen und einen blutleeren Theoretiker wie Kautsky zu verteidigen?!« rief Brandt, während die dunkeln Brauen sich ihm eng zusammenzogen und die Augen dem Gegner zornig entgegenblitzten.

»Bist du vielleicht in deiner gegenteiligen Stellung zur Agrarfrage weniger Theoretiker als er?!« spöttelte Geier. »Die Güter, auf denen du dir die Sporen des Praktikus verdient hast, liegen doch auf dem Monde!« Mit einer entschuldigenden Gebärde wandte er sich mir zu. »Verzeihen Sie, wenn wir uns auch in Ihrer Gegenwart noch mit so uninteressanten Dingen beschäftigen –«

Die Diskussion der leidenschaftlichen Männer fing an, mich zu beunruhigen, – nicht ihrem Inhalt, wohl aber ihrer Form nach. Ich hatte Brandt noch nie so erregt gesehen, und etwas wie Furcht befiel mich. Kurz entschlossen erhob ich mich.

»Verzeihen Sie, wenn mein Weggehen Sie stört wie mein Kommen, aber ich bin sehr müde.« Alles brach auf, sichtlich erleichtert. Kalter Regen, mit kleinen spitzen Schneeflocken gemischt, schlug uns ins Gesicht, als wir heraustraten. Menschenleer war's in den engen Gassen. Ist das wirklich Wien, die Kaiserstadt? dachte ich fröstelnd. Geier und Brandt begleiteten mich; wir verabredeten allerhand für den nächsten Tag. Ich erzählte von den verschiedenen Einladungen, die ich bekommen hatte.

»Zu den Protzen werden Sie doch nicht gehen, die nur Staat mit Ihnen machen wollen?!« Brandts Stimme klang grollend, wie ferner Donner, und sein Blick ruhte beinahe drohend auf mir. Und doch erschrak ich nicht; es lag im Ton etwas, das mir das Blut in Wallung brachte, etwas, das klang, wie ein Besitzergreifen. »Bist du Frau von Glyzcinskis Vormund?« brummte Geier.

»Verzeihen Sie mir meine Heftigkeit –«, flüsterte Brandt, und im raschen Wechsel seines Mienenspiels hatte seine Stirn sich wieder geglättet, war sein Auge wieder klar geworden. Ich senkte stumm den Kopf.

Zögernd, als fesselten sie magnetische Kräfte, glitten unsere Hände auseinander. Er betrat mit mir das Hotel. »Du – wohnst auch hier?!« sagte Geier überrascht.

Ich schlief nicht in dieser Nacht. Es lag schwer und dumpf auf mir, und ich wollte – wollte nicht denken.

Wir fuhren am nächsten Morgen zusammen nach Schönbrunn.

Alle Einladungen hatte ich abgelehnt.

Graue Spätherbststimmung beherrschte die Natur. Die letzten Blätter rieselten von den Bäumen, ohne daß ein Windhauch sich regte.

Heute waren wir allein, zwei graue Gestalten, zwischen blätterlosen Laubengängen und schlafenden Fontänen.

»Sie sind so blaß«, sagte Brandt, »der Heimweg gestern im Schnee hat Ihnen geschadet –.« Ich schüttelte den Kopf. »Meine Roheit hat Sie verletzt?« Ich sah zu ihm auf, aber das Lächeln, das ich ihm zeigen wollte, erstarb mir auf den Lippen. So müde, so traurig war sein Blick. In dem meinen blieb er hangen. Es war wie ein Abschiednehmen.

»Ich habe es mir überlegt, stunden-, nächtelang«, kam es tonlos über seine Lippen, »ich muß fort von Berlin – mit meiner Fr...–«, er stockte, »mit Rosalie –«, verbesserte er sich hastig, »bis – bis die Entbindung vorüber ist. Es ist besser, – besser für uns alle.«

»Ja«, sagte ich, die Kehle schnürte sich mir zusammen.

Dann gingen wir. Wo waren wir doch nur noch an diesem Tage? Ich entsinne mich nicht. Meine Augen nahmen Bilder auf, von denen meine Seele nichts wußte.

Später trafen wir wieder irgendwo in einem Kaffee mit Geier zusammen. Es kamen noch allerlei Menschen, die ich an meinem Vortragsabend gesehen hatte, sie gingen mit kühlem Gruß und vieldeutigem Lächeln an uns vorüber.

»Du siehst«, hörte ich Geier leise sagen, während er mich in die Zeitung vertieft glaubte, »zum mindesten hättest du nicht im selben Hotel mit ihr wohnen dürfen.« Brandt fuhr auf. Flehend sah ich zu ihm hinüber. Er schwieg. Die Kellner brachten die Abendblätter. »Na, da haben wir's ja«, rief Geier, nachdem er sie rasch überflogen hatte, und stürzte mit einem kurzen Gruß davon in seine Redaktion.

Ich las: »Aus Berlin wird uns soeben mitgeteilt: Nachdem

seit einiger Zeit die politische Polizei eine fieberhafte Tätigkeit entwickelte und Haussuchungen umfassender Art bei fast allen bekannten Mitgliedern der sozialdemokratischen Partei stattfanden, bringt der Reichs- und Staatsanzeiger heute folgende Bekanntmachung: ›Es wird hiermit zur öffentlichen Kenntnis gebracht, daß nachstehende Vereine: die sechs sozialdemokratischen Wahlvereine, die Preßkommission, die Agitationskommission, die Lokalkommission, der Verein öffentlicher Vertrauensmänner, der Parteivorstand der sozialdemokratischen Partei Deutschlands auf Grund des § 8 des Versammlungs- und Vereinsrechts vorläufig geschlossen sind.‹«

Kurz vor der Volksversammlung, in der ich sprechen sollte, besuchte ich Geier in seiner Redaktion, engen, halbdunklen Räumen im Souterrain eines alten Hauses. Von fast undurchdringlichem Tabaksqualm war sein Zimmer gefüllt, das den merkwürdigen Mann, der grundhäßlich war und hinreißend schön sein konnte, der stotterte und doch der glänzendste Redner war, phantastisch umwogte. »Ich habe nur eine kurze Frage an Sie«, sagte ich – nichts war ihm widerwärtiger, wie überflüssiges Weibergeschwätz – »ich möchte in die Partei eintreten, – was halten Sie davon?«

Er sah mich prüfend an, von oben bis unten, strich sich mit der feinen Hand den wirren rotblonden Schnurrbart und zuckte die Achseln. »Bleiben Sie draußen«, antwortete er schroff, »eine Krokodilshaut gehört dazu, – ich zweifle, daß Sie die haben –«

»Und wenn ich Sie hätte?!«

»Dann, – ja dann tragen Sie wie wir Ihre Knochen auf den Markt der Partei –.« Er reichte mir mit kurzem Kopfnicken die Hand, – ich war entlassen.

Einen Tag später als Brandt kam ich nach Berlin zurück. Er empfing mich am Bahnhof, bleicher, übernächtigter als je. Wir fuhren zusammen nach der Kleiststraße, wo wir nun schon zwei Monate wohnten, er mit seiner Familie im Vorderhaus, ich im Gartenhaus, in den zwei kleinen Stübchen. Wir konnten einander an der Mauer mit der Schweizer Landschaft vorbei in die Fenster sehen. Oft, wenn er bei mir gewesen war, tauchte hinter den weißen Vorhängen drüben ein Schatten auf, der mit gespenstischer Schnelle sein Gesicht zu verdunkeln schien. Dann erhob er sich, sah mich kaum an und verließ das Zimmer.

»Rosalie will nicht reisen, mit mir nicht«, erzählte er während der Fahrt. »Sie behauptet, meine Nähe steigere nur ihr Übelbefinden, deshalb habe sie sich entschlossen, allein zu gehen und zwar – nach England.«

»Nach England?« fragte ich erstaunt. »In dieser Jahreszeit?! Hat sie Freunde dort?«

»Niemanden! – Die fixe Idee einer Schwangeren, sagt der Arzt.«

Ich schwieg, auf das tiefste betroffen. Mir, dem Weibe, schien sonnenklar, was ihre Beweggründe waren. Das Recht der Abwesenden wollte sie zur Geltung bringen, und ein instinktives Gefühl trieb sie nach England –, woher ich gekommen war, wo ich, wie sie meinte, mir an Kenntnissen und Interessen erworben hatte, was ihren Mann an mich fesselte.

Der Wagen hielt. »Ich komme gegen Abend hinüber«, sagte ich und verabschiedete mich hastig vor der Haustür. Ich mußte allein sein. Meine Zimmer fand ich mit Blumen geschmückt, wie zu einem Fest. »Der Herr Doktor –«, sagte die Aufwärterin mit süßlichem Lächeln und einem vertraulichen Blick.

»Schon gut –«, unterbrach ich sie hastig und warf die Türe hinter mir ins Schloß.

Was nun?! Sie durfte nicht fort. Wirklich nicht?! Ein kalter Schauer lief mir über den Rücken. War es Furcht? Oder nicht vielmehr Freude – Freude, die wie ein orkangepeitschtes Meer alle Dämme überflutete, alles Denken begrub?! Allein – allein mit ihm – tage-, wochen-, monatelang! Ein ganzes Leben der Entsagung war kein zu teurer Preis dafür! Wenn sie wiederkam, würde ich gehen, – aus seinem Gesichtskreis still verschwinden, – und zu ihr würde er zurückkehren, – zu ihr – und dem Kinde …

Es klopfte. »Frau Dr. Brandt läßt gnädige Frau zum Abendbrot bitten –« »Ich komme –«

Wir saßen um den gedeckten Tisch: Brandt schweigsam, mit gerunzelten Brauen, die beiden kleinen Knaben – seine Söhne aus seiner ersten Ehe – verschüchtert und ängstlich von einem zum anderen blickend, ich, eine Unterhaltung mühsam aufrecht erhaltend; sie allein schien lustig, fast übermütig, ihre Augen flimmerten, ihre großen weißen Hände, die mir immer vorkamen, als hätten sie ein eigenes Leben, als wären sie junge Raubtiere, – bewegten sich ruhelos, streichend, klopfend, sich dehnend, um sich gleich wieder zur Faust zu ballen, auf dem Tisch. Das Mädchen kam und brachte einen Eiskübel mit einer Flasche Champagner. Brandt sah mißbilligend auf seine Frau. »Wie kannst du, Rosalie, – in deinem Zustand!« – Sie lachte.

»Nur heute, – wo wir ein Fest miteinander feiern und ihr dasitzt wie Ölgötzen und nicht lustig seid, – lustig wie ich! – Trinkt, Kinder, trinkt, so ein Abend kommt nicht so leicht wieder!« Sie stürzte das erste Glas in einem Zug hinunter. Und dann sprach sie unaufhörlich, fieberhaft. Von der Reise, die sie machen werde, von den Herrlichkeiten, die sie dafür schon eingekauft habe – »drei seidene Kleider und Hüte dazu, und einen Rohrplattenkoffer für zweihundert Mark, – mach' keine entsetzten Augen, Heinrich; ich weiß ja, du bezahlst es gern, – so gern!« –, von ihren Träumen. »Ich sehe immer denselben Mann, der mir winkt, zu dem ich hin muß«, – ihre Stimme sank und ihre Augen weiteten sich, daß das Weiße unheimlich groß um die dunklen Pupillen stand – »und der mir helfen wird.«

»Trinken Sie nicht mehr –«, bat ich erschüttert und legte meine Hand auf die ihre, die eiskalt war. Sie schüttelte sie ab wie eine lästige Fliege.

»Sie glauben, ich spräche im Rausch?!« sagte sie. »Sie irren. Ich bin nüchtern, ganz nüchtern, – ich weiß nur mehr als Sie, viel mehr, und – und ich glaube an Träume!«

»Bist du denn nicht eifersüchtig auf deinen Rivalen, zu dem ich reise?« Damit wandte sie sich mit einem lauernden Blick aus halb geschlossenen Augen an ihren Mann.

»Rosalie!« stöhnte er gequält. Rasch stand ich auf. Ich konnte die Blicke der Kinder nicht mehr ertragen.

»Es ist schon zu spät für euch«, redete ich sie an und griff nach ihren Händen, »kommt, – ich bring' euch zu Bett.« Sie lachten dankbar.

»Ach, Tante, bring uns doch immer zu Bett!« flüsterte der Älteste, als er in den Kissen lag, und seine melancholischen Zigeuneraugen sahen mich flehend an. »Und morgen, bitte, bitte, erzähl uns eine Geschichte«, fügte der Jüngste hinzu und richtete sich im Bett noch einmal auf.

Indessen war es im Wohnzimmer zu einer heftigen Szene gekommen. Rosalie lag schluchzend auf dem Diwan. »Er will mich nicht reisen lassen, er will mich umbringen, – mich und das Kind«, schrie sie. »So mäßige dich doch, um Gottes willen!« beschwor sie Brandt mit einem Blick auf die Glastür, hinter der sich der Schatten des Mädchens hin und her bewegte. Sie achtete nicht auf ihn, ihre Stimme wurde nur noch lauter und heftiger. »Ich halte es nicht mehr aus, – ich mag deine Bevormundung nicht, und deine schlechte Laune. Ich laufe davon –« Und ihr Schluchzen wurde zum Weinkrampf.

Der Arzt wurde geholt. »Sie müssen ihrem Willen nachgeben, wenn Sie nicht das schlimmste riskieren wollen«, entschied er schließlich. »Natürlich darf sie nicht ohne Pflegerin reisen, – ich kann Ihnen eine empfehlen, auch eine gute deutsche Pension in London.«

Schon am nächsten Morgen kam Rosalie zu mir, um Abschied zu nehmen. Sie war völlig verwandelt, weich, freundlich, ruhig. Es war fast ein strahlendes Lächeln, mit dem sie mir im Weggehen sagte: »Nun weiß ich gewiß: Alles– alles wird gut werden.«

Mit glühendem Eifer, der mich alles andere vergessen ließ, bereitete ich das schönste Fest des Jahres vor. Freude wollte ich um mich verbreiten, lauter überschwengliche Freude. Mit dem Geld, das ich mir von Brandt für seine Kinder erbat, und das er mir verwundert gab – er hatte an Weihnachten gar nicht gedacht –, und den Goldstücken, die mir ein paar Artikel eben eingetragen hatten, kaufte ich einen ganzen Jahrmarkt voll Spielzeug; und Pfefferkuchen und Marzipan und Schokolade, dazu Schürzen, Bänder, und ein himmelblaues Kleid für das Dienstmädchen, das mich mit ihren kleinen blanken Augen immer so lustig anlachte. Am Morgen des Weihnachtstages schloß ich mich im

Eßzimmer ein und putzte die große duftende Edeltanne mit lauter blitzendem Kram, mit roten Rosen und bunten Lichtern. Leuchten sollte sie wie das lebendig gewordene Glück. Vielleicht wird sie ihm ein einziges frohes Lächeln entlocken! dachte ich.

Und mein bunter, lustiger Weihnachtsbaum funkelte und sprühte, ein Fanal der Freude, ein Sonnwendfeuer, ein Gruß an das steigende Licht. Der Jubel der Kinder klang durch die Räume. »Du – du Zauberin«, flüsterte eine tiefe Stimme mir ins Ohr.

Still und feierlich, in ihr weiches glitzerndes Schneekleid gehüllt, erwachte die Erde am nächsten Morgen. Der Arbeitslärm des Alltags war verstummt, und Räderrollen und Menschenschritte klangen gedämpft auf dem Winterteppich. Es war Feiertag.

Und im Festgewand stand ich und wartete dessen, der kommen mußte.

Mein Herzblut, das ich bereit war, restlos für ihn zu vergießen, hatte es mit roten Rubinen bestickt, Schnüre, an denen die Tränen meiner Sehnsucht schimmernd gereiht waren, schmückten mir den Nacken, mit Smaragden der Hoffnung waren die seidenen Schuhe besetzt an meinen Füßen, die ihm entgegengingen, und auf meinen Armen, die ihn umfassen wollten, funkelten, alle Farben und allen Glanz der Welt in sich vereinend, die Diamanten meiner Leidenschaft. Und er kam, er sah mich, – und die armen kleinen Liebesworte schämten sich ihrer millionenfachen Entweihung und verstummten.

Eines Wintertages kehrten wir vom Wannsee zurück, wo wir unter blauem Himmel auf spiegelglattem Eis gemeinsam unsere Kreise gezogen hatten. Mit ängstlichem Gesicht hielt die gute Marie uns einen Brief entgegen. »Rohrpost – und Rosalies Schrift –« Heinrichs Gesicht entfärbte sich. »Ich bin in Berlin und ersuche dich, mich vom Hotel aus abzuholen. Unser Kind soll im Vaterhause geboren werden«, schrieb sie. Noch am Abend traf sie ein. Ich sah ihren dunklen Schatten hinter den Vorhängen. Ich wußte, was er mir bedeutete: kein Verzichten nach kurzem gestohlenem Glück, wie ich es einst geglaubt hatte, sondern Kampf um den Einsatz des ganzen Lebens. Mit dem Recht der Liebe gehörte Heinrich mir. Alles andere »Recht« ist nur verschleiertes Unrecht.

Sie verlangte meinen Besuch. Ich fand sie im Bett liegend, vollkommen ruhig, während die Pflegerin damit beschäftigt war, das Zimmer umzuräumen. »In vierzehn Tagen etwa erwarte ich«, sagte sie nach gemessener Begrüßung, »Heinrich ist natürlich sehr unglücklich, daß ich ihn jetzt schon ausquartiere«, mit spöttischem Lächeln sah sie zwischen uns hin und her. Ich verabschiedete mich so rasch als möglich und nahm mir vor, diese Komödie freundschaftlicher Besuche nicht weiter zu spielen.

Daß es jetzt für mich an der Zeit gewesen wäre, zu gehen, fern von Berlin in aller Stille die Entwicklung der Dinge abzuwarten, – das fühlte ich instinktiv. Aber die Leidenschaft, die mich beherrschte, machte mich taub für die leisen Stimmen meines Inneren. Ich konnte ja gar nicht fort, beruhigte ich mein Gewissen, ich hatte kaum die Mittel, um zu leben, wie viel weniger, um zu reisen, – ich war gerade jetzt unentbehrlich in Berlin, wo der Konfektionsarbeiterstreik täglich ausbrechen konnte.

Es kamen auch viele einsame Stunden, wo meine Phantasie böse Träume spann: Ich sah ein winziges Kinderhändchen von unheimlicher Kraft, das mir den Geliebten entreißen wollte. Nein: Ich konnte nicht fort!

Er besuchte mich seit Rosalies Rückkehr nur selten. Sie hatte ihr Bett und ihren Stuhl am Fenster so gestellt, daß sie zu mir herübersehen konnte. Auch einen kleinen Spiegel hatte sie anbringen lassen, durch den ihr niemand entging, der den Hof betrat. Oft, wenn ich das Haus verließ, um ihn zu treffen, war mir, als verfolge mich dies glänzende runde Ding mit dem bohrenden Auge darin durch alle Straßen. Zuweilen bemerkte ich auch, wie die Pflegerin, eine Johanniterschwester mit einem ausgemergelten Asketengesicht mir von ferne nachschlich. Im Traum sah ich sie dann auf meinem Bette sitzen und mit hungrigen Augen die Schrift glutheißer Liebe lesen, die mir im Herzen geschrieben stand.

Wir wählten immer andere Orte für unsere Zusammenkunft: kleine Weinstuben, stille Konditoreien, wo es nach saurem Wein und altem Kuchen roch und die Kellner die Wissenden spielten. Es war so widerwärtig, daß wir es schließlich vorzogen, in Wind und Wetter draußen im Wald zu sein, wo reine Luft unsere Stirnen kühlte. Einmal führte uns der Weg durch den Wald nach Paulsborn. Dicht lag der Nebel über dem See, ein feiner Regen stäubte vom Himmel. Er hatte mit seinem Arm seinen Mantel auch um mich geschlungen.

»Vergiß mich, Alix, wenn du kannst«, sagte er, »laß den armen Kerl laufen, der allen Unglück bringt, die ihm zu nahe kommen.«

Ängstlich forschte ich in seinen verschlossenen Zügen. »Willst du, daß ich gehe?« frug ich mit Betonung.

Er zog mich fester an sich. »Ich müßte es wollen, um deinetwillen! Und doch, wenn ich mir vorstelle, du tätest es – lieber brächt' ich dich um!«

Zärtlich drückte ich meine Wange an seine Schulter. »Wenn das der Tod ist, den ich allein zu fürchten habe, so werd' ich ewig leben.«

»Weißt du denn auch, was dir bevorsteht –?« »Ja«, lächelte ich, »dein Weib werde ich sein, dein glückseliges Weib!«

»Glaubst du so sicher, daß sie in die Scheidung willigt, daß sie nicht vielmehr alles tun wird, um dich, um uns zu verderben?«

Ich dachte schaudernd ihrer lauernden Blicke und ihrer Raubtierhände. Aber ich verscheuchte das Angstgefühl, das mich zu unterjochen drohte.

»Nur die Trennung von dir wäre mein Verderben, und die erzwingt sie nicht. Dir werd ich gehören, auch wenn ich's vor der Welt nicht darf!«

»Sie werden alle mit Steinen nach dir werfen –«

»Hast du mich lieb, bin ich unverwundbar –«

An meiner Tür empfing mich die Aufwärterin mit grinsender Untertänigkeit. »Herr Reinhard ist da«, sagte sie, »ich wußte nicht, daß gnädige Frau so lange fort bleiben würden – bei dem Wetter.« Ich hörte seine Krücke hart und heftig aufschlagen.

»Fast wäre ich wieder gegangen«, grollte er, »ich –« er legte starken Nachdruck auf dies ›ich‹ – »ich habe keine Zeit, um Ausflüge zu machen.«

»Verzeihen Sie, daß Sie warten mußten. Hätten Sie mir Ihren Besuch mit einem Worte angekündigt –«

Er erzählte mir noch von den intimen Verhandlungen mit den

Meistern der Damenmäntelkonfektion, von der mühseligen Ausarbeitung eines detaillierten Lohntarifs, von den Plänen für die nächste Zukunft, und empfahl sich, nachdem ich ihm nochmals versprochen hatte, als Rednerin überall zur Stelle zu sein, wo er mich würde brauchen können. Mein Gewissen schlug. Über dem eigenen Schicksal war ich nahe daran gewesen, das Geschick der Hunderttausenden zu vergessen. Schon waren Schriften aller Art erschienen, die das Leben der Konfektionsarbeiter malten, wie ich es oft genug gesehen hatte. Warum war keine von mir? Und in den Versammlungen der bürgerlichen Frauenvereine wurde plötzlich entdeckt, daß die Not der Arbeiterin größer war als die höherer Töchter, in der Ethischen Gesellschaft wurden die Mittel zu ihrer Abhilfe lebhaft debattiert. Und ich allein schwieg!

Von nun an fehlte ich nirgends mehr. Und ich fühlte: Je weiter ich mich von mir selbst entfernte, desto stärker wurde ich. In einer Reihe großer Versammlungen wurden die Forderungen der Konfektionsarbeiter noch einmal klargelegt, ihre Lage beleuchtet, der sie Abhilfe schaffen sollten. Ich war in den Feensaal gegangen, wo Martha Bartels sprach. Kaum, daß ich noch Einlaß fand, denn auf der Straße schon stauten sich die Menschen. So viel Armut war wohl noch nie aus ihren dunklen Höhlen hervorgekrochen. Und noch nie hatten sich so viel elegante Frauen in ihrer nächsten Nähe befunden.

In dem tief eingewurzelten Gefühl, das noch immer hinter dem schönsten Kleid die größte Respektsperson vermutet, drängten sich die Armen schüchtern an den Wänden entlang. Alte Frauen mit müden, rot geränderten Augen standen auf, um seidenrauschenden Damen Platz zu machen. Keinen Blick des Neides sah ich, keinen des Hasses. Als Martha Bartels sprach, schlicht, fast nüchtern, und ihnen die Geschichte ihres eigenen Leides erzählte, da weinten viele. Aber es waren nicht die fruchtbaren Tränen der Erkenntnis, unter deren heißer Flut die Kraft des Widerstandes gedeiht, es waren die Tränen der Verzweiflung, die armseligen Tropfen, die in den Kirchen fließen, wenn der Pfarrer von der Kanzel die Ergebenheit in Gottes Willen predigt. Zorn und Leid stritten in mir: Zorn, – daß Armut und Religion die Menschheit so um ihre Würde hatten betrügen können,

Leid, – daß von dieser Menschen Kampfeslust und Ausdauer Sieg oder Niederlage abhängen würde.

Beim Ausgang traf ich meine Mutter. Mit einer Anzahl bekannter Damen hatte sie der Versammlung beigewohnt. Sie waren alle erfüllt von dem Gehörten. Die Ruhe der Rednerin und der Zuhörer hatte den Eindruck nur verstärkt.

In weitesten Kreisen, von den Nationalsozialen bis in die Reihen der Konservativen hinein, schien das Interesse für die Heimarbeiter rege zu sein. Meine Mutter war voll Eifer; ich hatte sie um einer solchen Sache willen nie so erregt, so lebhaft gesehen. Sie zwang mich förmlich, an einer Zusammenkunft teilzunehmen, die am nächsten Tage bei einem bekannten Berliner Geistlichen stattfinden sollte.

Ich holte sie ab, um mit ihr hinzugehen, und fand selbst meinen Vater voller Teilnahme. »Da ist dein Platz, da kannst du was leisten«, sagte er, mir die Hand schüttelnd, »da findest du uns alle an deiner Seite, wenn es gilt, den jüdischen Konfektionären, diesen Menschenschindern und Ausbeutern, das Handwerk zu legen.« Eine ähnliche Stimmung beherrschte die Sitzung, wenn auch der Wunsch nach einer friedlichen Lösung des Konflikts und die bestimmte Hoffnung auf seine Erfüllung von dem Einberufer sehr betont wurde.

Er berichtete von dem Komitee, das sich kürzlich auf Anregung der Ethischen Gesellschaft gebildet hatte, um zwischen den Arbeitern und den Unternehmern eine Verständigung anzubahnen. Männer und Frauen der verschiedensten Parteirichtungen, deren Namen in der Öffentlichkeit einen guten Klang hatten, gehörten ihm an. Man beschloß, sich ihm gleichfalls anzuschließen. »Kommt es trotz alledem zum Streik, so schaffen wir eine Hilfskasse«, rief eine lebhafte kleine Dame, deren Energie beim Durchsetzen ihrer Pläne sie bekannt gemacht hatte. Man stimmte ihr ohne weiteres zu. »Wir müssen alle Geschäfte boykottieren, die die Forderungen der Arbeiter nicht bewilligen«, erklärte eine andere, und man überbot sich in steigender Erhitzung in Vorschlägen zugunsten der Sache. Ich erinnerte mich im stillen des Streiks der westfälischen Bergarbeiter. Auch damals sprach sich die öffentliche Meinung, soweit sie mir zu Ohren kam, zugunsten der Kämpfenden aus, aber sie tatkräftig zu unterstützen, daran wagte noch niemand zu denken. Also doch ein Fortschritt?! Mein Optimismus regte sich wieder.

Der Termin für die Antwort der Unternehmer wurde abermals herausgeschoben. In den Arbeiterkreisen begann es bedenklich zu gären; es gab Leute, die schon von Intrigen, Schmiergeldern und offenem Verrat munkelten. In Hamburg, in Erfurt, in Stettin, in Breslau brach der Streik aus, – in Berlin zögerte man noch immer, scheinbar um dem Vermittelungskomitee Zeit für seine Verhandlungen zu gewähren, in Wirklichkeit aber, um die Entwicklung der Dinge in England abzuwarten. Man glaubte an einen Krieg, zum mindesten an einen wirtschaftlichen. Endlich liefen, so zahlreich wie sonst, bei den großen Konfektionären die Bestellungen ein; und in einer Versammlung der Ethischen Gesellschaft wurde, zugleich mit einer rückhaltlosen Sympathieerklärung an die kämpfende Arbeiterschaft, das völlige Scheitern der Einigungsversuche mitgeteilt.

Im Büro der Schneider-Gewerkschaft trat die Arbeiterkommission zusammen. Es war wie im Hauptquartier eines Krieges. Wir empfingen die Streikerklärung als unsere Parole und unseren Marschbefehl. In riesigen Plakaten wurde die Bevölkerung am nächsten Morgen zu den Versammlungen eingeladen, mein Name stand unter denen der vierzehn Referenten.

Ich saß mit meiner Rede beschäftigt am Schreibtisch, als es draußen zweimal heftig klingelte. Der Vater! – »Dein Name steht auf den Litfaßsäulen unter lauter Sozialdemokraten«, brauste er mich an.

»Du bist auf der Seite der Streikenden, wie ich weiß, du selbst hast mich ermuntert.« Er ließ mich nicht ausreden. »Nicht um ein ungesetzliches Vorgehen zu unterstützen, – du mußt deinen Namen augenblicklich zurückziehen –.« Er stierte mich an mit dem wilden Blick, den ich so fürchtete. Ich lehnte mich zitternd an den Schreibtisch. »Fahnenflüchtig?! Nein! Wär ich's, du würdest dich bei ruhiger Überlegung meiner schämen müssen.« Er umklammerte mein Handgelenk. »Soll ich mein Kind verlieren?« stieß er hervor, sein Atem keuchte, die Augen traten aus den Höhlen.

»Ich kann mein Wort nicht brechen, – auch mir selbst gegenüber nicht«, flüsterte ich. Ein Ruck ging durch seinen Körper, meine Hand stieß er von sich, faßte sich ein paarmal mit den Fingern an den Kragen, als würde er ihm zu eng, und schritt festen Schrittes, wortlos, der Türe zu. Ich hörte sie zufallen, – eine zweite knarrend sich öffnen, – heftig ins Schloß zurückschlagen; ich lief ans Fenster: Ein alter Mann ging über den Hof, sehr langsam, tief gebückt, schwer auf den Stock sich stützend. O, daß er nur ein einziges Mal den Kopf noch wenden möchte, – aber der starre Nacken bewegte sich nicht. Schluchzend brach ich zusammen.

»Alix!« Heinrichs entsetzter Ruf brachte mich wieder zu mir. Er hatte den Vater fortgehen sehen und war, alle Vorsicht vergessend, zu mir geeilt. »Wirst du heut abend sprechen können?!« »Gewiß, – nun bin ich ja ganz – ganz frei!« Die Tränen waren versiegt, mir war, als läge mein Herz zu Eis erstarrt in meiner Brust. Selbst der Geliebte kam mir plötzlich fern und fremd vor.

Für die Kriegserklärung, die ich heute abzugeben hatte, war es die rechte Vorbereitung: Kein weiches Gefühl konnte mich überwältigen, eiserne Entschlossenheit beherrschte mich. Zu *einer* Riesenkraft wollte ich die schwarze Menschenmasse vor mir zusammenschweißen, von *einem* unbeugsamen Willen beseelt. Und ich richtete die Paläste der Unternehmer vor ihren Augen auf, die ihre Arbeit gebaut hatte, und wies auf ihre üppigen Tafeln, die ihr Hunger deckte. Ich zeigte ihnen die seidenen Kleider ihrer Frauen und ihrer Mätressen, an denen der Schweiß der Arbeiterinnen klebte, und ihre Edelsteine, in denen das Augenlicht derer gefangen war, die es in nächtlicher Arbeit verloren hatten. Ich fühlte: Schon war die Luft erfüllt vor unsichtbarem Sprengstoff. Und nun sprach ich von der kommenden Schlacht, die nichts sei als ein Teil des großen Krieges zwischen unverschuldeter Armut und schuldbeladenem Reichtum; sprach von alledem, was der Preis ihres Mutes, ihrer Ausdauer sein würde, und doch nur darum von unschätzbarem Werte sei, weil es sie geistig und körperlich fähig mache, den Menschheitsfeldzug bis zu Ende zu führen. »Eure Sache ist die Sache der ganzen Arbeiterschaft. Jede Schwäche von euch ist ein Verrat an ihr ...«

»Eine demagogische Hetzrede«, sagte jemand, als ich die Tribüne verließ. »Prachtvoll« – versicherte mir ein sozialdemokratischer Reichstagsabgeordneter händeschüttelnd. Ich sah fragend um mich: Erstaunte, bewundernde, auch tränenfeuchte Blicke begegneten den meinen, aber vom Fieberfanatismus der Kriegslust bemerkte ich nichts. Verständnislose Verlegenheit lag zum Teil auf den abgehärmten Zügen der Frauen. »Was hat sie gemeint?« hörte ich flüstern. »Was sollen wir tun?« »Und wie gerade die Damenmäntel dann bezahlt werden, sagte sie nicht« – »ob wir gleich in die Betriebswerkstätten kommen?« – Mir sank der Mut. Heinrichs Lob – er hatte sich's nicht nehmen lassen, mich zu begleiten – schien mir von Mitleid diktiert.

Ich saß auf der Reichstagstribüne, als die nationalliberale Interpellation, die Lage der Konfektionsarbeiterinnen betreffend, zur Verhandlung kam und alle bürgerlichen Parteien ihr arbeiterfreundliches Herz entdeckt zu haben schienen. Was noch kein preußischer Minister zu denken gewagt hatte – daß eine Arbeitseinstellung berechtigt sein kann –, das erklärte Herr von Berlepsch vor der deutschen Volksvertretung angesichts dieses Streiks. Kein Zweifel: Der Riesenkampf, den die Ärmsten der Armen kämpften, wird kein vergeblicher sein, eine neue Ära sozialer Reformen bricht an. Und dem Verdikt des Reichstags werden die Unternehmer sich beugen müssen. Ich verstand nicht, warum der Redner der sozialdemokratischen Fraktion sich angesichts dieser Kundgebungen so skeptisch äußern konnte.

Im ganzen Reich wurde für die Streikenden gesammelt. Neben den Büros der Streikkommission, in denen Streikkarten ausgestellt und Unterstützungsgelder gezahlt wurden, richteten bürgerliche Vereine Hilfsstellen ein, wo Nahrungsmittel und Kleidungsstücke zur Verteilung kamen.

Stolz, oft übermütig in ihrer Hoffnungsfreudigkeit stellten sich in den ersten Tagen die Streikenden ein. Von Unterstützung wollten sie nichts wissen, nur ihre Karten ließen sie sich geben.

»Wir halten aus«, sagte ein junges, bleichsüchtiges Mädel, und ihre Augen blitzten dabei. »Die Unternehmer haben uns für sich hungern lassen, nun hungern wir mal für uns selber –« und, ein Liedchen trällernd, war sie wieder draußen. Selbst auf den Gesichtern alter müder Frauen lag ein stilles Leuchten. Ein halbwüchsiger Bengel, der in Begleitung seiner Mutter kam, verkündete triumphierend: »Wir arbeeten jetzt for drei, damit Muttern feiern kann«, und lächelnd streichelten ihre zerstochenen Finger seine Wange: »Nu kommen ooch janz andere Zeiten!«

Allmählich änderte sich das Bild: Blasse Frauen, die unsicher und ängstlich blickten, mit Kindern auf den Armen und an der Schürze, drängten sich um die Zahlstellen; das morgens angehäufte Geld, das mir unerschöpflich schien, war jeden Abend wieder ausgegeben. Auch Männer kamen, Familienväter, mit zusammengepreßten Lippen. Die Witze verstummten. Finstere Entschlossenheit lag in dem Schweigen der Wartenden. Aber immer noch traten welche an den Tisch, die nichts verlangten, als die Ausfüllung ihrer Streikkarten. Auch Frauen waren unter ihnen. Eingesunkene Wangen, trockene Lippen, fiebrige Augen sprachen vom Heldenmut der Hungernden. Verlegen schob sich wohl auch ein junges Mädel durch die Türe und streckte die Hand nach dem Gelde aus. »Schämst du dir nicht!« schrie einer einmal eine hübsche Brünette an, mit Rosen auf dem kecken Filzhut, und riß sie unsanft zurück, »hat noch so'n Deckel auf'n Kopp und Glacénene an die Finger und will den ollen Weibern das Brot nehmen?!« Kam aber gar ein kräftiger Mann, so hagelte es empörte Schimpfworte: ein Verräter, wer in seinem Opfermut nicht bis zum Äußersten ging.

Und dann kamen die Tage, wo sie in dichtgedrängten Scharen bis auf die Straße hinunterstanden, und keiner mehr war, den der Hunger nicht bezwungen hätte. Viele schämten sich, daß sie unterlegen waren; sie wagten kaum den Kopf zu heben, wenn sie vor den Zahltisch traten. Zusammengesunken erschienen andere vor Mutlosigkeit. »Erreichen wir's?« flüsterte fragend der eine, »geben sie endlich nach?!« der andere. Tränenumflorte Augen richteten die Frauen auf uns, scheue Blicke voll Zweifel und Mißtrauen die Männer. Und nichts als Schweigen, als Achselzucken konnte die Antwort sein. Die Kassen füllten sich langsamer; der aus rührseliger Sentimentalität entstandene Enthusiasmus bürgerlicher Kreise verpuffte wie ein Feuerwerk. Die Unternehmer hielten aus; sie hatten noch immer genug zu essen. Und die Opferwilligkeit der deutschen Arbeiterschaft für die kämpfenden Brüder hatte ihre äußerste Grenze erreicht.

Ich sah Reinhard nur flüchtig. Die hektische Röte wich nicht mehr von seinen Backenknochen. Er hatte keine ruhige Minute.

»Wir sind am Ende«, sagte er mir mit rauher Stimme, als wir uns in einem der Streikbüros wieder begegneten. Es traf mich wie ein Peitschenschlag. Was hatte ich damals denen, die ich zum Streik aufrief, als sicheren Lohn ihres Ausharrens in Aussicht gestellt! Würden sie mir jemals wieder vertrauen können?! »Die Forderung der Betriebswerkstätten werden wir fallen lassen müssen –.« »Gerade das?! Die Hauptsache!« rief ich. »Das einzige Mittel vielleicht, um dem Elend der Heimarbeit, um der Ausbeutung der Zwischenmeister ein Ende zu machen!« – »Gerade das. Wir wollen froh sein, wenn sich der Lohntarif durchsetzen läßt und der Reichstag sein Versprechen einer durchgreifenden Gesetzgebung einlöst.«

In diesem Augenblick kam es zu einer überraschenden Wendung: Ein Teil der Zwischenmeister, empört darüber, daß die Unternehmer ihnen alle Schuld an den schlechten Löhnen zuzuschieben suchten, machten gemeinsame Sache mit den Arbeitern, und die Fabrikanten, die nunmehr ernstlich in Gefahr standen, die Einnahmen der Saison zu verlieren, die aber andererseits auch genug von der Lage der Dinge unterrichtet waren, um zu wissen, daß die Streikenden das Ende ihrer Widerstandskraft erreicht hatten, riefen offiziell die Vermittlung des Gewerbegerichts an. Die Fünferkommission der Arbeiter, davon in Kenntnis gesetzt, zögerte nicht, auch ihrerseits mit dem Einigungsamt in Verbindung zu treten. Im Bürgersaal des Berliner Rathauses, vor einem vielhundertköpfigen Publikum, kam es zur Verhandlung und zur endlichen Unterzeichnung eines Vertrags, dessen wichtigste Bedingungen die Erhöhung der Löhne und die Gegenseitigkeitsverpflichtungen in bezug auf die Durchführung der Lohntarife waren. Von den Betriebswerkstätten war gar keine Rede mehr.

Die Streikleitung berief die Referenten zu einer neuen Sitzung. In öffentlichen Versammlungen sollten wir das Ende des

Streiks verkünden. Ich versuchte, mich frei zu machen. »Wir haben Ihr Wort, Genossin Glyzcinski«, sagte einer der Führer mit scharfer Betonung. »Wie kann ich diesen Ausgang als einen Sieg verteidigen«, wandte ich ein. »Darüber mögen Sie denken, was Sie wollen«, entgegnete Martha Bartels heftig, »hier haben Sie einfach Ihre Pflicht zu tun, wie wir alle.« Flüchtig fuhr mir durch den Kopf, daß ich aus meiner Welt dem Zwang der Pflicht entflohen war, um meiner Überzeugung zu folgen, aber ich fühlte mich viel zu müde, um jetzt darüber nachzudenken. Ich fügte mich stillschweigend. Als eine Wohltat sah ich es an, daß ich wenigstens nicht in demselben Saal, vor denselben Menschen sprechen mußte. Weit in den Osten, in die Andreasstraße, schickte man mich. »Sie werden keinen leichten Stand haben«, sagte Reinhard beim Weggehen, »es ist das Hauptquartier der Anarchisten.«

Heinrich Brandt begleitete mich auf dem Wege zur Versammlung. Wir hatten uns in der Zwischenzeit nur immer auf Minuten gesehen. Erst jetzt, wo Rosalie schon seit einigen Tagen aufgestanden war, schwand unsere Angst um sie. Das Wochenbett war normal verlaufen; sie nährte den Kleinen und schien seelenruhig. Trotzdem war Heinrich heute wortkarg, und sein ausdrucksvolles Gesicht, das jede Stimmung verriet, erschreckte mich. Aber soviel ich auch in ihn drang, er meinte, es sei nichts, gar nichts geschehen, ich solle lieber an meinen Vortrag denken, als über die Ursache seiner schlechten Laune nachgrübeln.

Der kleine Saal war schon voll, als ich kam. In allen Händen sah ich weiße Zettel, mein Auge fiel auf lauter erregt gerötete Gesichter. Bei der Wahl des Büros siegte der Führer der Anarchisten mit riesiger Mehrheit über unseren Kandidaten. Ich empfand es fast wie eine Erleichterung –, »nun werden sie mich gar nicht reden lassen«, flüsterte ich Heinrich zu. Aber schon stand der junge blonde Mann mit den zarten Mädchenzügen auf der Tribüne: »Ich erteile der Referentin Frau von Glyzcinski das Wort«, und mit einer höflichen Handbewegung machte er mir neben sich Platz.

Ich sprach schlecht. Keinen Augenblick konnte ich meiner eigenen Empfindung, meinen innersten Gedanken folgen. Ich war nur ein Sprachrohr. Trotz der musterhaften Leitung des jungen

Anarchisten, der die Ruhe immer wieder herzustellen suchte, unterbrachen mich Zurufe aller Art: sarkastische, gemeine, wütende. Dazu Heinrichs Gesicht, auf dem meine Blicke immer wieder haften blieben –, ich verlor den Faden, verwirrte mich, wurde ängstlich. Man rief höhnisch »Bravo«, als ich geendet hatte. Und dann sprach der Vorsitzende. Seine ganze Rede war ein feuriger Appell an das Proletariat, eine glühende Anklage der Streikleitung. Im Moment, wo aus England Millionen an Unterstützung zu erwarten seien, habe sie sich feige den Kapitalisten unterworfen und die Sache des Volks verraten. An ihm sei es nun, zu zeigen, daß es sich von keiner Seite knebeln lasse, daß es den Kampf nicht nur fortsetze, sondern ausdehne, bis ein Generalstreik dem Volk die Macht verleihe, dem Unternehmertum seine Gesetze zu diktieren. In jedem Wort, das er aussprach, brannte das Feuer seiner Überzeugung, und alles jauchzte ihm zu. Meine Resolution wurde abgelehnt, die seine, die die Fortsetzung des Streiks erklärte, angenommen. Durch einen Nebeneingang ließ man mich hinaus. Man hätte mich sonst vor den Insulten der fanatisierten Menge nicht schützen können.

Der Streik war trotzdem zu Ende. Die englischen Millionen waren nichts als ein Märchen. Ein paar Tollkühne hungerten noch eine Woche länger –, das war alles.

Wir gingen durch den Tiergarten heimwärts, Heinrich und ich. Die Kälte tat mir wohl. »Am liebsten zöge ich selbst solch Schneekleid an, um ganz, ganz kalt zu werden«, murmelte ich. Eine große Hoffnungslosigkeit hatte sich meiner bemächtigt.

»Nun sollst du auch wissen, was mir fehlt«, sagte Heinrich, auf dessen Arm ich mich müde stützte. »Ich hatte heute eine böse Szene mit Rosalie. Sie will in den Süden – auf Monate – mit mir. Um unsere Ehe wieder herzustellen, wie sie sagt. Ich weigerte mich, brauchte lahme Ausreden, die sie durchschaute. Sie bekam einen Weinkrampf, dann warf sie mir vor, daß ich das Kind töten wolle, indem ich sie, die nährende Mutter, nicht schone.«

Er blieb aufatmend stehen.

»Und du?!«

»Ich versprach ihr jede Rücksicht, – nur mit ihr reisen könne ich nicht. Jetzt fordert sie eine Auseinandersetzung, auch mit dir. Zwei Tage hat sie mir Zeit gegeben.«

»Sie hat recht«, sagte ich, »auch sie zieht ein Ende mit Schrekken dem Schrecken ohne Ende vor.«

Ich zwang mich zur Ruhe, – seinetwegen.

Die beiden Tage schleppten sich hin wie ebenso viele Jahre, jede Stunde beladen mit Qualen, mit Selbstvorwürfen, mit Zweifelfragen. Hatte ich nicht das Leben dieser Menschen zerstört, hatte den, der mir auf der Welt der liebste war, in einen Kampf gerissen, der für ihn vielleicht des Einsatzes nicht wert sein würde, hatte dem Kinde schon im Mutterleibe den Vater gestohlen!

Und dann kam der Tag und die Stunde. Ich wartete von mittags bis abends. Jeder Schritt auf dem Hof ließ mich auffahren, vor jedem Laut, der von drüben klang, zitterte ich. Minuten gab es, in denen ich die Hände faltete, wie ein kleines Kind, wenn sinnlose Angst es den schützenden Vater im Himmel suchen ließ. Aber durfte ich beten – ich! –, selbst wenn ich noch glauben könnte?! Die Bilder auf meinem Schreibtisch starrten mich an und sahen mir nach, wohin ich auch im ruhelosen Auf- und Abwandern mich wandte: der Vater, der einst einen braven Offizier seines Regiments für unwürdig erklärt hatte, weiter des Königs Rock zu tragen, weil er das Weib eines andern liebte; die Mutter, deren ganzes Leben unter dem einen Gesetz der Pflichterfüllung stand; – aber lugte nicht neben ihr aus dem Rahmen ein stilles, edles Antlitz hervor mit gütigen dunkeln Augen? »Großmama«, schluchzte ich leise. Oh, daß ich den Kopf in ihrem Schoß vergraben, ihr beichten und aus ihrem Munde mein *Absolve te* hören dürfte!

War das nicht sein Schritt? Ich riß das Fenster auf. Klang nicht ein Ruf zärtlich aus dem Dunkel? Mit angehaltenem Atem horchte ich. Klopfte es nicht an der Pforte? Oder war es mein eigenes Herz, das ich hörte? Ich blieb auf dem engen, kleinen Flur, an die Mauer gelehnt, mit krampfhaft aufgerissenen Augen und pochenden Schläfen. Die Treppe draußen knarrte, ich griff an die Klinke, die Türe sprang auf –

»Alix!« Welch ein Ton war in seiner Stimme! Halb bewußtlos sank ich in seine weitgeöffneten Arme.

»Sie willigt in die Scheidung.«

IV. KAPITEL

Der geplanten Scheidung und Heirat stellen sich jedoch immer wieder große Hindernisse in den Weg.

Das Paar Heinrich – Lily reist in den Süden, Bozen, Trient, abwartend. H.s Frau ändert ihre Meinung, verlangt die Wohnung, H.s noch verbliebenes Vermögen.

H. fährt zur Klärung der Lage nach Berlin. Lily wartet in München angstvoll auf die Entscheidung. H. erfüllt schließlich alle Bedingungen seiner Frau.

Frei!« – Ich hatte das Telegramm dem Boten aus der Hand gerissen, – ich starrte das Wort an, bis mir die Augen übergingen. Im Zimmer ertrug ich's nicht mehr. Zu groß war mein Glück. Und selbst als der Himmel sich über mich spannte, war mir's, als müßte es sein blaues Gewölbe zersprengen.

Zwei Tage mußte ich des Geliebten warten. »Nachdem Dein heimlicher Wunsch, Du emanzipationslüsterne Frau, eine freie Ehe zu schließen, an meinem reaktionären Eigensinn endgültig zu Schanden wurde«, schrieb er neckend, »muß ich unserer altmodisch ordentlichen Verbindung auch eine bürgerliche Grundlage schaffen.«

Ich lief indessen in der Stadt umher und suchte, meinem übervollen Herzen Luft zu machen. Ein Bettler stand an der Ecke mit einem Plakat vor der Brust »Ein armer Taubstummer bittet um eine milde Gabe«, ich drückte ihm ein Goldstück in die Hand, was ihn so verblüffte, daß er seiner Stummheit vergaß und einmal über das andere ein »Vergelt's Gott« stammelte. Vor allen Schaufenstern blieb ich stehen, in denen die Maisonne zärtlich über Spitzen und Schleier strich. Und das Schönste, was ich sah, war nur gerade schön genug, um mich für ihn zu schmükken.

Wir fuhren nach Augsburg zu Tante Klotilde, meines Vaters Schwester. Vielleicht, daß sie sich für uns gewinnen ließ, daß ihr Einfluß den Vater beruhigen könnte. Am Bahnhof trennten wir uns, er ging ins Hotel, mich führte ihr Wagen durch das alte schmiedeeiserne Tor vor das schöne Haus mitten im blühenden Garten. Mit ungewohnter Zärtlichkeit empfing sie mich: »Du hast mir etwas zu sagen, Kind? Fürchte dich nicht, – du weißt, ich habe viel an dir gut zu machen.« Ich fürchtete mich doch, – aber nicht vor ihr. Wenn sie mich verdammte, so wußte ich: Das Herz würde ihr darum nicht bluten. Um den Vater nur bangte mir, wenn sie die Verständigung nicht würde herbeiführen wollen. Ich erzählte, daß ich verlobt sei. Ich verschwieg nicht, daß er sich hatte scheiden lassen –, um meinetwillen. Aber von der ersten Ehe erzählte ich nichts, und nichts von dem Kinde, das vor wenigen Monden erst geboren worden war. Ich bekannte ehrlich, daß er, wie ich, Sozialdemokrat von Gesinnung sei, aber ich betonte, daß seine Tätigkeit allein auf neutralem wissenschaftlichem Gebiete liege. Und als sie die Frage stellte, die, wie ich wußte, für sie von ausschlaggebender Bedeutung war: »In welcher Lage ist er?« – da log ich: »In der besten –« Was ging das alles die anderen an?! Mein Leben war es, für das ich allein die Verantwortung trug. Nur dem Vater wollt' ich es leicht machen, und die Mutter sollte sich nicht grämen, und mein blondes Schwesterchen sollte nicht weinen!

Heinrich wurde zum Essen geladen. Seine ruhige, fast hochmütige Zurückhaltung der »Frau Baronin« gegenüber imponierte ihr. Sie schrieb noch am Abend einen langen Brief an Vater. Und am nächsten Mittag kam seine telegraphische Antwort: »Tief gerührt über die Liebe, mit der du Alix in deinen Schutz nimmst, versage ich ihr nicht den Segen ihrer schmerzbewegten Eltern.«

Heinrich reiste nach München zurück, – es wäre ja nicht passend gewesen, ein Brautpaar beieinander zu lassen! – ich blieb noch, um in ein paar Tagen mit Freunden, – wie ich vorgab, – nach Tirol zu gehen. Inzwischen kamen die Briefe der Eltern. Von der Mutter zuerst. Sehr liebevoll, aber doch voller Sorge. »Ich danke Gott und der lieben Klotilde«, schrieb sie, »daß Dein Vater die große unerwartete Sache so aufnahm und ruhig ist, trotzdem ihm alles furchtbar schwer wird und er noch nicht imstande ist, an Dich zu schreiben. Wenn nur seine Gesundheit aushält, um die ich oft sehr besorgt bin, besonders bei so großen Erschütterungen ... Ilschen hat sich reizend benommen; ihre kindliche, zärtliche Art, ihrem Papa alles recht gut und schön darzustellen, ihre Bitten und Tränen haben ihn tief gerührt ... Um Deines Vaters willen bitte ich Dich, Deine Verlobung wenigstens so lange geheimzuhalten, bis er bei Klotilde in Grainau ist, die ihn so freundlich einlud und ihn am leichtesten wird beruhigen können. Auf diese Weise entgeht er am besten dem Zeitungsklatsch, an dem es wohl leider nicht fehlen wird ... Mir ist das Herz so übervoll, daß ich keine Worte finde. Gott führe alles zum Besten ...« Und dann kam der erste Brief des Vaters, aus dem ich erfuhr, daß er wußte, was ich ihm schonend verschwiegen hatte. »Wenn Du älter geworden sein wirst«, hieß es darin, »so wirst Du verstehen, daß ich nicht Dein Glück stören will, sondern nur mit der Erfahrung eines Mannes, der am Ende seines Lebens steht, da kein Glück sehe, wo Du seinen Gipfel glaubst erstiegen zu haben ... Dr. Brandt mußte bei mir und Mama zuerst um die Erlaubnis zur Verbindung mit Dir nachsuchen, es mußten mir ganz klar die äußeren Verhältnisse dargetan werden, die zur Scheidung führten, und die Lebenslage, die Dr. Brandt Dir bietet. Von alledem ist nichts geschehen, und ich bin und bleibe der vor Gott und den Menschen für Dich verantwortliche Vater; auf mir, Mama, Ilse bleibt jeder öffentliche Skandal sitzen. Sage selber, wie soll ich Vertrauen zu einem Manne haben, der zweimal geschieden ist? Ich kenne die Gründe nicht, kann also nur bei meinem theoretischen Urteile bleiben, daß es ihm zweimal nicht gelungen ist, seine ihm ›bis der Tod uns trennt‹ angetraute Frau an sich zu fesseln. Es kommt hinzu, daß selbst roheste Naturen Pietät dafür haben, wenn dem Manne eben von seiner Frau ein Kind geschenkt worden ist. Diesen Augenblick zur Scheidung zu wählen, ist gewiß nicht feinfühlig. Meine Tochter ist mir zu schade, als daß ich ruhig zusehen könnte, wenn sie in solche Verhältnisse verwickelt wird …«

Ich war schon wieder abgereist, als mir in Innsbruck Berliner Zeitungen in die Hände fielen. Sie brachten mit mehr oder weniger hämischen Randbemerkungen die Mitteilung von Heinrichs Scheidung und meiner Verlobung. Und gleich darauf kam ein Brief des Vaters: »Was zu erwarten war, ist geschehen: Alle Zeitungen beschäftigen sich mit Dir und ziehen meinen guten Namen in die Skandalgeschichte meiner Tochter. Sie sagen, daß Du Dich nun ganz der Sozialdemokratie in die Arme geworfen hast … Du nahmst die Gewohnheit an, bei Deinen Handlungen nie an Deine Eltern, nie an Deine Schwester zu denken. Trotzdem bleibst Du unser Kind, und wir tragen an Dir mit, gleichgültig welches die Bürde ist, die Du uns auferlegst. Wenn eine Tochter frank und frei erklärt, sie gehöre zur Sozialdemokratie, so bleibt an den Eltern etwas hängen. Ich bin alt und gebrechlich, meine Tage sind gezählt, aber ich bin notwendig für Deine Mutter und Deine Schwester. Unehre jedoch ertrage ich nicht; wenn man mich ehrengerichtlich belangt, wegen Deiner Beziehungen zu einer staatsvernichtenden Partei, so mag man mich begraben. Daß die Sozialdemokratie es jetzt freudig ausbeutet, wenn die adlige Tochter eines allgemein bekannten Generals sich zu ihr bekennt, das begreife ich, es ist ihr Vorteil. Wer ein einziges Mal diese gemein aussehenden Leute im Reichstage gesehen hat und sich vergegenwärtigt, daß diese Rotte unheimlicher Kreaturen von den Pfennigen der Arbeiter sich mästet, die um so reichlicher fließen, je mehr alles in den Schmutz getreten wird, was uns heilig ist, der muß am Rande der Verzweiflung stehen, wenn er die eigene Tochter unter ihnen weiß …« Ich antwortete nicht. Wieviel besser wäre der offene Bruch gewesen, als daß ich, vom Verstande unkontrollierten Gefühlen hingegeben, eine Brücke über Unüberbrückbares zu schlagen versucht hatte. Ich hatte nicht wehe tun wollen –, litten die Eltern jetzt nicht mehr, wo sie mich von schleichender Vergiftung befallen glaubten, als wenn ich ihnen ganz gestorben wäre?

Am Morgen meines Geburtstages erwartete ich den Geliebten. Stille Wehmut dämpfte die Freude, mit der ich Heinrich empfing. Vor lauter Glück bemerkte er meine Stimmung nicht. »Ich bringe dir ein schönes Geburtstagsgeschenk«, rief er, mich zärtlich umarmend. »Herr Charles Hall, der Deutschamerikaner, von dessen sozialpolitischen Interessen ich dir oft erzählte, hat sich bereit erklärt, meine Zeitschrift zu unterstützen. Siehst du, nun hab' ich auch das durchgesetzt: die bürgerliche Grundlage unserer gut bürgerlichen Ehe! – Dürfen wir nun nicht Hochzeit feiern?!« fügte er leiser hinzu. Ich schüttelte den Kopf und hing mich fest an seinen Arm: »Laß mich erst wieder froh werden, mein Heinz!«

Das Paar findet sich endlich in einem kleinen Bergnest am Bremer, frei und allein.

Wir standen ganz still und schauten uns an und lasen einander die Gedanken von den stummen Lippen. Auf dem Weg durch die Nacht und empor bis hierher, hatten wir die Vergangenheit noch einmal durchlebt, zusammengedrängt in wenige Stunden. Nun aber war es vorüber. Der Gipfel war unser. Und über das Schneefeld hinab, der Sonne zu, lag eingebettet in grüne Matten ein kleines, helles Haus. Mit dem Bergstock, dessen Spitze rote Alpenrosen schmückten und weiße Edelweißsterne, wies ich hinab: »Dort will ich Hochzeit halten«, flüsterte ich. Da hob mich der Liebste jubelnd hoch empor, und miteinander sausten wir über den Schnee in die Tiefe.

»Arg verliabt san's«, brummte der Führer gutmütig, als wir aufatmend unten standen.

Zitherspiel und Gesang empfing uns in der Dominikushütte. Ein paar junge Männer, Studenten mit blondem Kraushaar und blitzenden Augen, saßen um den Tisch, und ihre Stimmen füllten den Raum mit lauter Frohsinn. Seil, Steigeisen und Eispickel lagen neben ihnen; die verstaubten Stiefel und die braunen Gesichter bewiesen: Sie waren echte Höheneroberer. Solche Söhne will ich haben –, zog es mir durch den Sinn, als spräche es aus unbekannter Tiefe meines Wesens.

Feierlich, mit Millionen goldenen Sternen am Himmel, senkte

sich die Nacht in das Tal. Von Wiesen und Wäldern ein starker Duft füllte unsre braune Kammer. Und leise Winde, die von den Gipfeln kamen und noch keinen Staub getragen hatten, flüsterten in den Fichten vor dem Fenster. Da bin ich sein Weib geworden …

V. KAPITEL

Mit H.s beiden Söhnen aus erster Ehe richtet sich das Paar in Berlin ein. Es fehlt an Geld.

Nun müssen wir doch wohl ein paar Besuche machen«, meinte Heinrich seufzend, ein paar Tage später, »bei meinem Bruder, bei August, bei dem Alten –«

Wir gingen zuerst zum »Vorwärts« in die Beuthstraße, in dessen Redaktion mein Schwager tätig war. Dunkle, schmierige Steintreppen führten hinauf. Nur spärlich drang das Tageslicht in die Redaktionsräume, vor deren Fenstern ein großes Fabrikgebäude mit dem Rattern seiner Maschinen und den grauen Gestalten, die sich eilig hin- und herbewegten, als ständiges Menetekel für die Vertreter der Arbeiterschaft drüben aufgerichtet schien. Zwischen Haufen von Büchern und Zeitungen saß mein Schwager, blaß und abgespannt.

Er war immer überarbeitet, denn zu seiner redaktionellen Tätigkeit lastete er sich stets noch tausend andere Dinge auf.

»Du interessierst dich ja für die Konfektionsarbeiter«, wandte er sich an mich, »Reinhard und ich bereiten eine Enquete vor. Man muß die Öffentlichkeit immer wieder mit der Nase auf die Dinge stoßen. Berlepsch ist abgesägt, die Konfektionäre haben ihr Wort gebrochen, ohne daß ein Hahn danach krähte, jetzt gilt's wieder Spektakel zu machen, sonst ist's ganz und gar aus mit der Sozialreform.« Ich sicherte ihm freudig meine Hilfe zu. Und mit jener nervösen Unruhe, die stets das Zeichen geistiger

Überreiztheit ist, schnitt er in der nächsten halben Stunde ein Dutzend anderer Gesprächsthemen an, um schließlich von seinem Bruder bei der Frage des Vorwärtskonflikts festgehalten zu werden, der gerade die Gemüter in der Partei erhitzte und die Gegner sehr beschäftigte, die überall hoffnungsvoll Unfrieden witterten.

»Ihr habt unrecht von Anfang bis zu Ende«, erklärte Heinrich kategorisch. »Zuerst in der Ironisierung der Quarckschen Vorschläge und dann in der unwürdigen Behandlung des alten Liebknecht.« »Was verstehst du davon?« brummte Adolf.

»Erlaube: Von Sozialpolitik verstehe ich ebenso viel wie du. Und Quarcks Vorschläge liefen darauf hinaus, den Gewerkschaften eine intensivere Beschäftigung mit sozialpolitischen Fragen ans Herz zu legen. Darin hat er recht. Sie sind wichtiger, als leichtsinnig begonnene Streiks.«

»Die Regierung würde auf unsere schönsten sozialpolitischen Kongresse pfeifen, und die Folge wäre nur eine Verwischung des Klassencharakters der Bewegung« – Adolf redete sich in steigende Erregung hinein; jede Unterhaltung schien sich in der Familie Brandt zum Streit auszuwachsen; – »selbst einen verlorenen Streik, der sie trotz alledem stärkt, weil er die Erbitterung steigert, ziehe ich einem Liebäugeln mit bürgerlicher Sozialreformerei vor. Und was den Alten betrifft –, ich möchte sehen, was du tätest, wenn du mit ihm in der Redaktion säßest!« – »Mich zanken – höchst wahrscheinlich! Aber nicht vor der Öffentlichkeit!« Ich hielt den Augenblick für kritisch und stand auf. »Übrigens habe ich noch was für dich, Schwägerin«, sagte Adolf und begann seine sämtlichen mit Papieren vollgestopften Taschen vor uns auszuleeren. Endlich fand sich der Zeitungsausschnitt, den er suchte.

Ich las: »Zur Palastrevolution im Vorwärts – *cherchez la femme*! Wir erhalten von authentischer Seite folgende interessante Aufklärung über die tieferen Beweggründe der Empörung der Vorwärtsredaktion gegen ihren Chef, Wilhelm Liebknecht. Frau von Glyzcinski, alias Fräulein Alix von Kleve, heiratete kürzlich Dr. Brandt, einen der Vorwärtsredakteure. Ihr brennender Ehrgeiz, der das Ziel verfolgt, das Zentralorgan der Partei in die Hand zu bekommen, ist es, der die Intrige anzettelte.

Eine Dynastie Brandt dürfte die Dynastie Liebknecht nunmehr ablösen.« »Verlogenes Pack!« knirschte Heinrich. Adolf lachte. »Beruhige dich«, sagte er zu ihm, »wir bringen heute schon eine Berichtigung –« »Und wir gehen sofort zu Liebknechts, um der Geschichte die Spitze abzubrechen.«

Adolf hielt uns noch einmal zurück: »Ich rate euch dringend, den Besuch zu unterlassen. Der Alte kümmert sich freilich um keinerlei Geklatsch, aber Frau Natalie erzählt in allen Parteikaffeekränzchen Räubergeschichten über euch, die sie von deiner geschiedenen Frau gehört haben will.«

Wir gingen schweigsam nach Hause. Auf dem Lützowplatz sah ich Frau Vanselow uns entgegenkommen. Sie bemerkte uns, stutzte und bog hastig in einen Nebenweg ein. Heinrich sah mich forschend an und zog, wie zum Schutz, meinen Arm durch den seinen. »Mach dir nichts draus, Schatz. Es ist alles Gesindel! Du stehst zu hoch, als daß es dich verletzen könnte.« – »Und dich?!« fragte ich und zwang mich zum Lächeln. Er biß sich die Lippen und schwieg.

Fast immer, wenn ich ausging, hatte ich ähnliche Begegnungen: Kein Zweifel, meine alten Gefährtinnen aus der bürgerlichen Frauenbewegung wollten mich nicht mehr kennen. Frau Schwabach ging mit hocherhobenem Kopf vorüber, wenn sie mich sah, und ich erfuhr aus den Zeitungen von den Vorbereitungen zum internationalen Frauenkongreß, den einzuberufen ich im Frühjahr noch mit beschlossen hatte. Man lud mich zu keiner Sitzung mehr ein, es fehlte nur noch, daß man mir das Referat über die Arbeiterinnenfrage fortgenommen hätte, das mir seit Monaten übertragen worden war. Ich schrieb an Frau Morgenstern, um sie daran zu erinnern. Sie antwortete in sichtlicher Verlegenheit: »Wir glaubten nicht, daß Sie noch Wert darauf legten, geschieht es dennoch, so können wir Sie natürlich nicht hindern.«

Nach all diesen Erfahrungen sah ich dem Besuch bei Bebels nicht ohne Herzklopfen entgegen, obwohl wir zu unserer Hochzeit ein Glückwunschschreiben erhalten hatten. Vielleicht war das nichts als eine Höflichkeit gewesen; ich fing an, mißtrauisch zu werden, und etwas wie Verbitterung bemächtigte sich meiner. Um so freudiger war ich überrascht, als die gute Frau

Julie uns herzlich willkommen hieß. Vor Rührung und Dankbarkeit wäre ich ihr fast um den Hals gefallen. Und wenn ich in Bebel bisher den Vorkämpfer des Sozialismus bewundert hatte, – von dem Augenblick an, wo er mir mit einem freundlichen: »Nun sind Sie ganz die unsere« kräftig die Hand schüttelte, verehrte ich ihn um seiner Menschlichkeit willen.

Ich beklagte mich über die Behandlung durch die vielen anderen, – selbst durch Parteigenossen. »Sie wundern sich noch, daß Ihre Geschichte so viel Staub aufgewirbelt hat?!« sagte Bebel. »Da kennen Sie unsere männlichen und weiblichen Philister schlecht! In der Theorie läßt man sich allerlei bieten, aber in der Praxis – nein, das geht doch nicht! Wo bliebe da die Moral!! Meine Frau und ich haben schon schwer für Sie kämpfen müssen –«

»So laß doch, August, – das erzählt man doch nicht!« wehrte Frau Julie errötend ab, während ich ihr dankbar die mütterlich-weiche Hand drückte.

»Warum denn nicht?« meinte er. »Es ist besser, Brandts sind orientiert, als daß sie täglich aufs neue unangenehm überrascht werden.«

Frau Julie fragte nach meinen Eltern. Ich erzählte freimütig, was wir durchgemacht hatten. »Arme, junge Frau – arme junge Frau«, wiederholte sie immer wieder und streichelte mir die Wange.

»Mach unsere Genossin nicht noch weicher, als sie ist«, sagte er – »Sie müßten statt dessen in Drachenblut baden! Aber eins wird Sie trösten: die Arbeit in der Partei. Damit werden Sie schließlich auch die bösesten Zungen zum Schweigen bringen.«

Wir schieden wie Freunde. Ich fühlte mich neu gekräftigt und voll Hoffnung. Als wir ein paar Tage später zu Bebels geladen wurden, sah ich diesem Ereignis mit erwartungsvoller Freude entgegen. Eine Gesellschaft freier Geister, die die höchsten Ideale der Menschheit vertreten – meine Sehnsucht, seit ich denken konnte –, würde sich bei ihnen zusammenfinden: unsere Gefährten auf dem Weg in die Zukunft.

Lautes Stimmengewirr schlug uns entgegen, als wir an jenem Abend über die gastliche Schwelle traten. Es verstummte jählings, sobald die Türe vor uns aufging. Sie haben eben von uns gesprochen, dachte ich unwillkürlich. Ich wurde vorgestellt und aufs Sofa gezogen. Auf dem Tisch davor stand eine blendende Petroleumlampe. Neben mir saß eine große, dicke Dame, die sich nicht anlehnen konnte, weil sie zu eng geschnürt war. Sie war selbstbewußt wie anerkannte Schönheiten, warf ihre braunen Augen siegessicher umher und behandelte mich sehr gnädig. Ein Herr mit einem schwarzen Vollbart, der wie gut gewichste Stiefel glänzte, rückte ihr mit seinem Stuhl immer näher und schlug sich bei jedem Witz, den er erzählte, schallend auf die Schenkel. Er versuchte, auch mich ins Gespräch zu ziehen. »Sie sind ja, Gott Lob, auch eine vorurteilslose Frau«, sagte er und zwinkerte vertraulich mit den Augen. Ich wandte mich ostentativ zur anderen Seite den Damen zu, die Frau Bebel an den Tisch führte. Aber die Unterhaltung blieb an den oberflächlichen Phrasen kleben. Dazwischen hörte ich mit halbem Ohr das Gespräch der beiden neben mir. Seine Witze wurden immer eindeutiger, in irgend einer Friedrichsstraßen-Bar mochte er sie nicht anders erzählen. Endlich ging's zu Tisch; ich hatte den Ehrenplatz neben Bebel. Man sprach über die lieben Mitmenschen genau wie bei den »sauren Möpsen« schrecklichen Angedenkens, die ich in den verschiedenen Garnisonen meines Vaters hatte mitmachen müssen, und an Stelle von Regiments- und Manövergeschichten über interne Parteiaffären. Da ich nichts von ihnen verstand, konnte ich die Gesellschaft um so mehr beobachten; die Damen waren sehr erhitzt, und wenn der Nachbar eine Bemerkung machte, kicherten sie unaufhörlich. Die Hausfrau ging von einem zum anderen, um zum Essen zu nötigen. Ich fing an, mich zu amüsieren, – nicht mit den Gästen, sondern über sie –, und schämte mich doch wieder, daß meine Beobachtung so kleinlich an lauter Äußerlichkeiten kleben blieb. Ich wußte doch von vornherein: Hier waren keine Montmorencys. Aber so etwas wie eine Gesellschaft bei Madame Roland vor 89 hatte ich mir doch wohl vorgestellt.

Zwischen Fisch und Braten benutzte ich die Gelegenheit, um meines Nachbarn Ansicht über den bevorstehenden Frauenkongreß einzuholen. Eine Notiz in Wanda Orbins Zeitschrift hatte mir zu denken gegeben. »Die Genossinnen haben beschlossen, die Einladung zum Kongreß abzulehnen«, hieß es darin.

»Ich kann Ihnen nur raten, sie ruhig anzunehmen, ohne Rücksicht darauf, wie Frau Wanda sich stellt«, sagte Bebel und warf mit einer lebhaften Bewegung die widerspenstigen Haare aus der Stirn. »Ich befinde mich mit ihr stets in kleinen Konflikten wegen der ungeschickten Taktik und der oft recht gehässigen Art, mit der sie die bürgerliche Frauenbewegung bekämpft. Sie käme mit einer sachlichen, ruhigen Darstellung viel weiter. Haben Sie zum Beispiel gelesen, was sie über die Resolutionen schrieb, die hier in vier großen Versammlungen zwischen der zweiten und dritten Lesung des Bürgerlichen Gesetzbuchs zur Annahme gelangten?«

Ich nickte: »Mich hat überhaupt gewundert, daß von seiten der sozialdemokratischen Frauen so wenig geschah. Das Bürgerliche Gesetzbuch hätte zu einer großen Protestbewegung Anlaß genug gegeben!«

»Sicherlich!« bekräftigte er, »und statt den gegebenen Anlaß zu benutzen, lehnte Frau Wanda den Anschluß an den Protest der bürgerlichen Damen ab –, nicht etwa wegen dem, was darin steht, sondern wegen dem, was nicht darin steht! Mich amüsiert der Vorgang besonders deshalb, weil ich selbst den Resolutionen, die Frau Vanselow mir schickte, ihre letzte Form gegeben habe.«

»Sie scheinen mir mehr von der bürgerlichen Frauenbewegung zu halten, als ich, die ich aus ihr hervorging«, meinte ich lächelnd.

»Die Distanz verändert immer das Urteil«, antwortete er. »Ich mache mir aber keinerlei Illusionen, finde nur, daß es taktisch richtiger gewesen wäre, die Empörung der bürgerlichen Damen über die Haltung des Reichstags für uns auszunutzen, als sie so plump, wie Frau Wanda es tat, vor den Kopf zu stoßen. Die Frauen haben tatsächlich Fortschritte gemacht und sind mit ihren männlichen Parteigenossen, den Liberalen, nicht in einen Topf zu werfen.«

Ich erinnerte ihn an das erwachende Interesse, das sie seit dem Konfektionsarbeiterstreik für die Arbeiterinnenfrage an den Tag legten. »Auch auf dem Kongreß wird sie im Verhältnis zu früheren Zeiten einen breiten Raum einnehmen.«

»Ein Verdienst Glyzcinskis und Ihrer Zeitschrift –, das werden Sie sich hoffentlich nicht verhehlen«, warf er ein. »Im übrigen ist das natürlich die schwächste Seite der Damen und wird es bleiben. Sie können ihnen ja darüber tüchtig die Leviten lesen. Mit Ausnahme der christlich-sozialen Frauen jüngerer Richtung verstehen sie nicht einen Deut von ihr.«

Christlich-sozial, – das war das Stichwort zur Verallgemeinerung des Gesprächs. Göhre hatte eben sein Pfarramt niedergelegt, Naumann plante eine Tageszeitung; die offene Trennung der Gruppe, die sich um ihn gebildet hatte, von der Stöckerpartei, war eine schon fast vollendete Tatsache. Man stritt mit steigender Lebhaftigkeit über ihre Aussichten, über die Bedeutung, die sie für die Sozialdemokratie haben könne.

»Nichts als ein Unterschlupf für die Möchtegern- und Kanndochnicht-Politiker; Offiziere ohne Armee, die mit den Jahren nach rechts abschwenken«, sagte der mit dem schwarzen Bart und zog ihn schmeichelnd durch kranke, blutleere Finger. »Es wird unsere Sache sein, ihnen die Entwicklung zu uns zu ermöglichen«, hörte ich Heinrichs Stimme. »Sie sind immer ein Ideologe gewesen, lieber Brandt«, antwortete ihm eine andere, »sollten wir uns um eine Handvoll Intellektueller die Beine ablaufen, wo Millionen Arbeiter noch nicht die unseren sind?!« »Gerade um die Millionen zu gewinnen, brauchen wir eine solche Handvoll –«, entgegnete Heinrich.

»Dafür lassen Sie nur ruhig die Verhältnisse sorgen«, sagte Bebel lebhaft, »sie werden uns schneller, als ihr alle glaubt, die Massen zutreiben. Noch ein paar Jahre Flottenrummel, einige Reden von S. M. ...«

»Und wir werden glücklich ein Dutzend Mandate mehr haben –, oder meinst du wirklich, wir sprängen dann schon mit beiden Beinen in den Zukunftsstaat?!« Der mit gutmütigem Spott gesprochen und bisher fast immer geschwiegen hatte, war Ignaz Auer. Auf meine rasch entzündliche Begeisterung, die Bebels Worte ganz anders ergänzte, wirkten die seinen wie ein kalter Wasserstrahl. Anderen schien es ähnlich zu gehen, das Gespräch verlor seinen allgemeinen Charakter; man stand auf. Nach ein paar Höflichkeitsphrasen wurde der weibliche Teil der Gesellschaft in das Wohnzimmer genötigt; die Herren rückten mit ihren Zigarren um den Eßtisch zusammen, und durch die Tür klang ihre laute Unterhaltung. Bei uns drinnen sprach man von

Fleischpreisen und Kochrezepten; keine der anwesenden Frauen schien in der Parteibewegung irgendeine aktive Rolle zu spielen. Fragen von allgemeinerem Interesse wurden nicht berührt. Nur die große, dicke Frau, deren Schönheit und Geist mir inzwischen irgendwer gepriesen hatte, stellte sich wie ein Inquisitor kerzengerade vor mich hin und fragte: »Wie denken Sie über Ibsen?« Die anderen richteten selten ein Wort an mich; im Hintergrund schienen sie über mich zu tuscheln, und ich fühlte ihre Blicke, die musternd auf mir ruhten.

Auf dem Heimweg konnte ich mir endlich Luft machen. »Das sind ja alles Philister –«, brach ich los, »vom Herrn Amtsrichter in Neu-Ruppin hätte ich nichts anderes erwartet.« Heinrich lachte.

»Glaubst du, die politischen Ideale könnten aus ihren Vertretern gewandte Salonhelden machen?«

»Das nicht. Aber freiere Menschen.«

»Darüber dürften Generationen vergehen. Die Gewohnheit ist wie eine Haut und läßt sich nicht auf einmal abziehen. Du mußt unsere Genossen bei der Arbeit kennenlernen, nicht beim Souper.«

Lily ist schwanger.

Um die Zeit kamen Mutter und Schwester aus Pirgallen zurück. »Ich muß Euch, ehe Hans wieder in Berlin ist, allein sprechen«, schrieb sie und kündigte ihren Besuch für denselben Tag an. Ich war nicht ganz ohne Furcht: Sie hatte es doch wohl übel genommen, daß wir ihr Anerbieten, bei unserer Hochzeit zugegen zu sein, immer wieder abgelehnt hatten. Zuerst würde sie darum ein bißchen steif sein, aber dann –, sie würde doch fühlen müssen, wie es um mich stand! Mit ausgestreckten Armen ging ich ihr entgegen, – ich sehnte mich nach einer Mutter! Aber sie übersah sie, – vielleicht weil der Flur dunkel war. Und sie atmete rasch und war sehr rot, – vielleicht weil die Treppe sie überanstrengt hatte. Sie sah sich gar nicht um in unserem Zimmer, – und ich hatte es ihr zum Empfang mit lauter leuchtenden Herbstblumen geschmückt.

»Willst du nicht ablegen?« fragte ich zaghaft.

»Nein«, antwortete sie schroff und setzte sich auf den äußersten Rand des großen Lehnstuhls, der sonst selbst den Fremdesten zwang, sich behaglich in seine Polster zu lehnen. »Ich komme nur, um eins zu erfahren, das über unsere künftigen Beziehungen entscheidet –«, die ruhige kühle Frau sprach so rasch, wie ich sie nie hatte sprechen hören. »Meinen brieflichen Fragen seid ihr ausgewichen, mir ins Gesicht hinein könnt ihr nicht lügen: Seid ihr kirchlich getraut?« Noch härter als das ihre klang jetzt mein »Nein«. Aus der Tiefe meines verletzten Gefühles kam es. Die Mutter hatte ich erwartet!! Sie sprang vom Stuhl, blaurot im Gesicht, mit zitternden Händen ihren Schirm umklammernd. »So ist eure Ehe ein Konkubinat, und du bist seine Mätresse«, schrie sie mit gellender Stimme. Ich fühlte, wie das Zimmer sich um mich zu drehen begann und ein krampfhafter Schmerz meinen Leib zusammenzog.

»So nehmen Sie doch Rücksicht auf Alix' Zustand –, schonen Sie ihr Kind!« rief Heinrich, mich fest umschlingend, da er sah, wie ich schwankte. Sie schien einen Augenblick Atem zu schöpfen, dann lachte sie schneidend: »Schonen?! Hat sie etwa ihre Eltern je geschont?!«

Ich verlor die Besinnung. Als ich wieder zu mir kam, lag ich zu Bett. »Ist sie fort?!« flüsterte ich und sah angstvoll fragend auf den Geliebten. Er nickte.

»Für diesmal ist es nichts!« sagte die Ärztin ein paar Stunden später. In meinem Blick muß meine ganze Verzweiflung gelegen haben, denn sie streichelte mir die Wange wie einem kleinen Kinde und sagte tröstend: »Um so sicherer wird es das nächste Mal sein!«

Ich erholte mich rasch. Mit der Arbeit versuchte ich gegen den Schmerz zu kämpfen. Es schien fast, als sollte die Waffe, die so oft unüberwindlich zu machen vermag, an seiner Riesenkraft zuschanden werden. Nicht einen Augenblick durfte ich sie aus den Händen lassen, er hätte mich sonst wieder in seine Gewalt bekommen. Ich bereitete meine Kongreßrede vor und studierte alles, was über die Lage der Arbeiterinnen irgend erreichbar war; ich arbeitete mit den Kindern und frischte heimlich längst vergessene Schulkenntnisse auf, um ihnen helfen zu können, ich versuchte, der Köchin die alten Kochkünste beizubringen, die ich einst zu Hause gelernt hatte.

Wanda Orbin überraschte mich eines Morgens dabei. »Was, Sie können kochen?!« lachte sie. »Ich kann, – ja«, antwortete ich, »aber ich sehe, daß die Ausführung meiner Kenntnisse teuer ist; ich werde meiner Köchin das Feld wieder räumen müssen –.« »Das wird für beide Teile das Beste sein. Ich hab's zwar auch jahrelang tun müssen, bin aber dafür nicht als Generalstochter aufgewachsen.« Ein leiser Spott lag in ihren Worten. »Sie werden überhaupt noch viel lernen müssen, Genossin Brandt!«

»Ich bin davon überzeugt und immer bereit dazu«, antwortete ich kühl.

»Dann wollen wir gleich damit anfangen. Ich fand Ihren Namen auf dem Kongreßprogramm –, Sie müssen ihn zurückziehen!«

Überrascht sah ich auf. Sie hatte mit dem Ton einer Vorgesetzten gesprochen. »Warum?! Bebel hatte gegen meine Teilnahme nichts einzuwenden!«

»Bebel! Er sieht die Dinge aus der Vogelperspektive, vor allem die Frauenbewegung. Die Genossinnen haben beschlossen, die Aufforderung zu offizieller Beteiligung abzulehnen.«

»Ich weiß«, entgegnete ich; »im Frühjahr aber, zur Zeit, als ich das Referat übernahm, bestand dieser Beschluß noch nicht. Ich würde meinen Rücktritt, so kurz vor dem Kongreß, für einen Wortbruch halten, der um so weniger zu entschuldigen wäre, als ich selbstverständlich mein Thema aufgrund meiner politischen Überzeugung behandeln werde und es für dies Publikum sehr nützlich ist, auch diese ihm ganz fremde Seite kennenzulernen. Zahlreiche Elemente, die der bürgerlichen Frauenbewegung in die Arme liefen – die Lehrerinnen, die Handelsangestellten, die Beamtinnen –, gehören ihrer ganzen Lage nach zu uns. Wir können sie nur gewinnen, wenn wir ihnen bis ins feindliche Lager nachgehen –«

Frau Orbin unterbrach mich. »Sie irren. Diese Leute kommen für uns zunächst gar nicht in Betracht. Und wenn Sie wirklich durch Ihre Überredungskünste« – sie schürzte wieder spöttisch die Lippen – »zwei oder drei gewinnen würden, stünde der Nachteil, den Ihre Teilnahme an einer bürgerlichen Veranstaltung zur Folge hätte, gar nicht im Verhältnis zu diesem minimalen Gewinn.« Ich sah sie fragend an. Sie stand auf, ging ein paarmal im Zimmer auf und nieder und blieb dann dicht vor mir stehen.

»Sie sind eben erst die Unsere geworden«, sagte sie mit einer Art mütterlicher Freundlichkeit, »Sie sind Aristokratin, – Gründe genug, um Ihnen mißtrauisch zu begegnen, um Ihnen die Tätigkeit in der Partei, von der ich so viel erwarte, sehr zu erschweren. Und nun wollen Sie noch als einzige, – gegen unseren Beschluß, – an diesem einseitig feministischen Kongreß teilnehmen! Das verstehen die Genossinnen nicht. Und wenn Sie dabei mit Engelszungen den Sozialismus verkündigen würden, sie hören Sie nicht, – sie sehen darin doch nichts anderes, als daß Sie eben noch zu jenen gehören. Ich habe gestern Ihretwegen einen schweren Kampf gehabt: Die Genossinnen weigern sich unbedingt, Sie zur internen Arbeit zuzuziehen, wenn Sie nicht durch Unterwerfung unter unseren Beschluß Ihre Zugehörigkeit zu uns dokumentieren.« Sie zögerte und sah mich erwartungsvoll an. Als ich noch immer schwieg, legte sie mir beide Hände auf die Schultern und fuhr mit eindringlicher Stimme fort: »Sie sind in die Partei eingetreten, um für sie zu wirken; wollen Sie sich aus Rücksicht auf die alten Kolleginnen Ihre künftige Stellung erschweren, wenn nicht gar unmöglich machen? Haben die Damen das um Sie verdient ...?« Sie machte abermals eine Pause. Ich erinnerte mich, wie Frau Vanselow in einen Seitenweg eingebogen war, um mich nicht grüßen zu müssen, wie Frau Schwabach mit hochmütig erhobenem Kopf an mir vorüberging. Aber hatte ich durch meinen Brief an Frau Morgenstern das Referat nicht erzwungen, – konnte ich unter diesen Umständen daran denken, zurückzutreten? Vor allem aber: entsprach es meiner Überzeugung?

»Sie mögen in allem recht haben, – nur in der Hauptsache nicht: in Ihrem Beschluß. Würde ich Ihnen nicht selbst als eine Heuchlerin, zum mindesten als ein Schwächling erscheinen, wenn ich mich ihm fügen wollte wider besseres Wissen und Gewissen?!« sagte ich. Auge in Auge standen wir uns gegenüber. Sie ballte die kleinen breiten Fäuste, auf ihrem Gesicht brannten hektische Flecke, ihre roten Haare umgaben es wie mit einem

Feuerkranz. Ich dagegen erschien ganz ruhig, ganz kühl; ich wußte, daß kein Blutstropfen meine Wangen färbte; und wie um meine sie überragende Gestalt zu betonen, reckte ich mich gerade auf.

»Noch nicht das Abc der Demokratie scheinen Sie gelernt zu haben!« rief sie aus. »Auers Worte kann ich Ihnen entgegenhalten, mit denen er in Frankfurt vor zwei Jahren seinen aufsässigen Landsleuten diente: ›Das gehört zum Demokraten und zum Sozialdemokraten, daß er sich sagt: Esel seid ihr zwar, aber ich muß mich fügen.‹ Mögen Sie uns meinetwegen für Esel halten – der Reichtum Ihrer Erfahrung gibt Ihnen ja wohl ein Recht dazu! –, wenn Sie aber zu uns gehören wollen, so haben Sie Ihre Person der Allgemeinheit unterzuordnen.« Jetzt war die untersetzte, kleine Frau doch die Überlegene. Ich wandte mich ab und lehnte die heiße Stirn an die kühle Fensterscheibe; – sie sollte nicht sehen, wie schwer es mir wurde, mich zu unterwerfen. Aber sie folgte mir.

»Genossin Brandt –«, aus ihrer Stimme war der schrille Ton wieder verschwunden, der an den Kasernenhof erinnerte, – »wir haben uns alle opfern müssen –.« Ich sah ihr ins Gesicht. Die scharfen Züge waren weich geworden. »So will ich Ihnen nicht nachstehen«, antwortete ich. In ihren Augen leuchtete es auf wie Triumph. Mir war, als ob ihr Händedruck mich in neue unsichtbare Fesseln schlüge.

»So, – und nun soll Ihnen eine goldene Brücke gebaut werden«, damit zog sie mich neben sich aufs Sofa. »Wir erlassen Ihnen den offiziellen Rücktritt, aber Sie benutzen die kurze Zeit, die Ihnen sowieso nur zur Verfügung steht, zu einer Erklärung Ihres Standpunktes und überbringen dem Kongreß unsere Einladung zu den Volksversammlungen, in denen die Arbeiterinnenfrage in einem Umfang zur Erörterung kommen wird, der ihrer Bedeutung allein entspricht. Sie müssen es ja selbst schon als eine skandalöse Zumutung empfunden haben, daß man Ihnen dieselben fünfzehn Minuten zugestand, die man so welterschütternden Fragen wie den Volksküchen oder den Kleinkinderschulen auch gewährt hat –«. Ich bejahte, ohne recht hinzuhören, sie sprach weiter, wie ein unaufhörlich knarrendes Wasserrad, immer rascher, ohne Absatz. »Den ersten Vortrag in unseren Versammlungen übernehmen Sie«, – damit war ihr Redestrom endlich versiegt. Wir verabschiedeten uns. An der Treppe blieb sie noch einmal stehen: »Ich hätte fast die Hauptsache vergessen: Wir haben morgen eine Sitzung. Holen Sie mich um acht Uhr ab; es wird für sie angenehmer sein, wenn ich Sie einführe.«

So war ich also aufgenommen – endgültig, aber zu einer rechten Freude darüber kam ich nicht. So sehr sich mein Nachgeben begreifen und entschuldigen ließ, so notwendig es vielleicht in der gegebenen Situation für mich war, ich wurde das peinliche Gefühl dabei nicht los, einen Wortbruch begangen zu haben. Was mir zuerst wie eine Erleichterung schien: die »goldene Brücke«, – kam mir nun vollends wie eine Täuschung vor. Aber ein Zurück gab es nicht mehr.

Die sozialdemokratische Frauenbewegung stand damals noch immer im Zeichen des Köller-Kurses. Ihre Bildungsvereine waren unter den nichtigsten Vorwänden aufgelöst worden; ihre Vorkämpferinnen mußten sich wiederholt polizeilichen Haussuchungen unterwerfen, jede Korrespondenz mit Gesinnungsgenossinnen, die man auffand, genügte, um sie als staatsgefährliche Verbrecher hinter Schloß und Riegel zu setzen. An der Frauenbewegung blieb daher der Charakter revolutionären Geheimbündlertums, den die Partei als solche mehr und mehr abstreifte, noch lange haften. Für die Zusammenkünfte, die notwendig waren, bedurfte es der größten Vorsichtsmaßregeln, und nur ein kleiner Kreis vertrauenswürdiger Frauen wurde dazu eingeladen. Die Sitzung, zu der wir gingen, Frau Orbin und ich, fand bei einem kleinen Parteibudiker in der Linienstraße statt. Wir vermieden es, durch das Lokal zu gehen – »hier gibt's überall Spitzel«, meinte meine Gefährtin –, und bogen in den dunklen Torweg ein, stiegen vorsichtig tastend eine stockfinstere Treppe hinauf und standen einen Augenblick zögernd vor einer Tür, durch deren Schlüsselloch ein schwacher Lichtschein drang. Ich bemühte mich, hindurch zu sehen. »Drinnen ist niemand«, sagte ich, »eine Photographie hängt an der Wand, – ein Mann mit schwarzem Bart und weißen Lokken.« – »Marx!« rief Wanda Orbin, »so sind wir richtig.« Wir durchquerten den fensterlosen Raum, dessen stickige Luft mir den Atem benahm, und traten in die niedrige Stube, die daneben lag. Eine Petroleumlampe hing von der geschwärzten Decke; mit einem Geruch von schlechtem Tabak schienen alle Gegenstände im Zimmer, – die schmutzigen Vorhänge, die fettigen Zeitungen, die rotgewürfelte Tischdecke, das alte Klavier im Winkel –, förmlich imprägniert zu sein. Und dazu hatte der frische September draußen den Rest stickiger Sommergroßstadthitze hier hereingedrängt. Die Frauen, die um den langen Tisch in der Mitte saßen, schwitzten. Ich wurde vorgestellt. Mein verbindliches Lächeln begegnete unfreundlich-neugierigen Blikken. Erst als Wanda Orbin mit ungewöhnlicher Wärme von mir sprach, meinen Entschluß, dem Kongreß eine Erklärung abzugeben, statt den angekündigten Vortrag zu halten, mit großem Nachdruck herausstrich, klärten die Mienen sich auf. Eine kleine runde Frau, die neben mir saß, streckte mir die arbeitsharte Hand entgegen: »Na, sehen Se mal, det is scheen von Ihnen!« sagte sie laut mit feucht schimmernden Äuglein. »Ruhe, Genossin Mengs!« rief die Bartels vom Tischende hinunter und trommelte mit den Fingerknöcheln auf den Tisch. Man versuchte parlamentarisch zu verhandeln, aber es entspannen sich immer wieder Privatunterhaltungen. Endlich schien sich das Interesse auf einen Punkt zu konzentrieren: Die Kassenverhältnisse eines der aufgelösten Vereine wurden erörtert. Da man Bücher und Protokolle aus Angst vor Polizei und Staatsanwalt nicht zu führen pflegte und das kleine Rechnungsbuch aus demselben Grunde eilig verbrannt worden war, so fehlte es an den nötigen Unterlagen, um zu einem tatsächlichen Ergebnis zu gelangen. Es kam zu einer heftigen Debatte. Die arme Frau, die Kassiererin gewesen war, wurde laut und leise der Unredlichkeit geziehen –, sie hätte unbedingt noch vier Mark haben müssen und behauptete schluchzend, nichts zu haben.

»Zu all die Arbeet un Schreiberei, die ich vor nischt gemacht hab«, heulte sie, »soll ich nu noch als Diebin dastehn. In Zukunft macht euren Dreck alleene!« Und hinaus war sie. Immer drükkender wurde die Luft. Das Fenster durfte nicht geöffnet werden, man hätte uns vom Hof aus hören können. Ich erstickte fast in dieser Atmosphäre. Die anderen schienen an sie gewöhnt zu sein, niemand beklagte sich. »Wir müssen unbedingt die beiden Hauptpunkte unserer Tagesordnung heute noch erledigen«, erklärte schließlich Wanda Orbin, nachdem man sich schon zwei Stunden um lauter persönliche Dinge hin- und hergezankt hatte. »Ich bitte daher ums Wort zur Frage des bürgerlichen Frauenkongresses.« Man schwieg, und sie fuhr fort, indem sie nochmals den Standpunkt der Genossinnen begründete, – mit einer Stimme und einer Ausführlichkeit, als gelte es eine Volksversammlung zu überzeugen. Machte sie eine Pause, so gab Martha Bartels das Signal zu allgemeinem Applaus. »Wir sind in der vorigen Sitzung mit unserer Besprechung zu keinem Abschluß gekommen. Ich frage die Genossinnen, ob sie sich meinen Antrag, in die Diskussionen des Kongresses einzugreifen, überlegt haben, und wie sie sich dazu stellen?« Mit dieser mich nicht wenig überraschenden Frage, schloß sie ihre Rede. Alles blieb still. Martha Bartels sah erwartungsvoll von einer zur anderen. »Wir sind wohl alle einer Meinung«, meinte sie dann, »und können ohne weiteres zur Abstimmung schreiten.« Ich hatte bisher mit keinem Wort in die Debatte eingegriffen. Man sah mich mißbilligend an, als ich mich jetzt meldete. Wanda Orbin runzelte die Stirne. »Ich habe der Sitzung nicht beigewohnt, in der Sie, scheint's, die Angelegenheit schon hinreichend besprochen haben«, sagte ich, »mir fehlen daher, um zu einem sicheren Urteil zu kommen, Ihre Gründe. Ich möchte mir deshalb nur die Frage erlauben, ob es nicht eine Inkonsequenz ist, die Beteiligung am Kongreß abzulehnen und die Teilnahme an der Diskussion zu beschließen?« Allgemeines, stummes Erstaunen. Nur Ida Wiemer, die neben mir saß, stieß mich unter dem Tisch heimlich an und warf mir einen aufmunternden Blick zu. Mit endlosem Wortschwall suchte Wanda Orbin, vom Beifallsgemurmel der Anwesenden begleitet, die grundsätzliche Verschiedenheit beider Arten der Beteiligung auseinanderzusetzen. »Es hieße das Prinzip des Klassenkampfes preisgeben«, sagte sie, »wenn wir mit bürgerlichen Elementen irgend etwas gemeinsam unternehmen wollten, aber es gehört zum Klassenkampf, daß wir in der Debatte ihnen geschlossen gegenübertreten.« »Niemand hinderte uns, in selbständiger Rede dasselbe zu tun –«, warf ich noch einmal ein. Meine Worte gingen im allgemeinen Geschwätz, das wieder entfesselt war, verloren. Wanda Orbin hatte alle Stimmen auf ihrer Seite, – auch Ida Wiemer. »Wenn man nicht mittut, wird man gehenkt –«, flüsterte sie mir, sich entschuldigend, zu. Ich enthielt mich der Abstimmung.

Lily beschließt, sich gegen den Absolutismus von Wanda Orbin aufzulehnen.

Ich schritt die breite Treppe des Berliner Rathauses hinauf. Seit vier Tagen verhandelte der Frauenkongreß in dem festlichen Bürgersaal vor einem Publikum, das immer weniger aus Neugierde, immer mehr aus Interesse kam. Es war zwar im Grunde nichts als eine Truppenschau, bei der jede Teilnehmerin ihr Schlachtroß in raschem Galopp vorzuführen hatte. Aber Berlin sah zum erstenmal: Die Frauen konnten reiten. Heute war der Tag der großen Sensation: Die Arbeiterinnenfrage stand auf der Tagesordnung; man erwartete eine Schlacht zwischen den bürgerlichen Frauen und den Proletarierinnen, und auch mir persönlich galt ein Teil der allgemeinen Spannung, – der Frau, deren Roman von Mund zu Mund ging, der Renegatin. An der Türe stand Egidy, mein alter Freund. Er drückte mir die Hand: »Ich bin erst eben nach Berlin zurückgekehrt. Sonst wäre ich schon bei Ihnen gewesen. Zwischen uns bleibt alles beim alten.« Ich lächelte dankbar. Bei meinem Eintritt in den überfüllten Saal entstand eine bemerkbare Unruhe: Kleider raschelten, Stühle wurden gerückt, Köpfe wandten sich nach mir um, man flüsterte meinen Namen. Eine Gruppe russischer Studentinnen, an denen ich vorüber mußte, klatschte stürmisch. Vom Vorstandstisch mahnte eine scharfe Stimme zur Ruhe. Die Genossinnen begrüßten mich; die erwartungsvolle Erregung, in der sie sich befanden, steigerte ihre Freundlichkeit mir gegenüber. Wanda Orbin nötigte mich auf den Stuhl neben sich. Ich blieb trotzdem befangen und suchte mit den Augen meinen Mann, als müßte ich mich wenigstens mit den Blicken an ihn klammern.

Eine Österreicherin sprach zuerst über die Ergebnisse der Wiener Arbeiterinnen-Enquete. Ich kannte sie. Sie war eine überzeugte Sozialdemokratin. Die fünfzehn Minuten reichten aus, um ein ergreifendes Bild schrecklichen Elends zu malen. So hatte ich zu sprechen gedacht! Eine Engländerin folgte ihr. Sie begründete die Notwendigkeit der gewerkschaftlichen Organisation der Frauen in wenigen scharf-umrissenen Sätzen; in langer Rede hätte sie kaum mehr sagen können.

»Frau Alix Brandt hat das Wort –«, tönte jetzt die heisere Stimme der Vorsitzenden durch den Saal. Ich stand auf und zwängte mich durch die Stuhlreihen, am dichtbesetzten Tisch der Presse vorbei. »Sie wissen« – »Scheidungsprozeß« – »Verhältnis« – »Unglaublich –«, flüsterte es. Mein Blut begann zu sieden. Ich stand auf der Tribüne; – am Vorstandstisch zischte jemand, aus einer Ecke des Saales klang Beifallsgeklatsch und Getrampel. Das Zischen wurde stärker. Sekundenlang kämpften beide Laute miteinander, – die Vorsitzende rührte sich nicht. Helle Empörung bemächtigte sich meiner, – jetzt war ich bereit, ihnen meine Verachtung ins Gesicht zu schleudern. Ich begann sehr ruhig, indem ich erklärte, warum die Vertreterinnen der deutschen Arbeiterinnenbewegung es abgelehnt hätten, sich an den Arbeiten des Kongresses durch Delegierte zu beteiligen. »Für sie, die auf dem Boden der Sozialdemokratie stehen, ist die Frauenfrage nur ein Teil der sozialen Frage, und als solche durch die mehr oder weniger gutgemeinten Bestrebungen bürgerlicher Sozialreformer nicht lösbar. Ich selbst teile diese Auffassung vollkommen.« Meine Stimme hob sich und wurde schärfer; zu schneidendem Schwert sollte jedes meiner Worte sie schleifen. »Wer vorurteilslos und logisch denkt und sich eingehend mit der Frauenfrage, – wohlgemerkt, der ganzen Frauenfrage, nicht mit der Damenfrage, – beschäftigt, der muß notwendig zur Sozialdemokratie gelangen.« Stürmische Ohorufe unterbrachen mich, die der Beifall der Genossinnen vergebens zu ersticken suchte. »Mit anderen Worten: Wer es nicht tut, ist ein Dummkopf oder ein Heuchler?!« schrie eine der Damen vom Pressetisch zitternd vor Aufregung. Ich neigte mit spöttischer Zustimmung den Kopf; sie sprach aus, was zwischen meinen Worten klingen sollte. Die Unruhe wuchs, ich mußte lauter sprechen, um durchzudringen. »Die Wertschätzung und das Verständnis der bürgerlichen Frauenbewegung für die Arbeiterinnenfrage wird durch nichts deutlicher charakterisiert, als durch die Tatsache, daß man mir zu einem Vortrag über sie, die die größte Masse des weiblichen Geschlechts umschließt, und die entrechtetste und unglücklichste, dieselben fünfzehn Minuten gewährt hat, wie etwa der Damenfrage der Mädchengymnasien. Ich verzichte daher auf meinen Vortrag ...«

Die Zuhörer schrien und tobten, ein paar Männer sprangen auf die Stühle und drohten mir mit erhobenen Armen, in größter Erregung schwang die Vorsitzende unaufhörlich die Glocke, deren wimmerndes Klagegeheul die Melodie zu der Begleitung brüllender Stimmen zu sein schien. Endlich verschaffte ich mir wieder Gehör:

»In zwei Volksversammlungen, die von uns einberufen worden sind, soll den Teilnehmerinnen des Kongresses Gelegenheit geboten werden, die Arbeiterinnenbewegung kennenzulernen. Nicht als ob wir des frommen Glaubens lebten, auch nur eine von Ihnen für uns gewinnen zu können. Zu tief eingewurzelt ist der jahrhundertelang genährte Klassenegoismus, zu einschneidend in das Leben und Denken gerade der abhängigen Frau sind die Interessen ihrer Klasse, als daß sie sich so leicht davon losreißen könnte. Aber vielleicht wird Ihnen eine Ahnung davon aufgehen, daß es ein größeres, ergreiferendes Elend gibt, als das der unbefriedigten, berufslosen Töchter Ihrer Stände; daß außerhalb Ihrer Kreise ein Kampf gekämpft wird, der ernster, heiliger ist als der um den Doktorhut; daß der Schwung der Begeisterung, der Heldenmut der Aufopferung nur dort zu finden ist, wo Männer und Frauen ihre vereinten Kräfte für das eine große Ziel einsetzen: Befreiung der Gesamtheit aus wirtschaftlicher und moralischer Knechtschaft ...«

Ich stieg vom Podium. Es war ein Spießrutenlaufen. Die eleganten Frauen Berlins, die in ihren schönen Herbsttoiletten die ersten Reihen besetzt hielten, hatten ihre ganze gesellschaftliche Haltung verloren. Sie zischten, sie riefen mir Schimpfworte zu, weißbehandschuhte Fäuste erhoben sich in bedrohlicher Nähe. Aber schon war Heinrich neben mir und reichte mir den Arm. Ein paar Schritte weiter umringten mich die Genossinnen, Wanda Orbin schloß mich stürmisch in die Arme.

Kurz vor dem Ausgang stand eine Gruppe von erhitzten Damen um den jüngsten Philosophen Berlins geschart; er war ein Freund meines Mannes. »Sie haben Gift gespritzt«, schrie er mir zu. Mit einem Blick voll Zorn und Verachtung maß ihn Heinrich. Den nächsten Augenblick trat mir Egidy entgegen. »Sie haben sich schwer versündigt«, sagte er, seine blauen Augen funkelten zornig.

An der Türe zögerte ich. Mir war, als müßte ich noch einmal rückwärts sehen, über die Menge hinweg in den festlich glänzenden Saal: Von der Decke herab flutete das Licht in Strahlenbündeln; es schimmerte weich auf weißen Marmorfiguren, es zauberte lebendige blutdurchflossene Adern in die Säulen von rotem Granit, es funkelte prahlend auf goldenen Gesimsen, und dem grauen Herbstabend draußen wehrten die hohen farbigen Bogenfenster den Eintritt.

Langsam gingen wir die breite Steintreppe hinab auf die schmutzige Straße.

VI. KAPITEL

Lily erwartet voller Freude wieder ein Kind. Sie sehnt sich nach einem Heim im Grünen. Sie leidet unter dem weiter entfremdeten Verhältnis zu Eltern und Schwester. Das Ehepaar Brandt lebt sehr zurückgezogen.

Mein Zustand hinderte mich zunächst nicht an der Parteitätigkeit. Ich hielt Versammlungen ab, so lang es ging, obwohl die schlechte Luft sich mir immer schwerer auf den Kopf legte; ich besuchte die Sitzungen der Frauenorganisation regelmäßig trotz der ekelerregenden Düfte der Lokale, in denen sie stattfanden. Wenn die Polizei, die uns ständig auf den Fersen war, gewußt hätte, wie wenig welterschütternd die Fragen waren, über die wir debattierten, sie würde uns ruhig unserem Schicksal überlassen haben. Seitdem Wanda Orbin nicht mehr in Berlin war, schien zwar auch den Nur-Ja-Sagerinnen der Mund geöffnet zu sein, aber was sie vorbrachten, das drehte sich meist um die kleinlichsten Dinge. Derselbe Zank, derselbe Neid, der mir die bürgerliche Frauenbewegung vergällt hatte, fand sich auch hier, nur daß er sich in gröberen Formen äußerte. Ich wäre bitter enttäuscht gewesen, wenn ich nicht allmählich Einblicke gewonnen hätte, die mir die Dinge in anderem Licht erscheinen ließen.

Ich lernte das Leben dieser Frauen kennen. Da war eine, die tagaus, tagein in dieselbe elende Zwischenmeisterwerkstatt ging, um, wenn sie todmüde heimkam von dem betrunkenen Mann mit Schlägen oder zudringlichen Zärtlichkeiten empfangen zu werden –; sollte sie nicht verbittert sein? Da war eine andere, die, obwohl sie einen braven Gatten hatte, auf ihre alten Tage in die Fabrik zurückgekehrt war, weil sie nur auf diese Weise ihrem kranken Sohn den Besuch eines Sanatoriums ermöglichen konnte –; sollte sie die glücklicheren Mütter nicht beneiden, die die Gesundheit ihrer Kinder nicht so schwer erkaufen mußten? Und ein verblühtes Mädchen war zwischen uns, die ihrer gelähmten Mutter ihre ganze Jugend hatte opfern müssen –, war's nicht begreiflich, daß etwas wie Haß in ihren Augen aufblitzte, wenn ich sprach?

Einmal besuchte ich die kleine dicke Frau Wengs; sie war vor drei Tagen ihres siebenten Kindes genesen, und ich fand sie schon wieder hinter dem Waschfaß. War es erstaunlich, daß sie reizbar war? All diese Frauen standen in harter Arbeitsfron; war es nicht viel merkwürdiger, daß sie sich dabei die Kraft, den Opfermut, die Begeisterungsfähigkeit erhalten hatten, die es ihnen möglich machte, ihre spärliche Freizeit, ihre ihnen so bitter nötige Nachtruhe dem Dienst der Partei zu widmen? Sie leisteten das äußerste, was sie leisten konnten; es war nicht ihre Schuld, daß es trotzdem so wenig war.

Ich grübelte lange nach, wie hier zu helfen wäre. Mein alter Plan eines Zentralausschusses für Frauenarbeit tauchte wieder auf. Wenn man mit Hilfe der Partei solch einen Mittelpunkt schaffen, die begabtesten der Frauen dabei beschäftigen, von ihrer Erwerbsarbeit dadurch befreien könnte? Frau Wengs war nach dem Parteitag zur »Vertrauensperson für ganz Deutschland« gewählt worden. War es nicht wie ein Hohn auf die Frauenbewegung, daß sie, die kaum Zeit hatte, eine Zeitung zu lesen, für die das Schreiben eines Briefes eine fast unüberwindliche Aufgabe war, an ihrer Spitze stehen sollte? Man hatte mir freilich erzählt, Wanda Orbin habe ihre Wahl unterstützt, um die Leitung um so sicherer in der eigenen Hand zu behalten, Wanda Orbin, die uns so fern war, deren unzureichende Kenntnis der Verhältnisse schon daraus hervorging, daß sie ihre Zeitschrift in einem Tone schrieb, der einen hohen Grad von Wissen bei dem Leser voraussetzte. Ja, wenn sie in Berlin wäre, wenn sie offiziell die Führung in die Hände bekäme, wenn die Gestaltung der »Freiheit« dem Einfluß der Genossinnen zugänglich gemacht werden könnte! Schon damit, so schien mir, wäre viel geholfen. Ich schrieb ihr in diesem Sinne, ich fragte sie, ob sie kommen würde, wenn man die Anstellung einer weiblichen Parteisekretärin durchgesetzt hätte. Sie antwortete ausweichend: es fessele sie vieles, vor allem die Erziehung ihrer Söhne in Stuttgart. Ich gab die Sache noch nicht verloren. Ich legte meinen Plan der Schaffung eines Sekretariats für die Frauenbewegung den Genossinnen vor, ich entwickelte ihn in einem längeren Artikel in der ›Freiheit‹ und hütete mich zunächst, Wanda Orbins Namen zu nennen, da ich wußte, daß auch sie Gegnerinnen hatte. Die Wirkung war verblüffend: die Frauen gerieten in eine Aufregung, die in keinem Verhältnis zur Sache zu stehen schien. Man fand es ungeheuerlich, daß ich, die ich noch nichts, aber auch rein gar nichts geleistet hätte, mir herausgenommen habe, an der Arbeiterinnenbewegung Kritik zu üben; man bekämpfte meinen Plan durch Wort und Schrift, als bedeute er eine Gefahr für die Partei. Bei der Abstimmung erhob sich keine Hand für ihn. Ich erfuhr erst allmählich die wahre Ursache dieser wütenden Gegnerschaft: die Frauen hatten angenommen, daß ich für mich selbst eine einträgliche Stellung schaffen wolle. Und Wanda Orbin hatte sie offenbar in diesem Glauben gelassen. Es gab Momente, in denen diese Erfahrung mir wehe tat, – trotz aller Mühe, überall nur das Gute zu sehen. Und die Entrüstung meines Mannes, der jeden Nadelstich, der mich traf, wie einen Dolchstoß empfand, trug nicht dazu bei, mich zu beruhigen.

Aber die öffentlichen Ereignisse sorgten dafür, Gedanken und Interessen auf wichtigere Dinge zu lenken, und die Verstimmung zwischen mir und den Genossinnen in einmütige Kampfeslust gegen die Feinde, die unsere Sache von außen bedrohten, zu verwandeln.

Hatten die Parlamentsreden der Herren der Rechten, vom Geiste Stumms beherrscht, schon kriegerisch genug geklungen, so kündigten die kaiserlichen Worte auf dem Brandenburger Provinzial-Landtag Kampf bis aufs Messer an: »Die Aufgabe, die uns allen aufgebürdet ist, die wir verpflichtet sind zu übernehmen, ist der Kampf gegen den Umsturz mit allen Mitteln …

Ich werde mich freuen, in diesem Gefecht jedes Mannes Hand in der meinen zu sehen, er sei edel oder unfrei«, hieß es darin, und zum Schluß: »Wir werden nicht nachlassen, um unser Land von dieser Pest zu befreien, die nicht nur unser Volk durchseucht, sondern auch das Heiligste, was wir Deutsche kennen, die Stellung der Frau, zu erschüttern trachtet.«

Kein Zweifel: ein Gewitter stand bevor, das unsere Saaten bedrohte; dem Blitz, der die Situation grell beleuchtet hatte, folgte der Donner und der prasselnde Regen in Gestalt einer Vereinsgesetznovelle, die dem reaktionären preußischen Landtag zur Entscheidung vorlag und nichts anderes bedeutete, als eine Knebelung des Koalitionsrechts, eine Auslieferung unserer Organisationen an die Willkür der Polizei. Da war niemand unter uns, dem nicht das Herz stürmisch geschlagen hätte, – vor Empörung über das drohende Unrecht, vor Freude über den aufgezwungenen Kampf. Es gab keinen kleinlichen Zank mehr; man drängte sich zur Arbeit und übernahm auch die geringfügigste mit dem Pflichtbewußtsein des Soldaten, der seinen Posten bezieht. Ich konnte der vorgeschrittenen Schwangerschaft wegen nur mit der Feder tätig sein, und Zorn und Begeisterung führte sie. Ich sah eine Zeit nahe bevorstehen, wo die besten Elemente des Bürgertums, wo vor allem die Vertreter der freien Wissenschaft, vor die Wahl gestellt zwischen der Reaktion und dem Proletariat, sich auf die Seite der Arbeiter stellen müßten.

»Du prophezeist trotz einem Bebel«, lachte mein Mann, wenn ich mich fortreißen ließ, alles zu sagen, was ich erträumte, und dann erinnerte er mich an jene anderen Kaiserreden, die den Dreizack des Meergottes für die deutsche Faust verlangten, und den Beifall derselben Männer fanden, auf die ich rechnete. Aber ich hörte nicht darauf, ich wollte nicht hören.

Die Fähigkeit, Dunkles zu sehen, war meinem inneren Auge mehr und mehr abhanden gekommen. Wo immer ich den Blick hinwandte: überall war es hell, überall strahlte die Welt voll Frühlingsahnen. Und als es draußen in den

Gärten und auf den Plätzen wirklich zu blühen begann, da schien mir's, als wäre dies der erste Lenz, den ich erlebte. Ich saß in der Sonne auf dem Balkon und sah staunend, wie aus den braunen saftig glänzenden Knospen auf den Kastanienbäumen kleine zartgrüne Blätter leise ans Licht strebten. Ich ging am Arm des Geliebten durch den Tiergarten, den ein starker würziger Erdgeruch erfüllte, und stand vor dem Wunder still, das in Hunderten bunter Frühlingsblumen aus dem Rasenteppich emporwuchs. Und die Sonne schien so mild und warm, – wenn sie meine Wange traf, war mir, als streichle sie mich. In der Nacht lag ich oft stundenlang wach; ich war nicht müde. Regte sich dann in meinem Schoß das junge Leben, so strömte es mir durch die Glieder wie Feuer.

Frühzeitig war alles zu seinem Empfang bereit. Oft, wenn niemand es merkte, schloß ich mich ein in dem hellen Zimmer, wo alles seiner wartete, und kniete vor dem kleinen Bettchen, und vergrub meine heißen Wangen in seinen kühlen Kissen.

Einmal, als ich mit Heinrich am Ufer entlang heimwärts ging, an der Bucht vorbei, wo die Weiden ihre grünen Schleier tief bis zum Wasser hinuntergleiten lassen, kam uns ein alter grauhaariger Mann entgegen. Ich hörte zuerst nur seinen schleppenden Schritt, denn die Abendsonne, die im Westen verglühte, blendete mich. Aber ich wußte: das war mein Vater. Meine Kniee zitterten. Und schon war er vorbei. Er schien in Gedanken verloren und hatte uns wohl nicht erkannt. Ich wandte den Kopf nach ihm, – da stand er wie angewurzelt und starrte mich an, so voll Zärtlichkeit –! Ich wäre ihm fast zu Füßen gestürzt, aber er machte eine rasche, abwehrende Bewegung und ging weiter. An dem Abend weinte ich. Und ich hatte doch mein Kind vor allem Kummer schützen wollen!

Wenige Tage später waren wir wieder zur gewöhnlichen Zeit fort gewesen. Mit geheimnisvollem Lächeln öffnete mir das Mädchen die Tür, als ich heimkam. Ins Kinderzimmer sollt' ich kommen, sagte sie. Da brannte die Lampe unter dem Rosenschleier und auf dem weißen Tisch lagen lauter spitzenbesetzte Hemdchen und Jäckchen, und kleine Schuhe und Steckkissen, und lange Tragekleidchen, durch die blauen Bänder, die sie zusammenhielten, waren Sträuße duftender Maiblumen gezogen.

»Das gnädige Fräulein brachte alles selbst«, berichtete lächelnd das Mädchen und übergab mir einen Brief von Mama:

»Mein liebes Kind! Das alles schickt Dir Dein Vater. Er hat mir und Deiner Schwester erlaubt, zu Dir zu gehen, und Dir seine Grüße zu bringen. Schreibe mir, wann wir Dich besuchen können«, schrieb sie. Bald darauf kam sie selbst. Ich hatte vor Erregung eine böse Nacht gehabt und empfing sie auf dem Diwan liegend. Sie aber war so ruhig, so teilnahmsvoll, als läge höchstens eine Reise zwischen ihrem ersten Besuch und heute. Drohte eine verlegene Pause, so half das Geplauder Ilschens darüber hinweg, die mir von ihren ersten Ballfreuden und ihren Triumphen nicht genug erzählen konnte.

»Wie geht es dem Vater?« fragte ich schließlich zaghaft, da sie zu vermeiden schienen, seiner Erwähnung zu tun. »Er ist recht alt geworden«, antwortete Mama langsam. »Aber noch so rüstig«, fiel die Schwester ein, und berichtete zum Beweis dafür von den Diners und den Bällen, zu denen er sie begleitet hatte. Sie nannte Namen, die ich nicht kannte, und erwähnte Gesellschaftskreise, die er früher auf das peinlichste gemieden hatte: Tiergartensalons, in denen, wie er zu sagen pflegte, der jüngere Offizier nur als Mitgiftjäger, der alte nur als Tafeldekoration auftritt. Ich fühlte jetzt: er mußte sehr alt geworden sein.

Ehe sie gingen, bat ich Ilschen, nun aber recht oft zu mir zu kommen. Sie sah, statt zu antworten, ängstlich fragend auf Mama. »Allein darf sie euch nicht besuchen«, sagte diese mit dem alten harten Ton in der Stimme, während sich tiefe Falten um ihre Mundwinkel gruben. Als sie fort waren, trat ich auf den Balkon. Ich hatte das Bedürfnis, frische Luft zu schöpfen. Da fiel mein Blick auf die Straße: mit kleinen, hastigen Schritten ging der Vater vor unserer Haustür auf und ab, und als Ilse ihm entgegentrat, wandte er sich ihr mit einer raschen Bewegung zu, und ich sah, wie sie sprach und sprach, und wie er horchte, den Kopf ihr zugeneigt, als fürchte er, auch nur ein einzig Wort zu verlieren. An diesem Abend mußt' ich wieder weinen.

Der Sommer kam. Ich schleppte mich nur noch mühsam die hohen Treppen herauf und hinunter. Ich zählte nicht mehr nach Wochen, sondern nach Tagen. Meine Zimmer standen voll Junirosen.

Ich war noch einmal mit den Kindern in die Stadt gegangen, um zu besorgen, was ihnen für die Ferienreise zu ihrer Mutter noch fehlte. Als ich daheim die Sachen in den Koffer legte, dunkelte es mir plötzlich vor den Augen. Ein jäher Schmerz zog mir den Leib zusammen. Ich schlich ins Wohnzimmer und fiel meinem Mann, der erschrocken vom Schreibtisch aufgesprungen war, in die Arme. »Nun ist's so weit«, flüsterte ich und sah ihn glückselig an. Er schickte zu meiner Ärztin. Ich aber saß still im Lehnstuhl und spottete seiner Ängstlichkeit. Wie hätte ich mich auch nur einen Augenblick lang fürchten können! Wenn ich die Augen schloß, sah ich Großmamas gütiges Antlitz vor mir und hörte sie tröstend wiederholen, was sie mir früher so oft versichert hatte: Ein Kind gebären ist das leichteste von der Welt. Aber der Abend kam und die Nacht, – ich wartete noch immer. Und am folgenden Tag war ich zu schwach, um vom Bett aufzustehen, und in der Nacht standen zwei Ärztinnen um mein Bett, und Heinrich wich nicht von mir. Ich allein spürte nichts von Angst; wenn ich vor Schmerzen stöhnte, so war mir's, als wäre ich's nicht.

Am Morgen des dritten Tages strahlte der Himmel in wolkenloser Pracht; von der Gedächtniskirche herüber klang tiefer Glockenton, und von allen Seiten antworteten ihm hellere Stimmen. »Es will ein Sonntagskind sein«, flüsterte ich lächelnd dem Liebsten zu, der neben mir saß, und an den ich mich klammerte, wenn es gar zu wehe tat.

»Und in der Johannisnacht geboren werden«, hörte ich wie von ferne sagen. Müde sank ich in die Kissen. Mir träumte von den Bergen, die zum Himmelszelt stolz ihre weißen Häupter heben, und von grünen Matten, die sich zart und weich zu Füßen grauer Felsen schmiegen. Und ich sah, wie alle Spitzen zu glühen begannen, als hätten sich die Sterne auf sie herniedergesenkt, und von allen Hügeln die Flammen loderten. Plötzlich aber war mir, als stünde ich selbst auf dem Scheiterhaufen, – schon züngelte das Feuer an meinem nackten Körper empor, – ich schrie laut auf – –

War ich gestorben, – und darum so seliger Ruhe voll?! Ich

schlug die Augen auf. »Heinz!« kam es ganz, ganz leise von meinen Lippen. Ich tastete mit den Händen auf dem Bett, – ich fühlte seinen Kopf, – seine Schultern –, warum bebten sie nur so?! Heiße Augen, die durch Tränen leuchteten, richteten sich auf mich. Von der anderen Seite öffnete sich die Türe, ein breiter Strom von Licht ergoß sich in das dunkel verhangene Zimmer, auf der Schwelle stand eine Frau, ein weißes Bündelchen auf den Armen. »Mein Kind –!« rief ich. »Unser Sohn!« antwortete Heinrich und legte ihn mir an die Brust. Ehrfürchtig berührten meine Lippen die von wirren Löckchen dunkel umrahmte Stirn. Und zwei große blaue Augen, in denen des Werdens tiefes Geheimnis noch zu schlafen schien, blickten mich an.

VII. KAPITEL

Drei Monate später saß ich an unserem Schreibtisch, in einen Arikel vertieft, den ich Wanda Orbin versprochen hatte.

»Fast schien es, als sollte der Züricher Arbeiterschutz-Kongreß den Beweis erbringen, daß die Anhänger der verschiedensten politischen und religiösen Weltanschauungen auf dem Gebiete praktischer Sozialreform zu gemeinsamen Resultaten gelangen könnten. Die Fragen der Kinder- und der Sonntagsarbeit riefen keinerlei tiefere Differenzen hervor. Nur hie und da fiel ein Wort, das wie Wetterleuchten die Abgründe erhellte, die tatsächlich zwischen den Rednern auseinanderklafften. Aber erst die Frage der Frauenarbeit vollzog schließlich die Trennung der Geister. Schon in der vorbereitenden Sektion kam es zu hitzigen Debatten: auf der einen Seite standen die katholischen Sozialreformer Belgiens und Österreichs, unter ihnen Männer in langem Priesterrock und brauner Mönchskutte, auf der anderen die Führer der internationalen Sozialdemokratie, die Bebel und Liebknecht, die Vandervelde und Geier an ihrer Spitze. Und als wir uns am nächsten Morgen in dem hohen Saal der Tonhalle wieder versammelten – einem Saal, der nur für Festesfreude geschaffen schien, – und der blaue See und die weißen Berge durch die breiten Fenster zu uns hereinstrahlten, ein Bild glücklichen Friedens, da wußten wir: heute kommt es zur Schlacht. Die Tribünen waren überfüllt: die ganze studierende Jugend Zürichs drängte sich dort oben zusammen. Erwartungsvolle Erregung brannte auf ihren Wangen. Und unten sammelten sich die Delegierten um ihre Tische: die Luft schien zu vibrieren unter dem

Einfluß all der klopfenden Pulse, all der kampfheißen Blicke. Der katholische Demokrat Earton de Wiart trat hinter das Rednerpult zur Verteidigung seines Antrags: Verbot der großindustriellen Frauenarbeit. Mit tiefem Glockenklang erfüllte seine schöne Stimme den Riesenraum und steigerte sich zum tragischen Pathos, wenn sie die zerstörenden Folgen der Frauenarbeit schilderte: ›Der Säugling verkommt in Hunger und Schmutz, die heranwachsenden Kinder werden ein Opfer der Straße; vom erloschenen Herdfeuer flieht der Mann und sucht Trost und Wärme im Trunk ...‹ Er malte nicht zu schwarz, und auch aus den Reihen der Gegner hätte ihm niemand widersprechen können. Aber während die tatsächlichen Zustände ihm und seinen Gesinnungsgenossen als eine beklagenswerte Verirrung der Menschheit erschienen, die durch ein gebieterisches ›Zurück!‹ von dem alten kleinbürgerlichen Familienleben wieder abgelöst werden könnten, sahen die Sozialdemokraten in ihnen eine notwendige Begleiterscheinung der kapitalistischen Wirtschaftsordnung, die nur durch ein ›Vorwärts!‹ zum Sozialismus zu überwinden ist. ›Auch wir sind für die Verkürzung der Arbeitszeit, für gesetzlichen Mutterschutz, für Verbot der Frauenarbeit in gesundheitsschädlichen Betrieben‹, erwiderte Frau Alix Brandt dem Redner; ›aber für ein Verbot der Frauenarbeit überhaupt sind wir nicht. Denn nicht jenes idyllische Bild glücklichen Familienlebens, das Herr de Wiart in so leuchtenden Farben malte, würde seine Folge sein, sondern eine noch größere Zerstörung der Familie, eine noch gefährlichere Untergrabung weiblicher Kraft. Weder Laune noch Neigung treibt die Frauen in Scharen in die Fabriken, sondern Not. Schließt ihnen deren Tore, und dieselbe Not wird sie in das Elend der Heimarbeit treiben, wo schrankenlos die Ausbeutung herrscht, wird sie demjenigen Frauenberuf zuführen, vor dem weder die christliche Sittlichkeit des Staates, noch die Ritterlichkeit der Männer das weibliche Geschlecht jemals gehütet haben: der Prostitution.‹ Und in einer Rede voll hinreißender Leidenschaft verteidigte Frau Wanda Orbin die Berufsarbeit der Frau als die Grundlage ihrer sozialen Befreiung: ›Die Arbeit ist ihre Menschwerdung. Was sie auf der einen Seite zerstört, baut sie auf der anderen wieder auf für die sittliche und geistige Einheit von Mann und Frau. Aus den Konflikten zwischen Beruf und Haus erwachsen dem Weibe zwar die größten Schmerzen, aber auch die größte Kraft. Nicht nur, weil ein Verbot der Frauenarbeit heute die Not steigern würde, wie meine Vorrednerin Ihnen auseinandersetzte, stimmen wir geschlossen gegen den Antrag Wiart, sondern weil wir Frauen die Arbeit wollen um unserer Selbstbefreiung willen, um einer künftigen Neugestaltung der Ehe und der Familie willen, die die ökonomische Unabhängigkeit des Weibes zur Voraussetzung hat.‹ Minutenlang umbrauste der Jubel aus dem Saal hinauf, von den Tribünen herab die Rednerin. Und als die Baronin Vogelsang, eine zarte, schlichte Frauengestalt, sie ablöste, – mit niedergeschlagenen Augen und leise zitternden Händen, ungewohnt des öffentlichen Auftretens, – erschien sie wie die Personifizierung jener fernen versunkenen Welt, die sie mit leisen, weichen Worten, mit einem Appell an das Gefühl wieder glaubte heraufbeschwören zu können: ›Um der Kinder willen, denen die Industrie die Mütter raubt, nehmen Sie den Antrag an –;‹ ihre erhobenen Blicke flehten und rührten manch einem ans Herz, so daß die rauhe Wahrheit, die der Verstand erkennt, hinter den weichen Schleiern, die die Empfindung webt, zu verschwinden drohte ...«

Ich legte die Feder aus der Hand und seufzte tief auf. Seit meines Kindes Geburt waren die Probleme der Frauenbefreiung für mich keine bloßen Theorien mehr. Sie schnitten in mein eigenes Fleisch, – und ich war keine Industriearbeiterin, – ich brauchte nicht von früh bis spät in der Fabrik zu schuften, fern meinem Liebling. Mir grauste, wenn ich daran dachte, daß so etwas möglich, ja notwendig sein konnte. Es gab Augenblicke, in denen meine Überzeugungen auf tönernen Füßen zu stehen schienen.

Schon die Reise nach Zürich war mir schwer genug geworden, obwohl ich mein Kind in bester Obhut zurückgelassen hatte. Meine Phantasie malte sich täglich neue Schrecken aus, die ihm zustoßen konnten. Und wie viele Stunden des Tages mußte ich jetzt fern von ihm sein! Wie oft sprang ich vom Schreibtisch und sah sehnsüchtig auf den sonnigen Platz hinunter, wo es, in seinen weißen Wagen gebettet, auf- und niedergefahren wurde. Wie viele Blicke aus seinen blauen Augen, wieviel krähendes Babylachen von seinem roten Mündchen gingen mir verloren! Und abends, und nachts: wie oft mußte ich, statt an seinem Bettchen zu sitzen, in Versammlungen sprechen, an Partei-Zusammenkünften teilnehmen.

Manche meiner Genossinnen kamen aus der Werkstatt und der Fabrik, auch sie hatten kleine Kinder zu Hause und kein Dienstmädchen, um sie zu hüten; – meine Bewunderung für sie stieg und zugleich mein Verständnis für all die Bitterkeit, den Haß und das Mißtrauen, das sich in ihnen angesammelt hatte. Kann ein Weib der Welt, die den Kindern die Mutter entreißt, mit anderen Empfindungen gegenübertreten? Und doch hatte ich mich in Zürich mit aller Leidenschaft dafür eingesetzt, die weibliche Berufsarbeit – auch die der Mütter – zu erhalten? Ich zerriß den halbfertigen Artikel wieder und schrieb an Wanda Orbin ein paar entschuldigende Worte. Ich konnte nicht mehr über eine Frage sprechen, ich war außerstande, den Lesern fix und fertige Ansichten aufzutischen, seitdem sie mir zur persönlichen Angelegenheit geworden war, und ich ihr für mich selbst die Antwort noch schuldig bleiben mußte.

Mein Mann kam nach Hause. »Bist du schon fertig?« fragte er mit einem verwunderten Blick auf den Schreibtisch, dessen Aussehen keine Arbeit mehr verriet. Ich erklärte ihm die Situation, obwohl ich von vornherein wußte, daß ihm das volle Verständnis dafür fehlen würde. Er hatte schon oft nachsichtig, wie über eine kindliche Torheit gelächelt, wenn ich den Konflikt berührte, in dem ich mich befand; er war sogar hie und da heftig geworden, hatte mich für sentimental, für überängstlich erklärt, wenn ich die Trennung von meinem Kinde, die meine Berufs- und Parteipflichten mir auferlegte, so schwer nahm. Auch heute schüttelte er den Kopf und unterdrückte sichtlich eine Antwort, weil er mich nicht verletzen wollte. »Ich glaube, wir haben Grenzpfähle berührt, die das Reich des Weibes von dem des Mannes trennen«, sagte ich nachdenklich. »Wir sind nicht imstande, wie Ihr, alle Probleme in kühler Objektivität zu lösen, – wie eine mathematische Aufgabe.«

Gegen Abend besuchte uns Romberg.* Wir waren rasch mitten in lebhaftester Debatte. Das Fernbleiben aller jungen sozialpolitischen Professoren vom Züricher Arbeiterschutz-Kongreß hatte wie eine gemeinsame Demonstration gewirkt und war mir um so peinlicher aufgefallen, als es im Gegensatz nicht nur zu meinen großen Hoffnungen, sondern auch im Gegensatz zu ihren eigenen Wünschen und Äußerungen gestanden hatte.

»Waren Sie nicht derjenige, der es stets bedauerte, daß Gelehrte und Arbeiter nicht einmal auf dem Gebiet der Sozialpolitik sich begegnen und miteinander beraten könnten?« fragte mein Mann. »Und nun bot sich Ihnen endlich die Gelegenheit, und Sie ergriffen sie nicht!« Romberg biß sich in die Lippen, wie immer, wenn er um eine Antwort verlegen war.

»Die Zeit war unglücklich gewählt«, meinte er schließlich zögernd.

»Warum sagen Sie nicht lieber gleich, was die linksliberale Presse zu ihrer Rechtfertigung feierlich erklärte«, rief ich empört, »daß die starke Beteiligung unserer Partei den Kongreß von vornherein zu einem sozialdemokratischen gestempelt habe und preußische Professoren daher nicht hingehörten!«

Er unterbrach mich: »Sie wissen genau, daß der Vorwurf eines Mangels an Mut mich nicht treffen kann!« Ich dachte an das rote Buch und lenkte ein. Aber die gegenseitige Verstimmung wich erst allmählich dem Interesse am Gegenstand unseres Gesprächs.

»Die blutige Wanda hat, wie ich gelesen habe, in Zürich auch die Frauenfrage gelöst«, sagte Romberg mit einem sarkastischen Lächeln.

»Ich fürchte, jede ›Lösung‹ ist nur der Ausgangspunkt neuer Probleme«, erwiderte ich.

Romberg warf mir einen überraschten Blick zu: »Wie, – auch Sie beginnen, an der Unfehlbarkeit Ihrer Päpste zu zweifeln?! Das wird ja immer besser: Schönlank putzt den alten Liebknecht herunter wie einen Schulbuben und weist ihm nach, daß die Ver-

* Prof. Romberg, Archiv-Mitarbeiter.

elendungstheorie angesichts der gestiegenen Lebenshaltung der Arbeiter zum alten Eisen geworfen werden muß wie das eherne Lohngesetz seligen Angedenkens; Bebel tritt für die Beteiligung an den Landtagswahlen ein, was ein Preisgeben eines mit aller Lungenkraft verteidigten Prinzipes ist, und Alix Brand wird zur Antifeministin – –«

»Wenn Ihre Zusammenstellung eine Berechtigung hat, so ist es die, daß meine Zweifel ebensowenig zum Antifeminismus führen, wie Schönlanks oder Bebels Negationen veralteter Anschauungen zum Antisozialismus.«

»Also auch hier nur eine Revision des Programmes?«

»Aufgrund der Revision der Erfahrungen, die wir durchgemacht haben, – gewiß! Übrigens fehlt es ja der Frauenbewegung noch an jedem Programm, weil es ihren Problemen an der wissenschaftlichen Formulierung fehlt.«

»Das wäre eine Aufgabe, die Sie lösen müßten«, meinte Romberg lebhaft.

»Damit würdest du dir und anderen zur Klarheit verhelfen –«, fügte Heinrich rasch hinzu, »ein Buch über die Frauenfrage, das von einer Darstellung der tatsächlichen Verhältnisse ausgehen müßte, das die wirtschaftliche, die soziale und die rechtliche Lage der Frauen zu behandeln hätte, ...«

»In Ihnen regt sich doch sofort der Redakteur«, unterbrach ihn Romberg. »Die vage angedeutete Idee ist unter Ihren Händen zur Disposition eines ganzen Werkes geworden.«

Das Herz klopfte mir vor Erregung. Der Gedanke an diese Arbeit packte mich gerade durch seine Selbstverständlichkeit. Ein zusammenfassendes, grundlegendes Werk der Art gab es noch nicht. Es fehlte nicht nur mir, es fehlte der ganzen Bewegung, die auch darum so unsicher hin- und hertastete.

»Ich habe, fürchte ich, die nötigen Vorkenntnisse nicht«, meinte ich schließlich zaghaft.

»Dafür haben Sie ja einen Nationalökonomen zum Mann«, antwortete Romberg.

Während des Abends, den wir im Theater verbrachten, dachte ich nur an den Plan der Arbeit, die ich entschlossen war auszuführen. Erst auf Rombergs wiederholtes: »Sehen Sie nur!« sah ich mich um. In der Reihe vor uns erschienen zwei seidenrauschende Damen mit goldroten Haaren, feuchtschimmernden Augen und unnatürlich glühenden Lippen. »Wird für diese in Ihrem Zukunftsstaat kein Platz sein?« flüsterte Romberg. »Ich hoffe nicht!« sagte ich. »Schade!« antwortete er lächelnd. In der Bewunderung für derlei Erscheinungen ist er wie ein Onkel aus der Provinz, dachte ich ärgerlich. Als wir aber nachher, seiner Gewohnheit gemäß, die die Nacht gern zum Tage machte, noch lange bei uns zusammensaßen, kam er auf die Begegnung zurück: »Können Sie sich wirklich eine Welt als wünschenswert vorstellen, in der alle Frauen Berufsphilister werden, wie es heut schon alle Männer sind; in der sie keine Zeit mehr haben, ihre Schönheit zu pflegen, kurz, in der alle duftenden Luxusgärten in Kartoffelfelder verwandelt werden?« –

»Ich würde solch eine Welt zerstören und nicht schaffen helfen! Aber Frauen wie jene, auf die Sie anspielen, gehören nicht zu den duftenden Blumen, zu den an sich unnützen, aber unentbehrlichen Reizen des Lebens. Sie sind verdorbene Speisen für verdorbene Gaumen.«

»Sie mögen in dem Einzelfall recht haben; unumstößlich aber bleibt für mich das Eine: nicht die Berufsarbeiterin, nicht die, nach Ihren Begriffen freie, emanzipierte Frau wird der Kultur höchste Blüte sein, sondern die *femme amante*.« Er sah mich kampflustig an, er liebte den Widerspruch und erwartete ihn; der Typus einer Frauenrechtlerin stand für ihn ein für allemal fest, und er glaubte immer wieder, ihn in mir vor sich zu haben.

»Sie hoffen umsonst auf meine sittliche Empörung«, spottete ich, »meine Meinung stimmt fast überein mit der Ihren, nur daß ich die Existenz der *femme amante* leugne, solange nicht die wahrhaft freie Frau ihre Voraussetzung ist ...«

Als Romberg uns verlassen hatte, zog mein Liebster mich in seine Arme und flüsterte mir ins Ohr: »Hätte ich nicht meinem dummen Katzel widersprechen müssen, das die *femme amante* wegdisputieren will und selbst nichts anderes ist?« »Und nichts anderes sein will«, sagte ich leise und gab ihm seinen Kuß zurück.

Ich lag noch lange wach und grübelte. Ob ich ihm anvertrauen könnte, was mich bewegte? Schon in der kurzen Zeit meiner Ehe war mir klargeworden, was ich vorher nicht verstanden und darum nur verurteilt hatte: warum Staat und Kirche nicht die Liebe, sondern die Pflicht zur Grundlage der Ehe gemacht haben, warum nach ihnen die Zeugung, Erhaltung und Erziehung der Nachkommenschaft ihre Hauptaufgabe ist. Die Ehe kam mir vor wie eine moralische alte Jungfer, die der jungen, unbändigen Liebesleidenschaft durch ihre Predigten das Leben ständig vergällt. Die Liebe braucht Festtagsstimmung, die Ehe braucht den Alltag. Vor jedem rauhen Luftzug, den die Ehe erzeugt, läßt die zarte Blume der Liebe die Blätter hängen. Die Liebe ist ein Rausch, die Ehe ist nüchtern. Lodern auf dem Altar der Liebe die Flammen, so schämen sich die Opfernden wie arme Sünder, wenn die Ehe sie plötzlich ertappt. Eins aber vor allem wurde mir täglich gewisser: die Liebe fordert Freiheit, die Ehe Abhängigkeit. Einer muß sich dem anderen unterordnen, wenn der Frieden des Hauses gewahrt sein soll, wo aber in der Liebe Unterordnung anfängt, flieht sie selbst.

So türmten sich die Probleme der Frauenfrage –, meiner Frauenfrage. Wahrlich, es war eine große Aufgabe, sie zu lösen.

Lily findet wenig Zustimmung bei den Genossinnen für den Plan ihres Buches zur Frauenfrage. Die häuslichen Verhältnisse leiden unter der Geldknappheit: Lily ist gezwungen neben der Arbeit am Buch viele Artikel zu schreiben. Am politischen Horizont tauchen Gewitterwolken auf: Die Flottenvorlage macht Millionen erforderlich, der Nationalismus verdrängt den Sozialismus. Die Sozialdemokratie als Partei fängt an mit dem Parlament des kapitalistischen Staates zu paktieren. Die wirtschaftliche Entwicklung folgt nicht exakt den marxschen Doktrinen: Die Lebenslage des Proletariats hatte sich entgegen allen Voraussagen verbessert.

Und nun trat einer der bewährtesten Vorkämpfer des Sozialismus, einer ihrer Märtyrer, der noch im Exil in England lebte – Eduard Bernstein –, auf und erörterte in breiter Öffentlichkeit die neuen Probleme des Sozialismus. Er rüttelte weder an seiner Voraussetzung noch an seinem Ziel, aber er zeigte an der Hand der Tatsachen, daß der Weg zwischen beiden länger ist und anders geartet, als Marx und seine Schüler ihn dargestellt hatten, daß wir ihn daher mehr berücksichtigen, unsere Handlungen mehr auf seine Etappen, als auf das schließliche Ende einstellen müßten.

Auf uns, die wir durch die Erkenntnis des Elends in der Welt zum Sozialismus geführt worden waren, die wir von ihm in einem in seiner Wurzel religiösen Glaubensüberschwang die Erlösung von allem Übel erwartet hatten, wirkte die kühle Klarheit der Bernsteinschen Beweisführungen niederschmetternd. Meinem Verstande waren die Grundsätze des Sozialismus so ohne weiteres einleuchtend gewesen, weil mein Gefühl mit seinem Wollen von vornherein übereinstimmte. Sie kritisch und wissenschaftlich zu prüfen, war mir, wie Tausenden meiner Gesinnungsgenossen, nie eingefallen. Jetzt war es ein Gebot der höchsten Tugend – der intellektuellen Redlichkeit –, es nachzuholen.

Die Zeiten meiner religiösen Kinderkämpfe schienen wiedergekehrt zu sein. Nur daß ich jetzt mit allen Fasern meines Innern in dem Glauben wurzelte, dem ich meinen ganzen Lebensbesitz geopfert hatte, aus dem ich alle meine Kräfte sog. Was stand noch fest, dachte ich verzweifelt, wenn so vieles schwankte? Ernüchtert – bar jener stürmischen Begeisterung, die mich ausziehen ließ, der Menschheit eine neue Welt zu erkämpfen, sah ich den langen, öden Weg vor mir mit all seinen kleinen Hindernissen, die im Schweiße unseres Angesichts überwunden werden sollten, und mit dem Ziel, das im Nebel der Ferne fast verschwand. Die Naivität jungen Glaubens, die noch keine Probleme kennt, ist für die Masse der Menschen die Voraussetzung ihres Enthusiasmus und damit ihrer Stärke. Ich hatte sie verloren wie viele meiner Genossen; das lähmte uns. Oft kamen Augenblicke, wo ich die anderen beneidete, die, sei es aus unbewußter Furcht vor einem inneren Zusammenbruch, sei es aus einer gewissen Beschränktheit ihres Denkens, den alten Glauben gegenüber der neuen Erkenntnis aufrecht erhielten und leidenschaftlich verteidigten. Mein Gefühl war auf ihrer Seite, und nur zu häufig riß es mich wieder mit sich fort. Vielleicht wäre es sogar auf lange Zeit hinaus das herrschende geblieben, wenn nicht mein Mann immer wieder meinen Verstand gegen mein Herz zu Hilfe gerufen hätte. Und die Tatsachen und die Zahlen waren unerbittlich: Die Konzentration des Kapitals und die Eroberung der politischen Macht durch das Proletariat waren die beiden anerkannten Bedingungen der Verwirklichung des Sozialismus. Aber der Schneckengang der Entwicklung zum Großbetrieb, der zuweilen sogar ein Krebsgang zu sein schien, und die Tatsache, daß von hundert Wahlberechtigten nur achtzehn sozialdemokratische Stimmzettel abgaben und mehr als die Hälfte der erwachsenen männlichen Arbeiterschaft der Sozialdemokratie noch gleichgültig, wenn nicht feindlich gegenüberstand, bewiesen, wie weit wir noch vom Ziel entfernt waren. Eine Selbsttäuschung hierüber wäre ein Verbrechen an unserer Sache gewesen – das sah ich ein. Es galt, den Kinderglauben ruhig und mutig aufzugeben.

Mit jener rücksichtslosen Leidenschaft, die stets das Produkt der Angst um die Gefährdung der Grundlagen des Lebens und Wirkens ist, bekämpfte die Masse der Arbeiterschaft, an ihrer Spitze all die Führer, deren heißblütiges Temperament über alle Zweifel siegte, und all die klugen Demagogen, die auf der Seite der Mehrheit blieben, weil ihre Macht von dieser Mehrheit abhing, die neuen Ideen und ihre Vertreter. Und dieser ganze Kampf fiel in die Vorbereitung der Reichstagswahlen; er lähmte die Agitationskraft der einen, die wie ich noch mit sich selbst zerfallen waren, er lenkte die Interessen der anderen ab, die die Partei vor dem unheilvollen Einfluß der Ketzer glaubten schützen zu müssen.

Wenn ich in Versammlungen sprach, fühlte ich: meine Worte zündeten nicht. Einmal traf ich bei solcher Gelegenheit Reinhard wieder. Er schien mir sehr gealtert. Wir sprachen über unsere Aussichten. »Wir hätten zwanzig bis dreißig Mandate erobern können«, sagte er, »wäre das ganze Getratsch von Endziel und Bewegung uns nicht in die Parade gefahren.«

»Hat Bernstein etwa nicht recht?!« fragte ich.

»Recht! – Recht!« antwortete er heftig. »Natürlich hat er recht in dem, *was* er sagt, aber *daß* er es sagte, in diesem Augenblick sagte, war ein Fehler, ein schwerer Fehler. Wir alten Gewerkschafter, die wir mitten im Leben stehen, sind schon lange seiner Meinung, aber wir machen die Genossen nicht kopfscheu mit theoretischem Kram, wir handeln einfach, wie die Verhältnisse es fordern.«

»So hätte er schweigen sollen?«

»Keineswegs! Er hätte nach den Wahlen fünf Jahre zum Reden Zeit genug gehabt. Aber daß er uns jetzt diesen Knüppel zwischen die Beine schmeißt –«

Ich dachte an Reinhards Worte, als mir ein andermal in der Diskussion ein rabiater Genosse vorwarf, auch ich hätte »das Endziel in die Tasche gesteckt«, und verteidigte mich nicht. Solange wir im Kampf gegen den gemeinsamen Gegner standen, mußte die Streitaxt begraben werden. Aber die Radikalen dachten anders. Es kam vor, daß Reichstagskandidaten von den eigenen Genossen wie Parteiverräter behandelt wurden. Wanda Orbin vor allem, die immer wieder erklärte, daß die Reinheit der Partei ihr höher stünde als ihre numerische Stärke, wurde zur fanatischen Gegnerin aller derer, die sich nicht unverbrüchlich auf die alten Dogmen einschwuren. Und mehr als je hatte sie die Frauen auf ihrer Seite – die Frauen, die nicht auf dem Wege wissenschaftlicher Erkenntnis, sondern einzig und allein durch ihr Gefühl geleitet zu Sozialistinnen geworden waren. Mit jener naiven Kraft der ersten Christen, die ihr ganzes Tun und Denken auf die unmittelbare Wiederkehr des Gekreuzigten eingerichtet hatten, hofften sie auf die baldige Erfüllung ihres Zukunftstraums.

Als das Resultat der Wahlen bekannt wurde – es war in bezug auf die Zunahme der Mandate, aber noch mehr im Hinblick auf das Stimmenverhältnis weit hinter unseren Erwartungen zurückgeblieben –, stieg die Erbitterung gegen die »Bernsteinianer«, denen man die Schuld an diesem Ergebnis zuschob, noch mehr.

Ein Symptom für die allgemeine Stimmung war der Beschluß, der nach einer stürmischen Versammlung im Feenpalast von den Berlinern gefaßt wurde. Seinem Wortlaut nach richtete er sich zwar nur gegen eine Beteiligung an den Landtagswahlen in Berlin selbst, sein Tenor aber war eine Verurteilung der Beteiligung überhaupt. Sie erschien den Radikalen als ein bedenkliches Hinneigen zu revisionistischen Ideen.

In dem Kreise der Genossinnen äußerte sich das gegenseitige Mißtrauen weniger im Streit um Meinungen, als in persönlichen Reibereien. War ich schon während meiner Tätigkeit in der bürgerlichen Frauenbewegung zu der Überzeugung gelangt, daß diese spezifisch weibliche Art nur durch eine Zusammenarbeit mit dem Mann sich beseitigen lassen würde, so war ich jetzt entschlossen, den Einfluß, den ich noch besaß, nach dieser Richtung geltend zu machen.

»Wir haben die Gleichberechtigung der Geschlechter auf das Programm geschrieben, wir müssen sie also zu allererst in der eigenen Partei durchführen«, erklärte ich, und selbst die Feindseligsten waren in diesem Gedanken mit mir einig. »Bei den Genossen aber werden Sie damit schön abblitzen!« meinte Martha Bartels. »Bei denen heißt's noch immer, wenn unsereins den Mund auftut: Kusch dich! Zu Hause – wie in der Bewegung«, sagte eine andere langjährige Parteigenossin. »Sie wissen, wie wir voriges Jahr behandelt worden sind –« fügte die dicke Frau Wengs hinzu, »als wir auch nur eine einzige von uns in den allgemeinen Versammlungen als Delegiertin zum Parteitag wollten aufgestellt haben. ›Wascht man eure dreckige Wäsche alleene –‹, sagten uns die Vertrauensleute.« »So müssen wir eben immer wiederkommen«, entgegnete ich. »Na – für die schönen Augen von Genossin Brandt tun sie's am Ende«, höhnte Martha Bartels. Schließlich beschloß man, noch einen Versuch zu machen, und es gelang auf einer der Parteiversammlungen, zunächst meine Delegation zum Parteitag der Provinz Brandenburg durchzusetzen. Die Freude der Genossinnen über diesen Erfolg war die der Kinder, wenn sie ein neues Spiel beginnen: auf eine Zeitlang war jeder Streit vergessen.

Am Vorabend der Provinzialkonferenz veröffentlichte die Presse eine neue Rede des Kaisers, die er im Kurhause von Oeynhausen gehalten hatte: »Das Gesetz naht sich seiner Vollendung und wird den Volksvertretern noch in diesem Jahre zugehen, worin jeder, der einen deutschen Arbeiter, der willig ist, seine Arbeit zu vollführen, daran zu verhindern sucht, oder gar zu einem Streik anreizt, mit Zuchthaus bestraft werden soll ...«

Das bedeutete nichts weniger und nichts mehr, als eine Vernichtung des Koalitionsrechts, das war eine Kriegserklärung an das Proletariat, für die es nur eine Antwort gab: einmütiges Zusammenhalten. In der Sitzung am nächsten Morgen brachte ich eine Protestresolution ein, die zur einstimmigen Annahme gelangte, und unter dem Eindruck der kaiserlichen Drohung verlief die Tagung ohne einen Mißklang. Martha Bartels schüttelte mir herzlich die Hand, wie seit Monaten nicht, die gute Frau Wengs lachte über das ganze runde Gesicht, klopfte mir wohlwollend auf die Schulter und versicherte: »Nun haben Sie uns aber alle miteinander auf Ihrer Seite.«

Zwei Tage später erfuhr ich, daß einer der Berliner Wahlkreise bereit sei, mich zum nächsten Parteitag zu delegieren.

»Du bist leicht zu befriedigen!« sagte mein Mann mit einem leise spöttischen Ton in der Stimme, als er meine Freude sah.

»Es ist doch ein Anfang«, antwortete ich. »Oder meinst du, ich wäre in die Partei gekommen, um ewig Rekrut zu bleiben?«

»Gewiß nicht«, lachte er, »ich kenne doch meinen ehrgeizigen Schatz!«

Mir stieg das Blut in die Schläfen. War es Ehrgeiz, der mich beherrschte, oder nicht vielmehr der berechtigte Wunsch nach einem Wirkungskreis für meine Leistungskraft? Zu tief empfand ich das Opfer, das ich brachte, wenn ich mein Haus und mein Kind verließ, als daß ich es dauernd für überflüssige Nichtigkeiten hätte bringen können. Jetzt war ich im Aufstieg, und weil ich es war, hatte ich die Sympathie der anderen für mich; es galt nunmehr, beides festzuhalten.

In der Versammlung, die über die Parteitagsdelegationen endgültig zu entscheiden hatte, herrschte von Anfang an Gewitterschwüle. Die schroffsten Gegner saßen einander gegenüber, und bei jedem Punkt der Tagesordnung kam es zu hitzigen Wortgefechten. Eines schien von vornherein klar: die Masse der radikalen Berliner erwartete vom nächsten Parteitag eine Abrechnung mit den revisionistischen Elementen in der Partei, ja sie scheuten sich nicht, selbst gegen Bebel Stellung zu nehmen, weil er in der Landtagswahlfrage nicht auf ihrer Seite stand. Man forderte schließlich, daß sämtliche Delegierte sich auf die Feenpalastresolution verpflichten sollten. Während ringsumher alles durcheinander schrie und tobte, wurden die zur Delegation Vorgeschlagenen aufgerufen.

»Genossin Brandt, stehen Sie auf dem Boden unseres Beschlusses?« Überrascht fuhr ich auf – ich hatte nicht erwartet, als Erste gefragt zu werden –, ich versuchte, mir im Moment die Situation zu vergegenwärtigen. »So antworten Sie doch!« rief ungeduldig die Stimme des Vorsitzenden.

Die Genossinnen umringten mich: »Sie werden uns doch nicht im Stiche lassen«, flüsterte Frau Wiemer von der einen Seite, – »wir haben ja nur für Berlin die Beteiligung abgelehnt«, zischte mir Martha Bartels von der anderen ins Ohr. Und ein leises »Ja« kam zögernd von meinen Lippen.

Gleich darauf hörte ich Reinhards Namen nennen, und im selben Augenblick seine Antwort: ein scharfes »Nein«. Ich wurde gewählt – er nicht.

Glückwünschend umringten mich die Genossinnen. Aber jedes Wort, das sie sagten, ließ mich dunkler erröten. Am Ausgang traf ich Reinhard. »Das hätte ich von Ihnen nicht erwartet«, sagte er. »Sie kannten doch den tieferen Sinn der Resolution.«

Ich schlich nach Hause, müde, schuldbewußt. Noch in der Nacht schrieb ich eine Erklärung für den »Vorwärts« und legte mein Mandat in die Hände meiner Wähler zurück …

Die Frauen hätten mich am liebsten gesteinigt, die Männer lachten mich aus. Ich schwieg. Womit hätte ich mich verteidigen können?

VIII. KAPITEL

»Ottoo – addaa«, rief das helle Stimmchen meines Sohnes. Er saß auf meinen Knien im Wagen und winkte unermüdlich nach rechts und links, als ob er in seiner Freude alles grüßen müßte, was er sah. Wir fuhren hinaus in den Grunewald. Es war ein strahlender Sommertag; Scharen von Radlern flogen an uns vorüber; selbst die Dampfstraßenbahn fauchte heut wie ein vergnügter Alter, weil sie so viel Jugend in hellen Kleidern ins Grüne fuhr.

Vor einem umzäunten Waldwinkel hielten wir. Ich setzte den Kleinen ins Moos, und verwundert tippte er mit den runden rosigen Fingern jeden Grashalm an und kroch den schillernden Käfern nach und sah mit einem jauchzenden »Da – da!« den Vögeln zu, die von Zweig zu Zweig hüpften. Die alten dunkeln Kiefern wiegten ihre Häupter im Winde, die Sonne malte runde goldene Flecke auf ihre braunen Stämme, ein paar kleine blaue Blümchen reckten neugierig die Köpfe, und ein gelber Schmetterling tanzte über ihnen, – es war eine große Sommer-Festvorstellung für mein Kind.

Wir erwachsenen Leute gingen indessen ernsthaft umher und betrachteten das grüne Erdenfleckchen, auf dem unser Haus stehen sollte. Der Baumeister war mit uns gekommen. Er war noch jung und ein echter Künstler; von allen, bei denen wir gewesen waren, hatte er uns am besten verstanden. Ich hielt das Bild des Häuschens in der Hand, das seinen Namen trug – Alfred Messel –, und sah es schon lebendig vor mir, mit seinen blumenbesetzten Fensterbrettern und seinem lachenden roten Dach. »Ein rotes Dach?« sagte der Baumeister. »Nein! Unter die schwarzen

Kiefern paßt nur ein graues.« Schwarz und grau? Wie trübe klang das! Ich sah ihn erschrocken an – mir war auf einmal die Freude vergangen.

»Schwester Alix!« rief es über den Zaun. Ilse stand an der Türe, die Hand auf der blitzenden Lenkstange ihres Rades, und neben ihr ein großer, überschlanker Mann. Errötend stellte sie ihn vor: »Professor Erdmann!« Sie hatte mir schon von ihm erzählt, dem aufgehenden Stern am Himmel des Kunstgewerbes, der in den Salons des Tiergartenviertels eine Rolle zu spielen begann, und Messel begrüßte ihn wie einen lieben Kollegen. Nach ein paar raschen Worten drängte Ilse zum Aufbruch: »Wir dürfen die anderen nicht verlieren«, sagte sie. »Ich find' es viel hübscher zu zweien«, meinte ihr Begleiter und sah sie mit einem Lächeln an, das auf ein tieferes Einverständnis der beiden schließen ließ. Sie fuhren davon. Das helle Köpfchen meiner Schwester hob sich empor zu ihm, seine lange Gestalt neigte sich zu ihr, – so flogen sie nebeneinander die sonnige Straße hinauf, bis der dunkle Wald sie verschlang.

Am nächsten Morgen in aller Frühe kam meine Schwester. Sie wollte mich allein sprechen. Ihr heißes Gesichtchen, ihr rascher Atem, drei mühsam hervorgestoßene Worte: »Ich liebe ihn«, sagten mir genug. »Und die Eltern?« fragte ich. »Sie wissen von nichts«, stotterte sie und sah ganz verängstigt drein.

Ich dachte an meinen Vater: mit welch verächtlichem Naserümpfen hatte er früher über Künstlerehen gesprochen. Sollten für seine Töchter keine seiner heißen Wünsche in Erfüllung gehen?

»Du wirst dich auf harte Kämpfe gefaßt machen müssen –«, sagte ich, und mein Blick haftete auf ihren kleinen, kraftlosen Händen. »Ich laufe davon, wenn Papa es nicht zugibt«, rief sie.

Noch am selben Tage besuchte ich Erdmann. Mein Schwesterchen war einmal mein Kind gewesen, sie war es mir von dem Augenblick an wieder, wo sie schutzbedürftig vor mir stand.

Als der Mann, den sie liebte, mir in seinem Atelier entgegentrat, war mein erstes Gefühl das des Schreckens: wie bleich war er, wie groß und schmal, wie seltsam durchsichtig waren seine schlanken, langfingrigen Hände. Aber die Art, wie er mit mir sprach, ließ mich über den Menschen seine Erscheinung vergessen.

»Ich liebe Ihre Schwester und werde sie heiraten«, antwortete er auf meine Frage. »Freilich: Ilse stellte mir eine Bedingung –«, fügte er lächelnd hinzu, »du mußt Alix gefallen, sagte sie.«

»Das dürfte weniger schwer sein, als daß Sie ihren Eltern, vor allem dem Vater, gefallen müssen«, meinte ich.

»Gegen den härtesten Schädel hat sich noch immer der meine als der härtere erwiesen«, entgegnete er.

»Aber Ilse ist weich; ob sie schweren Kämpfen gewachsen sein würde?!«

»Gerade weil sie so zart ist, liebe ich sie, und nehme alle Kämpfe auf mich, – nur ihrer Treue muß ich sicher sein.« Dabei funkelten seine Augen. Ein starkes Temperament schien sich hinter den leichten Formen zu verstecken; würde die kleine Ilse es ertragen können?

»Sie ist noch sehr jung«, warf ich noch einmal ein. »Um so besser –«, ein warmer Glanz echter Freude verschönte seine Züge, – »wir Künstler brauchen leere Leinwand und unbehauenen Stein.«

Vor dem Abschied versprach er mir, sich meiner Mutter zu erklären, damit sie imstande sei, den Vater vorzubereiten. Ich ging nachdenklich heim. Ilse war ein leicht zu leitendes Kind gewesen, – fast zu leicht, denn mit dem Zuckerbrot der Liebe ließ sie sich willenlos hin- und herführen; aber hörte sie auch nur eine Peitsche knallen, so erwachte ein unbändiger Trotz in ihr, und in ihren Augen glühte der Haß gegen den, der sie meistern wollte. Würde die Liebe dieses Mannes, der nur aus von Energie gespannten Nerven und Sehnen zu bestehen schien, die richtige Grenze zu finden wissen?

Meine Mutter war zuerst außer sich, als Erdmann sich ihr eröffnet hatte. Sie kam zu mir und kämpfte mit den Tränen: »Nun bin ich es wieder, die eurem Vater standhalten muß! Und ich habe es doch so satt!« »Dafür wirst du nachher um so mehr

Ruhe haben«, suchte ich sie zu beruhigen. Ihre schmalen Lippen kräuselten sich, sie hatte wohl ein bitteres Wort auf der Zunge, aber sie sprach es nicht aus.

Erdmann verkehrte von nun an bei den Eltern. »Denk' nur, er gefällt Papa!« erzählte mir Ilse ganz glücklich, und die Mutter lebte wieder auf. Daß der Bewerber ihrer Tochter in guten Verhältnissen war, beruhigte sie vor allem. Und auch ich freute mich dessen; meine Schwester war ein verwöhntes Prinzeßchen; wie oft hatte nicht die Mutter vor ihr gekniet, um ihr die Stiefel zuzuschnüren, damit ihr nur ja der Rücken nicht schmerzte! Zu keinerlei Arbeit war sie jemals genötigt worden, – ich selbst hatte ihr nur zu häufig die Schularbeiten gemacht, damit das Köpfchen unter den schweren goldenen Flechten nicht gar zu müde wurde!

Eines Morgens kam die Nachricht: »Papa hat eingewilligt!« und daneben von der Mutter Hand: »Hans war ganz ruhig. Nur als Erdmann fort war, hat er sich stundenlang in sein Zimmer eingeschlossen.« Er mußte doppelt gelitten haben, da er sich durch keinen Ausbruch seiner Leidenschaft mehr zu erleichtern vermochte. Ich konnte mich noch nicht freuen, weil ich nur seiner gedachte. Ob ich ihm schreiben dürfte, – ob ein verständnisvolles Wort von mir ihm zu helfen vermöchte?

Im Zoologischen Garten erwartete er täglich mein Kind. Er hatte immer die Taschen voll für den Kleinen; war das Wetter schlecht, so ließ er ihn zu sich kommen, setzte sich zu ihm auf den Teppich und baute dem Enkel Bleisoldaten in Schlachtordnung auf. Und stets ließ er mich grüßen, sagte das Mädchen. Er würde einen Brief von mir nicht zurückweisen! An einem blauen Bändchen knüpfte ich ihn meinem Jungen um den Hals, als er das nächstemal zu »Apapa« fuhr. Auf dieselbe Weise brachte er die Antwort mit zurück:

»... Hast es richtig getroffen, mein Kind: ein Auge weint, und das andere lacht nicht. Ich muß mich selbst überwinden. Wenn man das Fahrwasser kennt, dann hat die Hoffnung ihr Recht; aber das unbekannte Fahrwasser, in das man sein Letztes lassen muß, das gibt an keiner Stelle Ruhe. Daß Du mich verstanden hast, erfreut mich und macht mich dankbar.

Dein alter Vater.«

Meine Schwester strahlte vor Glück. Mit jener geistigen Beweglichkeit, die ihr von jeher eigen gewesen war, ging sie vollkommen auf im Künstlertum ihres Verlobten. Sie schien wirklich die leere Leinwand, der unbehauene Stein, aus dem erst unter seinen Händen ein lebendiges Werk werden sollte. Selbst ihre Kleidung richtete sie nach seinem Geschmack; sie war eine der ersten, die jene malerischen Gewänder trug, wie sie aus den Köpfen der jungen Vorkämpfer des aufblühenden Kunstgewerbes hervorgingen und von den Frauenrechtlerinnen aus hygienischen, von den Malern aus künstlerischen Gründen geschaffen wurden. Jedes Stück ihrer künftigen Einrichtung wurde nach den Zeichnungen Erdmanns angefertigt. »Oskars Stil entspricht so vollkommen meinem ästhetischen Empfinden«, sagte sie, und ihr Blick flog ein wenig hochmütig über unsere Möbel hinweg, »daß ich in einer anderen Umgebung nicht leben könnte.« Sie hatten nahe dem Kurfürstendamm eine Wohnung gemietet, die nach Erdmanns Angaben umgestaltet wurde. Kam das junge Paar mit der Mutter zu uns, so drehte sich das Gespräch um die Zukunftspläne mit all ihren reizvollen Details. Meine eigenen, die mich so glücklich gemacht, so ganz gefangen hatten, traten dabei zurück. »Du willst uns wohl mit eurem Haus überraschen, daß du so wenig davon erzählst«, meinte die Mutter einmal und ich nickte dazu.

Die Gründe, warum ich schwieg, waren freilich anderer Art. Das Haus, das inzwischen immer stattlicher aus der Erde herauswuchs, war zur Quelle neuer drückender Sorgen geworden. Wir hatten in unserer naiven Unkenntnis aller realen Forderungen des Lebens vorher nicht berechnet, daß doch auch während des Baues Zinsen zu zahlen waren, die unser Budget auf das Schwerste belasten mußten. Ich wußte oft nicht ein noch aus; dabei sah ich, wie mein Mann unter den Verhältnissen litt, und zwar um so mehr, je mehr er empfand, daß ich von ihnen betroffen wurde. Machte ich einmal irgendeine von der Angst diktierte Bemerkung, so fuhr er sich mit der Hand nervös durch das weiche, wellige Haar und sagte mit einem gequälten Ausdruck in den Zügen: »Kümmere dich doch nicht darum! Überlasse mir all diese Lappalien. Ich werde dir alles aus dem Wege räumen.«
Inzwischen gibt es Spannungen wegen der beiden Söhne H.s aus erster Ehe. Sie fühlen sich zwischen der reichen Mutter in Wien

und dem Berliner Zuhause verloren, und H. bietet ihre Übersiedlung nach Wien an. Lily besucht die verbitterte Frau in Wien, die harte Bedingungen stellt. Ehe es zu einer Entscheidung kommen kann, stirbt die Wienerin. Die Buben müssen, da ihnen andernfalls Enterbung droht, fort vom Vater in ein Internat.

Nun war es still bei uns im Hause. Ottochen, der sich inzwischen auf seinen eigenen Füßchen zu bewegen gelernt hatte, lief im Zimmer der Brüder von Stuhl zu Stuhl, guckte in die Schränke und unter die Betten und rief vergebens »Wof« und »Ans«. Zuerst weinte er, weil sie nicht kamen, um mit ihm zu »pielen«, dann erinnerte er sich ihrer nur noch, wenn er auf meinem Schoß am Schreibtisch saß und ich ihm ihre Bilder zeigte. Er war ein unbändiger kleiner Kerl, der nie lange an einem Platz aushielt. Ein Sonnenstrahl im Zimmer, eine Fliege am Fenster, Hundegebell und Pferdegetrappel auf der Straße, – alles erregte seine brennende Neugierde; wenn aber gar Soldaten vorübermarschierten, so zappelte er mit Händen und Füßen vor Freuden, und rief, so laut er konnte: »Daten! Daten!«

Seitdem der Großvater sich dem Enkel zuliebe einmal in die alte Generalsuniform gezwängt hatte, ging er noch einmal so gern in die Ansbacherstraße. »Apapa Dat, Apapa Dat«, hatte er mir mit erstaunten Augen und einem Ausdruck von Ehrfurcht in dem Gesichtchen damals erzählt. Und »Apapa dehn!« schrie er mit Stentorstimme, wenn wir nicht ruhig genug mit ihm spielten.

Eines Abends im Herbst kam meine Mutter und erzählte mir, der Vater habe heute,ohne sie zu fragen, die Wohnung gekündigt. »Er will im Grunewald mieten«, fügte sie hinzu, »um Ottochen nahe zu sein.« Mir wurden die Augen feucht: so ersetzte ihm der Enkel die Tochter, die er verloren hatte.

Kurze Zeit darauf bekam ich einen Brief von ihm:

»Liebes Kind! denke doch nicht, daß es mir genügt, Deinen Jungen bei mir zu sehen. Alte Leute brauchen viel

Wärme, darum sagte ich Ottochen heute, daß er Papa und Mama das nächste Mal mitbringen soll. Er sah mich so ernsthaft an, daß ich glaube, er hat mich verstanden.

Dein treuer Vater.«

Und so trat ich mit meinem Kind auf dem Arm in die alte Wohnung. Die Schwester kam mir entgegen: »Nun wird meine Hochzeit erst ein richtiges Fest für mich sein«, sagte sie und küßte mich stürmisch. Sie öffnete die Tür zum Zimmer des Vaters. »Er kommt gleich«, flüsterte sie und lief davon. Ich mußte mich setzen; die Knie zitterten mir. Alles hatte ein Gesicht, ein liebes, vertrautes: die verblichenen Sessel, die so einladend die Armlehnen nach mir ausstreckten, der alte, grüne Teppich, der sich warm und weich unter meine Füße schmiegte, die dunklen Bilder an der Wand, die zu lächeln schienen. Auf dem Schreibtisch lagen wie einst in Reih und Glied die sorgfältig gespitzten Bleistifte und die Gänsefedern, die der Vater sich selbst zu schneiden pflegte, und der »Soldatenhort«, für den er schrieb. Und in der Ecke – die alte Reiterpistole! Aus dem Zimmer war ich einmal geflohen vor ihr! – Der sie auf mich gerichtet hatte, rief mich heut zurück! Nein, – mich nicht! Nur dieses süßen blonden Kindes Mutter!

Die Türe ging auf. »Apapa!« rief der Kleine und streckte ihm die Ärmchen entgegen. Im nächsten Augenblick fühlte ich uns beide umfaßt: Die Lippen zitterten, die meine Stirn berührten. »Wir wollen einander nicht weich machen, Alix«, sagte er leise. »Wir wollen so tun, als wärst du gar nic weg gewesen.«

Von nun an sahen wir uns oft. Mühsam, mit schwerem Atem, auf jedem Treppenabsatz minutenlang innehaltend, kam er immer häufiger zu uns herauf, und meist um die Stunde, die er früher im Kasino zuzubringen pflegte. Er hatte stillschweigend auch diese alte Gewohnheit aufgegeben, und als die Mutter ihn danach fragte, sagte er: »Was soll ich mich jetzt noch über Menschen und Zeitungen ärgern?!«

Mein Mann, der sich nie als »Schwiegersohn« fühlte, sondern stets sehr zurückhaltend, sehr förmlich blieb, gefiel ihm. »Du ahnst ja kaum, wie der Frieden auf mich wirkt«, schrieb er mir einmal. »Ich bin Dir die Erklärung schuldig, daß dein Mann, dessen vollendeter Takt mir so wohltuend ist, ganz auf mich zählen kann.«

Zuweilen fuhr er mit uns in den Grunewald, wo er zum Frühjahr in unserer Nähe eine Wohnung gemietet hatte. Er strahlte vor Freude, wenn er unser Häuschen wachsen und werden sah.

»Wie mich das glücklich macht, dich so ohne Sorgen zu wissen«, sagte er zu mir, während er unermüdlich über die Balken kletterte und jeden Raum in Augenschein nahm. Dann drückte er Heinrich die Hand: »Daß du meiner Alix solch eine Heimat schaffst!«

Draußen im Garten freute ihn jeder Strauch, der gepflanzt wurde. »Hier muß Ottochen einen großen Sandhaufen haben«, meinte er, »und eine Schaukel und eine Kletterstange, damit seine Muskeln straff werden. Daneben aber baut mir eine Laube, in der ich im Sommer, ohne euch zu stören, sitzen und mit meinem Jungen spielen kann.«

Ende November wurde Ilse im Elternhaus mit Oskar Erdmann getraut. Nur die nächsten Verwandten waren geladen worden, und auch von ihnen hatten manche abgesagt, als sie erfuhren, daß wir zugegen sein würden. Meine Schwester sah aus wie eine Frühlingselfe. Alles Licht im Raum ging von ihren goldenen Haaren aus, deren Glanz selbst der keusche Brautschleier nicht zu dämpfen vermochte. Erdmann schien mir noch schmaler als sonst. Ein unbestimmtes Angstgefühl beschlich mich. Meiner Schwester »Ja!« klang so froh, so hell an mein Ohr, daß es die Sorge verscheuchte. Als aber der Geistliche sich fragend an ihn wandte, verschlang ein rauher Husten, unter dem ich seinen Rücken beben sah, seine Antwort. Mir war, als wechselten seine Geschwister, die neben uns standen, einen erschrockenen, vielsagenden Blick. Doch wie das junge Paar sich uns zuwandte, überstrahlte ihr Glück auch diesen Eindruck.

Im Winter ging es meinem Vater Woche um Woche schlechter. Es duldete ihn nicht im Hause; schon früh trieb ihn eine unerklärliche Unruhe fort; versuchte die Mutter, ihn zurückzuhalten, so setzte er ihren Bitten einen so heftigen Widerstand entgegen, daß sie ihn gehen lassen mußte. Er besuchte meine Schwester und schleppte sich bis zu uns herauf, obwohl es ihm täglich schwerer wurde. Es war, als ob er das Alleinsein mit der Mutter nicht ertrüge. Nur wenn sein Enkel bei ihm war, wich seine innere Unruhe einem Ausdruck stillen Friedens. Zuweilen verließ ihn das Gedächtnis, dann nannte er den Kleinen »Alix« und war noch zärtlicher zu ihm als sonst. Einmal kaufte er eine Puppe, um sie »Alix« zu schenken; als ihn die Mutter auf den Irrtum aufmerksam machte, geriet er in helle Wut. »Alle Freude willst du mir verderben«, schrie er und sprach stundenlang nicht mit ihr. Irgendeine Pflege duldete er nicht; er schloß sich im Schlafzimmer ein, wenn der Arzt kommen sollte.

Ich sah, wie meine Mutter sich mühte, ihm alles recht zu machen. Aber die Sorgfalt, mit der sie ihn umgab, hatte etwas Kühles, Fremdes, – als ob das Herz nicht dabei wäre. Sie litt unter seiner Heftigkeit; es kam vor, daß ihre starre Selbstbeherrschung zusammenbrach; dann weinte sie bitterlich, aber es waren Tränen des Zornes, nicht des Leides. »Er ist so böse zu mir, so böse!« kam es krampfhaft zwischen ihren fest geschlossenen Zähnen hervor. Hilflos stand ich vor der Offenbarung der Ehetragödie meiner Eltern. Manches Erlebnis, das meine Jugend verbittert hatte, tauchte in der Erinnerung wieder auf, und ich fand jetzt den Schlüssel dazu.

»Die Ehe hat sie zerstört«, sagte ich zu meiner Schwester, als wir darüber berieten, wie ihnen vielleicht noch zu helfen sei.

»Ja – das glaube ich gern«, antwortete sie mit einem grüblerischen Ausdruck, der ihrem weichen Gesichtchen sonst fremd war.

Ich horchte auf; – kaum zwei Monate war sie verheiratet! Von da an führte mein Weg, wenn ich zu den Eltern ging, regelmäßig bei ihr vorüber. Ich hatte sie in ihrem jungen Glück nicht stören wollen, jetzt trieb mich die Sorge, zu sehen, ob es nicht schon gestört war. Aber ich fand sie stets heiter inmitten ihrer schönen Häuslichkeit, die in Formen und Farben so harmonisch zusam-

menstimmte, daß eine Vase, ein Blumenstrauß schon störend zu wirken vermochte, wenn sie nicht in bewußtem Einklang damit gewählt worden waren. Und ich fand ihren Mann zärtlich um sie besorgt, – in einer Art freilich, die ich nicht vertragen hätte, die der Natur Ilsens aber zu entsprechen schien. Er bestimmte ihre Kleidung, er beaufsichtigte die Hauswirtschaft, er ordnete den Tisch, wenn Besuch erwartet wurde. Und alles nahm unter seiner Hand den Charakter seines Künstlertums an: der Vornehmheit, die jedes äußeren Schmuckes entbehren konnte, weil sie das Wesen des Materials zu reinstem Ausdruck brachte; der jedem lauten Ton abholden Ruhe, die wie Sonnenuntergang am Tage durch die orangeseidenen Vorhänge klang und am Abend in den Falten der grünen, die sich darüber breiteten, träumte; und der Liebe zur Natur, die sich in allem, was ihn umgab, widerspiegelte, – in dunkelroten Kastanienblättern der Tapete, den zarten Pflanzen- und Vögelstudien japanischer Holzschnitte, dem Wandteppich mit dem stillen Waldbach, auf dem die Schwäne ziehen. Es war gut sein bei ihnen, und wer davonging, dem kam die Welt draußen doppelt häßlich, unharmonisch, laut und herzlos vor. Aber es ging auch etwas wie eine Lähmung von dieser Umgebung aus, etwas, das vom wirklichen Leben gewaltsam abzog.
Der Schwager erkrankt an Tbc, und Lilys Mutter reibt sich auf mit der Pflege ihres Mannes und der Hilfe in der jungen Ehe ihrer Tochter Ilse.

Hans geht es schlecht, kommt bitte gleich –« Meine Mutter schickte diese Zeilen. Wir fuhren in die Ansbacherstraße. Auf seinem Lehnstuhl saß der Vater, halb angezogen, mit blaurotem Gesicht und blutunterlaufenen Augen. Gepackte Kisten standen umher, öde starrten uns die vorhanglosen Fenster entgegen, grauer Staub lag auf den abgeräumten Tischen.

»Ich will nicht zu Bett, – ich will nicht«, stöhnte der Kranke. Der Mutter liefen die Tränen über die abgehärmten Wangen.

»Er stößt mich zurück, wenn ich ihm helfen will«, flüsterte sie. Der Arzt trat ein. Mit gewaltsamer Anstrengung erhob sich der Vater, stützte sich mit beiden Händen auf den Tisch vor ihm und schrie, während die Augen ihm aus den Höhlen zu treten schienen: »Hinaus – hinaus! Ich mag keinen Quacksalber!« –

Dann brach er zusammen, krallte die Hand in die linke Seite, – langsam wich die Farbe aus seinen Zügen; willenlos ließ er sich ins Schlafzimmer führen, den Kopf tief gesenkt, schwankend, mit kleinen, unsicheren Schritten. Im Bett lag er ganz still. Nur die Augen, die merkwürdig groß und klar geworden waren, sprachen, was die Lippen nicht sagen konnten.

Während Heinrich und Erdmann von den neuen Mietern der Wohnung, die sich zu einem Aufschub des Einzugs nicht verstehen wollten, zum nächsten Krankenhaus fuhren, um die Übersiedlung dorthin vorzubereiten, und die Mutter mit Ilsens Hilfe draußen das Notwendigste zusammenpackte, war ich allein bei dem Kranken.

Wir redeten miteinander. Seine Augen bohrten sich forschend in meine Züge. »Du kannst ruhig, – ganz ruhig sein, lieber Papa. Ich bin vollkommen glücklich –«, versicherte ich. Sie leuchteten auf, um sich gleich darauf in jäher Angst, halb geschlossen, wieder auf mich zu richten. »Ich liebe dich, Papa, ich habe nie aufgehört, dich zu lieben«, antwortete ich mit tränenerstickter Stimme. Um seine blassen Lippen zuckte ein leises Lächeln, seine schwache Hand versuchte, die meine zu umschließen, die Lider deckten sekundenlang die stahlblauen Pupillen, – dann zuckten sie schreckhaft wieder empor. Eine einzige, ungeheure, verzweifelte Frage starrte aus diesen Augen, in die das ganze Leben sich zu einer letzten Zuflucht zusammendrängte. Ich verstand. Vorsichtig löste ich meine Hand aus der seinen und ging hinaus – »Mama!« rief ich leise. Sie kam. Ich sah noch zwei Hände, die sich zitternd ihr entgegenstreckten, – dann zog ich die Türe hinter mir ins Schloß …

Als der Krankenwagen vorfuhr, trat sie aus dem Zimmer, bleich, regungslos, wie versteinert. »Er schläft«, sagte sie. Ich beugte mich über ihn: wie ein Hauch schwebte der Atem nur noch von seinen Lippen. Die Augen waren geschlossen, das Gesicht weiß und still, beherrscht von einem Ausdruck feierlichen Ernstes.

Zu Hause lief mir mein Kind entgegen. »Apapa dehn!« schrie es ungeduldig. Es war die Stunde seiner täglichen Ausfahrt. Ich schüttelte traurig den Kopf. Da fing es an herzbrechend zu schluchzen.

Noch zwei Tage atmete der Sterbende. Mit einer Ruhe, von der ich nicht wußte, ob ich sie bewundern oder mich vor ihr entsetzen sollte, ordnete die Mutter alles an, als wäre er schon gestorben.

Angstvoll sah ich hinüber zu dem starren Gesicht in den weißen Kissen. »Er ist ohne Bewußtsein«, hatte der Arzt versichert. Zuweilen aber schien mir, als hörte er noch, als sähe er mit geschlossenen Augen, als ginge ein Beben durch seinen Körper.

In der dritten Nacht starb er.

Acht Tage später verließen wir die Wohnung, in der die Sonne durch alle Fenster hatte fluten können, in der mein Sohn geboren worden war. »Ottoo – addaa –« jauchzte er wieder, als wir davonfuhren; aber die Fenster des Wagens waren geschlossen, und der Frühlingsregen peitschte an das Glas. Im Walde draußen empfing uns die neue Heimat: Unter dem tiefen grauen Dach unseres Hauses schauten die kleinen Fenster wie Augen unter schattenden Wimpern hervor, geheimnisvoll lockend und feindselig abwehrend zugleich. Darüber wiegten die Kiefern ihre schwarzen Kronen. Es war wie ein Stück der stillen, ernsten Natur, die es umgab. Und still und ernst trat ich über seine Schwelle.

IX. KAPITEL

Um diese Zeit (1899, d. Hg.) erschien Eduard Bernsteins längst erwartete Broschüre: »Die Voraussetzungen des Sozialismus und die Aufgaben der Sozialdemokratie.« Sie faßte zusammen und führte aus, was er ein Jahr vorher in seiner Artikelserie über die Probleme des Sozialismus gesagt hatte. Jetzt, wo die erste Erregung hinter mir lag und ich mit ruhigem Verstand zu lesen vermochte, spürte ich den Einfluß der englischen Fabier, der Webb, der Shaw, der Burns, in deren geistiger Atmosphäre dies Buch entstanden war. Ich spürte aber auch den deutschen Gelehrten, der der rauhen Luft Preußens seit Jahrzehnten entwöhnt war und es in seiner stillen Londoner Studierstube, fern der Heimat, verfaßt hatte. Er konnte drüben nicht wissen, wie der deutschen Partei im Augenblick jede Aufnahmefähigkeit für theoretische Erörterungen gebrach, und wie der Masse der Parteigenossen, die sich von allen Seiten in ihrer physischen und rechtlichen Existenz bedroht sahen, seine Mahnung, den Liberalismus nicht zurückzustoßen, zu handeln wie eine demokratisch-sozialistische Reformpartei, als blutiger Hohn erscheinen mußte. Wo waren denn die freigesinnten Elemente der Bourgeoisie, auf die es sich verlohnte, Rücksicht zu nehmen, um mit ihnen gemeinsam demokratische Forderungen durchzusetzen? Sie entflammten in schöner Begeisterung für Völkerfreiheit, – wenn es sich um den Kampf der Buren gegen die Engländer handelte. Sie empörten sich wider Unrecht und Vergewaltigung, – wenn von Dreyfus und dem französischen Generalstab die Rede war. Es kam sogar etwas wie ein Entrüstungssturm zustande, als das Zentrum die Kunst in die Ketten kirchlicher Moral zu legen drohte, – aber dem Urteil von Löbtau, das neun Maurer, die sich mit ihren über die schwer errungene zehnstündige Arbeitszeit hinaus arbeitenden Kollegen in eine Schlägerei verwickelten, mit Zuchthaus bestrafte, standen sie stumm und kalt gegenüber.

So sehr ich mich genötigt sah, der theoretischen Kritik Bernsteins zuzustimmen, so wenig seiner Auffassung von der Notwendigkeit eines Paktierens mit dem Liberalismus. »Wer nicht mit uns ist, der ist wider uns –.« Getäuschte Liebe trägt die Maske brennenden Hasses; darum urteilt der Renegat über die Klasse, die er verließ, am schärfsten. Wo waren all die, auf die ich gerechnet hatte? Ein einziger hatte seitdem den Weg zu uns gefunden: Göhre.* Alle anderen starrten geblendet in die Fata Morgana deutscher Zukunftsweltmacht.

Ich habe den Genossinnen einen Vorschlag zu unterbreiten«, begann Martha Bartels in einer unserer Frauensitzungen. »Unter uns ist kaum eine, die nicht wenigstens die Bernsteindebatten im Vorwärts verfolgt hätte. In engeren Parteikreisen haben wir wohl auch Gelegenheit gehabt, uns darüber auszusprechen und Belehrung durch andere zu empfangen. An einer großen öffentlichen Auseinandersetzung fehlt es leider noch. Ich beantrage, Genossin Orbin zu bitten, in öffentlicher Volksversammlung einen Vortrag über den Streit, der uns so nahe angeht, halten zu wollen.«

Mit ungewöhnlicher Lebhaftigkeit stimmte man ihr zu. Ich wußte, daß es Wanda Orbin selbst gewesen war, die ihr diesen Gedanken souffliert hatte. Sie wütete in der »Freiheit« gegen Bernstein. »Soweit es sich um die Erörterung der praktischen Vorschläge Bernsteins handelt, scheint auch mir der Antrag annehmbar«, sagte ich. »Seine Theorien aber sind doch wohl kein Thema für eine öffentliche Volksversammlung.«

---

* Paul Göhre, 1864–1928, Pastor, tritt 1900 der SPD bei. Sensation!

»Genossin Brandt hält uns mal wieder für zu dumm«, hörte ich die schrille Stimme der rotäugigen Stickerin sagen. »Bernstein meent ja ooch, daß wir noch nich reif sind«, meinte eine andere mit einem giftigen Blick auf mich, »er is nischt als so'n verkappter Bourgeois, der uns zum St. Nimmerleinstag vertrösten will, damit's ihm nich an den Schlafrock jeht.«

Ich hielt diesem Ausbruch proletarischer Eitelkeit, die die Partei groß gezogen hatte, ruhig stand. Die apodiktische Sicherheit, mit der die Partei in ihrer Presse ihre Ansichten vertrat; die verflachende Popularisierung der Lehren ihrer Vorkämpfer, durch die sie sie den Massen mundgerecht machte; der Hohn, mit dem sie die Äußerungen »bürgerlicher Wissenschaft« überschüttete, konnten keine andere Wirkung haben.

»Wie wär's, wenn Genossin Brandt das Korreferat übernähme?« fragte Ida Wiemer, die vor allem gewerkschaftlich tätig war und infolgedessen zu einer weniger radikalen Auffassung neigte.

»Selbst wenn Sie das wünschen, müßte ich nein sagen«, antwortete ich rasch; »ich bin außerstande, theoretische Fragen zu beurteilen,die einen Mann wie Bernstein jahrelang beschäftigt haben, ehe er eine Antwort fand.« Rings um mich sah ich spöttisches Lächeln in den Mienen, Ida Wiemer senkte errötend den Kopf, als schäme sie sich für mich.

Tatsächlich hätte ich nicht törichter vorgehen können: Nur wer keck alles zu wissen und zu können behauptet, verschafft sich Ansehen in der Öffentlichkeit. Ich hatte mir eine Blöße gegeben, die mir nicht vergessen werden würde.

Luise Zehringer sprach nach mir, eine Genossin aus Hamburg, eine Zigarrenarbeiterin mit harten vermännlichten Zügen. Es fehlte ihr, auch in dem Klang der Sprache, jede Spur von Weiblichkeit. Ein ernstes Arbeitsleben von Kindheit an hatte der ganzen Erscheinung jede Weichheit genommen.

»Ich gehöre zu denen, die eine energische Zurückweisung der Bernsteinschen Angriffe auf unsere Grundanschauungen nicht nur für notwendig, sondern für jede von uns, die im Besitze proletarischen Klassenbewußtseins ist, für möglich hält«, sagte sie. »Ich habe keine vornehme Erziehung genossen, wie die Genossin Brandt, aber meine fünf Sinne habe ich beieinander. Ich weiß darum, ohne jahrelanges Studium, daß Bernstein Marx und Engels Unterstellungen macht, die sie niemals vertreten haben, daß er gegen eine Verelendungstheorie kämpft, die niemals von uns propagiert worden ist. Wir verstehen unter Proletariat nicht diejenigen, die mit zerlumptem Rock und knurrendem Magen umherlaufen, sondern jeden, der abhängig ist vom Kapital. Und diese Abhängigkeit wächst von Tag zu Tag und damit die Masse des Elends. Und ist die Zunahme der Erwerbsarbeit proletarischer Hausfrauen und Mütter nicht ein weiterer, schlagender Beweis für die Zunahme des Elends? Glauben Sie vielleicht, Genossinnen, sie verließen aus Vergnügungssucht, wie die Damen der Bourgeoisie, ihr Zuhause und ihre Kinder?!«

Aller Augen hingen an der Sprecherin, die ihre leidenschaftlich vorgestoßenen Worte mit lebhaften eckigen Gestikulationen begleitete. »Ich weiß aber noch mehr: Ich weiß, daß die Empörung gegen das Elend mit ihm wächst, daß die Gleichgültigsten, wenn sie hungernd über den Jungfernstieg gehen, während hinter den Spiegelscheiben der feinen Restaurants die Protzen schmatzen und saufen, die Fäuste ballen lernen und weniger denn je von einem Techtelmechtel mit den schlauen Verführern der Bourgeoisie, den Liberalen, wissen wollen. Zwischen uns und ihnen gibt es nur Kampf, – Kampf bis aufs Messer, – bis zur Diktatur des Proletariats, vor dem der behäbige, gut genährte Herr Bernstein und seinesgleichen solch ein Grausen hat ...« Sie schwieg erschöpft; ihre Züge waren noch um einen Schein blasser geworden. Wanda Orbins Referat war gesichert.

Wie stellen sich die Parteigenossen Berlins zu Bernsteins Schrift?« Auf leuchtend gelben Zetteln prangte diese Frage an den Litfaßsäulen. Im Westen gingen die Spaziergänger achtlos daran vorbei. In der Friedrichstadt blieben Studenten mit unverkennbar russischem Typus nachdenklich davor stehen, während ihre deutschen Kollegen der Anzeige der Amorsäle ihre Aufmerksamkeit zuwandten. Im Norden und im Osten dagegen sammelten sich Gruppen von Arbeitern vor ihr, und in die Kneipen, in die Arbeitssäle und in die Wohnungen wurde die Frage weitergetragen. Als Wanda Orbin die Tribüne betrat, erwarteten nur wenige ihrer Zuhörer von ihr etwas anderes als die Bestätigung der Antwort, die für sie selber schon feststand.

Sie verkündete mit priesterlichem Fanatismus den beseligenden Glauben an die Herrlichkeit des nahe bevorstehenden Zukunftsstaates gegenüber der kühlen Beweisführung seiner langsamen Entwicklung; sie schürte den Haß wider die bürgerliche Gesellschaft, sie mahnte zum Vertrauen allein auf die eigene Kraft des Proletariats. Zwischen ihr und der Zuhörerschaft entstand jene hypnotische Verbindung, durch die der Redner nur als Sprachrohr der Massen erscheint und die Massen wieder unter der Suggestion des Redners stehen. Sie war die Stimme des Volkes, das die Ketzer verdammte, die ihm nehmen wollten, was ihres Lebens einziger Reichtum, ihres Willens einzige Triebkraft war: den religiösen Glauben des Sozialismus. In ihr lebte die Urkraft der Bewegung, die nur Freunde und Feinde kannte, die kämpfen wollte, aber nicht paktieren, die im Eroberungskrieg das Leben jedes einzelnen zu opfern bereit war, nicht aber die Hoffnung auf raschen Sieg.

Ein alter Mann saß neben mir. Er war müde gekommen; jetzt glänzten seine Augen, seine Wangen glühten, sein gebeugter Rücken richtete sich auf. An einem Tische nicht weit davon sah ich eine Gruppe junger Arbeiter; sie trommelten mit den breiten Fäusten auf den Tisch, und Haß und Lust und barbarische Kampfbegier leuchtete aus ihren Zügen. Unter dem Spiegel an der Wand lehnten umschlungen ein paar schwarzhaarige Studentinnen; aus ihren Blicken sprach jene Schwärmerei, die Hirtenmädchen zu Heldinnen macht. Auch ich war erschüttert; was mein Verstand, mir selbst zum Trotz, Stein um Stein aufgerichtet hatte, das drohten die Pfeile von der Rednertribüne zu zerstören. Aber dann vernahm ich schrille, falsche Töne, für die nur mein Gehör fein genug schien: die Rednerin verhöhnte die Kraft ethischer Motive als einen in Rechnung zu stellenden Motor in der revolutionären Bewegung. Sie überschüttete mit Spott jene »bürgerlichen Intelligenzen«, die mit der »Gerechtigkeitsidee« ins weite Meer gesteuert und mit gebrochenen Masten in den Hafen der Entsagung zurückgekehrt sind. »Nur der aus seinen

Klasseninteressen entstehende Klassenkampf des Proletariats wird dem Sozialismus die Welt erobern.« Welche Motive hatten denn die Marx und Engels, die Lassalle, die Liebknecht auf die Seite der Enterbten getrieben? Waren sie nicht »bürgerliche Intelligenzen« gewesen, wie Wanda Orbin selbst? Mit frenetischem Beifall nahm das Volk ihren Kniefall vor seiner Majestät entgegen, während mir die Schamröte in die Schläfen stieg. Als sie dann mit einer Stimme, die nur noch ein Kreischen war, weil nicht mehr das Feuer der Begeisterung, sondern weibische Rachsucht sie belebte, in den Saal hinausschrie: »Wenn die Gegensätze so schroff zutage treten, wie zwischen der Masse der Genossen und den Bernstein, den Heine, den David, den Schippel, so ist eine reinliche Scheidung besser als ein fauler Friede«, und die Zuhörer trampelnd und johlend Beifall klatschten, da wußte ich, daß die Partei der Freiheit Scheiterhaufen zu schichten imstande sein würde.

Still davonzugehen, nachdem die Versammlung geschlossen worden war, wäre gewiß am klügsten gewesen. Der Wirbelsturm meiner Gefühle, der sich aus Bewunderung und Empörung, aus Schüchternheit und Angst zusammensetzte, hatte mich gehindert, in der Diskussion zu sprechen, jetzt aber kochte mir das Blut; ich wollte nicht feige erscheinen, ich mußte mit Wanda Orbin sprechen, die mich noch immer für ein Glied ihrer Gefolgschaft hielt. Sie kam meinem Wunsch entgegen.

Wir gingen noch in ein Café, und schon auf dem Wege dahin sprach sie mich an: »Sie waren gegen mein Referat, hörte ich?« »Ja, und ich bin es nachträglich noch mehr als vorher«, antwortete ich. »Das ist ja sehr interessant«, meinte sie spitz und wandte sich von mir ab. Ich war den Rest des Abends Luft für sie.

Wir verabschiedeten uns mit einer kühlen Verbeugung, und während sie, umringt von den Genossinnen, ihrem Absteigequartier entgegenging, fuhr ich allein nach Hause. Ich kämpfte mit den Tränen. In dem engen Kreise der Arbeiterinnenbewegung Wanda Orbin als Gegnerin gegenüberzustehen, das bedeutete entweder mein Ausscheiden aus ihm oder einen endlosen aufreibenden Kampf.

Spät in der Nacht kam ich nach Hause. Hier draußen im Grunewald bedeckte eine feste Schneedecke Straßen und Gärten, tiefschwarz stiegen die Kiefern aus ihrer hellen Weiße empor; ihre dünnen, dürftigen Wipfel verloren sich im Nebel. Ich fürchtete mich. Nacht und Dunkelheit waren meine schlimmsten Feinde. Dann sah ich, wie in meiner Kindheit, drohende Gestalten hinter Baum und Busch, und hörte die Tritte Unsichtbarer hinter mir. Ich lief. Auf dem kleinen Platz wenige Schritte vor unserem Garten blieb ich stehen. Der Atem wollte versagen. Ich sah hinüber: Grau, düster, als wäre es selbst nur ein Gebilde des Nebels, schlief unser Haus zwischen den schwarzen Stämmen, die es umstanden wie lauernde Wächter.

Ein kalter Schauer rann mir über den Rücken: wir hatten hier noch keinen frohen Tag gehabt. Der Kleine schlief schlecht – der Kieferduft rege ihn auf, meinte der Arzt –, er war oft krank gewesen. Und zwischen mir und meinem Mann richteten die Sorgen sich auf, immer höher und höher, wie eine trennende Mauer, in die die Kraft unserer Liebe nur hie und da Bresche schlug. Wir trugen unsere Qualen allein – aus Rücksicht; wir hüllten unsere Seelen in den dunklen Mantel des Schweigens, damit der Anblick ihrer Not nicht den anderen verletzte. Daß einer den anderen überhaupt nicht mehr sehen konnte, blieb uns verborgen. Unausgesprochene Vorwürfe wirkten auf unsere Gefühle wie früher Frost auf entfaltete Rosen. Uralte Vorurteile, Traditionen, deren triebkräftige Wurzeln den Boden umklammern, wenn auch der Baum gefällt ist, nährten sie.

Unter der Schwelle des Bewußtseins lebte in mir, der Emanzipatorin ihres Geschlechts, die Vorstellung: daß der Mann, dem das Weib sich anvertraute, wie ein Schutzengel über ihrem Leben stehen müsse, daß er verpflichtet sei, sie vor Sorgen zu hüten. Statt dessen hatte der meine – der Vorwurf wühlte in mir – sie über mich heraufbeschworen! Und in dem Grunde der Seele des Mannes, der aus eigener Überzeugung meine Berufsarbeit förderte, lebte der Gedanke: daß die Frau das Reich des Hauses zu regieren habe, daß ihr die Pflicht obliege, durch ihr Wirken die Not von seiner Schwelle zu bannen. Statt dessen verstand die seine nichts von alledem, und nur zu oft las ich in seinen sprechenden Zügen den Vorwurf: Du – du bist schuld.

Ein Licht, das im Erdgeschoß, wo die Köchin schlief, aufflammte, riß mich aus meinem Sinnen. Ich eilte der Gartenpforte zu. Da öffnete sich die Tür zum Kücheneingang, – »Auf morgen!« hörte ich flüstern, ein Mann trat heraus, kletterte gewandt über den Zaun und ging, vor sich hinträllernd, die Straße hinab. Das Licht im Mädchenzimmer erlosch.

Ich schlich hinauf. Mein Mann schlief fest. Wie ich ihn schon um diesen Schlaf beneidet hatte! Ihn suchte er auf, ich mußte ihn mir erst erzwingen! Heute wollte er sich überhaupt nicht festhalten lassen. Der Gedanke, daß ich morgen die Minna schelten mußte, peinigte mich: dadurch, daß ich ihre Arbeitskraft in Anspruch nahm, hatte ich doch noch kein Recht über ihre Person. Wie durfte ich verlangen, daß sie mir ihre Liebe opfern sollte? Und doch würde vermutlich die Konsequenz meiner Nachsicht nichts anderes sein, als daß sie ihren Liebhaber mit ernährte. Eine gute Hausfrau nimmt alle Schlüssel an sich, – die des Hauses wie die der Speisekammer. Ich vermochte es nicht: Konnte ich einen fremden Menschen einsperren, wie einen Sklaven? Vor einer Hausgenossin alles verschließen, als hielte ich sie von vornherein für eine Diebin? Wieder rollte sich durch einen geringfügigen Anlaß ein ganzes Problem vor mir auf. Ich grübelte ihm nach, über die kleinen Nöte meiner eigenen vier Wände hinaus, und fand keine andere Lösung als die radikalste: Vernichtung des patriarchalischen Haushalts, Entwicklung des Dienstmädchens, das unter ständiger Kontrolle steht, das Tag und Nacht dienstbereit sein soll, zur freien Arbeiterin, die stundenweise beschäftigt und entlohnt wird.

Mit dem grauenden Tag kehrte ich wieder zu mir selbst zurück. Die nächste Zeit stellte starke Anforderungen an mich: der Feldzug gegen den Zuchthauskurs sollte auf der ganzen Linie eröffnet werden, – ich würde häufig abends fort sein müssen. Wenn ich doch irgend jemand hätte, der mich im Hause vertreten könnte. Aber die guten Hausgeister der Vergangenheit, – all die unbeschäftigten Tanten und Cousinen waren ausgestorben, hatten sich in selbständige Berufsarbeiterinnen verwandelt. Und meine Mutter?!

Gleich nach des Vaters Tod hatte sie ihren Haushalt aufgelöst und war zu Erdmanns gezogen. Eine Lungenentzündung hatte Ilse aufs Krankenlager geworfen, die Mutter war Pflegerin und Haushälterin zugleich gewesen. Durfte ich sie jetzt, wo sie selbst der Erholung bedürftig war, für mich in Anspruch nehmen?

Sie besuchte uns am nächsten Tag. Ottochen lief ihr entgegen. Er suchte den »Apapa« und weinte, wenn er nicht mitkam.

Wie leicht, wie elastisch der Gang der Mutter ist, dachte ich erstaunt, als ich sie näherkommen sah. Mir war, als wäre sie sonst schwer und hart aufgetreten. Ihre Wangen waren gerötet, der bittere Zug um ihren Mund wie weggewischt, die schmalen, blassen, zusammengepreßten Lippen wölbten sich plötzlich, wie von jungem Blut durchglüht.

»Nun kann ich reisen!« sagte sie mit einem Aufleuchten in den Augen. »Meine Pflicht Erdmanns gegenüber ist erfüllt, – sie wollen selbst so rasch als möglich auf See, um ihre Lungen auszuheilen; da bin ich frei –«, sie dehnte dies letzte Wort, als müßte sie es ganz auskosten.

Nach Italien wollte sie zuerst. Sie erzählte von einem ganzen Stoß kunsthistorischer Bücher, die sie mitnehmen wollte. »Ich bin nie zum Lesen gekommen«, meinte sie; »wieviel hab' ich versäumt, wieviel kann ich nachholen!«

Ich sah sie verwundert an, wie eine Fremde: hatte sie mich nicht so und so oft aus der Lektüre herausgerissen, als ich noch daheim war, und mich neben sich an den Flickkorb gezwungen? Hatte sie damals etwas anderes gelesen als die Zeitung und hie und da einen Roman?

»Du bist erstaunt?« lächelte sie. »Du wirst es noch selbst erfahren, wie die Pflicht für andere zu leben uns Frauen fast bis zur Selbstvernichtung treiben kann.« Ich fand keine Antwort. Wie unglücklich mußte sie gewesen sein, – und wie unglücklich gemacht haben, da sie fünfunddreißig Jahre lang nur aus Pflichtgefühl die Ketten der Ehe getragen hatte!

»Im nächsten Winter werde ich mich hier in einer Pension etablieren«, fuhr sie fort, »du glaubst nicht, wie allein der Gedanke mich beruhigt, alle Haushaltsquälerei los zu sein!« Und sie war scheinbar in ihrem Haushalt aufgegangen!

»Was geschieht aber dann mit den Möbeln?« fragte ich, um nur irgend etwas zu sagen.

»Ich habe heute das letzte verkauft – –«

»Verkauft?!« Ich starrte sie entgeistert an. Wie?! Ohne uns, ihren Kindern, auch nur eine Mitteilung davon zu machen, hatte sie all die hundert lieben Dinge, die ein Stück Heimat für mich gewesen waren, achtlos in alle Winde verstreut?! Des Vaters Schreibtisch mit den geschnitzten Eulen, – den alten Stuhl davor, – die Reiterpistole! Ich strich mir mechanisch mit der Hand über die heiße Stirn, um den bösen Traum zu verscheuchen, – denn es war doch nur ein Traum!

»Auch die grünen Lehnsessel – und das alte Sofa, das in meinem Zimmer stand?« murmelte ich.

»Gewiß!« antwortete sie mit heller Stimme, aus der der scharfe ostpreußische Akzent mehr als sonst hervortrat. »Ihr alle habt, was ihr braucht, – das Gerümpel hätte kaum noch einen Umzug ausgehalten; – nur Silber, Glas und Porzellan ließ ich bei Ilse auf den Boden stellen. Ich habe lang genug all dies Schwergewicht mit mir gezogen.«

Mir schoß das Blut in die Schläfen: So strich sie Jahrzehnte ihres Lebens aus und mit ihnen die Erinnerung! Schon hatte ich bittere Worte auf der Zunge. Ich hob den Blick: Der Ausdruck ihrer Züge entwaffnete mich. Mir war, als sähe ich plötzlich bis zum Grunde ihres Herzens. Dem Götzen der Pflicht hatte sie ihr Leben geopfert und wußte nun nicht einmal, wie groß ihre Sünde gewesen war. Jetzt erst trat sie aus dem Dämmerdunkel seines Tempels ans Tageslicht und grüßte es, als sähe sie es zum erstenmal. Arme Mutter! Keinen Strahl deiner schon leise sinkenden Sonne will ich dir verdunkeln, dachte ich, und bat ihr im stillen ab, was ich an heimlichem Groll gegen sie im Herzen getragen hatte. Als ich sie zum Abschied küßte, liebte ich sie – mit jener mitleidigen Liebe, die eine einzige Trennung ist.

Es war gut, daß sie ging, – für sie und für mich. Der Glaube, daß ihre Kinder keine materiellen Sorgen hatten, gehörte zu dem Glücksgefühl, mit dem sie die späte Freiheit genoß. Hätte ich sie zurückgehalten, ihr in meine Häuslichkeit Einblick gewährt, er wäre doch erschüttert worden. Ich mußte selbst mit mir und den Verhältnissen fertig werden.

Wir hatten im Winter einen Arbeiterinnenbildungsverein gegründet, – einen Notbehelf, da das Gesetz den Frauen die Teilnahme an politischen Organisationen untersagte und seine Handhabung den Arbeiterinnen gegenüber besonders streng war. Er wurde aber rasch zum Selbstzweck; die Frauen hatten ein lebhaftes Bedürfnis nach geistiger Aufklärung aller Art, und es war für mich eine Erfrischung, seinen Zusammenkünften beizuwohnen. Zwei Abende war schon über Erziehung gesprochen worden, und die Debatte bewies, mit wieviel Ernst, mit wieviel Eifer diese armen Arbeiterfrauen ihre Aufgabe als Mütter erfaßten.

Diesmal hatte ich Romberg genötigt, mitzukommen. Er war in bezug auf die geistige Entwicklungsmöglichkeit der Frauen sehr skeptisch, und so sehr er aus rein ökonomischen Gründen die Frauenbewegung für notwendig anerkannte, so war sie ihm doch nur eine traurige Notwendigkeit; was sie erstrebte, erschien ihm nicht als Fortschritt, sondern nur als eine unausbleibliche beklagenswerte Wandlung. Den Bildungshunger der »Waschfrauen und Näherinnen« hielt er nun gar für eine meiner unverzeihlichen Illusionen. Ich wollte ihm einmal statt Gründe Beweise liefern. Und allmählich schien er wirklich erstaunt. Eine kleine, adrett gekleidete Frau stand jetzt auf dem Podium. »Mein Mann ist Maschinenschlosser«, sagte sie, »wir haben nur zwei Kinder und soweit unser Auskommen, so daß ich nicht mitzuverdienen brauchte. Aber unser Junge ist ein heller Kopf. Da hab' ich mir gesagt: Der soll was Besseres werden als seine Eltern, der soll auch mal wissen, wie schön und wie reich die Welt ist, und nicht, wie wir, bloß durch so'n schmales Guckloch ein Endchen von ihr zu sehen kriegen. Und nun gehe ich wieder in die Fabrik, und der Fritze geht dafür aufs Gymnasium. Ich will mich nicht rühmen, daß ich's tu', ich möcht' nur jeder raten, es ebenso zu machen.«

In jener Impulsivität, die ich so sehr an meinem Mann liebte, stand er auf, um der tapferen kleinen Frau, die wieder ihrem Platz zuschritt, die Hand zu drücken. Romberg dagegen sagte: »Meinen Sie, daß der ›Fritze‹ als Geistesproletarier glücklicher sein wird!?« »Auf das Glück kommt es nicht an, sondern auf den Grad der sozialen Leistung, und die wird größer sein, wenn seine Begabung zu ihrem Recht kommt«, antwortete ich rasch.

Ein junges Mädchen trat an unseren Tisch. »Genossin Brandt?« forschend sah sie mich an. – »Die bin ich.« – »Ich wollte Sie nur mal was fragen. Ich bin nämlich Dienstmädchen gewesen und habe eine Freundin, die noch Köchin is, und die hat mich neulich in den Dienerverein mitgenommen, wo sie jetzt wollen auch die Mädchens aufnehmen. Sie schimpfen aber dort alle gegen die Sozialen, und da wollt ich gern mal wissen, ob Sie nich mal könnten hinkommen –«

»Sie werden doch nicht!« flüsterte mir Romberg zu. »Verpflichte dich zu nichts«, sagte mein Mann leise.

»Selbstverständlich komme ich«, entgegnete ich der zaghaft vor mir Stehenden; ihr Gesicht erhellte sich; wir verabredeten alles weitere.

Beim Heimweg schalt mein Mann: »Du läßt dich von jeder beschwatzen, und alle spekulieren schließlich auf deine Gutmütigkeit.«

»Wenn diese kleine Begegnung zu einer Dienstbotenbewegung den Anlaß gibt, so wirst du anders denken.«

»Mir tut es in der Seele weh, wenn ich Sie in der Gesellschaft seh«, meinte Romberg. Er sah mich mit einem Blick an, der mich erröten machte. Wie töricht, – dachte ich gleich darauf, zornig über die eigene Schwäche, und doch blieb ich den ganzen Abend über im Bann jener Frauenfreude, die belebend wirkt wie prickelnder Champagner: der Freude an der Bewunderung. Alix von Kleve stieg aus der Versenkung ernster Jahre empor und sonnte sich an altvertrauten Triumphen. In meinen Verkehr mit Romberg trat ein neuer Reiz: er ließ es mich fühlen, daß das Weib in mir ihn anzog und nicht nur die neutral-interessante Persönlichkeit. Es gibt Frauen, die angesichts solcher Erfahrung die Beleidigten spielen. Sie lügen.

»Ich drehe dir den Hals um, wenn du dir von Romberg die Kur machen läßt«, grollte Heinrich, als wir zu Hause waren, zwischen Scherz und Ernst. Ich flog ihm in die Arme. »Hast du mich wirklich so lieb?« lachte ich. Er zog mich stürmisch an sich: »Dich, dich hab' ich lieb«, flüsterte er, »das süße Katzel, – meinen Schatz; – die berühmte Frau kann mir gestohlen werden ...«

In der ersten Morgenfrühe weckte mich ein wilder Schrei. »Aus Minnas Stube«, sagte ich mir und stürzte hinunter. Sie lag in ihrem Blut, und als der Arzt kam, schwand mein letzter Zweifel: Sie hatte gewaltsam die Folgen ihres Liebesverhältnisses beseitigen wollen.

An ihrem Krankenbett studierte ich die Dienstbotenfrage. Sie faßte Vertrauen zu mir. Ich erfuhr von diesem armen Leben, das von Kindheit an unter fremden Leuten in ständiger Unfreiheit, in ununterbrochener Dienstbarkeit verflossen war. »Was muß unsereiner doch auch haben – was fürs Herz. Und wenn ich nicht getan hätte, was er wollte – dann wär' er fortgegangen – dann hätte er zehn für eine gefunden«, schluchzte sie.

»Warum heiraten Sie nicht?« wagte ich einmal einzuwenden. »Heiraten?! Womit denn?! – Arbeit hat mein Franz keine, – meine paar Spargroschen gab ich ihm –, und vor so einer Jammerwirtschaft in einem Loch auf'n Hof mit'n halb Dutzend Gören, graust's mich ...« Sie wurde von Tag zu Tag elender. Ihr Franz fragte nur einmal nach ihr. Als er hörte, daß sie krank sei, kam er nicht wieder. Ich mußte sie schließlich der schweren Pflege wegen, die ihr Zustand nötig machte, ins Krankenhaus bringen. Dort starb sie.

Wir wollten die Harmonie zwischen Dienstboten und Herrschaften wieder herstellen ...« – »Die Dienstboten allein können nichts erreichen, es gehören auch die Herrschaften dazu ...« – »Den Arbeitern fehlt es heute an tüchtigen Hausfrauen, weil die Mädchen lieber in die Fabrik als in Stellung gehen, wo sie sich dazu vorbereiten können ...« Das waren die Leitmotive, unter denen die Versammlungen tagten, die der Dienerverein veranstaltete. Die wenigen weiblichen Dienstboten, die ihm schon angehörten, schlugen zwar zuweilen eine schärfere Tonart an, wenn die Erinnerung an all die erlittene Unbill sie überwältigte, aber sie trugen schwarzweiße Kokarden und verwahrten sich nachdrücklich dagegen, mit der Arbeiterbewegung irgend etwas gemeinsam zu haben.

Ich verhielt mich während der ersten Versammlungen nur als

Zuhörerin und erkannte bald, daß es dem Verein an Mitteln und Mitgliedern fehlte und er offenbar nichts wollte, als durch Hinzuziehung weiblicher Dienstboten diesem Übel abzuhelfen. Im Grunde fürchtete er schon, die Geister, die er gerufen, nicht los zu werden, denn sobald ein Mädchen ihre Erfahrungen gar zu rückhaltlos zum besten gab, trat irgendein Beschwichtigungsapostel ihr entgegen.

»Ich stelle den Antrag, daß wir uns der entstehenden Dienstbotenbewegung mit allem Nachdruck annehmen«, sagte ich, als ich wieder einmal mit den Genossinnen zusammenkam; »in jeder Versammlung müssen einige von uns anwesend sein. Wir dürfen die Gelegenheit nicht vorübergehen lassen, um diese rechtlosesten unter den Arbeiterinnen zum Bewußtsein ihrer Klasse zu erziehen. Wir müssen so bald als möglich eine selbständige Organisation gründen, damit sie dadurch dem Einfluß dieses grundsatzlosen Vereins nicht unterworfen bleiben.«

Aber je lebhafter ich sprach, desto kühler und zurückhaltender waren die anderen. »Genossin Brandt scheint nicht zu wissen, daß die Dienstboten kein Koalitionsrecht besitzen –« meinte Martha Bartels naserümpfend.

»Gerade weil ich das weiß, empfinde ich um so mehr unsere Verpflichtung, ihnen zu helfen, ihnen das Rückgrat zu stärken«, entgegnete ich heftig.

»Die Dienstmädchen sind noch längst nicht reif für unsere Bewegung – überlassen wir sie ruhig sich selbst«, sagte eine andere.

»Damit sie den Nationalsozialen in die Hände fallen, die ihre Netze auslegen, wo immer sie einen Proletariermassenfang erwarten dürfen«, antwortete ich, und unterdrückte noch rasch eine Bemerkung über die Schädlichkeit dieses fatalistischen Glaubens an die Alleinseligmachung der ökonomischen Entwicklung, der uns in geeigneten Momenten die Hände in den Schoß legen läßt.

»So werde ich denn allein mein Heil versuchen«, erklärte ich schließlich, als mein Antrag abgelehnt wurde, und verließ die Sitzung.

Von nun an fehlte ich in keiner Dienstbotenversammlung. Mit bunten Sommerhüten und hellen Blusen füllten die während der Reisezeit der »Herrschaften« dienstfreien Mädchen die glutheißen Säle. Zuerst kamen nur die Gutgestellten, die Jungen, die Handschuhe trugen und zuweilen vornehmer aussahen wie ihre »Gnädigen«. Sie betrachteten die Sache fast wie eine Ferienlustbarkeit und kokettierten mit den Männern, die hier auf Abenteuer ausgingen. Aber allmählich überwogen die älteren, die von zehn und zwanzig und dreißig Dienstjahren erzählen konnten, und die Armen, die Mädchen für alles waren, auf deren schmale Schultern die gutbürgerliche Hausfrau die Lasten des Lebens abzuwälzen sucht. Und ihre Klagen wurden lauter, ihre Worte deutlicher; das Kichern und Lachen verstummte vor den Bildern des Grams, die sich enthüllten.

Es gab welche, die ihre Kolleginnen um den dunklen Hängeboden über der Küche beneideten, weil sie nichts hatten als ein Schrankbett auf dem offenen Flur oder eine Matratze im Baderaum: »Dabei wird unsere gute Stube nur zweimal im Jahre für die große Gesellschaft geöffnet ...«

Ach, und die schmale Kost bei der harten Arbeit: »Eine Stulle mit Schweineschmalz am Abend – während der Herr drinnen Rotwein trinkt zu fünf Mark die Flasche ...«

Vor allem aber: »Nie ein Stündchen freie Zeit ... Wir schrubbern und kochen, während die Herrschaft spazierengeht, ... wir hüten die Kinder, während sie tanzen ...«

Dazwischen schüchterne Bitten der Ängstlichen und Gutmütigen: »Nur ein wenig geregelte Arbeitszeit – und freundliche Worte statt des ewigen Zanks –, dann wollen wir gern dienen, wollen treu und fleißig sein.«

Sie waren wie aufgescheuchte Vögel, die ohne Richtung hin- und herflattern. Als ich zum erstenmal vor ihnen zu reden begann, hielten sie mich für eine »Gnädige«. »Nu aber jeht's los!« rief kampflustig eine rundliche Köchin. Alles lachte. Ich sprach von den Gesindeordnungen, den Ausnahmegesetzen für die Dienstboten, die sie den Dienstgebern fast rechtlos in die Hände liefern, von der erlaubten »leichten« körperlichen Züchtigung, von den vielen Gründen zur Entlassung ohne Kündigung und schließlich von einer jener Schöpfungen der preußischen Reaktion, die den Streik der Dienstboten mit Gefängnis bestraft. Noch hörte man mir ruhig zu, unsicher, was ich aus den Tatsachen folgern würde. Nur der Vorsitzende, der stets aus eigener

Machtvollkommenheit »das Hausrecht übernahm«,sah beunruhigt zu mir auf.

»Für Sie ist demnach die Zuchthausvorlage, die Deutschlands gesamte Arbeiterschaft knebeln will, immer Gesetz gewesen«, rief ich laut.

»Eine Sozialdemokratin!« kreischte neben mir eine Frau in hellem Entsetzen. Ein unbeschreiblicher Lärm erhob sich; auf die Tische sprangen die Mädchen in hysterischer Erregung, schrien und winkten mit den Taschentüchern; eine von ihnen drängte sich neben mich, ballte die Fäuste und rief schluchzend: »Wir sind königstreu! Wir sind gottesfürchtig!« Hilflos, mit angstgerötetem Gesicht schwang der Vorsitzende unaufhörlich die Glocke. Aber in der nächsten Versammlung erwarteten mich schon ein paar Mädchen an der Türe: »Sie werden sprechen, nicht wahr? - Wir werden Ihnen Ruhe verschaffen!«

Und im überfüllten Saal waren außer den Dienstboten: Neugierige, Hausfrauen, bürgerliche Frauenrechtlerinnen, Journalisten mit der frohen Erwartung einer in möglichst vielen Zeilen zu beschreibenden Sensation. Auch ein paar Genossinnen entdeckte ich: Ida Wiemer und Marie Wengs. »Wir greifen ein, wenn's not tut«, sagten sie, »nur tapfer!« Bis um Mitternacht ließ mich der Vorsitzende nicht zu Worte kommen. Ich ging im Saal umher, von Tisch zu Tisch. »Das ist Recht und Freiheit im Dienerverein«, sagte ich. Jemand rief: »Alix Brandt soll reden!« und der Ruf pflanzte sich fort und dröhnte schließlich durch den Saal. Als ich aber auf dem Podium stand, erstickte ihn ein zorniges Zischen; die Kraft meiner Stimme kämpfte dagegen an, und wie ein Unwetter in der Ferne verklang es.

»Sie wollen eine Verbesserung der Gesindeordnung, als ob auf verunkrautetes Feld frischer Samen gesät werden sollte. Es gibt nur eine Forderung, die Sie stellen dürfen: ihre Abschaffung, damit Sie den Arbeitern gleichgestellt werden –«

»Wir sind keine Arbeiterinnen – wollen keine sein!« rief ein zierliches Zöfchen mit gebrannten Stirnlocken entrüstet.

»Sie predigen Harmonie zwischen Herrschaft und Dienstboten, und doch gibt es zwischen ihnen ebensowenig eine Interessengemeinschaft wie zwischen dem Arbeiter und dem Unternehmer –«

»Unerhört!« – Ein paar Damen mit hochrotem Gesicht drängten sich zur Tür. Die Mädchen lachten hinter ihnen: »Sie können die Wahrheit nicht vertragen!«

»Je mehr Sie Maschinen sind, desto weniger Menschen sind Sie und desto bessere Dienstboten im Sinne der Hausfrauen ... Sie wollen statt der endlosen eine beschränkte Arbeitszeit, Sie tun recht daran. Aber die Masse der Hausfrauen ist nicht in der Lage, statt eines, zwei und drei Mädchen für dieselbe Arbeit anzustellen. Sie wollen statt einer Schlafstelle ein Zimmer, das ihnen etwas wie ein Zuhause sein kann. Sie tun recht daran. Aber bei der heutigen Einteilungsart der Wohnungen und ihren hohen Preisen sind die meisten Frauen nicht imstande, sie Ihnen zu geben. Sie wollen – lassen Sie mich aussprechen, was Sie selbst noch nicht ausgesprochen haben –, Sie wollen mit Ihren Freundinnen verkehren können, Ihren Bräutigam sehen, ohne auf die Straße, auf die Tanzböden gehen zu müssen –«

»Unglaublich!« – Und wieder leerte sich der Saal um zahlreiche elegante Zuhörer.

»Das ist Ihr gutes Recht. Und wer sich hier entrüstet gebärdet, den frage ich: was empört sich in Ihnen? Ihre Sittlichkeit?! Ist es sittlich, junge, lebensvolle Mädchen, die auf Freude dasselbe Recht haben wie die höheren Töchter, denen die Natur dasselbe Verlangen nach der Erfüllung ihrer Geschlechtsbestimmung verlieh wie diesen, auf Hintertreppen, auf Schleichwege und zweifelhafte Ballokale anzuweisen, statt ihnen den Schutz des Hauses zu verleihen ...?«

Minutenlanger Beifall unterbrach mich. Dicht um das Podium scharten sich junge Gestalten und leuchtende Augen hingen an meinen Lippen.

»Es ist vielmehr der natürliche Egoismus, der Interessengegensatz der Hausfrauen zu den Dienenden, der auch die Wohlwollenden unter ihnen zwingt, fremden Gästen ihr Haus zu schließen ... Wir werden für die Gegenwart eine Reihe von Forderungen an die Gesetzgebung im Interesse der Dienenden zu stellen haben, deren Erfüllung viele Mißstände beseitigen wird. Aber der Dienst des Hauses wird nur dann den Charakter des Sklavendienstes verlieren und zur Würde selbständiger Arbeit sich entwickeln, wenn das abhängige Dienstmädchen sich in die freie Arbeiterin verwandelt hat, die ihre Arbeitskraft nur stundenweise verkauft, die imstande ist, in Reih und Glied mit dem in der Sozialdemokratie organisierten Proletariat für ihre letzten Ziele zu kämpfen ...«

Ich stieg in den Saal hinunter, umbraust von Beifallsrufen und Schimpfworten.

Durch ihr Eintreten in der Dienstbotenfrage verdirbt es Lily nicht nur mit Mutter und Erbtante Klotilde, sie findet auch wenig Aufmunterung und Freundschaft bei den Kampfgefährten. Neid und Mißgunst machen ihr zu schaffen. Zum Parteitag in Hannover (Oktober 1899) wird sie von den Frauen nicht delegiert. Erst eine Intervention von Ignaz Auer macht ihre Teilnahme möglich.

Die Verhandlungen begannen. Mit ungeduldiger Hast wurde ein Punkt der Tagesordnung nach dem anderen erledigt. Alles drängte dem Hauptthema des Parteitages zu. Und selbst mitten in die nebensächlichsten Debatten hinein blitzte schon das Wetter der kommenden Tage.

»Sie stehen bereits mit der Brandfackel an unserem Scheiterhaufen –« sagte einer der Revisionisten neben uns.

Am Abend, als wir Frauen zu einer internen Besprechung zusammenkamen, fühlte ich: in Gedanken war die »reinliche Scheidung« schon vollzogen. Wir berieten einen Antrag für den Arbeiterinnenschutz, der unserer nächsten agitatorischen Tätigkeit Inhalt und Richtung geben, und dessen Forderungen durch den Parteitag sanktioniert werden sollten. Im Grunde waren es lauter Selbstverständlichkeiten. Nur der Schutz der Schwangeren war neu. Ich hatte dafür gekämpft, obwohl ich wie vor einer Mauer redete, und sie hatten ihn nicht ablehnen können, ohne sich selbst ins Gesicht zu schlagen. Dafür waren sie um so hartnäckiger, als ich die Unterstellung der Dienstboten unter die Gewerbeordnung in den Antrag aufzunehmen empfahl. Das steht bereits in unserem Programm, hieß es. Aber viele unserer anderen Forderungen standen auch darin. Und gerade jetzt wäre es wichtig gewesen, uns offiziell mit der Dienstbotenbewegung solidarisch zu erklären. »Wir dürfen unsere Kräfte nicht verzetteln.« – Damit war die Sache abgetan.

Die Frauen rückten nach der Besprechung freundschaftlich

zueinander, unterhielten sich mit wohltuender Herzlichkeit mit all den Genossinnen, die aus Ost und West hierher gekommen waren; mich streifte zuweilen ein scheuer Gruß, ein fremder Blick – ich ging hinaus.

In unserem Gasthof fand ich die Führer in erregte Unterhaltung vertieft. Ihre Augen glühten in jugendlichem Feuer, selbst die Ausbrüche ihrer Leidenschaft bändigte der heilige Ernst, mit dem sie alle für ihre Sache kämpften. Bebel war am stillsten; immer wieder strich er sich nervös die widerspenstige Locke aus der Stirn; auf ihm lastete die Verantwortung der kommenden Tage.

Immer deutlicher sonderten die Parteien in der Partei sich voneinander ab; über dem tiefer und tiefer wühlenden Streit vergaßen auch die Leichtsinnigsten die Vergnügungen des Abends; Sitzungen wurden statt ihrer abgehalten. Es gab dabei Augenblicke, in denen es schien, als würden die Radikalen vor dem äußersten nicht zurückschrecken. Die uneingeschränkte Anerkennung des Parteiprogramms wollten sie fordern, wie der orthodoxe Priester den Schwur auf das Apostolikum. Und jeder begann im stillen die große Abrechnung mit sich selbst.

Zum erstenmal kam mir zum Bewußtsein, was all die Jahre hindurch die unbekannte Quelle meiner Kämpfe und Schmerzen gewesen war: die Sache forderte den ganzen Menschen restlos, ich aber wollte im Kampf für sie ich selber bleiben. Und zu gleicher Zeit schien mir, als ob zuletzt kein anderes als dies Problem all den Kämpfen, die wir führten, zugrunde lag.

»Warum bist du so stumm?« fragte mein Mann, als wir in der Mittagspause zusammensaßen.

»Weil ich anfange zu fürchten, daß ich kein Recht habe, Genosse zu sein. Ich bin ja auch kein Christ –.« Verständnislos, ein wenig erschrocken, als zweifle er einen Augenblick an meinen gesunden Sinnen, sah Heinrich mich an. Ich legte meinen Arm in den seinen. »Hab keine Angst, Liebster – ich dachte niemals klarer als jetzt! Hingabe an den Willen Gottes bis zur Selbstentäußerung fordert das Christentum, Hingabe an den Willen der Massen der Sozialismus. Ob es zwischen dieser Forderung und dem Persönlichkeitsrecht eine Brücke gibt, das weiß ich im Augenblick ebensowenig, als wir es in der Partei wissen.«

»Deine Formulierung ist falsch, ganz und gar falsch«, entgegnete Heinrich erregt, »nicht an den Willen, sondern an das Wohl der Massen wird die Hingabe verlangt.«

»Und doch verlangt ihr als etwas Selbstverständliches das Opfer der Überzeugung«, unterbrach ich ihn.

Wir traten in den Saal. Mit einer fiebrigen Nervosität, die alle ergriffen hatte und manche jener robusten sehnigen Arbeitergestalten tragikomisch erscheinen ließ, rissen die Delegierten den austeilenden Ordnern die neuen Drucksachen aus der Hand. Es war Bebels Resolution in neuer Fassung. Wir verglichen.

»... Nach alle diesem liegt für die Partei kein Grund vor, ihr Programm ...« las ich. »Jetzt heißt es: ›ihre Grundsätze und Grundforderungen‹ zu ändern«, las Heinrich, »damit können wir uns ohne weiteres einverstanden erklären«, fügte er hinzu, und mit einem lächelnden Blick auf mich: »Du siehst, die Klippe tragischer Konflikte ist glücklich umschifft.«

Auer kam an uns vorüber. In seinem Gesicht wetterleuchtete es. »Jetzt werde ich ihnen einmal zum Tanz aufspielen«, sagte er in grimmigem Scherz. Dabei sah ich, wie seine Finger sich zur Faust zusammenzogen. Von allen Seiten, schriftlich und mündlich, direkt und indirekt war er angegriffen worden. Er, der sich zur Bernsteinfrage in der Öffentlichkeit überhaupt nicht geäußert hatte, galt als der eigentliche und der gefährlichste Führer der Revisionisten, als der Abtrünnige.

Die Luft im Saal war immer schwerer geworden. Oder war es nur die gesteigerte Reizbarkeit der Nerven, die sie so empfand? Irgendeine Entladung mußte kommen. Mit Naturnotwendigkeit schien jeder Redner die Gegensätze ins Absurde steigern, den Gegner bis zur Lächerlichkeit herabsetzen zu müssen. Die Zuhörer wurden unruhiger. Man ging ab und zu, man unterhielt sich.

Da betrat Auer die Tribüne. Mit dem leisen Spott der Überlegenheit um die Lippen sah er über die Menge hinweg. Dann kam die Abrechnung. Unwillkürlich senkten sich alle Köpfe vor diesem gewaltigen Ausbruch eines feuerbergenden Kraters. Eine öffentliche Anklage war es, und am Pranger standen alle, die den befreienden Streit der Gedanken in ein lähmendes Gezänk um Personen verwandelt hatten. Und eine Verteidigung war es –

eine Verteidigung des Mannes, den dieselbe Partei, um deretwillen er aus dem Vaterland verbannt worden war, des Verrats bezichtigte –, aber auch eine Verteidigung seiner selbst, des in der jahrzehntelangen Parteiarbeit aufgeriebenen Kämpfers. Seine breiten Hände – bestimmt, einen Hammer zu führen oder ein Schwert –, umklammerten, zuweilen krampfhaft zuckend, den Rand des Rednerpults. Sie waren am Schreibtisch, in der eingeschlossenen Bureauluft weiß geworden. Das stolze Germanenhaupt, dem ein Ritterhelm gebührte, sank leise nach vorn. Die Sorgen der Partei lasteten schwer auf ihm. Das Antlitz, das auf den Bergen seiner Heimat, der Sonne am nächsten, braun und rot sich hätte färben müssen, war grau und fahl. Durchwachte Nächte sprachen aus seinen Augen.

Gereizte Zurufe unterbrachen ihn – zu wuchtig fielen seine Schläge. Und seine Stimme, durch Hunderte von Reden, Hunderte von Agitationsreisen abgenutzt, drohte zu versagen. Noch eine die Luft durchschneidende Bewegung mit der Hand, als wolle er ausstreichen, was sich doch unauslöschlich seiner Erinnerung eingeprägt hatte, noch ein Witz, den er in die Masse warf, wie der Tierbändiger einen Knochen zwischen die Tiger, und der Strom seiner Rede erreichte in ruhigem Fluß sein Ziel.

Die Resolution Bebel wurde angenommen, nur ein kleines Häuflein Unentwegter, die noch immer ihr »Kreuzige!« schrien, stimmte dagegen.

»... Auch auf diesem Parteitag hat es sich gezeigt, daß die Partei über ihre Grundsätze und ihre Taktik einheitlich denkt und auch fernerhin in voller Einmütigkeit handeln wird ...« sagte Singer zum Schluß. Die Arbeitermarseillaise brauste durch den Ballhof. Hörte niemand die Dissonanz? Es waren nicht die Geister der Vergangenheit, die Prinzessinnen, die Kurfürsten und die Könige, die sie hervorriefen. Es war der Geist der Zukunft.

X. KAPITEL

Die Anstrengungen und Aufregungen der letzten Monate haben Lily krank gemacht. Zudem muß aus finanziellen Gründen das Haus im Grunewald verkauft werden. Auf einer Sitzung bricht Lily zusammen. Daraufhin fährt sie mit dem kleinen Sohn nach Meran, wo sie am Buch »Die Frauenfrage« arbeiten und sich erholen will.

Aus einem ersten beklemmenden Quartier zieht sie mit dem Kind nach Obermais.

Am selben Abend zogen wir ein.

Es war, als ob der Winter uns nicht hätte folgen können. Die Berge entschleierten sich. Der Schnee, der eben erst wie ein Leichentuch die Erde verhüllt hatte, blitzte jetzt im Sonnenlicht wie eine Hochzeitskrone auf ihren Häuptern. Errötend entfalteten sich an den Mandelbäumchen die ersten Blüten. Ich lag auf der Veranda und ließ mich wie sie von der Sonne durchglühen und fühlte, daß auch mir die Lebensfarbe in die Wangen stieg. Täglich brachte mir mein Söhnchen frische Wiesenblumen.

»Ich werde dich führen, Mamachen, wenn du nicht mehr Auau hast«, schwatzte er, »zu den so vielen Vergißmeinnicht, und zu den Musikmännern auch, wo die Damen und Herren sind.« Ich lachte ihn an: wirklich, die Sehnsucht nach dem Leben regte sich wieder in mir. Liegen sollt' ich, immer liegen, sagte der Arzt, weil mein Herz noch nicht ruhig genug war. »Dann müßt' ich liegen bis ich neunzig Jahr alt bin«, antwortete ich ihm, »denn daß mein Herz so gegen alle Vorsicht klopft, ist nur ein Beweis, daß ich lebe.«

Einmal wachte ich auf nach erquickendem Schlaf, streckte und reckte mich und blinzelte in die Sonne. Mir war so wohl, – so wohl! Warum nur?! Und in mir antwortete es ganz deutlich: weil du frei bist. Ich sah mich erschrocken um, als könnte irgend jemand dies tiefe Geheimnis, daß ich kaum mir selbst gestand, erkundet haben. Ich war frei – wirklich frei; ich konnte tun, was ich wollte, ohne vorher all jene bohrenden Fragen erst beantworten zu müssen: stört es den Anderen? Verletzt es ihn? Beeinträchtigt es seine Ruhe, seine Wünsche, seine Liebe? Jetzt, zum Beispiel, konnte ich aus dem Bett steigen und lustig einen Walzer trällern, – läge Heinrich neben mir, ich würde mich aus Rücksicht auf seinen Schlaf ganz, ganz still verhalten. Und dann konnt' ich gemächlich im Wasser planschen, mich ankleiden, mir die Haare ordnen, ohne jene quälende Scham des Häßlichen, des Unästhetischen, – die einzig berechtigte zwischen zwei Menschen, die einander lieb haben, und die einzig notwendige, wenn sie ihrer Liebe den Zauber des ersten Rausches erhalten wollen. Die Ehe der meisten ist ein Erwachen aus ihm, mit einem bitteren Geschmack auf der Zunge. Sie wissen nicht, daß die Liebe eine zarte, kostbare Blume ist, die sorgsamer Pflege bedarf. Sie pflanzen sie in den Küchengarten und wundern sich dann, wenn sie eingeht.

Ich war frei – wirklich frei. Und ich konnte hingehen, wohin ich wollte! Ganz erstaunlich kam mir das vor, – gerade, als ob die Welt mir auf einmal ihre Tore aufschlösse. In den ersten Jahren meiner Ehe hatte Heinrich mich auf jedem Weg begleitet, – aus zärtlichster Liebe, nicht etwa aus Mißtrauen oder aus Eifersucht. Und ich hatte keinen anderen Weg machen können, als der ihm recht war. Zuweilen war ich heimlich die Hintertreppe hinuntergestiegen, nicht, weil ich ein Geheimnis vor ihm gehabt hätte, sondern nur um einmal ohne innere Hemmung in den Straßen herumlaufen zu können. Allmählich hatte unsere verschiedenartige Tätigkeit dem steten Zusammensein ein Ende gemacht; aber selbstverständlich blieb, daß ich ihm erzählte, wo ich gewesen war, was ich getan hatte. Und da ich ihn nicht unzufrieden machen, nicht ärgern wollte, so stand ich doch stets in seinem Bann.

Wenn ich einmal seiner Empfindung zuwider gehandelt hatte, so kam es vor, daß ich – log.

Kaum, daß der Gedanke daran in mein Bewußtsein trat, als ich ihn auch schon, dunkel errötend, zurückweisen wollte. Aber je mehr ich mich mühte, desto klarer stand er vor mir. Ich mußte ihm Auge in Auge sehn: »Es kam vor, daß ich meinen Mann belog.« Nicht, weil ich ihn hintergehen, sondern weil ich ihn nicht ärgern, nicht erregen wollte. Aus Liebe also! Oder aus Furcht?! So lernen die Frauen lügen, weil sie des Mannes Besitztum sind, weil die Ehe ihre Persönlichkeit auslöscht wie ihren Namen. Wie vielen, die gerade gewachsen waren, hat sie das Rückgrat zerbrochen! Und sie verlieren nach ein paar Jahren der Ehe ihre Physiognomie, – sind farblos, zermürbt.

Ein brennendes Verlangen nach Menschen überkam mich. Wie war ich doch mein Leben lang an den bunten Schwarm um mich gewöhnt gewesen! In den letzten Jahren hatte er sich mehr und mehr verflüchtigt. Den alten Freunden war ich gestorben, seit ich Sozialdemokratin geworden war; neue hatte ich unter den Genossen nicht gefunden, und von den Künstlern, von den Gelehrten, die unsere Räume einmal betraten, kamen nur wenige wieder. Romberg war im Grunde unser einziger Verkehr gewesen. Und der wohnte nicht in Berlin.

Woher kam das alles? War ich weniger anziehend als die Frauen, die »ein Haus ausmachten«? Waren sie geistreicher als ich? Ich schürzte spöttisch die Lippen. Stießen sich die Sittenstrengen noch immer an der Geschichte meiner Eheschließung? Sie machten sich doch sonst nichts daraus, mit Frauen zu verkehren, die »eine Vergangenheit« hatten, die Gegenwart geblieben war! Nein, in alledem lag die Ursache nicht. Bei meinem Mann, schien mir, war sie zu suchen. Er war ein Menschenschwärmer gewesen, leicht geneigt, zu bewundern und zu verehren und sich den anderen gegenüber gering zu achten. Um so schmerzhafter hatte jede, auch die leiseste Enttäuschung ihn getroffen, und je häufiger sie sich wiederholte, desto scheuer zog er sich zurück, desto mißtrauischer wurde er. Und für jenen leichten Verkehr, der wie mit Libellenflügeln nur die Oberfläche des Lebensstromes streift, war er zu schwerblütig. Er hatte nie getanzt; – seltsam, daß mir das erst heute einfiel. Er hatte nie gelernt, eine Gesellschaftsmaske zu tragen. Darum fühlten sich immer nur die Menschen, die er aufrichtig gern hatte, wohl bei uns. Die anderen stieß er ab.

Draußen lachte der Frühlingstag. Zwischen blühenden Bäumen und Beeten von Hyazinthen spielte die Musik fröhliche Weisen, die Passer sprang dazu in entfesselter Wildheit über Stock und Stein. Ich ging mit meinem Buben an der Hand zwischen der Menschenmenge hin und her. Ich freute mich, als wäre ich zwanzig Jahr, über die bewundernden Blicke, die uns folgten. Täglich wollt' ich von nun an hinuntergehen, Sonnenschein trinken und Lebenslust. Ich traf Bekannte und geriet durch sie in einen Kreis fröhlicher Weltbummler. Wie gut das tat, einmal wieder unterzutauchen in Glanz und Freude! Einmal wieder lachen zu können aus Herzensgrund! Bewundernde Blicke zu fühlen! Man brachte mir täglich Blumen, – jene großen glühenden Rosen von Meran, deren Duft nicht an Gärten erinnert, sondern an berauschende Essenzen des Morgenlandes. Ich ließ mir gefallen, daß man mir huldigte; ich spielte mit heißen Gedanken, wie ein Kind mit rotleuchtenden Giftblumen. Eines Abends, während bunte Lichterkränze sich an den alten Bäumen vor dem Kurhaus von Ast zu Ast schwangen und die Geigen der Zigeunerkapelle in die laue Nacht hinein seufzten und lockten, ließ ich mich in den Kursaal führen, um den Tanzenden zuzuschauen. Süße Walzermelodien umschmeichelten meine Sinne. Der Rausch des Tanzes ergriff mich. Willenlos überließ ich mich ihm. Erst als der letzte Ton verklungen war, kam ich zu mir und erschrak. Leichtsinn und Genuß, die Zaubergeister, drohten mich in ihre Gewalt zu bekommen. Das durfte nicht sein!

»Meran fängt an, schwül zu werden«, schrieb ich am nächsten Morgen an meinen Mann; »so sehr die weiche Luft meiner Gesundheit nützte, so sehr schädigt sie meine Arbeitskraft. Und ich wünsche jetzt nichts mehr, als mich Hals über Kopf in meine Arbeit zu stürzen. Darum möchte ich fort. Der Arzt verordnet mir Höhenluft; ich selbst fühle, daß ich etwas Starkes, Herbes atmen müßte. Wollen wir nicht miteinander irgendein stilles Plätzchen suchen? Wir waren lange genug getrennt.«

Statt einer Antwort kam er selbst. »Ich habe gewartet, bis du mich rufen würdest –, es ist mir schwer genug geworden«, flüsterte er zärtlich, »nun aber wirst du mich nicht mehr los.« Dunkel errötend barg ich den Kopf an seiner Brust.

An der Ampezzostraße, südlich von Cortina, liegt ein kleines Dorf, Pezzié genannt. Zwischen seinen braunen, ärmlichen Hütten ragte ein einzelnes Bauernhaus mit weißgetünchten Mauern und großen Altanen stattlich hervor. Über ein Vierteljahr wohnten wir dort in tiefster Stille und Zurückgezogenheit. Im Lärchenwald hinter dem Hause spielte mein Junge mit den braunen Bauernkindern, auf der Altane, angesichts des weiten blühenden Tals und des gewaltigen schneebedeckten Felsenmassives der Tofana, fing ich wieder an zu arbeiten. Wenn mir in den vergangenen Wochen die Aufgabe eingefallen war, die ich mir mit meinem Buch gestellt hatte, so war sie mir wie ein unübersteigbarer Berg erschienen. Jetzt, da ich sie aufs neue in Angriff nahm, war mir's, als habe all die Zeit hindurch eine fremde Kraft unter der Schwelle meines Bewußtseins weiter an ihr gearbeitet.

Oder sollten Gedanken wie Samen sein, die einmal in den Boden des Geistes gestreut, sich aus eigener Macht weiter entwikkeln? Die vielen Zahlen, die ich in meinen Büchern vor mir hatte – Ergebnisse der Volks- und Berufszählungen europäischer und außereuropäischer Länder, Lohn- und Arbeitsstatistiken –, wurden merkwürdig lebendig, als zuckten in ihnen die Leiden der Millionen. Immer deutlicher sah ich das Bild, das ich zu malen hatte: den Zug der Frauen, wie er durch glutheiße Wüsten und rauhe Steppen dahinschleicht, jede einzelne in ihm gebeugt unter den Lasten, die sie zu tragen hat: der Hacke und dem Spaten, der Sichel und der Spindel, dem einen Kinde auf dem Rükken, dem anderen unter dem qualvoll klopfenden Herzen. Was mich zuerst nur wie ein Instinkt in die Reihen der kämpfenden Arbeiterschaft geführt hatte, das wurde mir jetzt zur bewußten Erkenntnis: die Berufsarbeit der Frau, die ihre Entstehung der Umwandlung der Produktionsweise durch die Maschine zu verdanken hat, ist immer mehr zu einem notwendigen Bestandteil dieser Produktionsweise geworden. Aber indem sie sich ausdehnt, untergräbt sie zu gleicher Zeit die alte Form der Familie, erschüttert die Begriffe der Sittlichkeit, auf denen der Moralkodex der bürgerlichen Gesellschaft beruht, und gefährdet die Existenz des Menschengeschlechtes, deren Bedingung gesunde Mütter sind. Es bleibt der Menschheit schließlich nur die Wahl: entweder sich selbst oder die kapitalistische Wirtschaftsordnung aufzugeben. Diese Konsequenz zu scharfumrissenen Ausdruck zu bringen, so daß niemand ihr aus dem Wege zu gehen vermöchte, – das war mein Wunsch.

Das Fieber der Arbeit, das alle Pulse schneller schlagen läßt, das über jede Müdigkeit hinwegtäuscht, das die Gedanken des Tages in den Traum der Nacht verflicht, hatte mich ergriffen. Und zugleich jener gesunde Egoismus des Schaffenden, der ihn für seine Umgebung blind und taub macht, nur damit das Werk wachsen kann. Dankbar überließ ich der Berta, dem Meraner Kindermädchen, die sich mit solcher Klugheit in jede Lage zu schicken schien, die Sorge um unseren kleinen Haushalt. Daß sie für uns kochte und wusch und nähte und eifersüchtig jede andere Hilfe abwehrte, war mir nur ein Beweis für ihre Tüchtigkeit; und daß der Kleine mit solcher Liebe an ihr hing, machte sie mir vollends unentbehrlich.

Wenn ich mit meinem Mann spazieren ging, so sprach ich von nichts anderem als von meiner Arbeit, von all den Ideen, all den Plänen, die sie in mir auslöste. Und er hörte mir nicht nur ruhig zu, er ging voller Anteilnahme auf meine Interessen ein und half mir durch seine Fachkenntnisse.

Daß auch er ein selbständiges Leben hatte, daß auch in ihm vieles bohrte und gärte, das nach Ausdruck verlangte, daß er um so einsamer wurde, je mehr ich mich in die Arbeit verlor, – von alledem wußte ich nichts.

Zuweilen stiegen am Horizont drohend die Sorgenwolken empor: was das Grunewaldhaus uns übriggelassen hatte, war bald verzehrt, die Einnahmen aus dem Archiv blieben unzulänglich, mein Buch, auf dessen Erfolg ich rechnete, war noch lange nicht vollendet; wie würden wir auskommen?! Mit aller Anstrengung vertrieb ich die bösen Gedanken, ich arbeitete noch ununterbrochener, um mir selbst keine Zeit zu lassen, ihnen nachzuhängen.

Eines Morgens bekam Heinrich einen Brief, den er mir stumm herrüberreichte: Ob er während der nächsten Monate für ein uns nahestehendes Blatt die Pariser Korrespondenz übernehmen könne? Ihr bisheriger Leiter sei erkrankt und habe einen längeren Urlaub angetreten.

Es überlief mich heiß und kalt. Wie der Name Rom auf die Deutschen des Mittelalters, so wirkt der Name Paris auf die Menschen des zwanzigsten Jahrhunderts. Aus ihren dunklen Wäldern, ihren finsteren Burgen und engen Städten sehnten sich unsere Vorfahren nach dem lachenden Himmel Italiens; und aus dem Ernst unseres strengen Alltagslebens verlangt alles, was jung ist in uns, nach dem Glanz, nach dem Leichtsinn von Paris. Aber ich bemühte mich, ruhig zu scheinen und meiner stürmisch aufwogenden Freude Herr zu werden.

»Was sagst du dazu?« fragte mein Mann. »Wir würden uns rasch entschließen müssen. Mit dem internationalen Sozialistenkongreß, der in zehn Tagen zusammentritt, müßte meine Tätigkeit anfangen.«

»Und dein Archiv?!« warf ich ein. »Du kannst es doch nicht monatelang von Frankreich aus redigieren?«

»Ach, – das Archiv ...!« meinte er mit einem halb wegwerfenden, halb ärgerlichen Ton, der mich erstaunt aufsehen ließ. Das Archiv war seine Schöpfung, sein liebstes Geisteskind.

»Das Archiv könnte ich von überall her leiten! In Paris aber scheint mir jetzt der rechte Ort, um den Sozialismus in seiner neusten Phase zu studieren, in Paris, wo ein Millerand Minister ist, wo die Intellektuellen, – unter ihnen ein Zola, ein France, ein Steinlen, – mit Jaurès Arm in Arm gehen! ... Wenn du also nichts dagegen hast, so nehme ich den Antrag an.«

Paris! Die untergehende Septembersonne umgab die schwarz hingestreckte Stadt mit rotglühender Glorie. Mir war, als klänge im Räderrollen unseres Zugs ein rhythmisches Jauchzen, als könne die fauchende Riesenschlange es nicht erwarten, sich in die lodernde Glut zu stürzen.

Am Morgen nach unserer Ankunft wanderten wir durch die

Straßen. Es war die vollkommenste Überraschung, die mich mehr und mehr verstummen ließ. Ich hatte etwas Lautes, Buntes erwartet, etwas, das übereinstimmt mit dem Begriff »Paris«, den wir uns draußen gebildet haben. Und nun sah ich Häuserzeilen in gleichmäßig feiner zurückhaltender Architektur, hohe Fenster mit schmalen Gittern davor, sah Mauern, über die der Efeu kroch, und Baumriesen, die aus alten verschwiegenen Höfen geheimnisvoll herüberrauschten.

Als wir am nächsten Morgen den Sitzungssaal des Internationalen Kongresses betraten, blieb ich schon an der Tür erschrocken stehen: das tobte und schrie, pfiff und trampelte, als sollte ein Sensationsstück zu Fall gebracht werden. Vandervelde, der belgische Volksführer, stand auf der Rednertribüne, aber weder seine Autorität, noch der sonore Klang seiner schönen Stimme, noch die beschwörenden Gesten seiner aristokratischen Hände wurden Herr über die entfesselte Leidenschaft der Menge. Drohende Fäuste reckten sich zu ihm empor: »À bas les ministériels!« tönte es im Takt von der einen Seite, wo sich um Jules Guesde, den französischen Liebknecht, die Anhänger scharten. Wer es nicht vorher wußte, erfuhr es angesichts dieser Versammlung: nur um eine Kardinalfrage des Sozialismus konnte ein so wüster Kampf entbrennen. Die Vertreter des alten revolutionären Gedankens behaupteten standhaft ihre Intransigenz: »Die Befreiung der Arbeiter kann *nur* ein Werk der Arbeiterklasse selbst sein, jedes Paktieren mit der bürgerlichen Gesellschaft ist ein Verrat an der Sache des Proletariats.« Von diesen lapidaren, jedem Arbeitergehirn leicht einzuprägenden Sätzen aus, verurteilten sie notwendigerweise den Eintritt des Sozialisten Millerand in das Ministerium und forderten vom Kongreß eine offizielle Anerkennung ihres Standpunktes. Wider Vandervelde, der die Vermittlungsresolution der Deutschen verteidigt hatte, erhob sich der Italiener Ferri; die schönheitstrunkenen Romanen jubelten schon seiner bloßen Erscheinung zu, und als er mit all den klassischen Worten der Revolution jonglierte, wie ein geschickter Taschenspieler mit glänzenden Kristallkugeln, und den Revisionismus von der Landtagswahlbeteiligung der Deutschen bis zum Ministerialismus der Franzosen als einen Abfall brandmarkte, dankte ihm brausender Beifall. Die graziösen Französinnen auf den Zuschauertribünen, denen der Kongreß dieselben Nervenreize bot wie eine Première, schlugen begeistert die weißbehandschuhten Händchen aneinander, und des Redners dunkler Blick grüßte dankend die seidenrauschenden Vertreterinnen des Kapitalismus, gegen den er eben zum Kampf gerufen hatte.

Dann kam Jaurès, der das moderne republikanische Frankreich in der Dreyfusaffäre gegen Klerikalismus und Militarismus verteidigt hatte, – eine untersetzte Gestalt, mit dem breiten blonden Kopf eines Germanen. Er wird es schwer haben, dachte ich angesichts dieser Versammlung, die ihre Redner ästhetisch zu werten scheint. Aber schon der erste Laut seiner Stimme zog die Menge in seinen Bann: sie war wie das Meer; selbst wenn sie ruhig schien, war Sturm in ihr, und wenn sie anschwoll, schlug sie donnernd gegen die Mauern, wie die Wogen gegen den Fels. Ich war nicht imstande auf die Worte zu achten, ich hörte nur den Klang, jenen musikalischen Tonfall der Sprache, der die Wesensart des ganzen Volkes enthüllt, eines Volkes, das durch logische Schlüsse wissenschaftlicher Deduktionen niemals überzeugt zu werden vermag, wenn nicht der Künstler in ihm durch die Schönheit der Form, durch das Pathos des Ausdrucks gepackt wird, eines Volkes, von dem ich plötzlich begriff, daß es die Bastille stürmen und Napoleon Bonaparte zu seinem Kaiser krönen konnte.

Ich war noch wie benommen, als wir abends den Saal verließen. An der Tür begrüßten uns unsere Landsleute. »Eine unglaubliche Gesellschaft!« schimpfte der eine. »Für nichts ist gesorgt: nicht mal Bleistift und Papier gibt's auf den Tischen.« – »Und keine Möglichkeit, die Anträge rechtzeitig drucken zu lassen«, fügte ein zweiter hinzu, – »man weiß nich mal, wo man essen jehn soll«, brummte ein dritter.

Jetzt fühlte ich mich wieder in Deutschland.

Wir unterhielten uns, als wir zusammensaßen, über die deutsche Resolution. »Sie ist aus Wenn und Aber zusammengesetzt, und einem Fall Millerand ist zwar die Tür geschlossen, aber das

Fenster geöffnet«, – räsonierten die Vertreter des sechsten Berliner Wahlkreises, für die der Eintritt eines Sozialisten in ein bürgerliches Ministerium keine taktische, sondern eine prinzipielle Frage war. »›Die Eroberung der Regierungsgewalt kann nicht stückweise erfolgen‹«, las stirnrunzelnd einer der Wortführer des Revisionismus; »das ist ein Satz, den wir unmöglich unterschreiben können, denn in parlamentarisch regierten Staaten kann und wird sie nicht anders als allmählich vor sich gehen.«

Am Morgen darauf stimmten die Deutschen trotzdem geschlossen für die Resolution, um die Einigkeit der Partei zu dokumentieren, und sicherten ihr dadurch ihre Annahme. Ich war froh, daß ich kein Mandat besaß, denn die vielgerühmte Disziplin unserer Genossen mißfiel mir, die die persönliche Ansicht dem Willen der Mehrheit unterwarf; die individualistische Haltung der Franzosen schien mir ein Beweis größerer innerer Stärke zu sein. Ich äußerte meine Ansicht, als wir mit unseren näheren Bekannten nachts vor einem Boulevard-Café zusammensaßen, und stieß auf heftigen Widerspruch. »Unsere Disziplin hat uns groß gemacht«, hieß es von allen Seiten. »Numerisch groß, – gewiß«, antwortete ich, »ob aber entsprechend einflußreich?! In England, wo die Partei so zerrissen ist wie hier, durchdringt die sozialistische Idee alle Kreise, gehören Sozialisten allen öffentlichen Körperschaften an, in Frankreich stützt sich die Republik auf Sozialisten, und ein einziger sozialistischer Minister ist imstande, in Monaten mehr Reformen auf dem Gebiete des Arbeiterschutzes durchzuführen, als seine Vorgänger während Jahrzehnten –«

»Und in Deutschland übernahm unsere Reichstagsfraktion im Kampf gegen die Lex Heinze die Führung und rettete Wissenschaft und Kunst vor unerhörter Knebelung«, unterbrach mich einer der Anwesenden lebhaft; »es geht langsam bei uns, aber es geht, und selbst die Resolution, deren Annahme durch uns Sie so verurteilen, ist ein Zeichen des Fortschritts. Sie hat dem falschen Radikalismus eine seiner Spitzen abgebrochen, indem sie der politischen Taktik freie Hand ließ.«

»Dazu, scheint mir, werden die Verhältnisse Radikale und Revisionisten stets ohne weiteres zwingen. Die Preisgabe persönlicher Überzeugung war überflüssig«, antwortete ich.

»So halten Sie es für besser, wenn man um verschiedener Ansichten willen wie verzankte Kinder nach rechts und links auseinander läuft?!«

»Es scheint mir jedenfalls richtiger, als klaffende Gegensätze mit den morschen Brettern gegenseitiger Konzessionen überbrücken zu wollen.«

Eine augenblickliche Stille trat ein; man sah erwartungsvoll auf Geier, der eben hinzugetreten war.

»Politik besteht aus Konzessionen«, erklärte er und strich gleichmütig die Asche von seiner Zigarre; »aber davon versteht ihr Weiber nichts. Für das Geschäft seid ihr entweder zu gut oder zu schlecht, darum laßt die Finger davon. Übrigens: – Ich habe eine Nachricht in der Tasche, die den Wünschen der Genossin Brandt entgegenkommt: Euer neuer Prophet, Bernstein, wird Deutschland in persona beglücken dürfen.«

Von allen Seiten mit Fragen nach dem Wie und Warum bestürmt, fuhr Geier mit einem spöttischen Blick auf mich in seinem Bericht fort: »Die deutsche Regierung hofft auf eine Spaltung der Partei. Es ist Bülows, des neuen Reichskanzlers, erste Heldentat, wenn er das Ausweisungsdekret gegen Bernstein nicht mehr wiederholt. Viel Glück zu diesem Zuwachs, Ihr lieben Reichsdeutschen!« Damit erhob er sich, flüchtig grüßend.

Unter dem Eindruck des Pariser Internationalen Sozialismuskongresses (23.–27. 9. 1900) entschloß sich H., das Archiv (»Archiv für soziale Gesetzgebung u. Statistik«) zu verkaufen, um eine Zeitung als Sprachrohr für die Revisionisten finanzieren zu können. Hierzu findet er Lilys Zustimmung.

Wir waren einig. Von nun an widmete mein Mann all seine freie Zeit der Verwirklichung seines Gedankens. Er trat mit deutschen Verlegern in Verkaufsverhandlungen, und wenn ich angesichts ihrer wiederholten Resultatlosigkeit oft nahe daran war, den Mut zu verlieren, so schien der seine mit jedem Mißlingen neu zu wachsen. Er wandte sich an die bekannteren Revisionisten, und wenn ihre zögernden Antworten mich deprimierten, so steigerten sie nur seine Energie. Und meine Liebe, die unter der grauen Asche der Alltäglichkeit nur noch leise geglimmt hatte, glühte auf, wie Waldfeuer im Sturm. Je stärker ich die Überlegenheit seines Willens empfand, desto mehr liebte ich ihn. Und gewohnt, mein eigenes Erleben zu betrachten wie der Forscher ein wissenschaftliches Experiment, aus dem er bestimmte allgemeine Schlüsse zieht, sah ich, daß eine der Theorien der modernen Frauenbewegung sich angesichts der Erfahrung wieder einmal als leere Konstruktion erwies.

»Das geistig entwickelte, seelisch differenzierte Weib ist die Voraussetzung und Bedingung tieferer und dauernder Beziehungen zwischen den Geschlechtern«, hatte meine alte Gegnerin, Helma Kurz, noch kürzlich in dem ihr eigenen geschwollenen Stil den Lesern ihrer Zeitschrift verkündet. Sie identifizierte Liebe und Freundschaft, weil sie – das einsame alte Mädchen – wie der Blinde von der Farbe sprach. Weibesliebe ist Hingabe an den Höherstehenden, gleichgültig ob das Herz, das sie empfindet, unter dem groben Hemd der Dienstmagd oder dem Talar der Doktorin beider Rechte schlägt. Darum wird die erotische Treue um so seltener sein, je stärker das Weib sich geistig und seelisch individualisiert.

Mit noch größerem Eifer als früher stürzte ich mich in meine Arbeit; nicht nur, weil der Augenblick schreckhaft näher rückte, in dem ich das Honorar dafür nicht mehr würde entbehren können, sondern mehr noch, weil das Buch vollendet sein mußte, ehe die neue Aufgabe – die Zeitschrift meines Mannes – an mich herantrat.

Archive, Arbeitsämter und Bibliotheken öffneten sich mir ohne Schwierigkeit. Vom Minister bis zum Portier verleugnet der Franzose die Kultur des achtzehnten Jahrhunderts nicht, auch wenn die Dame, die ihm begegnet, keine Marquise ist; jeder beeilt sich, ihr behilflich zu sein, ihr entgegenzukommen, kein spöttisches Lächeln, keine herunterhängenden Mundwinkel verraten der arbeitenden Frau, wie der Mann sie im Grunde wertet.

Je mehr ich mich aber in die Arbeit versenkte, desto höher türmten sich die Probleme der Frauenfrage um mich auf, – die sozialen, die ethischen, die sexuellen entwickelten sich eines aus dem anderen, als kröche ein Drache aus dunkler Höhle hervor, ein Glied um das andere vorschiebend, langsam, endlos. Wenn ich mich morgens zum Fortgehen rüstete und mein Kind die runden Ärmchen um meinen Hals schlang und bat und schmeichelte: »Mamachen, bleib doch mal bei mir, – Mamachen, bitte, bitte, erzähl' mir nur eine einzige schöne Geschichte –«, dann erschien mir mein eigenes Leben wie jene unheimliche Höhle, und in mein eigenes Herz bohrte der Drache seinen Giftzahn. Wie gläubig hatte ich früher den alten Vorkämpferinnen der Frauenbewegung gelauscht, wenn sie von jenen Amerikanerinnen erzählten, die ihre Pflichten als Mütter, Hausfrauen und Berufsarbeiterinnen in so unvergleichliche Harmonie zueinander zu setzen vermochten. Ich erinnerte mich vor allem jener Advokatin, die neben ihrer großen Praxis sechs Kinder erzogen und einen großen Haushalt allein geleitet haben sollte.

»Infame Lügen alter Jungfern!« dachte ich grimmig. Und doch war ich selbst noch eine Bevorzugte. Kam ich nach Haus, so fand ich mein Kind in guter Obhut und unseren Tisch gedeckt.

Der Berta, die mit so viel Tränen durchgesetzt hatte, bei mir zu bleiben, verdankte ich die äußere Arbeitsmöglichkeit. Ich konnte ihr nicht dankbar genug sein.

Aber Millionen armer Frauen arbeiten in der Werkstatt und in der Fabrik, während die Straße ihrer Kinder Hüterin ist und sie gezwungen sind, nach der Hast der Arbeit noch die unzureichende Ernährung für sich und die Ihren selbst zu bereiten. So unschätzbar die wirtschaftliche Selbständigkeit des Weibes sein mag, sind die Opfer des Mutterherzens und des Kinderglücks nicht ein zu hoher Preis für sie? Ich fand aus der Wirrnis nicht heraus: auf der einen Seite diese Not, auf der anderen Seite die liebezerstörende pekuniäre Abhängigkeit des Weibes vom Mann.

Die deutschen Gewerbeaufsichtsbeamten hatten um jene Zeit eine Untersuchung über die Arbeit verheirateter Frauen in der Industrie angestellt. Die Ergebnisse lagen mir vor: überall war es die bittere Notwendigkeit, die ihnen zwischen dem natürlichen Weibesberuf und dem Erwerb außerhalb des Hauses keine Wahl ließ. Und alles deutete darauf hin, daß ihre Zahl ständig zunehmen würde. Nichts schien mir im Augenblick so wichtig, als die

Lösung dieser brennenden Frage. Es galt auf der einen Seite, dem Säugling die Mutter zurückzugeben, und auf der anderen, das Weib von der Last doppelter Pflichten zu befreien. Ich baute meinen alten Plan der Mutterschaftsversicherung aus, – fest überzeugt, daß über kurz oder lang die Regierungen gezwungen sein würden, ihm näherzutreten. Aber selbst seine Verwirklichung würde die notwendige Arbeitsteilung zwischen Hausfrau und Berufsarbeiterin nicht herbeiführen.

»Laß einmal heut deine Nachmittagsarbeit«, sagte Heinrich eines Tages, als ich in meine Grübeleien versunken nach Hause kam. »Wir sind zur Einweihung eines Arbeiter-Restaurants geladen, – France und Jaurès werden dort sein –«

»Du weißt, ich darf mich nicht ablenken lassen«, antwortete ich mißmutig.

»Diesmal ist aber die Sache interessant genug, um eine Ausnahme von der Regel zu entschuldigen«, meinte er. »Eine genossenschaftliche Gründung der Art liegt auf dem Wege zu unseren Zielen.« Ich horchte auf: irgend etwas, halb Unbewußtes, packte mich.

In einer engen Seitenstraße des Boulevard Montparnasse lag ein altes kleines Haus geduckt zwischen hohen Mietskasernen. In seinem neuen Anstrich, mit den Girlanden um die Tür und den Fähnchen an den Fenstern sah es lustig aus wie ein altes Männlein, das goldene Hochzeit feiert. Drinnen um die festlich gedeckten Tafeln herrschte eitel Fröhlichkeit.

»Daß wir es erreicht haben, – endlich!« sagte glückstrahlend einer der Leiter. »Seit Jahren sammeln wir Sou um Sou, um die armen Arbeiter dieser Gegend von der Ausbeutung der Kneipenwirte zu befreien, und um den zahllosen arbeitenden Familienmüttern ein gutes und billiges Mittagsmahl zu verschaffen.«

Ich reichte dem Mann die Hand und drückte sie herzlich; er sah mich verwundert an: er konnte nicht wissen, welch ein Geschenk er mir gegeben hatte.

Die breite Gestalt von Jaurès erschien in der Tür, hinter ihm die elegante eines vornehmen Graubarts, dessen geistfunkelnde Augen über die große schiefe Nase unter ihnen zu spotten schienen. »Anatole France«, stellte Jaurès ihn uns vor. Wir waren sofort in lebhaftem Gespräch.

»Ich mag nicht fehlen, wenn die sozialistische Arbeiterschaft irgendwo einen Fuß breit Boden gewinnt«, sagte er; »je mehr die Bourgeoisie an Idealismus verloren hat, desto unfruchtbarer ist sie für uns Intellektuelle. Wir müssen uns stets zu den Hoffenden und Werdenden halten, wenn wir nicht selbst absterben wollen.«

»Unsere deutschen Intellektuellen halten sich lieber zu denen, die zwar an Hoffnungen arm, aber an Gold und Juwelen um so reicher sind –«, antwortete ich.

Er lächelte ungläubig: »Wirklich?! In einem Lande, das sprichwörtlich reich an hungernden Dichtern und arm an Männern ist?!«

Dann wurde er zerstreut, zog ein Blatt Papier aus der Tasche, überflog es wieder und wieder und reichte es Jaurès: »Ich bin kein Redner und soll durchaus sprechen. Was meinen Sie, wenn ich das hier sage?« Dabei stieg die Röte der Verlegenheit in das gebräunte Gesicht des berühmten Mannes.

Wir setzten uns zu Tisch. Ich konnte nicht glauben, daß die vielen Menschen um uns herum mit den selbstverständlich guten Manieren, dem freimütigen Ton, der ohne weiteres jeden Abstand der Bildung und des Milieus ausglich, die Ärmsten der Armen waren. Ich sah es erst allmählich an den hohlen Wangen und sorgfältig vernähten Flicken auf den Kleidern. Und doch aßen und tranken sie, als ob sie alle Tage satt würden.

France sprach; stockend, schüchtern, aber mit einem so warmen Ton in der Stimme, daß er alle gefangen nahm. Und dann wußten sie auch von ihm: »Unser großer France«, flüsterte stolz einer dem anderen zu, und ein paar kleine Nähmädchen mit harten zerstochenen Fingern brachten ihm die Veilchensträußchen, die sie im Gürtel trugen.

Als ich am nächsten Tage wieder bei der Arbeit saß, war mein neuer Plan fix und fertig: »Haushaltungsgenossenschaften« nannte ich ihn. In den Arbeitervierteln der großen Städte sollte jede Mietskaserne mit einer Zentralküche versehen sein, die den Bewohnern ihre Mahlzeiten liefert. In den Häusern der Arbeiter-Baugenossenschaften müßte der Anfang damit gemacht werden; Kinderkrippen und Kinderhorte zum Tagesaufenthalt der Mutterlosen sollten sich anschließen; die genossenschaftliche

Wirtschaft, der Einkauf im großen müßte, so berechnete ich, die Kosten für die anzustellenden Arbeitskräfte aufbringen. Einsichtige Kommunen würden sich allmählich bereit finden, solche, für die physische und moralische Gesundheit der Bevölkerung überaus wichtige Häuser selbst zu bauen. Mit der Befreiung von der doppelten Arbeitslast der Hauswirtschaft und der außerhäuslichen Erwerbsarbeit würde einer der wichtigsten Teile der Frauenfrage ihrer Lösung entgegengeführt werden. Und was für die Arbeiterin galt, das galt ebenso für die geistig tätige Frau. Ich war so erfüllt von meiner Idee, daß ich vor freudigem Herzklopfen nächtelang schlaflos blieb. Mit dieser Sache konnte ich bis zum Erscheinen meines Buches nicht warten. Gerade jetzt, wo das Problem der Erwerbsarbeit verheirateter Frauen auf der Tagesordnung stand, mußte ich damit hervortreten.

Ich schrieb an Wanda Orbin und teilte ihr mit, daß ich an der Hand der neuesten Fabrikinspektorenberichte eine kurze Broschüre über die für die Arbeiterinnenbewegung so wichtige Frage der Beschäftigung verheirateter Frauen in der Industrie schreiben wolle und von ihr nur erfahren möchte, ob nicht etwa von anderer Seite ähnliches geplant würde. Irgendwelche Details gab ich ihr nicht.

Sie antwortete mir umgehend, daß sie selbst seit längerer Zeit mit der Bearbeitung der Frage beschäftigt sei. »Ich habe mich nunmehr entschlossen«, fuhr sie fort, »die einzelnen Teile meiner Arbeit als selbständige Broschüren erscheinen zu lassen, um sie weiteren Kreisen leichter zugänglich zu machen. Die erste enthält die grundsätzliche Auseinandersetzung der Frage der Fabrikarbeit verheirateter Frauen und des gesetzlichen Arbeiterinnenschutzes, das Manuskript liegt im wesentlichen bereits fertig vor ... Sie werden mir kaum zumuten, auf die Veröffentlichung zu verzichten, weil an anderer Stelle die Behandlung derselben Frage beabsichtigt wird ...«

Nein: ich dachte nicht daran, um so weniger, als es mir nichts genutzt haben würde. Ich wollte auch nicht mit Wanda Orbin in einen lächerlichen Konkurrenzkampf eintreten. Mochte ihre Schrift zuerst erscheinen, – mir würde nachher genug zu sagen übrig bleiben.

Während der Monate, die wir noch in Paris verlebten, erschien sie jedoch nicht, und die verschiedenen Parteibuchhandlungen wußten nichts von ihr.

XI. KAPITEL

Es war ein Sonntag, als wir Berlin wiedersahen. Mir schien, als wären wir Fremde. Wie klein, wie armselig war das alles: die Linden mit ihren kraftlosen Bäumen und stillosen Häusern, der Pariser Platz mit seiner bedrückenden Engigkeit. Und die neuen Stadtteile: eine gute Bürgersfrau, die sich herausgeputzt hat, und das bißchen echte Kultur, das sie besaß, darüber vollends verlor. Dazwischen die Feiertagsbummler: Der Kontrast zwischen ihrer kreisenden Lautheit in Tönen und Farben und dem matten Grau des Märztages tat Augen und Ohren weh.

»Ich möchte wissen, wo ich zu Hause bin«, seufzte ich und legte mich abends mit jenem Gefühl innerer Leerheit schlafen, das uns zuweilen überkommt, wenn wir eine Staatssoirée hinter uns haben. Mir träumte von einem riesigen Wasserfall. Noch im Halbschlaf am Morgen hörte ich sein Rollen und Rauschen, und je wacher ich wurde, desto stärker schwoll es an. Vom Potsdamer Platz herauf klang es; Straßenbahnen, Omnibusse, Lastwagen, eilende Menschenfüße waren die Instrumente dieses Konzertes; Berlin ging auf Arbeit. Da war kein Winkel ohne Leben.

Drüben in der Leipziger Straße waren unter der Spitzhacke alte Mauern zusammengebrochen, und sieghaft erhob sich jetzt, von Riesengranitpfeilern getragen, ein mächtiges Warenhaus, wie selbst Paris es nicht kannte, aus dem märkischen Sand. Kein Basar, dessen Bau Gotik, Barock und Renaissance durcheinanderwirft, wie seine reklameschreienden Schaufenster die Waren, – ein Stück neuer Kultur vielmehr, die die Schönheit der Zweckmäßigkeit erkannte und doch allen Zauber der Kunst über sie ausgoß. Die Menschen strömten aus und ein. Sie trugen von all jenen glänzenden Goldblumen und köstlichen Steinreliefs, die seine inneren Räume schmückten, von den farbenleuchtenden Onyxplatten und gemalten Holzdecken, von den Feuertropfen und Lichtgirlanden einen Schimmer von Schönheit mit nach Haus.

Jenseits des Platzes waren Baumriesen gestürzt, denn dem Verkehr mußte die Straße sich weiten, und an der Peripherie der Stadt standen reihenweise die Holzgerüste wie gewaltige Pallisaden, – Zeichen dafür, daß das alte Kleid ihrem Riesenleibe zu eng wurde.

Ein Emporkömmling ist sie, – gewiß! Aber keiner, den das Glück aufwärts trug. Vielmehr einer, der sich durch die Kraft seiner Fäuste den Weg bahnte.

Wie die Menschen liefen und hasteten! Sie kannten jenes gemächliche Schlendern nicht, mit dem Lächeln der Behaglichkeit auf den Lippen und kokettierenden Blicken hin und her. Aller Züge schienen gespannt von nervöser Eile, von sorgender Angst, von lastenden Gedanken.

Klingendes Spiel, feste Schritte im Takt kündeten das Nahen von Soldaten. Der Verkehr stockte. Wo in Preußen die bewaffnete Macht erscheint, gehört ihr die Straße. Und hypnotisiert durch den Marsch, durch die Masse, durch wehende Federbüsche und blinkende Uniformen, drängte jung und alt ihr nach, ihr voran.

Die Alexander-Grenadiere bezogen heute ihre neue Kaserne: in nächster Nähe des Schlosses war sie errichtet worden, eine Zwingburg mit Mauern und Schießscharten; und vom Lustgarten aus führte der Kaiser selbst seine Garde dem neuen Heim zu, während die Polizei in weitem Bogen das gaffende Volk beiseitedrängte, damit der Herrscher allein blieb mit seinen Truppen. »Ihr seid die Leibwache eures Königs«, sagte er, »und wenn diese Stadt noch einmal wie Anno 48 sich wider ihn erheben wird, so seid ihr berufen, die Frechen und Unbotmäßigen mit der Spitze eurer Bajonette zu Paaren zu treiben.«

Fürwahr, wenn ich mich bis jetzt wie in einem Traum befunden hatte, nun wußte ich: wir waren in Berlin.

Unser Einzug in die neue Wohnung, – einem Gartenhaus der Uhlandstraße, – war kein fröhlicher. All die tausenderlei Dinge, die mit ihm zusammenhingen, vom Auslösen der Möbel auf dem Speicher bis zu den Löhnen der Handwerker, hatte unser letztes Geld verschlungen.

»So mach dir doch nichts draus, – quäle nicht dich und mich mit unnützen Sorgen«, rief Heinrich heftig, als ich ihm unsere Lage auseinandersetzte. Ich schwieg verletzt. Er war wie ein geistig Weitsichtiger, der das Nächste nicht sieht, dem immer nur das Ferne gegenwärtig ist. Der Plan seiner Zeitschrift beherrschte ihn völlig. So mußte ich mir selber helfen. Ich bat den Verleger meines Buches um mein Honorar. Er erfüllte meinen Wunsch ohne weiteres. Heinrich aber wunderte sich nicht einmal, wieso ich plötzlich Geld hatte. Für ihn schienen die pekuniären Seiten des Lebenskampfes nicht zu existieren, mir dagegen nahmen sie alle Schwungkraft und machten mich bis zur Grausamkeit bitter gegen ihn. Bat ihn jemand um ein Almosen oder um ein Darlehn, so gab er, was er in der Tasche hatte. Wagte ich einen leisen Vorwurf, so gruben sich seine Stirnfalten noch tiefer, und es kam immer häufiger vor, daß er mir mit einem: »Sieh lieber, daß deine Berta dich nicht betrügt!« antwortete. Dann erst war die Entzweiung eine vollkommene. Nichts schien mir ungerechter, als dieses Mädchen zu verdächtigen, das sich für uns aufopferte und nicht einmal eine Aufwärterin zu ihrer Hilfe zuließ. Daß sie allmählich in ihrem Aussehen und Benehmen zu einem »Fräulein« geworden war, schien mir im Interesse meines Jungen nur vorteilhaft, während Heinrich es als Folge meiner Verwöhnung ansah und behauptete, ich verdürbe nur das einst so schlichte Bauernmädchen.

Lange freilich währten unsere gegenseitigen Verstimmungen nie. Vor den klaren Augen unseres Kindes, denen nichts entging, schämten wir uns ihrer. Seine Jugend sollte nicht durch den Unfrieden seiner Eltern vergiftet werden, wie die meine.

»Nu lach doch wieder ein ganz kleines bißchen!« Damit kletterte er schmeichelnd auf seines Vaters Knie. »Nich wahr, Mamachen, du gibst dem Heinzpapa gleich einen dicken, runden Kuß!« Damit lief er zu mir und legte das weiche Bäckchen zärtlich an meine Wange.

Waren wir so versöhnt, so fühlten wir den Stachel nicht, der sich trotzdem immer tiefer in unsere Herzen bohrte.

Gleich nach unserer Ankunft hatte ich den Genossinnen meine Rückkehr mitgeteilt. Auch das war der Anlaß zu einer kleinen Auseinandersetzung zwischen uns gewesen.

»Willst du dich wirklich wieder in die unfruchtbare Arbeit stürzen?!« sagte mein Mann ärgerlich.

»Gewiß«, entgegnete ich mit jener Gereiztheit, die mich immer überkam, wenn ich meine persönliche Freiheit durch ihn gefährdet glaubte. »Ich sehe die Frauenbewegung mehr denn je als das Gebiet an, auf dem ich wirken muß.«

»Du wirst in unserer Zeitschrift genug für sie tun können, – mehr als in eurem Kaffeekränzchen!«

Ich zuckte spöttisch die Achseln und meinte gedehnt: »Wenn ich darauf warten soll!« Im selben Moment aber bereute ich schon, ihn an seiner empfindlichsten Stelle verletzt zu haben. Es lag wahrhaftig nicht an ihm, wenn seine Idee noch nicht verwirklicht war.

Unsere Gesinnungsgenossen, mit Einschluß von Bernstein, der sie noch von London aus in Briefen an meinen Mann lebhaft begrüßt hatte, stimmten ihr rückhaltlos zu, aber es fand sich niemand, der auch nur einen Pfennig für sie gegeben oder sich sonst um ihre Ausführung bemüht hätte. Daß auch dies nur ein Symptom für die Uneinigkeit und Unklarheit des Revisionismus war, empfand jeder von uns. Eine Bewegung war vorhanden, aber es fehlte ihr die starke Hand eines Führers, der sie zusammenzufassen und ihr Richtung zu geben vermag. Wir erwarteten für die Sache wie für unseren Plan, der ja nur in ihren Diensten stehen sollte, von dem persönlichen Eingreifen Bernsteins nicht wenig.

An einem der folgenden Tage kam ich zum erstenmal seit meiner Rückkehr mit den Genossinnen zusammen. Man empfing mich kühl, – fast als bedaure man, mich überhaupt wieder zu sehen. Ich unterdrückte den aufsteigenden Ärger. Bald würden sie mir ganz anders begegnen. Lag erst mein Buch in ihren Händen, – das Buch, das eine wissenschaftliche Leistung und ein Bekenntnis war, – so würden sie mich alle freudig willkommen heißen.

In dem Jahr meiner Abwesenheit waren die Fortschritte der Arbeiterinnenbewegung nicht erheblich gewesen. Man hatte versucht, durch Einrichtung von Beschwerde- und Auskunftsstellen einen persönlichen Zusammenhang mit den der Bewegung noch fremd gegenüberstehenden Arbeiterinnen zu schaffen. Ich lächelte unwillkürlich, als ich davon hörte. Vorschläge der Art hatte mein so leidenschaftlich bekämpfter Plan eines Zentralausschusses für Frauenarbeit enthalten.

Für den Arbeiterinnenschutz und gegen die Beschränkung der Fabrikarbeit verheirateter Frauen war auf Grund eines Parteitagsbeschlusses eine größere Agitation entfaltet worden. Die Erfolge waren minimal.

»Es fehlt uns immer noch an packenden Schriften, die wir verbreiten könnten«, meinte eine der Frauen.

»Ist denn Genossin Orbins Broschüre noch nicht erschienen?« fragte ich und begegnete erstaunten Gesichtern.

»Genossin Orbins Broschüre?!« wiederholte Ida Wiemer. »Von der wissen wir nichts!«

»Ich habe doch darauf hin meine eigene Absicht, eine solche zu schreiben, aufgegeben!« rief ich aus, – noch immer wollte ich nicht glauben, woran doch nicht mehr zu zweifeln war: sie hatte mich nur an der Arbeit hindern wollen! Martha Bartels lächelte ironisch. Ich hörte, wie sie ihrer Nachbarin zuflüsterte: »Sie will sich nur aufspielen, – uns glauben machen, daß sie auch mal was zu arbeiten die fromme Absicht hatte –«, und ich sah wie ihre Worte von Mund zu Mund gingen und die Mienen sich klärten.

»Wenn Sie sich mit der Frage beschäftigt haben«, sagte sie dann laut und hochmütig, »so können Sie ja ein paar Referate übernehmen.«

Ich war bereit dazu.

»Vielleicht sprechen Sie auch bei uns?« fragte die Vorsitzende des Arbeiterinnenbildungsvereins; »es müßte freilich ein anderes Thema sein.«

»Gern!« antwortete ich und war entschlossen, die Frage der Haushaltungsgenossenschaft bei der Gelegenheit zur Erörterung zu bringen.

»Frauenarbeit und Hauswirtschaft« nannte ich meinen Vortrag, der schon eine Woche später stattfand. Der niedrige, enge Raum der Arminhallen war überfüllt, als ich eintrat. Eine Anzahl bürgerlicher Frauenrechtlerinnen suchten sich in den Winkeln des Saales zu verbergen. Sie hatten mein Auftreten bei Gelegenheit des internationalen Frauenkongresses nicht vergessen und zeigten nicht gern ihr Interesse für mich.

Ich stellte in großen Zügen die Entwicklung der Frauenarbeit dar, von ihrer ersten Beschränkung auf das Haus bis zu ihrer heutigen Ausdehnung auf alle Berufe, und die parallel laufende Evolution der Hauswirtschaft von jenen Zeiten an, wo innerhalb ihres Kreises alle Bedürfnisse der Familie hergestellt wurden, bis zur Gegenwart, wo nichts von ihr übrig geblieben war als der Herd. Ich schilderte die Lage der erwerbstätigen Familienmütter, die physischen und seelischen Gefahren, denen ihre Kinder ausgesetzt sind, und ich erörterte die Zunahme der Berufsarbeit verheirateter Frauen nicht nur auf dem Gebiet der manuellen, sondern auch auf dem der geistigen Arbeit. »Die unausbleiblichen Folgen dieser Tatsachen liegen auf der Hand: entweder bricht der weibliche Körper unter der doppelten Arbeitslast des Hauses und des Berufs vorzeitig zusammen und der Geist büßt seine Leistungskraft ein, oder die Häuslichkeit wird vernachlässigt, und die junge Generation wird durch Mangel an Pflege und hygienisch einwandfreier Ernährung aufs äußerste geschädigt ... Die Gefahr ist zu groß, zu dringend, als daß wir uns mit dem Appell an die Hilfe des Staats genügen lassen dürften, wir müssen zu gleicher Zeit zur Selbsthilfe greifen.« Und nun entwarf ich meinen Plan. »Hungernde englische Weber waren die Schöpfer der Konsumgenossenschaften, deren Kauffahrteischiffe heute die Meere durchziehen; der Wohnungsnot armer Arbeiter entsprang die Idee der Baugenossenschaften, deren Häuser überall aus der Erde wachsen, – sollte der Jammer der Frauen und der

Kinder nicht die Haushaltungsgenossenschaft ins Leben rufen können?«

Ich fühlte die wachsende Erregung, die sich der Zuhörerschaft bemächtigte. Es war das Zentrum der Interessensphäre der meisten, in das ich getroffen hatte. Aber auf den Sturm, der sich erhob, war ich doch nicht gefaßt gewesen. Alle jene Gründe, mit denen die Sozialdemokratie vor Jahrzehnten der Selbsthilfe der Gewerkschaften entgegengetreten war, mit denen sie heute noch vielfach den Genossenschaften entgegentritt, – als Ablenkungen vom Hauptziel, der Verwirklichung des Sozialismus, und vom allein wichtigen Kampf: dem politischen; als Versöhnungen des Proletariers mit dem Gegenwartsstaat, – wurden mir wie ein Hagel von Pfeilen entgegengeschleudert. Es fehlte nicht an scharfen Seitenhieben auf meinen Revisionismus, der sich darin dokumentiere, daß ich innerhalb der kapitalistischen Gesellschaftsordnung sozialistische Ideen verwirklichen wolle, wie die alten, überwundenen Utopisten.

Nur wenige unterstützten mich. Die Frauenrechtlerinnen schwiegen.

Bereits am nächsten Morgen ging mein Vortrag durch die Presse, entstellt, verspottet, beschimpft.

»Der Zukunfts-Karnickelstall, wo sich das Familienleben auf das Schlafzimmer beschränkt«, hieß es in der konservativen Presse; von der »Kaserne als Idealzustand« sprach die liberale. Als die Spottlust befriedigt war, kamen die pathetischen Artikel, die angesichts der drohenden Zerstörung der Familie ihre Kassandrastimme erhoben. Und in den »Sprechsälen« und »Frauenecken« zeterten die guten Hausfrauen, deren einziges Zepter der Kochlöffel war. Hatte ich sie schon durch die Dienstbotenbewegung gegen mich aufgebracht – jetzt standen sie mir als ein Heer gerüsteter Feinde gegenüber. Der Kochherd war wirklich nicht nur der Inhalt, sondern die Grundlage ihres Familienlebens.

»Die Männer werden überhaupt nicht mehr heiraten, wenn sie keine Hausfrau brauchen«, jammerte eine ehrliche Naive.

Ich wartete vergebens auf die Unterstützung der Frauen, die mir ihre Not oft selbst geklagt hatten: der Schriftstellerinnen, Ärztinnen, Künstlerinnen.

»Nur ein Jahr lang sollten unsere männlichen Kollegen Suppe kochen und Strümpfe stopfen«, hatte einmal eine von ihnen ausgerufen, »und wir würden an dem Fehlen großer Leistungen ihre geistige Minderwertigkeit beweisen können!«

In den Blättern der Frauenbewegung fand mein Plan keinen Widerhall. Helma Kurz rief Ach und Wehe über mich, die ich »alle Frauen aus der trauten Häuslichkeit in die Kaserne« treiben wolle. Keine der Führerinnen der Frauenbewegung begriff, daß die Befreiung der erwerbstätigen Frau von der Sklaverei der Küche eine ihrer Programmforderungen sein müßte. Nur eine kleine Gruppe Menschen, die in der Öffentlichkeit unbekannt waren, schloß sich mir allmählich an, und ein paar Baumeister meldeten sich, die den Mut gehabt hätten, ein Haus nach meinem Plan aufzuführen, – mit abgeschlossenen kleinen Wohnungen und Speiseaufzügen aus der Zentralküche. Wir waren überzeugt, nur *ein* lebendiges Beispiel würde genügt haben, um die Bewegung in Fluß zu bringen. Aber wir waren zu wenige, um das Bestehen des Hauses zu sichern, und mein Name, – der der Sozialdemokratin, – schreckte viele ab. Sie fürchteten den kommunistischen Zukunftsstaat im Kleinen.

Inzwischen kam Wanda Orbin nach Berlin und bat mich, da sie krank sei, »in wichtiger Angelegenheit« um meinen Besuch. Sie reichte mir nur die Fingerspitzen, als ich eintrat.

»Sie haben die Interessen der Partei auf das schwerste verletzt«, begann sie im Ton eines Inquisitors, »und da es nicht das erste Mal geschieht, so bin ich verpflichtet, Sie zu warnen.«

Ich griff mir an die Stirn: was war es nur, was ich verbrochen hatte?!

»Ihre Agitation für die Haushaltungsgenossenschaft –« ich lachte ihr ins Gesicht; sollte sie mit so strenger Miene scherzen?! Aber sie runzelte die Stirn, – es war ihr Ernst, blutiger Ernst! – »hat weitere Kreise gezogen, als gut ist. Dergleichen verwirrt die Köpfe, stört die Einheitlichkeit des Vorgehens –«

Ich stand auf. »Möchten Sie mir wohl noch mitteilen, worin meine erste Verletzung der Parteiinteressen bestand?« fragte ich ruhig.

»Sollten Sie Ihren Plan eines Zentralausschusses für Frauenarbeit schon vergessen haben?« rief sie aus.

»Und durch ihn habe ich die Partei geschädigt?! – Sie sind ja jetzt schon im Begriff, teilweise auszuführen, was ich wollte –!«

Wanda Orbins Augen funkelten mich zornig an: »Wenn Sie die Unterschiede nicht verstehen, so beweist das nur wieder Ihren Mangel an proletarischem Bewußtsein –;« dabei kreischte ihre Stimme wie auf der Rednertribüne.

»Mag sein!« entgegnete ich scharf. »Mir fehlt das Demagogentalent, um mich zur Proletarierin aufzuspielen.« Damit wandte ich mich zum Gehen, auf das tiefste verwundet.

Mein Vortrag erschien im Verlag des »Vorwärts« als Broschüre. Wanda Orbin »vernichtete« ihn in vier Leitartikeln, und ihre Autorität war viel zu gewichtig, als daß sich innerhalb der Partei irgendeine Stimme für ihn erhoben hätte. Wie die Schnecke, wenn ihre Fühlhörner unsanft berührt werden, sich in ihr Haus zurückzieht, so hatte ich das Bedürfnis, mich zu verkriechen.

»Laß deine Ideen erst Wurzel fassen, Liebste«, tröstete mich mein Mann; »sind sie lebenskräftig, so fällt dir die Frucht von selbst in den Schoß.«

Ich lächelte wehmütig über den Irrtum, in dem er sich befand. Was mich schmerzte, war nicht das momentane Scheitern eines Planes, sondern daß ich Wanda Orbin so klein gesehen hatte, die mir, auch mit ihren Fehlern, so groß erschienen war. Und daß sie die anderen beherrschte, zum Teil mit Mitteln, gegen die ich mich waffenlos fühlte!

Nun galt es, statt alle Kräfte auf den Kampf für die gemeinsame Sache zu konzentrieren, sich für den eklen Streit im eigenen Lager stets gewappnet zu halten.

Wenn ich mich abseits stellen, einer jener Eigenbrödler werden könnte, mit Scheuklappen vor den Augen, immer nur ein Teilchen des allgemeinen Zieles verfolgend?! Daß ich unfähig dafür war, bewies mir die Erfahrung mit meinem eigenen Plan. Hätte ich das Talent und die Zähigkeit des Organisators gehabt, ich würde ihn in jahrelanger steter Arbeit, unbekümmert um die Spötter, haben durchsetzen können. Und nun stand ich da und sah erschrocken auf meine Hände, die so leer geworden waren und so kraftlos.

Mein Buch erschien. Die Aufnahme, die ihm zuteil wurde, entschädigte mich für viele Schmerzen und gab mir das Vertrauen in die eigene Kraft zurück.

»Sie haben mehr geleistet, als ich erwartet hatte, und das will viel sagen«, schrieb mir Romberg. »Ihr Werk ist eine wissenschaftliche Leistung, dem keine Kritik und keine Zeit den Charakter eines ›standard work‹ nehmen wird, und – was für mich seinen größten Wert ausmacht – der Ausdruck einer starken Persönlichkeit. Die objektive Wissenschaft ist zweifellos etwas sehr Großes, aber der Mensch bleibt immer das Allergrößte ...«

Nur zwei Zeitschriften rissen meine Arbeit herunter; die Monatsblätter von Helma Kurz und – die »Freiheit« von Wanda Orbin.

»Alix Brandts Buch ist jeder Mütterlichkeit und jeder Wissenschaftlichkeit bar«, hieß es in dem einen Blatt: »die Genossin Brandt hätte in der Kleinarbeit der Agitation erst lernen und sich bewähren müssen, ehe sie etwas für die Arbeiterinnenbewegung wirklich Nützliches hätte schaffen können«, lautete das Endurteil in dem anderen.

Ich lachte zuerst und dachte daran, wie ich von einer meiner bürgerlichen Gegnerinnen einmal pathetisch als ein »Tribünenweib« bezeichnet worden war, »deren Lenden nie ein Kind getragen haben«, und eine Genossin mir als schwere Unterlassungssünde die Tatsache vorgehalten hatte, daß ich eine wichtige Parteipflicht – die, Flugblätter auszutragen – noch nicht erfüllt hätte.

Aber dann verging mir das Lachen. Mein ganzes Ich lag in dem Buch, all mein Wissen, mein Glauben, mein Hoffen. »Meinem Mann und meinem Sohn« stand als Widmung vor dem Titel. Das war keine bloße Form, es war ein Bekenntnis: Ich hätte es nicht schreiben können ohne das Doppelerlebnis der Liebe und der Mutterschaft, das aus dem Kinde erst den Menschen macht, das Schleier von den Augen reißt und eiserne Klammern von den Herzen. Es sind Männer gewesen, die die Madonna zur Mutter Gottes erhoben, denn nur der lebendig befruchtete Schoß vermag Lebendiges zu gebären. Und arme Irre waren es, die die Jungfrauschaft mit dem Heiligenschein krönten. Denn die Voranleuchtenden sind nur, die des Lebens Tiefen erschöpften.

An die Mütterlichkeit hatte ich appelliert mit jedem Satz, den ich niederschrieb. Aus einem primitiven Empfinden, das über die Wiege des eigenen Kindes kaum hinausging, sollte sie zu weltumspannender Kraft sich entfalten. All die Tausende und Abertausende Hilfloser und Entrechteter hatte ich aufgeboten, daß sie die Mütter suchen sollten. Einst pochte ihr Murmelgebet: »Heilige Maria, bitte für uns!« umsonst an das Tor des Himmels, – sollte ihre stumme Not auf der Erde keine Antwort finden?

Waffen hatte ich geschmiedet für die Proletarierinnen, Waffen, – ich wußte es, – die unzerbrechlich waren. Ich erwartete keinen Dank dafür, denn daß ich sie schaffen konnte, war Dank genug. Nur nehmen, nur gebrauchen sollten sie meine Klingen und Pfeile.

»Warte die Zeit ab«, sagte mein Mann. Aber ich fieberte nach Tat, nach Wirken, – ich konnte nicht warten.

Dem Arbeiterinnen-Bildungsverein und einzelnen der führenden Genossinnen hatte ich mein Buch zur Verfügung gestellt. Eines Morgens bekam ich einen Brief von Martha Bartels. Schon freute ich mich, – ich werde sie wiedergewonnen haben, dachte ich, und erinnerte mich, wie sie mir, der Fremden, einst entgegengekommen war, als ich noch Alix von Glyzcinski hieß.

Ich ließ ihren Brief in den Schoß fallen, als ich seine wenigen Zeilen durchflogen hatte, und lehnte mich mit einem Gefühl von Schwindel in den Stuhl zurück.

»Nachdem Ihre Unzuverlässigkeit in der Ausführung übernommener Parteipflichten wieder offenbar wurde«, schrieb sie, »haben die Genossinnen einstimmig beschlossen, Sie zu unseren Sitzungen nicht mehr einzuladen.«

Ein formeller Ausschluß also, – ohne Gründe anzugeben, – ohne mich zu hören! Und das in einer Partei, die die Ideale der Demokratie vertritt! Ich verlangte, mir zu gewähren, was die Gesetzgeber des kapitalistischen Staates den Mördern und Dieben zugestehen: mich vor meinen Richtern verteidigen zu können. Man antwortete mir nicht. Ich erfuhr schließlich, daß jene

Genossin, die mich vergebens zu einem Vortrag hatte pressen wollen, die Sache so dargestellt hatte, als ob ich mein gegebenes Wort gebrochen hätte. Und ich hörte weiter, daß meine »Fälschung« jener Einladungskarte zum Referat bei den Textilarbeitern noch immer in aller Munde sei. Ich sandte die Ehrenerklärung der Gewerkschaft ein, ich zwang die Lügnerin, ihre Behauptung zu widerrufen. Es nützte nichts.

»Wir erkennen an, daß in diesen beiden Fällen ein Irrtum vorlag«, schrieb Martha Bartels, »aber es stehen noch so viele andere fest, so Sie sich als unzuverlässig erwiesen haben, daß die Genossinnen an ihrem einstimmigen Beschluß, Ihre Mitarbeit abzulehnen, festhalten.«

Ich ging zum Parteivorstand, um die Einsetzung eines Schiedsgerichts zu fordern. »Liebe Genossin«, sagte Auer, mir gutmütig die breite Hand auf die Schulter legend, »tun Sie das nicht! Lehren Sie mich unsere Weiber kennen! Jedes Schiedsgericht wird Ihnen recht geben, – natürlich! Aber, glauben Sie, daß damit geholfen ist?! Schon am nächsten Tag werden die Klatschmäuler, denen Sie nun einmal ein Dorn im Auge sind, neue, noch schlimmere Sünden über Sie zu verbreiten wissen, und das modernisierte Gerichtsverfahren der heiligen Fehme wird alle demokratischen Schiedssprüche umstoßen. Überlassen Sie der Wanda die Weiber! Für Ihren Tätigkeitsdrang ist in der Partei noch Raum genug.«

Ich fügte mich seiner Ansicht. Ob aus Einsicht, aus Müdigkeit, aus Ekel? Ich weiß es nicht mehr. Auers Hand umspannte die meine schmerzhaft fest.

»Wollen Sie von mir altem Kerl noch einen Rat auf den Weg nehmen?« fragte er. »Wer auf hoher Warte steht, dem sollten die leid tun, die sich von unten im Schweiße ihres Angesichts abmühen, mit Steinen zu werfen. Er sollte immer über sie hinwegsehen. Dann hören sie von selber auf und besinnen sich, daß ein Weg da ist, auf dem auch sie aufwärtssteigen könnten ... Wer die Distanz nicht wahren kann, ist kein Politiker.«

»Die Distanz, – das bedeutet Fernsein, Kühle«, antwortete ich mit einem leisen Seufzer, »– ich liebe die Menschen; ich möchte von ihnen geliebt sein.«

»Sie lieben die Menschen, – diese Menschen?! Sie scherzen!«

Er reckte sich zu seiner ganzen Größe. »Wir würden sie erhalten, wenn wir sie lieben würden. Aber wir wollen sie überwinden – mit dem gewaltigen Erziehungsmittel einer neuen Gesellschaftsordnung –, also hassen wir sie.«

Ich schüttelte den Kopf. War das eine hohe Warte? Würde ich sie je erreichen, – erreichen wollen?!

XII. KAPITEL

Probleme werden nicht durch Resolutionen aus der Welt geschafft. Auch der Wille der Streitenden, und es gab Augenblicke, wo selbst Eduard Bernstein die Schwäche dieses »guten Willens« hatte und Hervorragende unter seinen Anhängern den »Revisionismus« als eine neue Richtung innerhalb der Partei abschworen, vermag das Streitobjekt nicht aus der Welt zu schaffen. Einmal ausgesprochene Gedanken lösen sich gleichsam von dem, der sie dachte, ab und haben ein selbständiges Leben.

Die Beschlüsse des Parteitags von Hannover hatten nichts zur Folge, als einen Waffenstillstand. Bernsteins Rede im sozialwissenschaftlichen Studentenverein eröffnete den Kampf von neuem. In Artikeln, Reden und Broschüren wurde er mit steigender Erbitterung geführt. Und die aufreizenden Zurufe der Zuschauer, die vom nächsten Tage die Spaltung der Sozialdemokratie erwarteten und erhofften, erhitzte die Kämpfenden noch mehr. Die wachsende Leidenschaft tötete jede Objektivität. Keiner gestand dem anderen die Ehrlichkeit der Gesinnung zu. Hinter jeder Äußerung eines Revisionisten entdeckte der orthodoxe Marxist Parteiverrat, in jeder Verteidigung des radikalen Standpunktes sah der Revisionist dogmatische Verbohrtheit und bewußtes Demagogentum. Er überhörte geflissentlich die Lehren der Psychologie und der Geschichte, aus denen er hätte folgern können, daß die Verteidigung der Tradition, der grundlegenden Dogmen des Sozialismus notwendig zu demselben Haß, derselben Verfolgung der Angreifer führen muß, wie einst die des Heidentums gegen die Christen, der römischen Kirche gegen die Reformation.

Aber ein noch merkwürdigeres Zeichen dafür, wie wenig bloße Erkenntnisse des Verstandes die ursprüngliche, nur auf die Einflüsse des Gefühls reagierende Natur des Menschen zu ändern vermögen, war die Haltung der Radikalen. Sie verleugneten in ihrem Zorn eine der Grundlagen ihrer eigenen Anschauung: die materialistische Geschichtsauffassung. Es war die befreiendste Lehre, die Marx hinterließ, zu der sich allmählich, bewußt oder unbewußt, auch Nichtsozialisten bekannten: daß, da »alles fließt«, auch die Theorien sich entwickeln müssen, entsprechend den Wandlungen des wirtschaftlichen und sozialen Lebens. In diesem Sinne war der Revisionismus marxistisch und der Radikalismus reaktionär.

Die ernsten Kämpfe zwischen den beiden Richtungen spielten sich zwischen den geistigen Führern ab, von denen die einen die Masse der Arbeiterschaft hinter sich hatten, die anderen noch Offiziere waren ohne Armee. In dem harten Schädel der Proletarier saß jeder Buchstabe des sozialistischen Apostolikums noch fest; wurde der Kampf daher in die Volksversammlungen getragen, so äußerte er sich in wüstem Geschimpfe gegen die Neuerer, die dem Armen das Beste zu erschüttern drohten, was ihnen der Sozialismus gegeben hatte: ihren Glauben. Es kam aber noch ein anderes hinzu: der Respekt vor der Wissenschaft, zu dem der Sozialismus sie verpflichtete, ging Hand in Hand mit einem glühenden Verlangen nach Wissen. Bildungsschulen, wissenschaftliche Vorträge und Kurse kamen diesem Verlangen entgegen und pfropften auf den lebensschwachen Baum der Volksschule ein Reis, unter dessen Früchten Dilettantismus und Bildungsdünkel am besten gediehen. Wozu ernste Denker Jahrzehnte brauchen, das glaubte der Proletarier in ein paar Abendstunden erreichen zu können. Daß er es glaubte, war nicht seine Schuld: die Naivität seiner Jugend unterstützte die Partei, die ihm in Wort und Schrift nichts mehr einprägte als die Überzeugung von der Dummheit seiner Gegner. Als Gegner aber erscheinen ihm auch die Revisionisten. Zu seinem gefühlsmäßigen Haß gegen die Unruhstifter trat die hochmütige Verachtung der Akademiker hinzu.

H.s Absicht, eine Zeitschrift zu gründen, steht immer noch das Fehlen eines Käufers für sein »Archiv« im Wege. Über alle schwerwiegenden Probleme ihres persönlichen und politischen Lebens hinweg tröstet sich Lily mit der Freude an ihrem Kind.

Mein Bub'! Daß ich nur heimlich, wie aus dem Hinterhalt, sein Geplauder belauschen durfte! Daß ich mir die Stunden für ihn stehlen mußte! Ich war abermals einem falschen feministischen Lehrsatz auf der Spur. Nicht der Säugling bedarf der Mutter am meisten. All die vielen, mechanischen Dienste, die der kleine Körper fordert, versteht eine geschulte Pflegerin besser als sie. Erst der erwachende Geist braucht die Augen der Mutter, die jede seiner Regungen sieht, und ihre Sorgfalt, die allein weiß, welche seiner vielen Triebe beschnitten, welche gestützt, welche der Sonne und dem Wetter ausgesetzt werden können. Und Millionen Frauen dürfen es nicht! Nie erschien mir unsere Gesellschaftsordnung widersinniger: sie zwingt den Staat, Gefängnisse zu bauen für die Verbrecher und Fürsorgeerziehungsanstalten für die verwahrloste Jugend, der sie die Mütter genommen hat.

Sollten wir wirklich darauf warten müssen, bis sich in hundert und aberhundert Jahren der Prozeß der Sozialisierung der Gesellschaft abgespielt hat? War unsere wirtschaftliche und technische Entwicklung nicht heute schon so weit vorgeschritten, um durch eine sozialistische Organisation in Verbindung mit der allgemeinen Arbeitspflicht, die Herabsetzung der Arbeitszeit auf das geringste Tagesmaß zu ermöglichen und den Kindern nicht nur die Mutter, sondern auch den Vater zurückzugeben? In dem leidenschaftlichen Zorn, der mich gegen die Hüter der bestehenden Ordnung erfüllte, konnte ich nicht anders, als sie für Heuchler oder für Dummköpfe zu erklären. Die Frauen galt es, wider sie zu empören! Mutterliebe ist das stärkste Gefühl in der Welt, stärker als die Leidenschaft der Geschlechter, stärker als der Hunger. Einmal von den Fesseln befreit, in die die Tradition sie zwängte, muß sie zum Motor werden, der die Gesellschaft aus den Angeln hebt.

Ich wandte mich in meinen Reden immer mehr an die Frauen. Ich peitschte ihre Empfindung auf; ich erklärte sie für die Schuldigen, wenn ihre Kinder hungerten an Leib und Geist, wenn sie verkamen, wenn die Maschine ihre Jugend zerfraß, wenn sie im Zuchthaus endeten. Der Zolltarif mit seiner Verteuerung aller

Lebensmittel, der zu gleicher Zeit die Reichstagsdebatten beherrschte, die Fleischteuerung, die eine Folge der Schließung der Grenzen war, – kurz, die ganze agrarische Reichspolitik, in die die Regierung eingeschwenkt war, boten mir die Handhabe, um an die nächsten Interessen der Frauen anzuknüpfen, an jene Frage, die je nach der Bedeutung, die sie für die Glieder des Volkes hat, ein Gradmesser der Menschheitskultur sein kann: wie sättige ich meine Kinder?

Von einer meiner Versammlungen war ich fast stimmlos zurückgekehrt.

»Sie dürfen weder in Rauch noch in Staub sprechen«, sagte der Arzt wie schon einmal vor Jahren.

Ich lachte ihm ins Gesicht, ließ mir den Hals ein paarmal einpinseln und fuhr nach Schlesien. Mit äußerster Anstrengung gelang es mir, noch zwei Reden zu halten. Dann versagte die Stimme ganz.

Jetzt erklärte der Arzt, daß ich sobald als möglich fort müsse: »In gute, reine Luft, am besten ins Gebirge.« Ich schüttelte den Kopf. Wie konnte ich an eine Sommerreise denken?!

»Die Gesundheit geht allem anderen voraus«, sagte mein Mann, »heute noch kannst du packen und morgen in den Alpen sein.«

Die Frage, ob solch eine Reise möglich wäre, schien ihn keinen Augenblick zu beunruhigen.

»Ich kann den Kleinen nicht wochenlang allein lassen –«, wandte ich ein.

»Natürlich: Ottochen nimmst du mit«, antwortete Heinrich ohne Besinnen, »auch diesem Stadtpflänzchen wird das Landleben gut tun.«

Um jene Zeit war mein Schwager Erdmann gestorben.* Meine Mutter kam mit Ilse nach Berlin zurück. Ich erschrak, als ich sie sah. Jetzt erst war sie wirklich alt geworden, unauslöschlich hatten sich die Falten der Verbitterung um ihre Mundwinkel eingegraben. Zwischen ihre fest aufeinandergepreßten Lippen kam kein Laut der Klage. Aber wenn Ilse neben ihr stand in all ihrer strahlenden Jugend, mit den Augen, die sehnsüchtig die Sonne suchten nach all dem monatelangen Leid, dann fühlte ich die ganze Qual dieses Zusammenlebens.

Sie kamen häufig allein zu mir, und ich mußte immer wieder zwischen ihnen vermitteln. Endlich faßte ich den Mut, der Mutter ehrlich meine Meinung zu sagen:

»Warum läßt du sie nicht frei? – Viele in ihrem Alter stehen allein in der Welt. Wozu quälst du dich selbst und sie?«

Die Mutter wurde hochrot im Gesicht. »Da sieht man, wohin eure religionslose Moral euch führt!« rief sie. »Nicht genug, daß du im Lande umherziehst und die Frauen gegen Kirche und Staat aufhetzt, wie mir mein Bruder erzählt, du respektierst nicht einmal mehr die selbstverständlichsten Gebote der Mutter- und der Kindespflicht.«

»Nein«, antwortete ich erregt. »Eine Pflicht, die kein Gebot des Herzens ist, eine Pflicht, die sich wie ein antiker Schicksalsspruch durchsetzen will, auch wenn die Menschen dabei zugrunde gehen, erkenne ich nie und nimmer an! – Was Onkel Walter erzählt, sollte dir übrigens nichts Neues sein: du weißt, daß ich Sozialdemokratin bin. Daß meine Agitation ihm jetzt, wo sie sich gegen seine speziellen agrarischen Interessen richtet, besonders antipathisch ist, scheint mir auch nur selbstverständlich.«

»Und ich hatte gehofft, daß die Mutter in dir dich allmählich von diesen Abwegen zurückführen würde –«

»Die Mutter in mir treibt mich vorwärts!« unterbrach ich sie.

»Lehrt sie dich auch jede Familienrücksicht über Bord wer-

* Er litt an Tbc und war mit seiner gleichfalls erkrankten Frau in einem Sanatorium bei Heidelberg gewesen.

fen? Nicht daran denken, wie du alle kompromittierst, die unseren Namen tragen? Wie mein Bruder sich sogar gezwungen sieht, ein Mandat für den nächsten Reichstag nicht mehr anzunehmen?!« Ihr Zorn fing an, mich zu entwaffnen.

»Liebe Mutter, das alles wollen wir, denke ich, nicht wieder aufrühren«, sagte ich ruhig. »Die Verwandten haben sich längst in aller Form von mir losgesagt, und wenn es für mich Familienrücksicht gibt, so ist es allein die auf mein Kind.«

»Gerade an diesem Kind wirst du für all das Unglück, das du über uns gebracht hast, büßen müssen!« rief die Mutter mit funkelnden Augen.

Ich war von dem drohenden Ton ihrer Stimme betroffen. »Was meinst du damit?!« frug ich.

»Solltest du für Otto etwa nicht auf Klotildens Erbe hoffen?« entgegnete sie. »Hat sie dich seit deiner Heirat jemals eingeladen?!«

»Ich stehe dauernd in brieflichem Verkehr mit ihr. Sie hat mir erst kürzlich über meine ›Frauenfrage‹ Worte wärmster Anerkennung geschrieben. Und daß sie mich nicht bei sich sehen kann, begreife ich vollkommen. Ich würde ihre Freunde vertreiben, an denen sie hängt«, antwortete ich ausweichend.

»Nun so laß dir von mir gesagt sein, daß die Berichte über deine agitatorische Tätigkeit sie aufs äußerste empörten. Jenny Kleve kam eben aus Augsburg zurück –«

Ich biß mir heftig auf die Unterlippe. »Jenny Kleve! Allerdings eine gute Quelle! Und eine geeignete Vertreterin meiner Interessen!« spottete ich. »Bist du es nicht gewesen, die alles daran setzte, um zwischen ihr und ihren Geschwistern und Tante Klotilde nähere Beziehungen herzustellen?! Dein eigener Bruder warnte dich damals, dir kein Kuckucksei ins Nest zu legen!«

»Ich habe nur meine Pflicht getan«, erklärte die Mutter.

Tante Klotilde lehnt einen Besuch Lilys mit ihrem kleinen Sohn auf ihrem Landsitz in Gronau schlicht ab, und Lily verbringt einige erholsame Wochen mit Otto in Mittenwald.

Dann begibt sie sich zum Parteitag in München (14.–20.9. 1902).

Wie schön hatte ich es mir einst gedacht, wenn zu den Kongressen der Partei die Gesinnungsgenossen von Ost und West, von Nord und Süd zusammenkommen würden, ungleich nach Beruf und Alter und Geschlecht, und doch ein einiges Heer, von derselben Kraft durchdrungen, von demselben Willen beseelt, neue Kreuzfahrer, die auszogen, der Menschheit heiliges Land zu suchen. Und jetzt?

Schon im Hotel, wo die meisten Delegierten untergekommen waren, musterte man sich mißtrauisch, begrüßte sich kühl. Und Gruppen bildeten sich, die berieten, ob und wie man die Ansichten der anderen Gruppen überstimmen könne.

Dem Parteitag ging eine Frauenkonferenz voraus. Als ich in den Kreis der fünfundzwanzig Genossinnen trat, fühlte ich die abweisende Kälte, die mir entgegenströmte. Nur Ida Wiemer schüttelte mir herzhaft die Hand. »Was sagen Sie nur zu dieser Tagesordnung?!« flüsterte sie erregt.

Ich lachte spöttisch: »Sie wollen offenbar in anderthalb Tagen die ganze Frauenfrage lösen. Arbeiterinnenschutz, Kinderschutz, gesetzliche Regelung der Heimarbeit, politische Gleichberechtigung, – ein imponierendes Programm! Es ist ja aber auch eine hübsche Zahl von Jasagern beisammen. Die schlucken die Resolutionen unbesehen.«

»Aber Krach gibt's auch«, antwortete Frau Wiemer. »Ihnen müßten die Ohren geklungen haben, so giftig ist die Bartels auf Sie.«

»Auf mich?! Ich habe ja gar nichts getan!« meinte ich verwundert.

»Aber die Düsseldorfer Genossinnen haben einen Antrag auf Anstellung einer Parteisekretärin eingebracht. Man meint, Sie müßten dahinterstecken –«

Darum also die bösen Gesichter!

»Und dann: daß Sie als einzige von uns morgen im Kindlkeller sprechen!«

Darum also die gekränkten Mienen!

Die arme Düsseldorferin wußte offenbar nicht, in was für ein Wespennest sie mit ihrem Antrag gestochen hatte, und konnte die Erregung, die er hervorrief, nicht begreifen. Ich kam ihr zu Hilfe und goß nur Öl ins Feuer. Alles fiel über uns her. Martha

Bartels sah in dem Antrag ein Mißtrauensvotum gegen ihre Tätigkeit als Zentralvertrauensperson und spielte die persönlich Gekränkte, Luise Zehringer gab der offenbar allgemeinen Meinung, wonach ich mir auf diese hinterlistige Weise eine fette Pfründe schaffen wollte, drastischen Ausdruck, indem sie mit einem wütenden Blick auf mich erklärte:

»Die Genossinnen, die nur ab und zu von sich hören lassen, sonst aber praktisch gar nicht arbeiten, können wir für solche Stelle nicht brauchen. Die haben unser Vertrauen nicht.«

Dabei begann sie krampfhaft zu schluchzen und kreischte, wie ich es von ihr noch nie gehört hatte. Aller Klang und alle Weichheit waren aus ihrer Stimme verschwunden. Ob das das unausbleibliche Schicksal aller Agitatorinnen war?!

Die Bartels sekundierte ihr: »Uns können nur Frauen nützen, die Fleisch von unserem Fleische sind ... Keine akademisch gebildeten Damen, die nur mal, um sich zu zeigen, ab und zu in einer großen Versammlung einen Vortrag halten –.« Ich stand dicht vor ihr und sah ihr gerade ins Gesicht. »Solche Paradepferde können wir nicht brauchen«, schrie sie.

Mein Nachbar, ein belgischer Genosse, schüttelte verwundert den Kopf: »Es scheint, die ganze Konferenz richtet sich gegen Sie. Was haben Sie nur getan?!« fragte er.

»Ist's nicht Verbrechen genug, daß ich überhaupt da bin?!« antwortete ich bitter.

Als im weiteren Verlauf der Debatte die Frage des Arbeiterinnenschutzes besprochen wurde, nahm ich die Gelegenheit wahr, abermals die Forderungen einer umfassenden Mutterschaftsversicherung zu verteidigen. Ein paar Beifallsrufe wurden laut, die meisten der Frauen jedoch, ihr Leben lang gewohnt, sich unterjochen zu lassen, waren durch die Anwesenheit so anerkannter Parteiautoritäten, wie Wanda Orbin und Martha Bartels, viel zu verschüchtert, als daß sie ihnen hätten opponieren können. Kaum hatte ich geendet, als Wanda Orbin sich zum Worte meldete.

Sie sprach mit einer Leidenschaft, als gelte es, die höchsten Prinzipien des Sozialismus zu verteidigen, und mit einer Stimme, als hätte sie eine Riesenvolksversammlung vor sich: »Der Gedanke, welcher der Mutterschaftsversicherung zugrunde liegt«, sagte sie, »ist der Gedanke der menschlichen Solidarität in seiner weitesten Form. Die Verwirklichung dieses Prinzips aber steht in so schreiendem Gegensatz zu dem Wesen der kapitalistischen Gesellschaftsordnung, daß wir sie auf ihrem Boden nicht erreichen werden ... Sie kann erst zur Verwirklichung gelangen, wenn das Recht des lebenden Menschen über den toten Besitz zur Geltung gebracht sein wird, – in einer sozialistischen Gesellschaft ...« Ihre Stimme überschlug sich, Schweißtropfen standen auf ihrer Stirn. Von allen Seiten klatschte man enthusiastisch.

»Bisher hat es nur als ein Kennzeichen der bürgerlichen Frauenbewegung gegolten, aus Opportunitätsgründen möglichst wenig zu fordern, um überhaupt etwas zu erreichen«, antwortete ich in ruhigem Gesprächston. »Wir verlangen im Gegenteil Alles, und nehmen nur als Abschlagszahlung, was davon stückweise errungen wird. Haben wir etwa jemals aufgehört, für den Achtstundentag zu agitieren, weil der Gegenwartsstaat ihn nicht gewähren wird? Mit noch größerem Recht können wir von ihm die Mutterschaftsversicherung fordern, denn ein gut Teil ihrer Ziele muß er im eigensten Interesse verwirklichen. Er braucht gesunde Mütter, arbeitsstarke Männer, kriegstüchtige Rekruten.«

Wanda Orbin erhob sich noch einmal. »Die Forderung der Mutterschaftsversicherung ist durchaus nicht so radikal sozialistisch, wie Frau Brandt meint ...«, rief sie. Ringsum klatschte man wieder. Weder sie noch ihre Zuhörerinnen hatten bemerkt, daß sie, um mir zu widersprechen, sich innerhalb weniger Minuten selbst widersprochen hatte.

Als ich ins Hotel zurückkam, müde und verärgert, trat mir überraschend mein Mann entgegen. Ich errötete dunkel. Er küßte mir nur die Hand.

»Ich wußte, daß du Kämpfe haben wirst«, sagte er, »und daß ein Freund dir fehlen könnte.« Mit tiefer Dankbarkeit sah ich ihm in die Augen.

Der Geist, der in der Frauenkonferenz umgegangen war, herrschte auf dem Parteitag.

»Wir brauchen die Akademiker nicht!« war die Parole, unter der er stand. »Wenigstens die nicht, die sich erlauben, eine andere Meinung zu haben als wir.«

Ein Antrag besonders war von symptomatischer Bedeutung; er verlangte nichts weniger, als daß die Mitglieder der Partei verpflichtet werden sollten, Kritiken über schriftliche oder mündliche Äußerungen von Parteigenossen nur in Parteiblättern, das heißt solchen Zeitungen und Zeitschriften, die der Parteikontrolle unterstehen, zu veröffentlichen. War es nicht ein grotesker Widerspruch zu den grundlegenden Prinzipien der Partei, daß solch ein Antrag auch nur ernsthaft diskutiert werden konnte? Daß es Sozialdemokraten gab, die die »Einheitlichkeit der Partei« dazu mißbrauchten, um die Meinungsfreiheit niederzuknütteln?

»Ich habe geglaubt, die Leute hätten sich in der Adresse geirrt«, sagte Vollmar und reckte sich zu seiner ganzen Riesengröße auf, sodaß er turmhoch und turmsicher über der brandenden Woge der Menge stand. »Das ist ein Antrag für die Zentrumspartei, für die Kirchenorgane mit dem Zensor obenan, wo nur eine Meinung gilt. Es genügt nicht, ihn zu bekämpfen, ihn niederzustimmen. Bis auf seine Wurzeln, gilt es, ihn zu verfolgen, sonst kehrt er in der und jener Form alljährlich wieder und überwuchert unser Erdreich. Es ist der ewige Geist der Kontrolle, der Geist der Kasernenhofdisziplin, dem er entspringt. Und gegen ihn müssen wir uns wenden. Nicht die freie Meinung unterdrücken, was eine Schwäche verraten würde, die nur dem Tode, das heißt der Versteinerung einer Bewegung vorangehen kann, sondern sie fördern, ist unsere Aufgabe. Sollte der Versuch unternommen werden, selbständige Menschen mundtot zu machen, so wäre der kein echter Sozialdemokrat, der es fertig bekäme, sich solcher Zensur zu unterwerfen. Es wäre wahrhaftig nicht der Mühe wert, die Fesseln der bürgerlichen Gesellschaft von sich zu werfen, um sie nur mit neuen zu vertauschen!«

Ich sah mich um im Saal. Es waren nur bestimmte Gruppen, die Beifall klatschten. Reihenweise saßen die Genossen an den langen Tafeln mit verschlossenen oder gleichgültigen Mienen. Unwillkürlich lief mir ein Schauer über den Rücken. Die »Diktatur des Proletariats«, – wird sie die Freiheit sein?

»Sie würde ein rasches Ende nehmen, wenn sie etwas anderes wäre«, sagte einer unserer Genossen, als wir am Abend zusammen waren und ich die Frage ausgesprochen hatte.

Während der letzten Tage des Kongresses, deren Verhandlungen sich um die praktischen Fragen der Arbeiterversicherung und der Kommunalpolitik drehten, legten sich die Wogen der Erregung wieder. Und als August Bebel von den kommenden Reichstagswahlen sprach und seine braunen Jünglingsaugen unter dem grauen Haarschopf immer feuriger glänzten, je drastischer seine Darstellung der inneren und äußeren politischen Lage wurde, je weitgehendere Hoffnungen er für den Wahlkampf daran knüpfte, da jubelte alles ihm einmütig zu; jener zündende Funke der Begeisterung sprang von einem zum anderen, derselbe Funke, den eine Kriegserklärung für alle waffenfähigen Männer bedeuten mag. Sie werfen ihr Werkzeug beiseite, sie treten in Reih und Glied, und zum guten Kameraden wird der Nachbar, mit dem sie eben noch in kleinlichem Hader lebten.

Noch erging sich die bürgerliche Presse in langatmigen Betrachtungen über den »Bruderzwist« in der Partei, um Hoffnungen für ihre Sache daraus zu schöpfen, und schon standen wir in Reih und Glied dem gemeinsamen Feind gegenüber.

Anfang 1903 stirbt Lilys Mutter.

XIII. KAPITEL

H. B. wird die Kandidatur für den Wahlkreis Frankfurt-Lebus angeboten. Nach einigem Zögern nimmt er an.

Inzwischen aber erlebt Lily mit ihrem Mann zusammen in großer Erregung den Kampf im Reichstag um den Zolltarif. Die Linke unterliegt schließlich: Am 14. 12. 1902 nimmt der Reichstag mit 202 gegen 100 Stimmen die Gesetzesvorlage über die Erhöhung der Zolltarife an. Das bedeutet für den deutschen Arbeiter, daß er weiterhin nicht auf Lebensmittel aus billigen Einfuhren rechnen kann.

Lily schreibt:

Mit jedem neuen Tage wurde der Kampf im Reichstage brutaler; selbst die politisch Gleichgültigen wurden aufgerüttelt und verfolgten ihn mit gespannter Aufmerksamkeit. Durch Nachtsitzungen versuchte die Mehrheit die Kraft der Minderheit zu erschöpfen, aber mit trotziger Ausdauer hielt sie stand und schob die Entscheidung durch endlose Reden immer wieder auf Tage und Stunden hinaus. Der gegenseitige Haß zerriß in zügelloser Leidenschaft alle Bande äußerer Gesittung. Konservative Abgeordnete bezeichneten die Arbeiter Berlins, die in riesigen Versammlungen gegen den Umsturz der Geschäftsordnung durch den Antrag Kardorff protestierten, als »skrophulöses Gesindel«, und ihre Presse forderte von der Regierung: »der Bestie den Zaum anzulegen«. Die »Bestie« blieb ihre Antwort nicht schuldig. Die größten Säle der

Millionenstadt konnten die Menge nicht fassen, die nichts mehr war als *ein* Wille: nieder mit der Reaktion! und *eine* Hoffnung: der Rachefeldzug der nächsten Wahlen. Und mehr und mehr tauchten Menschen in den Versammlungen auf, die nicht zum Proletariat gehörten. Bewunderung für die wilde Energie der kleinen Schar Belagerter riß so manchen aus dem politischen Schlummer, und der Groll führte andere hierher; sie fühlten ihre liberalen Interessen durch ihre eigenen Vertreter im Reichstag – die Bassermann, die Richter – schmählich verraten. Zu früh vernarbte Wunden brachen auf: die Erinnerung an die Lex Heinze erwachte, durch die Kunst und Wissenschaft tödlich getroffen worden wären, wenn die Roten im Reichstag sie nicht so wütend verteidigt hätten; und die Rede des Kaisers klang lauter, als da sie gehalten wurde, in die Ohren derer, die sich bisher vom Getümmel der Schlacht scheu vor ihre Staffelei und ihren Schreibtisch zurückgezogen hatten. »Eine Kunst, die sich über die von mir bezeichneten Gesetze und Schranken hinwegsetzt, ist keine Kunst mehr«, hatte er angesichts der vollendeten Standbilder in der Siegesallee erklärt und die großen Eroberungen neuer künstlerischer Möglichkeiten, wie sie denen um Manet und van Gogh, um Liebermann und Klinger gelungen waren, als ein Niedersteigen in den Rinnstein bezeichnet. Jetzt rötete das Schamgefühl manchem die Wangen, der den Streich ruhig empfangen hatte. »Wahrlich, es gilt mehr als den Zolltarif«, sagte mir einer aus dem Kreise der Sezession, »es gilt die Verteidigung der ganzen modernen Entwicklung. Wenn es zu diesem Ende nichts anderes gibt als den Stimmzettel, so werden auch wir uns seiner zu bedienen wissen.« Eine Revolte der Intellektuellen stand bevor, und im stillen hoffte ich wieder, daß sie zu einer Revolutionierung der Geister führen würde.

Aber auch die Gegner außerhalb des Reichstages rüsteten sich schon für die kommenden Wahlen. Was der Adel Preußens vor zwanzig Jahren noch für unmöglich gehalten hatte, das geschah: Junker und Fabrikant vereinigten sich, da der gemeinsame Feind drohte: die Sozialdemokratie. Und der Kaiser selbst wurde in diesem Kampf der erste Agitator: »Zerreißt das Tischtuch zwischen Euch und diesen Leuten, die Euch aufhetzen gegen Thron und Altar, um Euch zugleich auf das rücksichtsloseste auszubeuten und zu knechten –«; wie auf Windesflügeln durcheilten diese seine Worte, die er an eine Deputation von Arbeitern gerichtet hatte, das Reich, denn jeder Sozialdemokrat trug sie weiter. Und lauter, immer lauter wurde der Groll: »Wer anders beutet uns aus als die Zollwucherer, die uns das Fleisch vom Tisch nehmen und das Brot verteuern? Wer anders knechtet uns als die Stützen von Thron und Altar, die das Joch der Fronarbeit auf unsere Schultern laden?«

Während die Folgen der schweren Krankheit mir die agitatorische Tätigkeit noch unmöglich machten, stand mein Mann schon mitten im Wahlkampf. Er kam jedesmal hoffnungsvoller wieder, denn an der neuen Aufgabe wuchs seine Energie. Ich benutzte die Stunden der Alleinherrschaft über unseren Schreibtisch zur Abfassung einer Agitationsbroschüre, in der ich die politische Situation vom Standpunkt der Frau aus beleuchtete. Für den kommenden Wahlkampf sollte sie die Arbeiterinnen aufklären, anfeuern, mit Waffen versehen. Das Häuflein ihrer offiziellen Vertreterinnen hatte mich zwar hinausgeworfen, aber Hunderttausende gab es, zu denen ich sprechen konnte.

»Jetzt mache ich auch mit Lindner* kurzen Prozeß«, sagte Heinrich eines Abends, als er eben von Frankfurt zurückkehrte. »Gehen wir aus dem Wahlkampf in der Stärke hervor, wie wir es hoffen dürfen, so treten die Aufgaben praktischer Politik mit zwingender Notwendigkeit an uns heran, und meine Zeitschrift hat einen Wirkungskreis ohnegleichen ...«

Lindner kam. Mit Wünschen und Hoffnungen und ohne Entschlossenheit, wie immer.

»Sie haben mich lange genug genarrt«, fuhr ihn Heinrich an; »im Vertrauen auf Sie habe ich gewartet und immer wieder gewartet. Nun aber verlange ich ein Ja oder Nein.«

Lindners schmale Gestalt sank förmlich in sich selbst zusam-

---

* Lindner war ein junger Mann aus reichem Hause, der H. das Archiv abkaufen wollte, H. und Lily aber durch seine ständige Unentschlossenheit nervös machte.

men. Halb verlegen, halb gekränkt versprach er eine rasche Entscheidung.

»Wie kannst du nur!« rief ich, als die Türe sich hinter ihm schloß. »Nun wird er ganz gewiß zurücktreten!«

»Und wenn schon!« lachte Heinrich fröhlich. »Glaubst du, die Zeitschrift hinge von ihm allein ab?!«

Drei Tage später war der Vertrag abgeschlossen, die Zeitschrift gesichert. Lindner schien umgewandelt; die Aufgabe, die er vor sich sah, wirkte auf ihn wie Morphium auf Hysterische: sie gab ihm Kraft, Tatendurst, Selbstbewußtsein.

»Nun fehlt nur noch die notarielle Beglaubigung«, sagte er, nachdem er seinen Namen unter das Schriftstück gesetzt hatte, »und morgen kann die Arbeit losgehen!«

Mein Mann legte ihm die Hand mit einer bevormundenden Bewegung auf den Arm: »Arbeiten müssen wir tüchtig, alle drei, aber über den geeigneten Zeitpunkt des Erscheinens wollen wir noch andere hören. Und eine notarielle Beglaubigung?« – Er lachte. – »Ich denke, solche Scherze schenken wir uns. Unser Wort genügt, auch wenn wir es nicht schriftlich gegeben hätten.«

An einem der nächsten Abende folgten die Führer der Revisionisten unserer Einladung. Wie zu einem Feste hatte ich unser Zimmer geschmückt und unsere Tafel bereitet. Und festlich war mir zumute – wie den Soldaten nach der Kriegserklärung. Die Frankfurter Fahne fiel mir ein, die eingerollt im Winkel stand, – eine im Sturme immer voran flatternde sollte unsere Zeitschrift werden!

Unsere Gäste gratulierten uns, – aber sie hatten doch viel Bedenken, ob unser Plan durchführbar sei. Sie anerkannten die Wichtigkeit der Aufgabe, die wir uns gestellt hatten, – aber an der Stärke der Wirkung zweifelten sie. Ihre rege Mitarbeit versprachen alle, – aber ohne den Enthusiasmus für die Sache, den ich erwartet hatte. Der Name der Zeitschrift wurde bestimmt: Die Neue Gesellschaft; die Zeit ihres Erscheinens wurde festgesetzt: nach den Wahlen, nach dem Parteitag. – Es war eine nützliche und verständige Besprechung, die wir hatten, aber wir feierten kein Fest. Die vielen Blumen auf meinem Tisch taten mir leid.

Was ich schon oft empfunden hatte, das verstärkte sich jetzt:

der Revisionismus besaß den Verstand und die Einsicht des Alters, das Feuer der Jugend war ihm jedoch darüber verlorengegangen. Wer aber die Zukunft erobern will, der muß es erhalten, muß es mit seiner Liebe, seinem Haß, seiner Hoffnung nähren, damit es weithin leuchtet und wärmt und die Fackeln derer, die ihm folgen, sich daran entzünden können.

Im März 1903 betätigt sich Lily dann als Wahlagitatorin auf dem Lande (für die Reichstagswahlen im Juni).

Ich sprach vom Sturm, der draußen den Staub von den Dächern fegte und alles Morsche zu Boden riß. Und von dem Sturm des Sozialismus. Ich schilderte die politische Lage Deutschlands und zählte die Sünden der Regierung und der Reichstagsmehrheit auf vom Zuchthauskurs bis zum Zollraub, ich erzählte von den Milliarden, die dem armen Mann in Gestalt von indirekten Steuern, Zöllen und Liebesgaben aus dem schmalen Beutel gezogen werden, während sein Weib daheim im kleinen Haushalt seufzend mit jedem Pfennig rechnen muß. An der Hand der Untersuchungen bürgerlicher Gelehrter wies ich nach, wie die Verteuerung der Lebensmittel auf die Steigerung des Alkoholismus, der Kriminalität, der Lungentuberkulose wirkt. Ich zog die ärztlichen Forschungen heran, um zu zeigen, wie ganze Volkskreise entarten, wenn die Ernährung eine unzureichende ist: »Schwächerer Wille, schneller versagende Aufmerksamkeit, raschere Erschöpfung sind die Folgen einer Politik, die das Wohl des Volks, die Liebe zum Vaterland ständig im Munde führt, in der Tat aber die Leistungsfähigkeit der Arbeiter untergräbt und unsere Stellung auf dem Weltmarkt erschüttert. Die wirtschaftliche Krise, unter der wir alle leiden, die Zunahme der Arbeitslosigkeit mit ihrem Gefolge von Kinderjammer und Frauenausbeutung sind ein Beweis dafür. Keine ›gepanzerte Faust‹ kann uns davor retten ... Einmal im Laufe von fünf Jahren ist es jedem Deutschen vergönnt, Urteil zu sprechen über die, die sein Schicksal sind. Des Volkes Not und Unterdrückung liegt auf der einen Schale der Waage, des Volkes Glück und Freiheit auf der anderen. Wir, die ›Vaterlandslosen‹, wir, die ›Elenden‹, wir, die ›Rotte von Menschen, nicht wert, den Namen Deutsche zu tragen‹, machen unser Urteil davon abhängig, welche Seite der Waage schwerer wiegt ...«

Man hatte mir bewegungslos zugehört, die Frauen, mit den Händen gefaltet im Schoß, die Männer, ohne den Blick von mir zu wenden. Nur hie und da sah ich ein zustimmendes Nicken. Das Volk dieser kargen Erde trug sein Herz nicht auf den Lippen und wußte nichts von der Reaktion empfindlicher Nerven, worin oft der ganze Beifall des Städters besteht. Aber nachher, als ich nicht mehr über ihnen stand, ging ein Fragen und Erzählen an, das mehr als jedes Händeklatschen bewies, wie jedes Wort vom durstenden Boden ihres Innern aufgenommen worden war. Freilich: im engsten Kreise eigenen Lebens drehten sich ihre Interessen, aber ein jeder umschloß das große Leid der Welt.

Ich wurde in Arbeiterhäuser geführt: so klein, so arm, so eng. »Und hier is doch so ville Sand, auf dem jut noch zehn Häuser stehen könnten!«

Sie zeigten mir das Armenhaus: in einem winzigen Raum hauste ein uraltes Paar mit vier kleinen Enkelkindern. Das einzige Bett nahm fast die Hälfte der Stube ein.

»Immer, von kleen auf, haben wir hier uf'n Jut jearbeetet«, sagte der Mann, eine zusammengeschrumpfte Gestalt mit einem kleinen braunen Gesicht wie eine Wurzelknolle, »nu essen wir's Jnadenbrot –«, dabei kicherte er halb verlegen, halb höhnisch. »Det Schloß aber, det hat woll an die fufzich leere Zimmer ...«

Wir gingen durch das nachtdunkle Dorf zum Bahnhof. Einer, der jüngste der Schar, begann mit heller Stimme zu singen. Allmählich fielen die anderen ein. Die Türen der Häuser, an denen wir vorüberkamen, öffneten sich. Einige der Bewohner traten neugierig bis zur Schwelle. Andere lockte das Lied und die feuchtwarme Märznacht, – sie folgten uns. Und so ging es im Takt auf die Straße hinaus und immer, immer länger wurde der Zug singender Menschen.

»Wir hämmern jung das alte morsche Ding, den Staat,
Die wir von Gottes Zorne sind, – das Proletariat –
das Proletariat –«

klang es schmetternd hin über das schlafende Bruch.

Allmählich, je mehr ich dem Land und seinen Bewohnern nähertrat, gewann ich es lieb, und die weite Ebene enthüllte mir all ihre verborgene Schönheit, und die Menschen ihr weiches, trotziges Herz. Sie fühlten noch nicht die Distanz zwischen sich und mir, darum begegnete mir nirgends Neid oder Mißtrauen. Fingen sie doch kaum an, das Allerhandgreiflichste zu empfinden: wie etwa den Gegensatz ihrer Hütte zum Herrschaftsschloß. Und gerade an diesem Punkt ihres Wesens sah ich, wo ich eingreifen mußte.

»Wer andere Zustände schaffen soll, muß doch erst den Druck der eigenen empfinden lernen«, sagte ich zu Romberg, der mir meine agitatorische Tätigkeit durchaus verleiden wollte.

»Ich kann Sie mir nun einmal nicht vorstellen, in einer Dorfkneipe Unzufriedenheit predigend«, antwortete er ärgerlich.

»So überzeugen Sie sich durch eignen Augenschein, daß ich es kann«, meinte ich. Auf meiner nächsten Fahrt kam er mit. Diesmal war es ein Leiterwagen, der uns in strömendem Regen über aufgeweichte Landwege nach einem kleinen Dörfchen fuhr, Lehmannshöfel mit Namen.

»Wie wird's mit unserer Versammlung bei dem Wetter?« fragte ich den alten Genossen, der uns an der Bahn empfangen hatte.

»Jut, – sehr jut«, entgegnete er. »Was unser oller Pfarrer is, der hat vorichte Woche die Weiber ufjehetzt. Sie sollten man bloß nich in die Versammlung jehn, hat er jesagt, so wat jinge sie jar nischt an, am wenichsten, wenn 'ne Frau reden tut, die lieber zu Haus det Mittagbrot kochen und mit die Kinder beten sollte. Nu können Se sich denken, daß se justament in die Versammlung jehn. Proppenvoll war's schonst heut morjen.«

Radfahrer begegneten uns, von oben bis unten bespritzt, Fußgänger mit aufgeweichten Sohlen, denen das Wasser von der Mütze tropfte. Wir luden auf, soviel der Wagen fassen konnte. Seit dem Morgengrauen hatten sie Flugblätter ausgetragen. Voll guten Humors erzählten sie ihre Abenteuer. Auf manchem Hof hatten sie über Zäune klettern müssen, weil das Tor vor ihnen verschlossen wurde; der eine war als reisender Handwerksbursche bis in die Gesindestuben der Rittergüter vorgedrungen, der andere hatte mit demütigem Gesicht, als wär's ein Traktätchen, den Kirchgängern die Zettel in die Hand gedrückt; im Vorübersausen hatte der Radler sie geschickt durch offene Türen und Fenster geworfen.

In der Wirtsstube von Lehmannshöfel glühte der eiserne Ofen. Nasse Mäntel und Stiefel trockneten daran. Tabaksqualm zog in schweren Schwaden an der niedrigen Decke. Mein Platz war mit Kiefernzweigen umwunden. Vor mir auf dem Tisch standen rechts und links zwei Blumensträuße in flachen weißen Papiermanschetten.

»Von den Tagelöhnerinnen aufs Jut –«, erklärte dunkel errötend ein junges Mädchen, das als letzten Rest der alten Tracht die strohblonden Flechten unter dem schwarzseidenen Kopftuch verborgen hatte. Wie in der Kirche saßen die Leute vor mir: rechts die Männer, links die Frauen, – lauter Gesichter, in die kein anderer Gedanke als der an die nächste Not des Daseins seine Zeichen gegraben hatte. Noch nie war eine Versammlung hier gewesen. Ob ich den Ton finden würde, der zu ihnen drang? Ich erzählte von ihrem eigenen Dasein, wie es in ewigem Gleichmaß dahinfließt, nach der alten eintönigen Melodie: Leben, um zu arbeiten, arbeiten, um wieder leben zu können. Wie Freude für sie nur ein kurzer Rausch ist mit bösem Erwachen – ein Alkoholrausch, ein Liebesrausch – und die Sorgen allein sie nie verlassen. Wie die Welt voll Glanz und Schönheit ist; wie das größte und schönste, was die Menschheit in Jahrhunderten gedacht und empfunden, in Tausenden von Büchern und Statuen und Bildern aufbewahrt wurde für ihre Nachkommen. »Aber eine Mauer baute man ringsum, und nur wer den goldenen Zauberstab besitzt, dem öffnet sich die Pforte ...«

Ein junger Mann, der ein bißchen stumpfsinnig vor mir gesessen hatte, sah plötzlich auf – mit ein paar Augen, in deren Tiefe die Sehnsucht flammte.

»Das Kind der armen Tagelöhnerin hat vielleicht die Seele eines Dichters, – mit vierzehn Jahren schon muß es Kartoffeln buddeln und Rüben ziehen, und die Arbeit tritt mit ihren eisenbeschlagenen Füßen seine Seele tot ...«

An der Tür drüben sah ich ein altes Mütterchen, das den weißen Kopf schluchzend in den knochigen Händen vergrub.

»Für diese Welt ist Armut ein Verbrechen, das mit lebenslänglicher Zwangsarbeit bestraft wird ... Tränen darüber sind genug vergossen worden. Vor lauter Jammern haben wir das Handeln vergessen. Von der Kanzel herab haben sie gepredigt, daß die Ergebung in das Geschick eine Tugend ist. Ich sage euch, sie ist ein Laster. Denn an all dem Elend in der Welt sind wir schuld, – wir mit unserer Demut, unserer Unterwürfigkeit, unserer Trägheit ... Jeder Blick in das bleiche Gesichtchen ihres Lieblings, jede jammernde Bitte um Nahrung sollte der Frau nicht Tränen fruchtlosen Leids erpressen, sondern sie anspornen, ihrem Kind die Zukunft erobern zu helfen ... Wo die Mutter unfrei und furchtsam ist, wächst ein Geschlecht von Knechten mit knechtischer Gesinnung empor, und der Wert einer Mutter wird in Zukunft nicht bloß daran gemessen werden, ob sie ihre Kinder gewaschen, gekleidet und genährt hat, sondern ob sie sie zu Kämpfern erzog und ihnen mit dem Vorbild tatkräftiger Begeisterung voranging.«

An Beispielen des täglichen Lebens suchte ich ihnen klarzumachen, wie jeder einzelne, auch der Bescheidenste, an dem großen Befreiungsfeldzug des Sozialismus teilnehmen kann, wie er nie zum Ziele führen würde ohne die Arbeit des einzelnen. Mir war, als hörte ich die Atemzüge der Menschen vor mir und ihre Seufzer. Oh, daß ich sie doch ins Herz getroffen hätte!

Der Tag der Entscheidung rückte näher. Immer leidenschaftlicher wurden die Angriffe unserer Gegner in ihrer Presse, in ihren Flugblättern. Mit dem alten Märchen vom gewaltsamen Teilen suchten sie den Bauern, der an seiner Scholle hängt, den kleinen Handwerker, der sich an den kläglichen Rest seiner Selbständigkeit klammert, in ihre Gefolgschaft zu fesseln. Mit der Autorität des Kaisers stützten sie ihre Angriffe auf die sozialistischen Agitatoren.

»Zerreißt das Tischtuch zwischen Euch und jenen Leuten«, – dieses kaiserliche Wort machten sie zu ihrem Schlachtruf. Weite Kreise des Volkes, denen der Thron noch so heilig war wie der Altar, scharte er unter ihre Fahnen, aber größere noch, empört über die Stellungnahme des Staatsoberhaupts im Kampf der Parteien, trieb er zu uns herüber. Hochauf loderte der Zorn in unseren Reihen. Was sich in Jahren angesammelt hatte an bitterer Enttäuschung und stillem Groll, das brach flammend hervor. Zu Regimentern, die wider den Gegner aufmarschierten, wurden die vielstelligen Zahlen, die Milliarden, die Armee und Flotte, China und Afrika verschlungen hatten; als Raubritter und Ausbeuter wurde gestempelt, wer je dazu ja gesagt hatte. Malten sie drüben mit blutigen Farben das Bild der Revolution und rissen dadurch den Gleichgültigen aus dem verschlafenen Winkel seines Daseins, so beschworen sie hüben alle Gespenster der Not und des Hungers herauf und schreckten mit ihnen die Stumpfen aus ihrem Arbeitsleben. Der ehrliche Kampf mit offenem Visier auf freiem Felde wurde zum Guerillakrieg mit heimtückischen Listen und nächtlichen Überfällen. Und durch die feindlichen Lager hin und her auf leisen Sohlen schlich die Verleumdung; wen das Schwert nicht niederstreckte, den vergiftete sie.

Ich hatte dem Gegner gegenüber gerecht bleiben, mich als einzelne behaupten wollen, gegenüber der Suggestion der Masse. Aber je länger ich im Kampfe stand, desto schwerer wurde es, ihrer Gewalt zu widerstehen. War ich nicht auch nur ein Soldat im Heere, dessen Füße von selbst im Takt der anderen marschieren, der die gleichen Waffen trägt und, vom Rausch des Krieges überwältigt, einen persönlichen Feind in jedem Glied des gegnerischen Heerbannes sieht?

Der Gegenkandidat meines Mannes war ein alter Reaktionär, den der Bund der Landwirte auf seinen Schild erhoben hatte. Der Zolltarif galt ihm als ein »gigantisches Werk«; die Arbeitslosenversicherung, die in diesem Jahre wirtschaftlicher Depression für uns eine immer dringendere Forderung geworden war, erklärte er für »unmoralisch«; dem gesetzlichen Arbeiterschutz, dessen Ausbau auf dem Wege zu unseren Zielen lag, müsse, so sagte er, ein »Stopp« entgegengerufen werden, und wider den Großkapitalismus, dessen Entwicklung eine Voraussetzung des Sozialismus war, galt es, den Mittelstand mobil zu machen. Als der typische Konservative war er der willkommenste Gegner, weil sich hier, klar voneinander geschieden, zwei Weltanschauungen gegenüberstanden. Zwischen ihnen schwankten, als das Zünglein an der Waage, die Liberalen des Kreises hin und her. Sie wollten nicht glauben, daß wir ein gut Stück Weges zusammengehen konnten und es einer Verleugnung aller liberalen Grundsätze gleichkam, wenn sie den Konservativen Gefolgschaft leisten wollten.

Meinen Mann sah ich immer seltener. Trafen wir uns zu Hause, so schrieben wir zusammen Flugblätter und Artikel, wobei er mit der ruhigen Sachlichkeit seiner Beweisführung die Gegner zu entwaffnen und ich mit dem Feuer, das mich durchglühte, Anhänger zu werben versuchte. Hie und da trafen wir uns in Versammlungen, dann hörte ich, daß er sprach, wie er schrieb: er wandte sich an den Verstand, er suchte zu überzeugen, wo ich an das Gefühl appellierte. Er hatte die Sprache des Dozenten, nicht die des Agitators. Wen er dem Sozialismus gewann, der wurde zum Bekenner. Was ich entzündete, mochte nur zu oft nichts als ein Feuerwerk sein.

In den letzten Tagen fuhren wir von Ort zu Ort. Schon blühten Pfingstrosen in den Gärten, und von Flieder und Hollunder dufteten die Lauben. Über den staubigen Chausseen brütete die Sommersonne. Die Menschen in den engen Sälen atmeten rasch und schwer wie im Fieber. In den Dörfern gab's Schlägereien. War einer als Genosse bekannt, so spieen die Bauern vor ihm aus, und seinem Weibe gingen die Nachbarinnen aus dem Wege. Die Kinder aber in der Schule ließ der Lehrer mit besonderer Vorliebe patriotische Lieder singen. Säle, die uns zur Verfügung gestanden hatten, wurden uns genommen; breitspurig, ein Herr der Situation, stand der Gendarm vor der Türe, wenn wir den Eingang erzwingen wollten. Kamen wir auf freiem Felde zusammen, der Sonne und dem Regen trotzend, so löste er die Versammlung auf, hatten wir irgendwo einen Raum für sie gefunden, so erklärte er ihn für feuergefährlich, kam ich als Rednerin in irgendein abgelegenes Nest, so hieß es: »Frauenspersonen dürfen nicht sprechen.« Aber die Genossen waren immer wieder erfinderischer als er. So fuhren wir einmal in ein kleines Dorf, das weltverlassen zwischen zwei blauen Seen in der Niederung liegt. Nur arme Schiffer wohnten hier und kleine Bauern, die elender lebten als der Fabrikarbeiter in der Stadt. Einer von ihnen hatte seine ganze arme Kate ausgeräumt, um die Versammlung zu ermöglichen. Das Hausgerät stand auf dem Hof, die Sonne enthüllte unbarmherzig all seine Armseligkeit. Die leeren Stuben faßten trotzdem die Menge nicht, das Gärtchen stand noch voll von ihnen. Selbst auf den Gemüsebeeten trampelten schwere Stiefel, aber als ich ein Wort des Bedauerns äußerte, sagte des Schiffers Frau mit glänzenden Augen: »Wenn's auch mit Erbsen nischt is dies Jahr, wenn's man mit die Stimmen für den Sozi wat sein wird!«

Am Vorabend der Entscheidung kamen wir in Frankfurt an. Im Hauptquartier der Partei herrschte fieberhaftes Leben: hier meldeten sich Radfahrer, um zum morgigen Dienst ihre Marschorder in Empfang zu nehmen, blutjunge Leute unter ihnen, die sich mit um so größerem Enthusiasmus in den Dienst der Sache gestellt hatten, als sie selbst noch nicht wählen durften; dort stellten sich Frauen zur Verfügung, um die Säumigen an die Urnen zu holen, und in später Nachtstunde kamen andere hungrig, heiß und verstaubt von der letzten Verteilung der Wahlflugblätter zurück. Als die Stadt schlief, huschten die Unermüdlichsten noch durch die Straßen, und am Morgen leuchtete in weißen und roten Lettern ein »Wählt Brandt!« an den Zäunen und auf dem Trottoir.

Wir gingen durch die Wahllokale. Vormittags stellten sich allmählich die Bürger ein, ruhigen Schrittes, ohne sonderliche Erregung; mit dem Zwölfuhrglockenschlag wurde es auf den Straßen lebendig, und durch die Türen schoben sich die Arbeiter, beschmutzt, verstaubt, wie die Fabrik und der Bau sie entlassen hatte. Die Bezirksleiter notierten jeden, der sich meldete, strichen an, wer noch fehlte, gaben Weisung an die ihrer Aufgabe wartenden Frauen. Und die suchten dann die Säumigen in den Wohnungen, auf den Arbeitsstätten. Nachmittags lag wieder sommerliche Stille über der Stadt. Dann aber, als der Himmel sich schon mit rosigen Wolken überzog, hallte das Pflaster wider von raschen Tritten. Sie kamen in Scharen: die jungen, rüstigen voran, und zuletzt, von Frauen, von Kindern geführt, Alte,

Kranke und Krüppel. Der Zettel in ihrer Hand, das war ihr einziges, freies Mannesrecht, damit waren sie an diesem einen Tage die Gestalter ihres Geschicks.

Es dämmerte. In den Wahllokalen saßen unter spärlichen Gasflammen, vor rauchenden Petroleumlampen die Zähler. Wenn wir eintraten, bedurfte es keiner erklärenden Worte, die leersten Gesichter waren sprechend geworden: Furcht und Hoffnung, Zorn und Siegeszuversicht drückte sich in ihnen aus.

Schon brannten die Laternen in den Straßen. Im Hause, wo die Partei ihr Büro aufgeschlagen hatte, waren alle Fenster erleuchtet. Im Saal oben war es noch leer; nur der Vorstand des Wahlvereins harrte vor dem Tisch mit dem großen Tintenfaß und den unbeschriebenen weißen Blättern der kommenden Dinge. Sie grüßten uns kopfnickend, sie waren blaß und schweigsam vor Erregung. Über Webers Stirn standen helle Schweißtropfen, seine blanken Augen waren verschleiert. Wir setzten uns. Nach und nach füllte sich der Raum. Lauter Schweigende. Die Minuten schlichen wie ebenso viele Stunden. Endlich der erste Radler! Gleich darauf der zweite, der dritte, der vierte – die Wahlbezirke der Stadt.

»Schlecht steht's!« knirschte der eine und warf den Zettel auf den Tisch.

»Der Westen Frankfurts –«, sagte Weber, »immerhin: zum erstenmal Stimmen für den Sozi! – Das Zentrum, – na, besser hätt's sein dürfen! – Und die Vorstadt, pfui Teufel, das sind die Eisenbahner, die auf Kommando wählten! – Aber hier –«, sein Gesicht strahlte – »das reißt die ganze Stadt heraus!«

»Hurra!« rief einer und schwenkte die alte Soldatenmütze zum offenen Fenster hinaus.

»Bravo!« antwortete es vielstimmig von unten.

Wieder verrannen Viertelstunden. Schon waren alle Plätze an den langen Tischen besetzt.

»Warum dauert das nur so lang –«, seufzte ich.

»Die Radler aus dem Oderbruch können noch nicht hier sein –«, sagte Weber, der wieder und wieder nach der Uhr sah.

»Telegramme!« schrie jemand. Der Postbote drängte sich durch die Reihen.

Mit bebenden Fingern riß Weber sie auf: »Berlin erobert! – Ganz Sachsen unser –!«

Ein Jubelruf, der sich wieder bis auf die Straße weiterpflanzte, aber rasch verklang. Das Schweigen war eine einzige Frage: »Und wir?!« – Jetzt aber tönte von unten ein donnerndes »Hoch!« Wir stürzten zum Fenster: über das Pflaster sprangen Lichter in langer Kette, Räder blitzten auf –, die Treppen stürmte es empor: atemlos, blaurot, mit zitternden Knien standen sie vor uns, die Männer aus dem Oderbruch. Sie waren keines Wortes mächtig, aber die Tränen, die hellen Freudentränen tropften ihnen über die Wangen. Mit einer fast feierlichen Gebärde breitete Weber die Botschaften vor uns aus. Hunderte von Stimmen hatten wir gewonnen. Dicht unter den Augen der Gegner, auf Gutshöfen, in Dörfern hatten die Landleute für uns gestimmt. Stumm streckte ich dem Maurer Merten die Hand entgegen. Er hielt sie lange zwischen seinen harten Fingern.

Jetzt standen die Leute schon Kopf an Kopf. Noch fehlten die entferntesten Bezirke, – Buckow, Fürstenwalde. »Entschieden ist noch nichts«, murmelte Weber angstvoll.

Wieder ein Lärm auf der Straße. »Die Oderzeitung bringt ein Extrablatt!« schrieen sie zu uns empor. In weitem Bogen flog es von der Tür über die Köpfe hinweg auf unseren Tisch: »Depeschen aus Süddeutschland – München, Nürnberg, Bayreuth, Stuttgart, Darmstadt – alles unser!«

Und nun löste ein Depeschenbote den anderen ab; jede Siegesnachricht steigerte die elektrische Spannung, selbst die Nachtluft draußen schien erfüllt von ihr.

Zu elf dumpfen Schlägen holte die Uhr auf der Marienkirche aus.

»Im Haus der Oderzeitung löschen sie die Lampen«, – rief ein junger Bursche und brach sich mit Ellbogenstößen freie Bahn in den Saal. Die Gesichter ringsum erhellten sich.

Eine Gärtnersfrau, der ausdauerndsten eine im Heranholen säumiger Wähler, nahm aus ihrem bis dahin sorgfältig gehüteten Korb einen großen Strauß roter Nelken und stellte ihn vor uns auf den Tisch. – »Ist's nicht zu früh?!« – Ein Brausen lag in der Luft, – war's nicht das pochende Blut in meinen Schläfen? Oder waren's die vielen Stimmen vor dem Haus?

»Die ganze Straße steht schwarz voll Menschen«, flüsterte ein baumlanger Arbeiter neben mir in scheuer Angst. Es war heiß, –

glühend heiß im Saal, und doch schien mir, als müßten alle frieren wie ich.

Da – »Fürstenwalde!« und wie ein Echo: »Buckow!« Weber war weiß im Gesicht, – sekundenlang bohrten sich seine Augen in das Papier. Wir hielten den Atem an, – dann stieß er mit rauher Stimme ein einziges Wort hervor: »Gesiegt!«

Einen Augenblick war es noch still. Einem alten Mann, den ich nicht kannte und der bis zu mir vorgedrängt worden war, drückte ich krampfhaft die Hand. Dann brach es los wie Gewittersturm. Das schrie, das jauchzte, das schluchzte –, alte Männer fielen einander um den Hals, Frauen verbargen die Gesichter an den Schultern der Nächsten. Und draußen zerriß ein einziger Jubelruf die Stille der Nacht. Sie riefen nach ihrem Gewählten.

Auf die Fensterbrüstung trat er. »Nicht mir dieses Hoch, Parteigenossen –«, und seine tiefe Stimme klang voll und warm und die Luft selbst schien sie weiter und weiter zu tragen, »– euch vielmehr, die ihr den Sieg erkämpfet, und unserer großen Sache vor allem, die die Siegesgewißheit in sich trägt! Ein Hoch der Sozialdemokratie, ein dreifaches Hoch!« Und wieder brauste es, als schlügen orkangepeitschte Wellen an Felsenriffe.

Inzwischen war Weber still beiseite gegangen. Nun kam er zurück. Er trug die alte Fahne, von grauen Tüchern umwunden. Dicht vor dem Fenster nahm er langsam die Hülle ab, hob die schwere Stange hinaus, und das rote Tuch rollte auseinander und wehte, aufglühend, wo das Licht es traf, wie entfachte Flammen über die stumme Menge.

»Genossin Brandt! –– Alix Brandt!« – Riefen sie mich?! – Man schob mich zum Fenster, – man hob mich empor, – ich sah keine Menschen, ich sah nur ein wogendes Meer, – ohne Anfang, ohne Ende. Und ich streckte die Arme weit aus –

XIV. KAPITEL

Alle Vorbereitungen für das Erscheinen der Neuen Gesellschaft waren getroffen. Es sollte eine Zeitschrift großen Stiles werden. Hervorragende Parteigenossen des In- und Auslandes hatten uns ihre Mitarbeit zugesagt. Eine junge Künstlerin, von der Idee, die uns leitete, gepackt, hatte den Umschlag gezeichnet: schwarze Fabriken, aus deren Essen die Feuerflammen der kommenden Zeit emporschlagen. Es gab Leute, die angesichts der schönen Ausstattung, des niedrigen Preises und der hohen Honorare, die wir festgesetzt hatten, bedenklich die Köpfe schüttelten. Aber der Dreimillionen-Sieg* der Partei hatte den Glauben an unsere Sache, den wir von jeher besessen hatten, nur noch gestärkt. Jetzt war wirklich die Zeit gekommen, wo die Sozialdemokratie eine Macht im Staate zu werden begann, wo sie vor der Aufgabe stand, selbständig praktische Politik zu treiben. Breite Schichten der Arbeiterschaft, die erstarkten Gewerkschaften an der Spitze, verlangten danach, und die Masse der Mitläufer, die unseren Sieg hatte vergrößern helfen, war zweifellos nicht durch die ferne Aussicht auf den Zukunftsstaat zu uns gekommen, sondern durch die Hoffnung auf Reformen der Gegenwart.

Eines Morgens kam Heinrich verärgert aus dem Büro: »Der Lindner läuft umher wie die Jungfrau von Orleans: ›und mich,

* Bei den Reichstagswahlen am 16. Juni 1903 hatten die Sozialdemokraten 3010771 Stimmen erhalten und damit 81 Sitze.

die all dies Herrliche vollendet, mich freut es nicht, das allgemeine Glück‹. Sollten die Schwarzseher ihn schon beeinflußt haben?! Das könnte mir passen!«

Wir hörten eine Woche lang nichts von ihm. Dann kam ein Brief; – während mein Mann ihn überflog, veränderten sich seine Züge: »Hier hast du den Wisch«, rief er wütend und warf die Türe hinter sich ins Schloß.

»Da ich mich überzeugt habe, daß ein gedeihliches Zusammenarbeiten zwischen uns nicht erreichbar sein wird, trete ich von unserem Vertrag zurück –«, las ich.

Das ist doch nicht möglich, – das kann doch nicht sein, fuhr es mir durch den Kopf; wie kann er sein Wort brechen, jetzt, in diesem Augenblick, wo er weiß, daß damit alles steht und fällt!

Heinrich war beim Rechtsanwalt gewesen. »Nichts zu machen«, knirschte er, als er nach Hause kam, »mein Anstand, oder sagen wir lieber meine Dummheit, die mich hinderten, den Vertrag notariell zu machen, ermöglichen diesen erbärmlichen Rückzug.«

Was nun?! Heinrichs trotzige Energie hatte auf diese Frage nur eine Antwort: »Erst recht!«

Ich fühlte mich im ersten Augenblick wie gelähmt und war geneigt, im Rücktritt Lindners etwas zu sehen, das einem Wink des Schicksals oder einem Gottesurteil gleichkam. Aber die Ereignisse innerhalb der Partei zerstreuten den Nebel, der meinen Blick vorübergehend verdunkeln wollte.

Der Verkauf des Archivs war der erste Schritt zu unserem Ziel. Heinrich wandte sich an einen der größten Verleger, der seine Bereitwilligkeit aussprach, das Archiv zu übernehmen, wenn der alte Herausgeber ihm erhalten bliebe. Er bot ein Redaktionshonorar dafür, das uns zeitlebens der Sorgen enthoben hätte. Wir besannen uns keinen Augenblick, seine Vorschläge zurückzuweisen.

»Nun bliebe noch Romberg«, sagte ich zögernd; ich wußte, seit jener ersten Anfrage war eine leise Entfremdung zwischen den beiden Männern eingetreten.

»Damit er mich wieder behandelt wie der hochmögende Vormund«, brauste Heinrich auf.

Noch am selben Abend schrieb ich an Romberg. Wenige Tage später war er in Berlin. Ich setzte ihm die Lage auseinander.

»Ich appelliere lediglich an Ihr Interesse für die Zeitschrift«, sagte ich, »die heute eine der angesehensten ihrer Art ist. Es lag Ihnen daran, sie in die Hand zu bekommen; – Sie sprachen seinerzeit davon, als von einem Ersatz der ordentlichen Professur.«

Er machte eine abwehrende Handbewegung. »Wenn ich nun aber statt meines persönlichen Interesses, das sich nicht verändert hat, meine Freundschaft entscheiden ließe?!« rief er aus. »Mir scheint, ich müßte Sie vor einem Unglück bewahren!«

»Das lassen Sie meine Sorge sein«, antwortete ich herb. Er schwieg verletzt, und als gleich darauf mein Mann eintrat, stellte er sich auf einen ausschließlich geschäftlichen Standpunkt und verhandelte nur mit ihm.

Kurze Zeit darnach war die Angelegenheit entschieden: Mit zwei anderen Herren übernahm Romberg das Archiv.

Ich hatte im Augenblick meine ganze Zuversicht wiedergewonnen und lud ihn ein, den Abschluß fröhlich mit uns zu feiern. Aber er war schon abgereist.

»Dann geben wir uns allein ein Fest«, meinte mein Mann; »wir haben Ursache genug dazu als selbständige Inhaber der Neuen Gesellschaft!« Doch es schien, als sollte es nicht sein. Zuerst verschlang die Arbeit unsere Zeit, und dann kam die Stimmung nicht wieder.

Nach dem glücklichen Wahlergebnis hatte Bernstein den Vorschlag gemacht, einen Sozialdemokraten als Vizepräsidenten im Reichstag einzusetzen. Dieses »Katzbuckeln vor dem Kaiser« führt zu tiefen Zerwürfnissen innerhalb der Partei.

Der Hader in der Partei nahm immer bösartigere Dimensionen an. Was Bebel an Erklärungen und Artikeln veröffentlichte, das klang so maßlos, daß die Vizepräsidentenfrage und die Mitarbeit der Parteigenossen an bürgerlichen Blättern unmöglich die einzige Ursache seines Vorgehens sein konnte. Er mußte irgendwo Parteiverrat wittern, wenn er alle politische Klugheit so völlig zu vergessen vermochte und den Gegnern die bittere Pille der Wahlniederlage durch den Kampf in den eigenen Reihen versüßte.

»Die Zeit des Vertuschens und Komödienspiels ist vorbei –«, rief er; »jetzt heißt es Farbe bekennen, jetzt gibt's kein Ausweichen mehr –«, was hieß das anders, als daß Elemente in der Partei vorhanden waren, die nicht hineingehörten, die entfernt werden mußten?

»Die Masse der Parteigenossen halte die Augen auf!« mahnte er; was bedeutete das anderes, als daß sich Verräter in ihrer Mitte befanden? Aber während Bebels Zorn vom Feuer der Leidenschaft noch immer verklärt erschien, sekundierten ihm die Zionswächter des Radikalismus mit der Kälte systematischer Verfolgungssucht. Und nun erwachte im Proletariat, auf dessen rohe Instinkte sie spekulierten, der Pöbel. Er warf sich keifend auf alles, was nicht mit ihm lärmte.

Wir, die wir dem Revisionismus eine selbständige Zeitschrift schaffen wollten, standen, das zeigte sich bald, mit auf der ersten Seite der Liste der Konskribierten. Noch ehe die erste Nummer unseres Blattes erschienen war, wurde es als ein kapitalistisches Unternehmen gebrandmarkt; von Mund zu Mund ging der Klatsch, daß wir einen reichen Gönner gefunden hätten, der es wie einen Sprengstoff in die Partei werfen wollte, und in einer der wild erregten Versammlungen, die dem Parteitag vorangingen, fiel zum erstenmal das verächtliche Wort, das wohlgefällig weitergetragen wurde: »Geschäftssozialisten«.

Es traf mich wie ein Keulenschlag. Eben erst hatten wir eine gesicherte Existenz von uns gewiesen – und nun dies Wort!!

Ich brütete stumm vor mich hin. Ich ging nicht auf die Straße, denn ich fühlte mich wie beschmutzt.

Was ich erlebte, war nur ein Teil dessen, was allen begegnete, die unter dem Namen Revisionisten zusammengefaßt wurden. Das zahnlose alte Weib, der Klatsch, ging um mit den ewig beweglichen Lippen und den dürren Fingern, die in jeder Gosse gierig wühlen. Als Mandatsjäger wurde der eine verdächtigt, als lügnerischer Verleumder Bebels der andere. Und wessen wir bisher fälschlich beschuldigt worden waren – eine geschlossene Gruppe zu sein –, das machte die Verfolgung aus uns. Den Kopf umnebelt von den giftigen Dünsten, die rings um uns aufstiegen, erschien uns der Haß der Personen, die uns bekämpften, als das Primäre; kaum einer war, der noch wußte, daß es der Gegensatz der Anschauungen war, der ihn zeugte, und niemand gab zu, daß Bebel recht hatte, wenn er an kleinen Symptomen die ganze Richtung erkannte – die Richtung, die seinen tiefgewurzelten Prophetenglauben, aus dem er die ganze Schwungkraft seiner Lebensarbeit sog, erschüttern mußte, wenn sie zur allgemeinen Anerkennung kam.

Zum Parteitag in Dresden (13.–20.9.1903) muß Lily ihren Mann allein fahren lassen, da Otto schwer erkrankt ist. Bald kommen beunruhigende Nachrichten aus Dresden.

Während Berta mich bei dem Kranken vertrat, las ich die Berichte. Ich erschrak, als ich sah, daß Heinrich entgegen seiner Absicht, durch den Artikel eines sächsischen Parteiblattes herausgefordert, in der Diskussion über die Mitarbeit von Genossen an der bürgerlichen Presse als erster gesprochen hatte.*

Und ich fühlte zwischen jeder Zeile der Rede die Bitterkeit seines Herzens, die quälende Angst. Über jenen Mann hatte er gesprochen, der sich herausnahm, im Kampf gegen uns den Ton anzugeben, der uns um einiger Artikel in einer bürgerlichen Zeitschrift willen wie Verräter verfolgte; und er hatte ihn gekennzeichnet als das, was er war: ein doppelter Renegat, in der Jugend Sozialdemokrat, gleich darauf der Verfasser einer der giftigsten Schmähschriften gegen die Sozialdemokratie, nach wenigen Jahren wieder Mitglied der Partei und jetzt: ihr unfehlbarer Sittenrichter. Keiner, so schien mir, würde sich dem Eindruck der Rede meines Mannes entzogen haben, wenn nicht in jedem Ton die Aufregung gezittert hätte, deren Ursache niemand kannte als ich. Immer wieder hatte ihn Bebel unterbrochen, mit stets gesteigerter Heftigkeit, und jeder Zuruf mußte meinen Mann, dessen ganze Seele wund war, doppelt schmerzhaft tref-

---

* Schon lange ein Angriffspunkt innerhalb der SPD, der H.s scharfes Eintreten für Meinungsfreiheit herausgefordert hatte.

fen. Und dann waren sie alle über ihn und uns hergefallen, und am tollsten hatten uns, die freien Schriftsteller – »frei« wie der Lohnarbeiter, der seinem Verdienst nachgehen muß –, die Genossen geschmäht, die in sicheren Parteipfründen saßen. Ein Gefühl von Ekel stieg mir bis zum Hals. Wie hatte doch Romberg einmal gesagt? »Durch eine bestimmte Personengruppierung kann eine Sache rettungslos verlorengehen.« War diese Gesellschaft wütender Proleten wirklich noch der würdige Träger der menschheitbefreienden Gedanken des Sozialismus?

In einem kurzen Brief, den ich von Heinrich erhielt, hieß es: »... Die Lage der Dinge ist unbeschreiblich. Die eingeschlossene Luft in diesem engen halbdunklen Saal scheint gefüllt mit Sprengstoff. Das gezwungene dicht Nebeneinandersitzen erhöht die Reizbarkeit ... Bebel ist selbst für Freunde, die ihn beruhigen wollen, unnahbar. Er hat sich stundenlang in sein Hotel zurückgezogen und hat den Ausdruck eines Rachegottes, wenn er wieder erscheint. Warum? Niemand weiß es. Er soll sich während der Wahlkämpfe überanstrengt haben, sagen die einen; die Erbschaft, die ein bayerischer Offizier ihm hinterließ, und das, was an Prozessen mit den Verwandten dieses Offiziers darum und daran hängt, soll ihn aufregen, meinen die anderen. Jedenfalls kommt mehr denn je alles auf seine Haltung an; und sein Benehmen mir gegenüber läßt wenig Gutes hoffen. Übrigens scheint er auf uns beide ganz besonders wütend zu sein. Als Wanda Orbin die Mitarbeit an bürgerlichen Blättern als todeswürdiges Verbrechen kennzeichnete und dabei von den sündigen ›Genossen‹ sprach, rief er wiederholt mit starker Betonung dazwischen: ›Und Genossinnen!‹ Damit bist Du in erster Linie gemeint ... Man spricht von einer Resolution, durch deren Unannehmbarkeit die Revisionisten hinausgedrängt werden sollen ...«

Seltsam, wie kühl, fast gleichgültig ich dieser Möglichkeit gegenüber blieb.

Gegen Abend fieberte mein Kind wieder. Es phantasierte von Riesen, die das Zimmer füllten, und am Morgen war mir, als ob ich die ganze Nacht mit ihnen hätte ringen müssen, um sie vom Bett meines Lieblings fernzuhalten. Ich fühlte mich zu Tode erschöpft.

»Wir sind noch nicht über den Berg«, sagte der Arzt mit einem ernsten Gesicht, »aber Sie sollten sich trotzdem schonen –.«

»Ich bin die Mutter«, unterbrach ich ihn.

»Gerade darum«, antwortete er.

Aber wie konnte ich von meinem Sohne weichen, solange seine Augen sich trübten, wenn ich den Platz an seinem Bett verließ!

Während er ein paar Bleisoldaten auf den weißen Berg seiner Kissen klettern ließ, überflog ich zerstreut den neuen Parteitagsbericht. Erst Bebels Rede fing an, mich zu fesseln. Er zählte die Sünden jener Wochenschrift auf, für die wir fünf Angeklagten geschrieben hatten: Vor genau zehn Jahren hatte deren Herausgeber ihn als »rote Primadonna« verulkt. Ich staunte: sollte Bebel, der große Bebel, von so kleinlicher Empfindlichkeit sein, daß er dergleichen Nebensächlichkeiten als unauslöschliche Kränkungen empfand?! Und im vorigen Jahre während des Zollkampfes hatte derselbe Redakteur sich gegen die Obstruktionspolitik der Sozialdemokraten ausgesprochen. War das nicht sein gutes Recht? Sollte er selbst mit seiner Überzeugung hinter dem Berge halten, wenn er allen seinen Mitarbeitern die vollste Meinungsfreiheit gewährte?

Ich las weiter. Ich rieb mir die Augen – vielleicht war ich es jetzt, die fieberte –, der Kopf fing an, mir zu brennen. Ich las noch einmal. Aber ich irrte mich nicht. Hier stand es, ganz deutlich, und noch unterstrichen durch den »stürmischen Beifall«, mit dem es begrüßt worden war: »Es gibt unter uns Marodeure, die ein solches Blatt unterstützen –«, »Elemente, die moralisch tief gesunken sind –«, »ihnen gebührt nichts anderes als ein kräftiges Pfui!«

Griff mir nicht eine rohe Faust an die Kehle –, traten die Augen nicht schon aus ihren Höhlen? Und der Boden unter mir, auf dem ich stand, schwankte er nicht? –– Meine Familie, meine Freunde, meine Existenz, – alles hatte ich der Partei geopfert, – und jetzt kam dieser Mann und beschimpfte mich, weil ich ein paar literarische Kritiken in ein Blatt geschrieben hatte, das ihm nicht paßte?! Er, dieser Ritter der Frauen, hatte den traurigen Mut, mich vor der ganzen Welt für ehrlos zu erklären?! Ich sprang vom Stuhl, – vergaß mein krankes Kind, – und lief ins Nebenzimmer. Dort in der alten Truhe lag sie noch – meines Vaters Pistole! Wenn ich ein Mann wäre –! Meine Hand krampfte sich um ihren Griff, mein Finger suchte den Hahn. Wenn mein Vater noch lebte! Vor ihre Mündung würde er den Räuber meiner Ehre fordern!

»Mama!« rief es von nebenan. Ich strich mit der Hand über meine heiße Stirn und warf mit einem spöttischen Achselzucken über die romantische Anwandlung, die ich eben gehabt hatte, die alte Pistole in die Truhe zurück. Ich stehe ja nicht allein, dachte ich; mein Mann, der auf die kleinste Kränkung, die mir angetan wird, mit hellem Zorn reagiert, hat mich in diesem Augenblick schon verteidigt, und die anderen alle, die getroffen wurden genau wie ich, werden zu flammendem Protest einmütig zusammenstehen.

Aber schon, daß die Diskussion ohne Unterbrechung ihren Fortgang genommen hatte, machte mich stutzig. Freilich, der eine der Angegriffenen, der eben einen Wahlkreis erobert hatte wie wir, verteidigte sich in aufflammender Empörung.

»Auch dem Parteiführer, der die Ehre eines Menschen beschmutzt, gebührt ein Pfui«, rief er aus. Aber mitten in seiner Rede war er imstande gewesen, mit sentimentaler Rührung von der Verehrung zu erzählen, die er für den Beleidiger empfunden hatte! Ich schämte mich, auch nur mir selbst solch ein Gefühl zuzugeben. Und als Bebel nachher ein paar väterliche Worte der Anerkennung für ihn aussprach, bedankte er sich dafür!

Der andere stimmte seine Rede auf denselben Ton und sprach von der ganz besonderen Verehrung, die er für den Veteranen der Partei stets empfunden habe. Der dritte endlich brauste zwar in jugendlichem Eifer auf, hatte aber schon vorher reumütig abgebeten. Ich schüttelte mich. Wer sich so behandeln ließ, war wert, daß er so behandelt wurde. Mein Mann, dachte ich triumphierend, wird anders zu sprechen wissen!

Jetzt endlich fand ich seinen Namen unter den Rednern. Unwillkürlich suchte ich zuerst nach den Zwischenrufen, nach den wilderregten Szenen, die sein Zorn hervorrufen mußte; – und da stand es ja schon: »stürmische Unterbrechungen« – »große Unruhe« – »Skandal«. Aber das bezog sich gar nicht auf eine

Zurückweisung der Beleidigungen Bebels. Meine Hände, die das Blatt hielten, begannen zu zittern.

Wie?! Auch was er sagte, klang wie eine halbe Entschuldigung?!

»Wir sind entschlossen, an der fraglichen Wochenschrift nicht mehr mitzuarbeiten, da das Interesse der Partei es fordert ...« Und dann: »Ich erwarte von Bebel, daß er das schwere und bittere Unrecht, das er begangen hat, einsieht und durch eine Erklärung gutzumachen sucht.« War das alles? Wirklich alles?! Ich ballte die Hände und drückte die Nägel ins Fleisch, ich preßte die Zähne aufeinander, daß sie knirschten. Nur nicht weinen, nur jetzt nicht weinen, – wiederholte ich immer wieder. Die große Uhr über dem Schreibtisch tickte laut und vernehmlich, – meines Vaters Uhr, die ich vor fremden Händen gerade noch gerettet hatte.

»Er hat dich nicht verteidigt, – nicht verteidigt –«, sagte sie unaufhörlich; oder war es des Vaters Stimme? – »Nicht verteidigt –«

Ich schrieb an den Vorsitzenden des Parteitags und forderte ihn auf, Bebel zu einer Rücknahme seiner Beleidigung zu veranlassen. Mein Wunsch wurde abgelehnt. Ich verlangte ein Schiedsgericht, das über meine Ehre entscheiden sollte. »Wegen der Meinungsäußerung eines Genossen über den anderen kann ein solches nicht angerufen werden«, lautete die Antwort. Jetzt also war ich vogelfrei; ausgestoßen aus meiner alten Welt, als Ehrlose gebrandmarkt in der neuen!

Ich wurde merkwürdig ruhig. Ich spielte lächelnd mit meinem Sohn, der sich langsam erholte. Es gab Stunden, in denen ich dem Schicksal dankbar war, das mich an diese Stelle zwang, das es mir deutlicher sagte, als Worte es je vermocht hätten: Dein Kind allein ist deine Welt.

Fast mechanisch, interesselos, fing ich wieder an, die Berichte zu lesen.

Inzwischen war die Abstimmung über die Erklärung des Parteivorstandes zur Frage der Mitarbeit von Genossen an bürgerlichen Preßunternehmungen vor sich gegangen. Mit überwältigender Mehrheit war sie zur Annahme gelangt. Ich lachte unwillkürlich laut auf. So orthodox war bisher nicht einmal die

Kirche gewesen! Sie war viel zu klug dazu; sie benutzte jede Tribüne, wenn es galt, auch nur eine Seele zu gewinnen.

»Nicht darauf kommt es an, *wo* Parteigenossen schreiben, sondern *was* sie schreiben. Je mehr sie mit ihrer Überzeugung und ihrer Person in die Reihen der uns noch feindlich Gesinnten eindringen, desto besser ist es für unsere Sache, denn wir sind keine Sekte, die sich zu ihrem Gottesdienst in ihrer Kapelle verschließt, sondern eine Bewegung, die der ganzen Menschheit dienen und die Welt erobern will ...«

Das wäre eine unserer sozialistischen Grundsätze würdige Erklärung gewesen. Niemand beantragte sie. Nur vierundzwanzig – unter ihnen mein Mann, Göhre, Vollmar – hatten den Vorstandsbeschluß abgelehnt.

Der Parteitag verläuft weiter sehr aggressiv gegen Revisionisten und »Akademiker«. H. schreibt:

»Für die Partei wird diese traurige Tagung mit ihren zahllosen Hintergründen von Gemeinheit, Klatsch und Verhetzung schließlich noch zum guten Ende führen. Der Resolution des Parteivorstandes zur Frage der Taktik sind ihre schärfsten Spitzen, auf denen wir gespießt werden sollten, genommen worden, und ihre einmütige Annahme scheint danach gesichert, was den Frieden in der Partei wiederherstellen wird.«

Ich antwortete umgehend: »Ich verstehe Dich und die anderen nicht. Selbst wenn die Resolution ihrem Wortlaut nach annehmbar wäre, so ist sie es ihrem Sinn nach nicht, und Euer Ja bedeutet keinen Frieden, sondern Unterwerfung. Ich bedaure, bei der Abstimmung nicht zugegen zu sein. Ich würde, – und wenn ich die einzige bliebe, – laut und deutlich nein sagen.«

Als ich den Wortlaut der Resolution zu Gesicht bekam, wurde mir die Haltung der Revisionisten vollends unverständlich. Wie viele unter ihnen hatten dem Eintritt des Sozialdemokraten Millerand in das französische Ministerium zugestimmt, hatten eine allmähliche Eroberung der Regierungsgewalt überall für möglich, ja für wahrscheinlich erklärt, und jetzt beugten sie sich einer Resolution, in der es hieß: Die Sozialdemokratie kann einen Anteil an der Regierungsgewalt innerhalb der bürgerlichen Gesellschaft nicht erstreben. Wie viele verurteilten laut und leise die lediglich negierende Haltung der Partei gegenüber der Kolonialpolitik, und jetzt verpflichteten sie sich selbst zum »energischen Kampf« gegen sie. Aber daß dreihundert ja sagten, traf mich immer noch nicht so tief, als daß Heinrich unter ihnen war.

Als Folge des Skandals auf dem Parteitag muß die »Neue Gesellschaft« nach ihrer zweiten Nummer vorläufig ihr Erscheinen einstellen. Für ein »Revisionistenblatt« ist kein Echo in der Sozialdemokratie zu erwarten.

Die Schiedsgerichts-Verhandlungen* zogen sich wochenlang hin. Es war eine seelische Folter für meinen Mann, und wenn er nach Hause kam, gab ich mir alle Mühe, ihn nicht merken zu lassen, wie ich selber litt.

Draußen entwickelte sich wieder in der alten Weise der politische Kampf: Radikale und Revisionisten arbeiteten scheinbar einmütig zusammen. Es galt diesmal den Landtagswahlen. Mich rief niemand zu Hilfe. Zu keiner der zahllosen Versammlungen forderte man mich auf. Ich war die Gezeichnete. Und nirgends schien eine Lücke entstanden, weil ich fehlte. Ich war wie die Welle, die im Meere aufsteigt und zurücksinkt, ohne eine Spur zu hinterlassen.

Zuweilen trafen wir mit unseren politischen Freunden zusammen – zufällig nur, denn die Revisionisten schienen sich nach Dresden noch mehr aus dem Wege zu gehen als vorher. Einmal kamen wir in eine ernstere Unterhaltung, und ich verurteilte unumwunden ihre Annahme der Dresdener Resolution.

»Mir ist es sogar fraglich«, sagte ich, »ob ihre Ablehnung nicht von einem gemeinsamen Austritt aus der Partei hätte begleitet werden müssen.« Aber ich stieß auf allgemeinen Widerspruch.

»Damit hätten die Radikalen erreicht, was sie wollten«, rief der eine.

---

* Wegen der Angriffe auf dem Parteitag waren Schiedsgerichte angerufen worden.

»Wegen einiger Gegensätze in taktischen Fragen werden wir doch die Partei nicht im Stiche lassen«, sagte der andere.

»Es wäre nichts als Fahnenflucht«, erklärte einer der Gewerkschafter.

»Und wir würden zurückbleiben, als Offiziere ohne Armee«, meinte mein Mann. Ich ließ mich nicht überzeugen.

»Sie haben trotz allem Bekenntnis zum historischen Materialismus aus der Geschichte nicht allzuviel gelernt«, entgegnete ich. »Noch immer ist die Entwicklung die gewesen, daß eine große Bewegung aus sich heraus neue Bewegungen zeugt, deren Träger zunächst nichts sind als ein paar Vorläufer, als Offiziere ohne Armee. Und was nun gar die Gegensätze betrifft, so glauben Sie doch nicht ernsthaft an ihre Geringfügigkeit.«

»Nein«, antwortete einer der anderen, »aber ich glaube, und habe nach unserer bisherigen Entwicklung ein Recht dazu, daß unsere Ideen sich im Proletariat von unten herauf durchsetzen. Wir schließen Lohntarif-Verträge mit den Unternehmern, und niemand zeiht uns deshalb eines Vertuschens der Klassengegensätze; wir arbeiten in den Gemeinden, in den Landtagen, und keiner wagt uns deshalb wegen des Paktierens mit der bürgerlichen Gesellschaft anzuklagen. Unsere Genossenschaften fangen an, wie unsere Gewerkschaften zu einer wirtschaftlichen Macht zu werden, und kein Radikalinski hat uns noch vorgehalten, daß das gegen die Zusammenbruchstheorie verstößt und wir damit bis zum großen Kladderadatsch warten müßten.«

Ich schwieg. Der Mann der praktischen Arbeit mochte gegenüber meinen unklaren Theorien doch wohl recht haben.

Kurz vor Weihnachten legte das Schiedsgericht von Frankfurt-Lebus dem Parteitag des Kreises die Resultate seiner Untersuchungen vor, und die Genossen erteilten ihren Abgeordneten daraufhin einstimmig das Vertrauensvotum.

»Und du freust dich gar nicht?!« sagte mein Mann, als er nachts aus Platkow zurückkam, wo die Versammlung stattgefunden hatte.

»Gewiß freue ich mich – aber im Grunde ist doch das alles selbstverständlich und macht das Geschehene nicht ungeschehen«, antwortete ich und dachte an die Zeitschrift, mit der wir unsere Aufgabe, wie mir schien, geopfert hatten, an die ungesühnte Kränkung, die noch immer wie eine schwärende Wunde an mir fraß, an das verstümmelte, beschmutzte Bild der Partei, das einst in so leuchtenden reinen Farben vor mir gestanden hatte, an die große Flamme meiner Liebesleidenschaft, die über dem Aschenhaufen nur noch leise glimmte.

Aus meines Mannes Wahlkreis wurde ich wieder zu Vorträgen aufgefordert. Seltsam genug: es gab noch Genossen, die mir vertrauten, obwohl der erste unter ihnen mich für ehrlos erklärt hatte! In diesen Kreisen schien das Verständnis für eine Empfindung zu fehlen, die eine Reminiszenz an meine aristokratische Herkunft sein mochte und offenbar zu jenen »Eierschalen der Vergangenheit« gehörte, über die in der Partei so oft gespottet wurde. Aber wenn auch die anderen alle darüber hinwegsehen konnten, ich konnte es nicht. Ich lehnte ab. Meine Zurückhaltung wurde falsch gedeutet. Meine Bemerkung über den Austritt aus der Partei mochte irgendwie durchgesickert sein. Ich sah, daß ich die Stellung meines Mannes, die trotz des Vertrauensvotums eine schwierige geblieben war, noch mehr erschwerte. Und ich hatte mir vorgenommen, ihm nach wie vor ein treuer Kamerad zu bleiben.

»Sie können wieder über mich verfügen«, schrieb ich nach Frankfurt und stürzte mich in die Arbeit, von der ich hoffte, daß sie sich als Morphium für die Schmerzen meiner Seele erweisen würde. Und solange ich am Schreibtisch über den Zeitungen und Broschüren saß, hielt sie, was ich von ihr erwartet hatte.

Die Ereignisse schienen mit besonderem Eifer dafür zu sorgen, daß wir nicht im Bruderzwist aufgehen konnten. Der Riesenstreik der Textilarbeiter von Crimmitschau, die nun schon seit Wochen mit einer Ausdauer ohnegleichen um den Zehnstundentag kämpften und dem lockenden Gold der Unternehmer ebenso standhielten wie den Verfolgungen der Polizei, ließ uns fühlen, daß wir gegen den Feind so einig waren wie immer. Und die russische Revolution, die wie ein vom Sturm gepeitschter Brand von einem Ende des Riesenreichs zum anderen übersprang, entzündete in uns allen eine Hoffnung, als ginge der Stern der Menschheitserlösung nun wirklich im Osten auf. Daß Preußen-Deutschland sich zum Schleppenträger des Zarismus erniedrigte, daß russische Polizisten im Verein mit den unseren die russischen Gäste der Hauptstadt verfolgen konnten, daß ein Minister die Reichstagstribüne benutzte, um die russischen Studenten der Berliner Universität samt und sonders als Anarchisten zu verdächtigen und ihre weiblichen Kollegen der Unsittlichkeit zu zeihen, daß der Reichskanzler von ihnen als von »Schnorrern und Verschwörern« sprach – das löste einen Schrei der Entrüstung aus. Die Partei stand wieder auf dem Posten als die einzige, die leidenschaftlichen Protest erhob. Und wenn die politischen Ereignisse nicht auszureichen schienen, um das Bewußtsein ihrer Zusammengehörigkeit in den Genossen aufs neue zu festigen, so sorgten unsere Gegner dafür. Sie schufen den Reichsverband zur Bekämpfung der Sozialdemokratie, aber die Kette, die sie schmiedeten, um uns damit zu fesseln, verband uns nur.

Ich sah das alles. Ich schöpfte Hoffnung daraus nicht nur für den Kampf nach außen, sondern auch für die innere Entwicklung, die um so kräftiger zu sein pflegt, je unbeachteter sie ist.

Aber als ich zum erstenmal wieder in Frankfurt auf die Rednertribüne trat und all die vielen Augen sich auf mich richteten, da versagte meine Kraft. Das Blut brannte mir in den Wangen; – sahen die Menschen mir den Schlag nicht an, den ich empfangen hatte?! Und ich fühlte feindselige Blicke, spöttisches Lächeln, ich sprach wie gegen ein Tor von Erz. Meine Zuhörer blieben kalt.

»Was fehlte dir nur?« fragte Heinrich mich kopfschüttelnd. Ich gab eine ausweichende Antwort.

Noch ein paarmal machte ich ähnliche Versuche. Von nervöser Aufregung geschüttelt, die mir sonst fremd gewesen war, trat ich schon vor die Versammlung. Und dann sprach ich, daß ich mich selbst nicht wiedererkannte.

Lily ist erschöpft. Sie sucht mit Otto Erholung in Grainau. Wäh-

rend sie dort ist, stirbt ihre Erbtante Klotilde. Lily macht sich Hoffnungen, hört aber dann bei der Testamentseröffnung:

»Hiermit enterbe ich meine Nichte, Frau Alix Brandt, geborene von Kleve, weil sie in Wort und Schrift der Umsturzpartei dient.«

Es wurde ganz still im Zimmer. Die Köpfe all derer, die neben mir saßen, senkten sich; mich aber überkam ein Gefühl des Triumphes. Mit fester Hand setzte ich als erste meinen Namen unter das Protokoll und verließ das Zimmer, an den anderen vorbeigehend, die scheu zur Seite wichen, erhobenen Hauptes.

Jetzt war meiner Überzeugung auch das letzte zum Opfer gefallen. Die Schmach von Dresden war ausgewischt. Das Schicksal selbst zwang mich auf meine eigenen Füße. Nun war ich stark genug, allein zu gehen.

XV. KAPITEL

In Berlin tagt das Weltparlament der Frauen.

Ich sprach überall, wo die Interessen der Arbeiterinnen zur Debatte standen. Und allmählich strömten die Frauen mir nach, wenn ich von einem Saal zum anderen ging, und manche Diskussion, manche persönliche Unterhaltung bewies mir besser als Beifallssalven, die oft nur der Freude an der Sensation gelten mochten, daß der Samen des Sozialismus auf guten Boden gefallen war. Gewiß, solche Wirkungen lassen sich nicht messen, sie kommen nicht in den Zahlen der Partei- oder Gewerkschaftsmitglieder zu sichtbarem Ausdruck, aber auch sie rufen in Haus und Schule, in Gesellschaft und Staat jene Kräfte hervor, die von innen heraus an der allmählichen Umwandlung der Geistesrichtung der Menschen tätig sind. Während ich hin und her ging und diese und jene hörte, sah ich, wie groß die Wandlung schon war, die die Frauenbewegung im Laufe des letzten Jahrzehnts durchgemacht hatte.

Damals hatten sie sich vor mir gefürchtet, als ich in ihrem Kreise der Sozialdemokratie Erwähnung tat, heute stimmten die meisten von ihnen in ihren wesentlichen Gegenwartsforderungen mit denen der Partei überein. Damals war es innerhalb der bürgerlichen Frauenbewegung eine vereinzelte Tat gewesen, als ich das Frauenstimmrecht in öffentlicher Versammlung forderte, heute wurde in den Mauern Berlins der Bund für Frauenstimmrecht gegründet. So ging es doch vorwärts, auch da, wo meine

Parteigenossen nichts als Stillstand sahen, nichts anderes bemerken wollten, weil sie meinten, den dunklen Hintergrund einer einheitlichen Reaktion nötig zu haben, um sich selbst in um so hellerem Licht zu sehen, statt auch aus leisen Tönen den Siegesmarsch des Sozialismus herauszuhören. Mein Mann hatte ein wenig spöttisch den Mund verzogen – zu einem wirklichen Lächeln kam es bei ihm kaum mehr –, als ich an dem Kongreß teilnahm.

»Du bist ein Trotzkopf«, hatte er gesagt; »du übersiehst in dem Eifer, mit dem du dich dem Beschluß der Genossinnen entgegenstemmst, die Folgen, die solch eine Handlungsweise für dich haben kann. Man wird dich vollends boykottieren.«

Ich zuckte die Achseln.

»Solltest du wirklich schon so weit über den Dingen stehen?!« fragte er zweifelnd. Ich wandte mich ab. Er sollte nicht sehen, daß ich schwächer war, als ich mich zeigte.

Als ich sichtlich erfrischt aus den Verhandlungen nach Hause kam, meinte er unmutig: »Vor acht Jahren gefielst du mir besser als jetzt, wo du dich freust, weil dieselben Leute dir Beifall klatschen, die damals sittlich entrüstet waren –«

Ich unterbrach ihn heftig: »Wie kannst du mich so mißverstehen! – Gewiß, ich bin nicht von Stein, ich freue mich, wenn ich höre, wie die Ideen meiner ›Frauenfrage‹ Verbreitung gefunden haben, ich freue mich, daß die Mutterschaftsversicherung, daß selbst die Haushaltungs-Genossenschaft aus dem Stadium des Bewitzelns in das ernster Erörterung getreten ist, und ich leugne auch gar nicht, daß Anerkennung mir wohltut, als tröpfle mir jemand ein schmerzstillendes Mittel in eine unheilbare Wunde – aber das alles ist doch nicht die Ursache meiner Befriedigung. Mein Glaube an die Entwicklung im Sinne des Sozialismus ist das einzig Feste, was mir noch nach all dem Zusammenbruch geblieben ist. Wenn ich nur das Geringste entdecke, was ihn zu stützen, zu kräftigen vermag, so macht mich das stärker.«

»Du bist doch noch sehr jung und sehr bescheiden!« warf Heinrich ein. Ich unterdrückte einen Seufzer. Seine morose Stimmung war imstande, jede Spur erwachter Freudigkeit wieder zu zerstören, wie der Fluß, wenn er im Frühjahr aus seinen Ufern tritt, mit öder weiter Wasserfläche die blühenden Wiesen bedeckt. Ich fühlte, wie auch meine Arbeitskraft darunter litt, wie Gedanke und Gefühl erstarrten, sobald sie in die eisige Atmosphäre seiner Deprimiertheit gerieten.

Leise, unmerklich zunächst und doch von Tag zu Tag mehr, löste ich mich von ihm. Das Problem der Ehe wuchs, eine üppige Schlingpflanze, und drohte zu überwuchern, was noch an Liebe zu blühen verlangte.

Für die Frauenbewegung war der Kongreß neuer Wind in die Segel gewesen. Alle Fragen, die sie umfaßte, standen wieder im Mittelpunkt der öffentlichen Diskussion. Das Für und Wider wurde leidenschaftlich erörtert, und in der konservativen kirchlichen Presse erhoben sich lauter als früher die Stimmen derer, die mit dem Feldgeschrei: Erhaltung der Ehe und der Familie! den Emanzipationsbestrebungen des weiblichen Geschlechts gegenübertraten. In einer Versammlung, die von einem der bürgerlichen Frauenvereine einberufen worden war, sollte diesen Angriffen begegnet werden. Ich ging hin. Mehr aus Neugierde und weil es mich belustigte, daß lauter ehelose alte Mädchen sich für berufen hielten, über diese Probleme zu urteilen, als in der Absicht, selbst zu sprechen.

Die Referentin verteidigte zuerst die Frauenbewegung als die Begründerin eines neuen, schöneren, festeren Ehe- und Familienlebens:

»Gerade der Bund zwischen zwei gleichen, geistig und sittlich gereiften Menschen ist der glücklichste, dauerndste«, sagte sie. »Der Mann wird in der Frau nicht mehr nur die Geliebte, die Mutter seiner Kinder sehen, sondern eine Kameradin, die seine Interessen teilt und fördert. Das Familienleben wird sich dadurch erneuern, denn der Mann braucht nicht mehr außerhalb seines Hauses geistiger Anregung, geistigem Austausch nachzugehen ...«

Mich reizte der salbungsvolle Ton, mit dem sie sprach, und die Art, wie sie die Wogen der Frauenbewegung durch das Öl unbeweisbarer Prophezeiungen zu besänftigen suchte. Ich meldete mich zu Wort.

»All Ihre schönen Argumente«, rief ich aus, »beruhen auf

einem Trugschluß: der Instinkt der Sinne ist doch nicht identisch mit dem geistigen Verständnis! Nichts gibt die Gewähr dafür, daß zwei geistig reiche Individualitäten, die einander in heißer Liebe begehren, nun auch mit all den feinen Regungen ihres Seelen- und Geisteslebens zusammenstimmen, Regungen, die um so differenzierter sind, je höher entwickelt der einzelne ist. Und wer vermag zu sagen, ob nicht trotz geistiger Übereinstimmung die Liebe erkaltet oder sich auf einen anderen Gegenstand richtet? Denn auch die Liebesgefühle und das Liebesbegehren sind vielgestaltiger, differenzierter geworden und nicht mehr so leicht und so unbedingt zu befriedigen ... Nein, meine Damen, lassen Sie sich nicht einlullen durch falsche Prophezeiungen, sammeln Sie vielmehr Ihre Kräfte durch die klare Erkenntnis neuer Probleme. Mit dem durch die Angst um die Gefährdung alten geliebten Besitztums geschärften Spürsinn des Feindes haben die Gegner bald empfunden, was ihnen droht: Je mehr sich das Weib zur selbständigen Persönlichkeit entwickelt, mit eigenen Ansichten, Urteilen und Lebenszielen, desto mehr ist die alte Form der Ehe bedroht. Ihr Glück beruhte nicht auf Gleichheit, sondern auf Unterordnung, nicht auf Arbeitsgemeinschaft, sondern auf Arbeitsteilung. Für den Mann war die Ehe von einst, an der Seite einer von den Kämpfen der Zeit unberührten, nur der Sorge des Hauses lebenden Gattin, der Hafen der Ruhe. Heute findet er daheim neben der ihm geistig ebenbürtigen Frau dieselbe Nervosität, dasselbe geistig angespannte Leben wie draußen. Für die Frau war er das einzige Symbol allen äußeren Lebens, allein von ihm empfing sie gläubig die Botschaften der Welt, die Ansichten und Urteile über sie. Jetzt kennt sie das Leben aus eigener Anschauung, sie denkt selbständig, sie übersieht ihn vielfach; sie findet in ihm so wenig den Schöpfer ihres inneren Lebens, als er in ihr die Quelle der Ruhe und des Behagens findet. Was früher einte: das Zusammenleben, kann heute schärfer trennen, als jede äußere Trennung es vermag ... Es kommt aber auch gar nicht darauf an, daß wir mit heißem Bemühen die Ehe retten; mag sie an der Entwicklung zerschellen, wie manche andere Lebensform, wenn nur der Kern erhalten bleibt: die Liebe.«

Man hatte mir mit steigender Erregung zugehört. Ich sah, wie eine Frau nach der anderen sich mit hochrotem Gesicht zum

Worte meldete. Sie überfielen mich förmlich. Als eine Vertreterin der freien Liebe, eine, mit deren Ideen ihre Bestrebungen nicht das mindeste zu tun hätten, griffen sie mich an.

»Ihre Verteidigung nützt Ihnen nichts«, antwortete ich nochmals. »Die ersten Träger einer Entwicklung sind nur in seltenen Fällen zugleich die Propheten ihrer letzten Konsequenzen gewesen. Als Luther seine 93 Thesen an die Schloßkirche zu Wittenberg schlug, glaubte er, die Zyklopenmauer der katholischen Kirche, die hier und da abzubröckeln begann, fester aufzubauen. Als Montesquieu seinen ›Esprit des lois‹ und Rousseau seinen ›Emile‹ schrieb, glaubten sie einige dunkle Gebiete des Staats und der Gesellschaft aufzuhellen. Keiner von ihnen wußte, daß sie die Brandfackel in das ganze Gebäude warfen. Auch Sie propagieren Reformen und werden zu Trägern der Revolution ...«

Als ich geendet hatte, kämpfte lautes Zischen mit vereinzeltem Beifall; als ich aber den Saal verließ, leuchteten mir aus jungen Gesichtern dankerfüllte Blicke entgegen; es war nicht nur mein eigenes Erleben gewesen, das ich in Worte gefaßt hatte.

An der Türe traf ich meinen Mann, der mir, ohne daß ich es wußte, gefolgt war. Ich errötete unwillkürlich.

»War das ein Bekenntnis?« fragte er. Ich nickte. »Wollen wir nicht auch unsere Liebe retten?« fuhr er leise fort und zog meinen Arm durch den seinen. Mir wurde warm ums Herz: wie gut er war! Ein tiefes Schuldbewußtsein bemächtigte sich meiner: Waren es nicht im Grunde lächerliche Kleinigkeiten, die uns voneinander entfernten, war es nicht frevelhaft, aus selbstischen Motiven den großen Schatz der Liebe aufs Spiel zu setzen? Ein böser Zauber hatte ihn in die Tiefe versenkt, war er es nicht wert, daß ich ihn durch meine Hingabe erlöste?

Ich wußte, was meinen Mann bedrückte, aber ich hatte es bisher nicht sehen wollen. Je mehr er litt, desto schweigsamer wurde er; nur an den gefurchten Zügen, an den finsteren Blikken und hie und da an einem hingeworfenen Wort erkannte ich, daß er sich in selbstquälerischen Vorwürfen verzehrte. Die Schatten des Dresdener Kongresses fielen noch breit über den Weg der Partei – er fühlte sich mitschuldig daran. Und er hatte in einem Moment fortgeworfen, wodurch er der Partei wieder hätte helfen können, die Schatten zu bannen: die Neue Gesellschaft.

»Das Aufgeben der Zeitschrift war heller Wahnsinn«, sagte er zuweilen. Aber war nicht der Verkauf des Archivs schon Wahnsinn gewesen? Und ich hatte ihn darin bestärkt, ich war mitschuldig, wenn er Schiffbruch litt! Und in diesem Augenblick hatte ich ihn im Stiche lassen wollen! Hatte mich bitter gekränkt gefühlt, weil er seine Stimmung nicht beherrschte, weil er es an Liebesbeweisen fehlen ließ!

Ich wußte auch, was ihm helfen würde. Oft genug sprach er davon: die Neue Gesellschaft wollte er wieder erscheinen lassen. Aber wenn er mich dabei fragend ansah, so schwieg ich, und ein heftiges Wort schwebte mir jedesmal auf der Zunge. Richtete er eine direkte Frage an mich, so äußerte ich rücksichtslos meinen Widerspruch.

»Nicht drei Monate würden wir mit dem bißchen, was wir aus dem Zusammenbruch gerettet haben, die Zeitschrift halten können«, sagte ich, »und ich habe schon zuviel an Sorgen ertragen, um sehenden Auges dem vollständigen Ruin entgegenzugehen.«

Oft, wenn ich als Kind am Weihnachtsabend erwartungsvoll im dunkeln Zimmer saß, hatte der Lichtstrahl, der aus dem Raum daneben, wo die Mutter den Baum putzte, durch das Schlüsselloch drang, mir die ganze Seele erhellt und alle Angst vor der Finsternis um mich vertrieben. So war mir jetzt zumut: es drang ein Lichtstrahl in das Dunkel. Noch kannte ich seine Quelle nicht; nur daß er da war, bannte die Furcht.

Heinrich hatte recht: es gab für uns nur eine Aufgabe: die Neue Gesellschaft wieder ins Leben zu rufen, durch sie zusammenzufassen, was in der Arbeiterbewegung nach allen Richtungen auseinanderzufließen drohte: den geistigen Hunger der Massen, die praktische Arbeit der Gewerkschaften und Genossenschaften, die Schwungkraft der kämpfenden Partei. Und wie sie auf dem Wege zu einer neuen tieferen Einheit Richtung geben sollte, so sollte sie im Kreise der intellektuellen Jugend dem Sozialismus Anhänger werben. Wir bedurften dieser Jugend, das lehrte uns Rußland, das predigten uns die stummen Lippen all der Suchenden, die der geistigen Führer entbehrten. »Die Wissenschaft und die Arbeiter« – ein Kind dieses Bundes war der Sozialismus gewesen, ihn zu zerstören und zu verleugnen war der eigentliche Parteiverrat.

Nun war es nicht mein Mann, nun war ich es, die zuerst wieder von unserer Zeitschrift sprach. Und was ich so lange entbehrt hatte, geschah: Heinrichs verdüsterte Züge erleuchteten sich wie von innen heraus. Jetzt endlich kamen die Stunden innerer Gemeinschaft zurück, und im Überschwang der Freude glaubte ich das Mittel wiedergefunden, das auch die klaffenden Wunden unserer Ehe schließen würde. In gemeinsamer Arbeit, mit demselben großen Ziel vor Augen würden wir enger, unauflöslicher zusammenwachsen.

Ein Umstand half uns, mit etwas größerer Zuversicht an die Arbeit zu gehen. Meine Schwester, eine der sechs Erben der verstorbenen Tante, hatte, empört über die mir widerfahrene Ungerechtigkeit, versucht, die Annullierung des Letzten Testaments, das meine Enterbung aussprach, durchzusetzen. Und als die Verwandten einmütig erklärt hatten, den letzten Willen der Toten respektieren zu müssen, tat sie allein, was sie von den anderen verlangt hatte, und verzichtete in Anerkennung meines Anspruchs auf den sechsten Teil ihres Erbes zu meinen Gunsten. Es war zunächst nur wenig, was ich bekam – der größte Teil des Vermögens lag in Grundstücken fest –, aber für uns, die wir von Anfang an mit einer so geringen Summe rechnen mußten, daß kaum ein anderer daraufhin den Mut gehabt hätte, eine Zeitschrift zu gründen, war es eine willkommene Hilfe. Nur ganz flüchtig dachte ich daran, die paar tausend Mark für meinen Jungen festlegen zu wollen – ich errötete dabei über mich selbst.

Es war ein frohes Arbeiten damals. Wir fanden Mitarbeiter im eigenen Lager, die unsere Ideen teilten, wir fanden aber auch Künstler und Schriftsteller, die nicht abgestempelte Genossen waren und mit Freuden die Gelegenheit ergriffen einmal zum Volk zu sprechen. Und zuerst leuchteten uns überall die aus den schwarzen Schornsteinen glutrot aufsteigenden Flammen der Neuen Gesellschaft entgegen.

Daß innerhalb der Parteiorganisationen schon gegen uns gehetzt, vor einem Abonnement unserer Zeitschrift gewarnt wurde, daß uns die Genossen wieder als »Geschäftssozialisten« öffentlich an den Pranger stellten – dafür hatten wir nur ein Achselzucken. Sie glaubten, wir wollten wühlen, kritisieren; sie würden sich bald eines Besseren belehren lassen, denn wir dachten nur daran, aufzubauen. Am Himmel der Zeit stiegen Sturmwolken auf, und wer wetterkundig war, der sah dahinter erfrischte Luft, zu neuem Segen durchtränkte Erde.

Der Strom der russischen Revolution, der drüben alles mit sich riß, schien zuerst an Deutschland vorüberzubrausen, als wäre die Grenze ein Felsengebirge. Allmählich aber begannen seine Fluten Tunnel zu bohren, und die deutsche Reaktion warf angstvolle Wälle auf. In den Einzelstaaten kam es zu Wahlrechtsverschlechterungen, und die Angriffe auf das allgemeine Reichstagswahlrecht wurden lauter. Unter dem Deckmantel der scheinbar harmlosen Schulvorlage ging der preußische Landtag darauf aus, mit den Seelen der Kinder die Zukunft dem Fortschritt zu entwinden. Doch das Proletariat lernte von den russischen Freiheitskämpfern. Zum erstenmal in Deutschland eroberten sich die Arbeiter die Straße zu gewaltigen Massendemonstrationen. In Leipzig, in Dresden, in Chemnitz durchzogen Tausende und Abertausende, dem Polizeiaufgebot trotzend, die Stadt. Und wenn sie auch der Hartnäckigkeit der Regierung nichts abzutrotzen vermochten, sie fühlten sich nicht geschlagen, denn die Siege jenseits der Grenzen stärkten immer wieder ihren Mut: in dunklen Massen, dichtgedrängt, mit einem Schweigen, das mehr als drohende Rufe von finsterer Entschlossenheit zeugte, war die Wiener Partei vor dem Parlament aufmarschiert, während in ganz Österreich die Arbeit ruhte, und eroberte im gleichen Augenblick eine Wahlreform, die vor wenigen Wochen noch von der Regierung abgelehnt worden war. Und angesichts der blutgetränkten Straßen Petersburgs, der rauchenden Trümmer baltischer Schlösser versprach der russische Zar dem Volke die Verfassung.

Jetzt galt es auch in Preußen gegen die Hochburg der Reaktion

Sturm zu laufen: gegen den Landtag. Wir schürten in unserer Zeitschrift mit allen Mitteln den Brand.

»Trotz aller Anerkennung des stark pulsierenden Lebens, das in den Spalten der Neuen Gesellschaft herrscht«, schrieb mir Romberg damals, »bleibt Ihre Schornsteinzeitung mir unsympathisch – jetzt vollends, wo ich mit aufrichtiger Trauer sehe, daß Sie jene Vornehmheit preisgeben, deren Aufrechterhaltung durch alle Fährnisse proletarischer Versuchung mir bisher so bewundernswert erschien. Den ganzen giftigen Zorn des Renegaten schütten Sie über Ihre eigenen Klassengenossen, die Junker, aus.«

»Über Ihren Geschmack streite ich nicht mit Ihnen«, antwortete ich, »er führt uns, fürchte ich, weit voneinander. Aber mir die Preisgabe der Vornehmheit vorzuwerfen, dazu haben Sie kein Recht. Gerade weil ich Aristokratin war und blieb, weiß ich zu scheiden zwischen dem Adligen und dem Junker. Die Hutten und Berlichingen, die Mirabeau und Lafayette, die Struve und Krapotkin – das waren Aristokraten, das heißt freie Herren, keine Fürstenknechte, keine Sklaven des Herkommens. Ich bin stolz, zu ihnen zu gehören, und werde, wie sie, bis zum letzten Atemzug gegen die Junker, das heißt die Dienstmannen, kämpfen.«

Wir hatten gearbeitet, den Blick krampfhaft vorwärts gerichtet, besinnungslos. Wir hatten unser Programm erfüllt, waren jeder tieferen Volksregung nachgegangen; es hatte an aufrichtiger Anerkennung nicht gefehlt, und trotz allen lauten und leisen Wühlens gegen uns war in kurzer Zeit ein Stamm von Lesern gewonnen worden. Aber die Kosten der Zeitschrift überstiegen bei weitem die Einnahmen. Wir konnten nicht länger die Augen davor verschließen, daß unsere Mittel auf einen winzigen Rest zusammengeschmolzen waren.

»Drei Jahre müssen Sie aushalten können, dann haben Sie sich durchgesetzt«, sagte uns ein treuer Genosse, der zugleich ein guter Geschäftsmann war.

»Drei Jahre!« wiederholte ich in Gedanken. »Wo wir kein Vierteljahr mehr gesichert sind!«

»Wir dürfen die Flinte nicht ins Korn werfen, heute weniger als je«, erklärte mein Mann; »denn jetzt schädigen wir dadurch die Sache.«

Die Furcht flüsterte mir zu: »Gib auf, solang es noch Zeit ist.«

»Heinrich ertrüge es nicht«, antwortete die Stimme meines Herzens.

Hilfe findet sich überraschend durch ein Angebot der Schwester Ilse, an der Zeitschrift mitzuarbeiten und einen Teil ihres Vermögens dabei zu investieren. Aber die »Neue Gesellschaft« hat es weiter sehr schwer, sich durchzusetzen. Lily fühlt sich oft am Ende ihrer Kraft.

XVI. KAPITEL

Um jene Zeit erging von einem aus den Anhängern der verschiedensten Parteien bestehenden englischen Komitee, dem unter anderen auch eine große Zahl englischer Parlamentsmitglieder angehörte, an die Zeitungen aller deutschen Parteien die Einladung zu einem Besuch nach England. Angesichts der gewissenlosen Hetze und der Kriegstreiberei höfisch-militärischer Kreise und ihrer Werkzeuge in der Presse sollte diese Veranstaltung dazu dienen, die wahre Gesinnung des englischen Volkes kennenzulernen und die freundschaftlichen Beziehungen der beiden Länder wieder fördern zu helfen. Keir Hardie, der Führer der englischen Arbeiterpartei, hatte die Einladung mit unterzeichnet. Auch bei der Redaktion der Neuen Gesellschaft lief sie ein, von einem Brief meines alten Freundes Stead begleitet, der die Hoffnung aussprach, wir würden ihr Folge leisten.

England! Wieviel Erinnerungen wurden in mir wach! Es war mir das Sprungbrett des neuen Lebens gewesen. Vielleicht, daß es mich nun aus seinem Labyrinth wieder ins Freie zu führen vermochte! Meine Hoffnung sah einen Weg aus der Not und der Enge heraus, – und wenn's nur ein flüchtiges Aufatmen wäre in freier Luft! Mein Mann legte die Einladung beiseite wie etwas selbstverständlich Abgetanes.

»Meinst du nicht, daß ich sie annehmen könnte, – in unserem Namen«, fragte ich zögernd. »Ich möchte fort, – hinaus, ein einziges Mal nur!« –

Er sah verwundert von der Arbeit auf. »Wenn dir soviel daran liegt, bedarf es gar nicht der tragischen Gebärde!« antwortete er.

Nun erschien mir mein Wunsch doch im Lichte sträflicher Vergnügungssucht. Ich mußte mich und ihn beruhigen, der nicht anders denken mochte: »Ich werde Berichte schreiben, – neue Beziehungen anknüpfen. Vielleicht verschaffe ich mir sogar bei der Gelegenheit die Korrespondenz für ein englisches Blatt.«

Der Gedanke besonders elektrisierte mich: das wäre doch eine Sicherheit, wenn die Neue Gesellschaft zusammenbräche.

Lilys Englandreise wird von den Genossen stark kritisiert, da die Einladung nicht von einer Arbeiterpartei allein ausgegangen war.

Mitte Juni reisten wir ab. Schon im Zuge, der uns nach Bremerhaven führte, freute ich mich der Gegenwart Theodor Barths; – ein freier Mensch und ein Gentleman, also einer der Seltenen, mit denen sich über alle trennenden Schranken der Politik verkehren läßt. Auf dem Schiff fanden sich die übrigen Reisegefährten ein: neunundvierzig Journalisten, unter denen ich die einzige Frau war. Ich empfand, wie meine Anwesenheit sie beunruhigte. Sollten sie mich als Dame oder als Sozialdemokratin behandeln? Sie entschlossen sich in der Mehrzahl, ihrer politischen Gesinnung auch auf dem neutralen Boden unseres Dampfers unverfälschten Ausdruck zu geben. Offenbar störte es sie nur, daß ich ihnen durch mein Benehmen keinen besseren Anlaß dazu bot.

Ich kümmerte mich wenig um sie; mit durstigen Zügen atmete ich die frische Salzluft ein, und mit jeder Meile, die wir uns von der Küste entfernten, fiel mehr und mehr von mir ab, was lastend und quälend mein Herz bedrückte. Ich stand lange am Zwischendeck, wo sie beieinanderhockten, all die Männer, Frauen und Kinder, die das Vaterland ausgestoßen hatte. In dem Antlitz der meisten blitzte etwas wie Zukunftshoffnung auf. Fast dünkte es mich beneidenswert: das alte Leben hinter sich zu lassen und nur mit dem leichten Bündel unter dem Arm einem neuen entgegenzugehen.

Der Gastfreundschaft, mit der uns die Engländer empfingen,

entzog ich mich nur selten. Ich hatte meine leise Freude an den verblüfften Gesichtern meiner Reisegefährten, die allmählich einsahen, daß im Lande alter Kultur nur die Erziehung, nicht aber die politische Stellung des einzelnen gesellschaftliche Unterschiede herbeiführt, und ich merkte erst jetzt, wo ich einmal wieder als Gleiche von Gleichen behandelt wurde, wieviel ich entbehrt hatte.

Eines Vormittags besichtigten wir den Tower. Schon als ich aus dem Hotel trat, war mir aufgefallen, daß die photographischen Kameras der englischen Reporter sich plötzlich auf mich richteten.

Auf dem Wege kam Bernard Shaw mir entgegen und reichte mir mit einem sarkastischen: »Da haben Sie wieder einmal ein unverfälschtes Zeugnis der deutschen Sozialdemokratie«, ein englisches Morgenblatt.

Es enthielt ein Telegramm aus Berlin: »Der ›Vorwärts‹ beschuldigt Frau Alix Brandt, die einzige Vertreterin der sozialdemokratischen Presse bei der Englandreise deutscher Journalisten, des Parteiverrats und kündigt ihr an, daß sie ihres unbotmäßigen Verhaltens wegen zur Rechenschaft gezogen werden würde.«

Ich ballte das Blatt Papier heftig zusammen und schleuderte es zu Boden. »Das glaube ich nicht«, stieß ich zornig hervor.

Shaw lachte: »Und doch ist nichts gewisser, weil nichts folgerichtiger ist! Die deutsche Partei ist von nichts freier als von – Freiheit. Sie ist die konservativste, die respektabelste, die moralischste und die bürgerlichste Partei Europas. Sie ist keine rohe Partei der Tat, sondern eine Kanzel, von der herab Männer mit alten Ideen eindrucksvolle Moralpredigten halten. Mit Millionen von Stimmen zu ihrer Verfügung, widersteht sie den Lokkungen des Ehrgeizes und denen realer Vorteile, die ein öffentliches Amt mit sich bringt, und bezeichnet denjenigen, der sich von den Freuden tugendhafter Entrüstung zu den Arbeiten praktischer Verwaltung wendet oder auch nur an einer allgemeinen Veranstaltung in öffentlichem Interesse teilnimmt, als einen Abtrünnigen und Verräter. Freiheit vom Dogmenglauben ist eines der Grundprinzipien des echten Sozialismus, – die Deutschen sind dogmatischer als die Kirchenväter. Der Wille zur Macht ist ein anderes, – die Deutschen machen den Willen zur

Phrase daraus. Die Herrschaft des Geistes ist ein letztes, im Gegensatz zur Herrschaft des Kapitals, – die Deutschen stellen das auf den Kopf und verlangen die Unterwerfung unter die Herrschaft der Masse.«

Noch am selben Abend bekam ich einen Brief von Keir Hardie.

»... Ich bin ganz außerstande, zu begreifen, welches der Grund sein konnte, Ihre Teilnahme an der Englandreise zu verurteilen«, hieß es darin. »Es ist für uns Sozialisten in England eine selbstverständliche Gewohnheit, gelegentlich mit Nichtsozialisten zusammenzugehen, wenn es im Interesse der Förderung einer großen und guten Sache gelegen ist. Unsere Erfahrung hat uns bewiesen, daß der Sozialismus dadurch nur gestärkt werden kann. Ich will damit nicht behaupten, daß unsere deutschen Genossen unserem Beispiel unbedingt folgen müßten, aber im vorliegenden Fall bleibt ihre Haltung Ihnen gegenüber mir vollständig unverständlich ...«

Ich stand nun plötzlich im Mittelpunkt des Interesses und wurde von Interviewern belagert, die von der ganzen Sache keine andere Auffassung hatten, als daß die große deutsche Arbeiterpartei sich dadurch dem Gelächter der Welt ausgesetzt habe. Und ich gab ihnen stets die gleiche Antwort: »Die Sozialdemokratie, der ich stolz bin anzugehören, hat mit den Quertreibereien einzelner von preußischem Polizeigeist durchseuchter Genossen nichts zu tun.« Als aber mein Mann mir die Zeitungen schickte, – nicht nur den »Vorwärts«, sondern eine ganze Anzahl anderer Parteiblätter, – da schämte ich mich und ging den Interviewern so weit als möglich aus dem Wege, um nicht reden zu müssen. Und doch war es weniger die beleidigende Form der Angriffe, die mich verletzte, als die Gehässigkeit, die dabei zum Ausdruck kam. Wie stark mußte sie sein, um alle Klugheit, alle Rücksicht auf das Ansehen der Partei beiseite zu schieben? Oder gab es etwas Lächerlicheres, als meine Reise, – gleichgültig, ob man sie verurteilte oder nicht, – zu einem Parteiskandal aufzubauschen? Nur eine tiefe, innere Krankheit konnte solche Symptome zeitigen. Ich kämpfte noch mit mir, ob es nicht meiner unwürdig wäre, mich gegen Ausbrüche der Pöbelgesinnung zu verteidigen, als ich die Antwort erhielt, die mein Mann der Parteipresse hatte zugehen lassen. Das waren Rutenstreiche, – es blieb mir nichts zu sagen übrig. Seltsam nur, daß die Ritterlichkeit, mit der er für mich eintrat, eine alte Wunde aufs neue bluten machte, statt sie zu schließen.

Der Schatten, der sich mir über Englands schöne Sommertage breitete, wich nicht mehr.

Mein Mann empfing mich mit wehmütiger Zärtlichkeit, so daß ich ihm angstvoll forschend ins Auge sah. »Es ist nichts, Kind, nichts!« wehrte er in nervöser Erregung ab. »Ich bin nur abgespannt, – nur müde.« Aber allmählich erfuhr ich doch, was geschehen war: eine Gruppe von Parteigenossen seines Wahlkreises forderte von ihm die Niederlegung seines Mandats, weil – ich mich an der Englandreise beteiligt hatte, und ein außerordentlicher Kreistag sollte darüber entscheiden.

Glühende Sommerhitze brütete über der Mark; an den Bäumen in den Straßen hingen die Blätter schon gelb und tot; kein Lüftchen rührte sich, und doch umgaben dichte Staubwolken den Wagen, der uns von Gusow nach Platkow führte. In dem kleinen Saal herrschte unerträgliche Schwüle. Er war schon gefüllt, als wir kamen: von lauter schweigenden Menschen mit harten Zügen und finsteren Blicken. Unsere alten Kampfgefährten rührten kaum an die Mütze bei unserem Eintritt. Einen Augenblick lang umklammerte ich den Arm meines Mannes, – außer ihm hatte ich hier keinen Freund mehr. Die Anklage wurde verlesen. Es war die Sprache des »Vorwärts«, den sie führte. »Das hat Berlin diktiert!« rief Heinrich. Die Falten auf der Stirn unserer Richter vertieften sich.

Mein Mann antwortete zuerst. Er erinnerte daran, wie häufig schon hervorragende Parteigenossen sich mit politischen Gegnern zu gemeinsamer Arbeit vereinigt hätten, wie es auch an Beispielen für das harmlosere Zusammensein zu geselligen Zwecken nicht gefehlt habe.

Trotz einer heftigen und feindseligen Debatte aber beläßt man Heinrich sein Mandat.

Kaum waren wir ein paar Tage lang in unsere Arbeit wieder vertieft, als ich erfuhr, daß die Berliner Parteileitung mich aus der offiziellen Rednerliste der Partei gestrichen habe. Ich legte Protest ein und verlangte, gehört zu werden.

Man lud mich vor. Rings um den Saal saßen die Männer, in der Mitte an einer langen Tafel die Frauen, Wanda Orbin an ihrer Spitze. Sie waren meine Ankläger gewesen. Martha Bartels war der Staatsanwalt. Sie zählte alle meine Sünden auf, von einer Agitationsreise an, die ich vor vier Jahren hatte absagen müssen, bis zur Englandfahrt. Aber auch meine Verteidigung war eine Anklage: ich verschwieg nichts. Mitten in meiner Rede erhob sich Wanda Orbin ungestüm von ihrem Platz; ich sah, wie ein Zittern ihren Körper durchlief, wie der Zorn ihre Züge verzerrte. Im nächsten Augenblick stand sie vor mir und erhob die Faust, – einer der zunächst sitzenden Genossen sprang dazwischen.

»So diskutieren wir nicht!« rief er empört.

Der Beschluß, meinen Namen von der Rednerliste zu entfernen, wurde aufgehoben. Das Verhalten Wanda Orbins mochte die Genossen stutzig gemacht haben. Trotzdem war mein Sieg nur ein scheinbarer; in seinen Folgen blieb der Beschluß bestehen.

Eine tiefe Niedergeschlagenheit bemächtigte sich meiner. Jeder Kampf um Ideen wirkt erfrischend, selbst wenn er mit den schärfsten Waffen geführt wird. Aber was ich erlebte, war so eng, so klein, hinterließ einen so arm, mit einem so bitteren Geschmack auf der Zunge. Nicht Gewitterschwüle war's, die lastend auf mir ruhte und die Hoffnung auf Blitz und Wolkenbruch weckt, sondern feuchtwarmer Nebel, ganz dichter, undurchdringlicher. Und er umschlang mit seinen langen Armen, die sich nicht greifen, noch weniger zurückstoßen lassen, die ganze Partei.

Unter dem Zeichen der siegreichen russischen Revolution hatte der Jenaer Parteitag [17.–23.9.05, d. Hg.] gestanden, eine tiefe Erregung, die nach Taten schrie, hatte sich aller bemächtigt; die Resolution zum Massenstreik hatte angesichts dieser Stimmung, so vorsichtig sie gefaßt war, wie eine Fanfare geklungen. Und nun war der Rausch vorüber; die Ernüchterung allein blieb. In kleinlichem Hader, in gegenseitigen Vorwürfen machte sie sich Luft.

Mit steigendem Mißbehagen empfanden die Nur-Politiker den leisen Hohn, mit dem die Gewerkschafter ihnen begegneten. Sie hatten von jeher dem Theoretisieren über den Massenstreik skeptisch gegenübergestanden, und auf ihrem Kongreß in Köln sprachen sie sich rückhaltlos aus; von der Unfruchtbarkeit der Partei, von dem stagnierenden Sumpf der gegenwärtigen Situation, von der kläglichen Lage, in die wir durch die wirkungslos verpuffte Landtagswahldemonstration gekommen seien, von dem Mißverhältnis zwischen Worten und Taten war viel die Rede. Nicht ohne berechtigten Stolz wiesen sie darauf hin, daß die anderthalb Millionen gewerkschaftlich Organisierter eine stärkere Macht repräsentierten als die viermalhunderttausend Mitglieder der sozialdemokratischen Wahlvereine.

»Ich habe die Möglichkeit einer Spaltung der Partei immer weit von mir gewiesen«, sagte einer der gewerkschaftlichen Führer; »aber wenn die Dinge sich weiter entwickeln wie jetzt, dann reißt uns, weiß Gott, die Geduld! Die Radikalen, die, wenn man den Firnis abkratzt, nichts sind als gewöhnliche Spießer, bilden sich ein, wir tanzen nach ihrer Pfeife, bloß weil sie so laut ist. Sie sollen sich wundern!«

Auf dem Parteitag zu Mannheim kam es zu einem Duell zwischen Bebel und Legien. Keiner war unbestrittener Sieger, Wunden trugen beide davon, die sogenannte Einigungsresolution war nichts als ein Pflaster. Und die schweren Nebelschwaden senkten sich tiefer.

Plötzlich aber erhob sich ein Sturm, den kein Wetterkundiger vorausgesehen hatte: die Regierung forderte einen Nachtragsetat für den Krieg gegen die Hereros, der im Verhältnis zu den Millionen, die die Reichstagsmehrheit bisher für die Kolonien bewilligt hatte, eine Lappalie war. Von den Rednern des Zentrums und der Sozialdemokratie wurde dabei die ganze Kolonialpolitik mit ihren Gewaltmaßregeln, ihren Grausamkeiten aufgerollt, und zu allgemeiner Überraschung wurde der Kredit für Südwestafrika abgelehnt. Das erschien der Regierung als der geeignete Moment, dem Volke durch die Tat zu beweisen, daß der Konstitutionalismus in Deutschland nur auf dem Papier steht: nicht der Kanzler und die Minister danken ab, wenn die Volksvertreter sie desavouieren, sondern die Volksvertreter werden mit einem Fußtritt hinausgeworfen, wenn sie das persönliche Regiment nicht jasagend anerkennen.

Wir erfuhren die Nachricht der Reichstagsauflösung, als wir mit Romberg im Café des Kaiserhofs saßen. Und hier, wo eine Anzahl der politischen Berichterstatter größerer Zeitungen zu verkehren pflegten, rief sie einen Aufruhr hervor, wie ihn Berlin sonst nicht kannte.

»Eine unglaubliche Dummheit der Regierung!« rief der eine stirnrunzelnd, der andere frohlockend.

»Nun geht's in den Kampf –« Ich mußte an mich halten, um es nicht jubelnd herauszustoßen. Ich sah wieder entwölkten Himmel, weiten Horizont.

»Wenn die Partei sich selbst zerfleischt, so ist noch immer die Regierung zugesprungen, um die Wunden zu heilen«, sagte mein Mann. Romberg zuckte die Achseln:

»Die Kolonialfrage als Wahlparole?! Ich fürchte, Sie täuschen sich über ihre Bedeutung.«

Der Winter war ungewöhnlich hart. Gerade die Not, die ihn zum Gefolge hat, macht ihn zu unserem Agitator, dachte ich. Alle unsere Gegner, an ihrer Spitze der Reichsverband gegen die Sozialdemokratie und der Flottenverein, rüsteten sich bis an die Zähne wider uns. Ich war überzeugt: das steigere nur unsere Kampflust und festige unsere Einigkeit. Fürst Bülow selbst trat auf das Schlachtfeld und rief die staatserhaltenden Kräfte gegen die Sozialdemokratie auf. Dieses Eingreifen des höchsten Staatsbeamten wird selbst unsere lauen Anhänger zu hellem Zorn entflammen, – dessen war ich gewiß.

Und der Kampf begann. Über knirschenden Schnee flog der Schlitten, der mich von einem Dorf zum anderen trug. Oft bestieg ich ihn, glühheiß von der eben gehaltenen Rede, und die Luft, die mir den Atem am Munde gefrieren ließ, schien mir eine Wohltat. In den niedrigen Sälen fanden sich die Menschen ein wie sonst, aber der Sturm, der in den Schornsteinen heulte, der Schnee, der in dichten Flocken gegen die Fenster flog, trieb ihnen kühle Schauer über den Rücken.

Je näher der Tag der Entscheidung rückte, desto fieberhafter arbeiteten wir. Den Husten, der mir des Nachts den Körper erschütterte, suchte ich zu ersticken, meine Stimme, die versagen wollte, zwang ich unter meinen Willen. Wir glaubten an den Sieg. Und in Augenblicken selbstvergessener Hoffnung, wo die bösen Geister der Sorge vor unserer Zuversicht die Flucht ergriffen, wo alle Furcht sich verkroch wie Schakale vor der aufgehenden Sonne, da fühlte ich, wie mein Herz heiß wurde und der Aberglaube Gewalt über mich bekam: von der Entscheidung hängt auch unsere Zukunft ab.

Wieder, wie vor vier Jahren, saßen wir am Abend der Wahl im Gewerkschaftshaus zu Frankfurt. Und wieder hatte die Gärtnersfrau den Korb voll roter Nelken neben sich, und die Fahne lehnte eingerollt an der Wand. Aber die Genossen, die sich allmählich hereindrängten, machten ernste Gesichter, und die Boten, die kamen, brachten lauter Hiobsposten. Kein Ort, ohne einen Rückgang unserer Stimmen! Dazwischen die Depeschen aus anderen Kreisen: Verlust um Verlust. Noch ehe die letzten Nachrichten gekommen waren, leerte sich die Straße unter unseren Fenstern, und aus dem Saal schlich sich leise einer nach dem anderen. Es schlug Mitternacht, – die Nelken welkten schon im Korbe. Wir waren nur noch ein Häuflein in dem großen öden Raum, – wir wollten uns nichts ersparen: die Schlacht war endgültig verloren.

Wenige Tage später – in der Nacht nach den Stichwahlen – gingen wir durch die Straßen Berlins: da kamen sie in langen Zügen, unsere Überwinder – kein Polizeisäbel, kein Schutzmannskordon hielt sie auf. Vor dem Königsschloß sammelten sie sich in schwarzen Massen. »Heil dir im Siegerkranz –« brausend stiegen die Töne durch die klare Winterluft zu dem hellen Fenster empor, an dem der sich zeigte, der heute in Wahrheit der Sieger war: der Kaiser.

XVII. KAPITEL

Die finanzielle Lage der Neuen Gesellschaft wird immer prekärer:

»Wir müssen aushalten, Heinz, wir müssen!« sagte ich, und wenn eine seiner vielen Bemühungen, Hilfe zu schaffen, wieder vergeblich gewesen war, so trieb ich ihn zu immer neuen Versuchen an. Und hie und da glückten sie. Für ein paar Monate konnten wir weiter schaffen, konnten leben. Aber jedesmal, wenn wir Hoffnung schöpften, erschien sicherlich irgendein Hetzartikel in der Parteipresse gegen uns, oder in den Wahlvereinen wurden wir von radikalen Genossen einer neuen Ketzerei beschuldigt, oder der alte Vorwurf des Geschäftssozialismus wurde laut. Wir spürten das alles an der Abnahme der Abonnenten.

Wie kann ich Geld schaffen, – wie?! Die Frage beherrschte meine Gedanken immer mehr. Ein »freier« Schriftsteller war ich, – einer von den Tausenden, die ausziehen, ihre Feder zu führen wie ein Schwert. Aber die Not heftet sich an ihre Füße, zuerst ein Zwerg und dann ein Riese, der sie in seine Dienste zwingt.

»Lieber sterben!« stöhnte ich.

Doch dann sah ich mein Kind, – wie es blaß war, welch forschende Augen es auf mich richtete! Ich riß es in meine Arme:

»Unter jedes Joch beuge ich meinen Nacken für dich«, dachte ich verzweifelt.

Ich beschloß, Vorträge zu halten gegen Entree. Das war nichts

Erniedrigendes. Jeder Dozent an der Universität bekommt ein Honorar für die wissenschaftlichen Erkenntnisse, die er den Hörern vermittelt. Trotzdem widerstrebte es mir. Ein Gefühl grenzenloser Scham trieb mir den Angstschweiß jedesmal auf die Stirn, wenn ich die Rednertribüne betrat. Ich hatte immer einen vollen Saal. Ich »zog«, – ich war eine Sensation. Wie ein gezähmter Löwe im Zirkus. Gegen ein paar Mark Eintritt konnte sich nun die beste Gesellschaft, ohne sich etwas zu vergeben, die berüchtigte Sozialdemokratin ansehen, – mit dem Opernglas sogar. Meine Zuhörer trugen rauschende Kleider und viele Brillanten an den weißen Händen, mit denen sie Beifall klatschten, um zu erzwingen, daß ich mich vor ihnen verbeugte.

»Unglaublich von einer Genossin, in diesem goldstrotzenden Saal zu reden und sich von diesem Publikum bezahlen zu lassen –«, sagte eine Besucherin, als ich gerade an ihr vorüber ins Freie trat. Ich preßte die Lippen zusammen, um nicht heftig aufzufahren –.

Sobald ich sprach, erschrak ich vor der Stimme, die nicht mehr die meine war. Im letzten Wahlkampf hatte sie ihren Klang verloren, war heiser und rauh geworden. Und ich hatte sie geliebt, weil sie meine Worte so leicht und willig bis in jeden Winkel trug. Doch: – was bedeutete das jetzt?! Es war mehr verlorengegangen als der helle Ton meiner Stimme.

Ich fing an zu reisen; von einer Stadt in die andere. Zuweilen auf die Einladung irgendeines literarischen Vereines hin. In Hannover sagte mir der Vorsitzende:

»Nicht wahr, Sie richten sich darauf ein, daß Offiziere unter unseren Mitgliedern sind.«

In Köln hieß es: »Wir rechnen darauf, daß Sie auf unsere jungen Mädchen Rücksicht nehmen.«

Hätte ich ihnen doch den Rücken kehren können!

Wenn ich nach Hause kam, umklammerte mich mein Sohn mit überströmender Zärtlichkeit. Wie ich ihm fehlte! Niemand hatte Zeit für ihn! Und doch bedurfte er immer mehr der Freundschaft der Eltern! Über hundert Rätselfragen des Daseins begann er in seinen vielen einsamen Stunden nachzugrübeln. Und seine Phantasie, deren üppige Ranken ohne Stütze blieben, ohne die Hand des Gärtners, der sie zur rechten Zeit zu beschneiden versteht, überwucherten sein Gefühl. Er fürchtete sich oft vor seinen eigenen Träumen, so daß ich ihn des Nachts zu mir betten mußte.

»Du verzärtelst den Jungen –«, sagte Heinrich dann ärgerlich. Und für übertriebene Sentimentalität hielt er es, wenn ich von der Atmosphäre des Unglücks sprach, die sichtlich auf des Kindes Seele lastete. So lernte ich schweigen, auch über das, was mir am tiefsten das Herz bewegte. Und in sehr dunklen Stunden bemächtigte sich meiner ein fremdes, böses Gefühl. Dann häufte ich auf meinen Mann alle Schuld.

In solch einer Stimmung traf mich Romberg. Er war voll aufrichtiger Teilnahme.

»Lange halte ich es nicht mehr aus«, sagte ich, den Kopf in den Händen vergraben. Er sollte nicht sehen, daß meine Kraft nicht einmal mehr ausreichte, um die Tränen zurückzuhalten.

»Ich wüßte eine Hilfe«, begann er dann langsam, »eine, durch die Sie frei würden und sorgenlos.«

Ich hob den Kopf; alles Blut strömte mir zum Herzen. Eine Hilfe! Er zögerte. Dann sah er mich an mit einem festen warmen Blick, der die Freundschaft langer Jahre in sich schloß, und sagte, jedes Wort betonend:

»Trennen Sie sich von Ihrem Mann.«

Als Minuten vergingen, ohne daß ich antwortete, erhob er sich.

»Zürnen Sie mir?« fragte er.

»Nein«, antwortete ich, ihm die Hand entgegenstreckend. Dann überlief's mich kalt. Auch jetzt lag die seine schlaff und kraftlos zwischen meinen Fingern.

Ich überlegte seinen Rat und erschrak nicht einmal vor der kühlen Ruhe, mit der ich es zu tun vermochte. Er hatte recht: Allein mit meinem Sohn, der Last der Zeitschrift ledig, die das meiste verschlang, was ich verdiente, würde ich, wenn auch noch so bescheiden, von meiner Arbeit leben können. Und ich wäre frei, – frei! Unwillkürlich streckte ich die Arme weit aus, als gelte es, die Welt zu umfassen. Aber dann sah ich ihn: meinen Mann, meinen Kampfgefährten, meinen Leidensgenossen, – den Vater meines Kindes! Ich fing an, ihn zu beobachten. Wie er leiden mußte! Und wie er mich liebte!

Er brachte mir täglich ein paar Blumen mit, und wenn es nur

wenige Veilchen waren. Das schlimmste suchte er mir aus dem Wege zu räumen, solange es ging. Er hatte eine ritterliche, zurückhaltende Zärtlichkeit für mich. Und mein Junge hing an dem Vater.

»Ich kann nicht, lieber Freund«, sagte ich mit einem wehen Lächeln, als Romberg wiederkam. Er runzelte die Stirn und wandte sich ab. Ich legte ihm die Hand auf den Arm.

»Sie müssen versuchen, mich zu verstehen, Sie vor allem!« bat ich. »Haben Sie mich nicht selbst verspottet, als ich einmal die freie Liebe predigte, weil ich überzeugt war, das Eheproblem dadurch lösen zu können? Heute weiß ich, daß der Zettel auf dem Standesamt nicht die stärkste Fessel ist, die sie unfrei macht. Ich habe Frauen gesehen, die sich voll Idealismus dem Mann ihrer Wahl vermählten, ohne ihren Bund nach außen sanktionieren zu lassen. Nach kurzer Zeit sind sie bedauernswertere Sklavinnen geworden als die staatlich abgestempelten Ehefrauen. Ihre und ihres Kindes Existenz war von ihrem Manne abhängig, und jeden Tag konnte er sie verlassen! Darum klammerten sie sich an ihn, unterwarfen sich ihm, ertrugen seine Brutalität, seine Launen, seine Treulosigkeiten. Ich erkannte, daß die wirtschaftliche Selbständigkeit der Frau die Voraussetzung des freien Liebesbundes sein muß ...«

»Nun – und sind Sie etwa wirtschaftlich abhängig?! Sie, mit Ihrer Begabung, Ihrer Arbeitskraft?« unterbrach er mich heftig.

»Nein, gewiß nicht«, entgegnete ich; »diese Fessel trag' ich nicht mehr, und keine Frau brauchte ihre Menschenwürde von ihr erdrosseln zu lassen, wenn sie arbeiten gelernt hat. Aber es gibt andere Fesseln, – zart und weich wie Seide, – die unzerreißbar sind. Mein Sohn liebt seinen Vater. Wie kann ich sein Kinderherz verwunden, solch einen Zwiespalt in seine Seele tragen?!«

»Ein Kind überwindet rasch«, antwortete Romberg mit einer wegwerfenden Handbewegung.

Ich verstummte. Er, der mir so nahe gewesen war, rückte plötzlich weit, weit von mir ab. Ihm von Heinrichs Liebe, von seinem Unglück und den anderen für mich unzerreißbaren Fesseln zu reden, wäre mir wie eine Preisgabe vorgekommen.

Und doch: irgend etwas mußte geschehen.

»Bald, – bald reise ich nicht mehr fort ohne dich«, hatte ich immer wieder beim Abschiednehmen mein Kind getröstet.

»Wann bleibst du wieder bei mir, Mamachen?« fragte es, und jedesmal wurde der Ausdruck seines Gesichtchens quälender.

Und nun ging es zu Ende. Unweigerlich. Trotzdem ich noch hergab, was ich eben empfangen hatte. Ein einziges Mal noch stieg unsere Hoffnung hoch auf, wie eine Leuchtkugel. Heinrich erhielt von einem, der helfen konnte, ein festes Versprechen. Er schloß darauf hin aufs neue mit dem Drucker ab und mit dem Papierlieferanten. – Aber die Leuchtkugel zerplatzte, und es wurde ganz, ganz dunkel.

Ich verlangte Klarheit von meinem Mann, – rückhaltlose. Er gab sie mir mit einer Ruhe, von der ich glaubte, daß sie eine erzwungene sei: Alles war verloren. Da wir den Konkurs vermeiden wollten, blieb uns eine Schuldenlast, an der wir Jahre zu tragen haben würden. Um die allernächsten Zahlungen leisten und selbst leben zu können, gab es nur einen Ausweg.

»Wir verpfänden unsere Möbel –«, sagte Heinrich, mit einem Ton, als spräche er von dem Gleichgültigsten von der Welt.

Bisher hatte ich zusammengekauert auf dem großen Stuhl gesessen, der mir immer wie etwas Lebendiges gewesen war, weil seine Lehne den müden Kopf stützte, seine Arme sich schützend an mich schmiegten.

Jetzt fuhr ich auf. »Das Letzte soll ich hergeben?! Und du meinst, ich täte das so kaltblütig wie du es aussprichst?!« rief ich, vor Entrüstung am ganzen Körper zitternd. »Das hier ist der Rest Heimat, den ich habe. Fast jedes Stück erinnert mich an den Vater, – die Großmutter, – an Georg, an meine Jugend –« Tränen erstickten meine Stimme.

Mein Mann maß mich mit einem kühl-erstaunten Blick. »Stellung, Vermögen, Familie, – alles hast du geopfert ohne ein Wort der Klage, und nun jammerst du um diesen Trödel«, sagte er kopfschüttelnd. Mein Verstand gab ihm recht, aber mein Herz blutete, als wäre ihm die schwerste Wunde geschlagen worden.

In der Nacht darauf öffnete sich die Tür zu meines Sohnes Zimmer, er stürzte auf mich zu, umschlang meinen Hals und schluchzte verzweifelt: »Warum weinst du nur so? Warum weinst du nur so?!«

In diesem Augenblick wußte ich, daß ich ein Opfer bringen mußte wie keines zuvor. Ich weinte nicht mehr. Ich war ganz still und ganz entschlossen. »Otto darf den Zusammenbruch nicht miterleben«, sagte ich zu meinem Mann. »Schon jetzt ist er wie vergiftet, – gar kein Kind mehr –«

Ich erwartete eine heftige Szene.

Statt dessen erhellten sich Heinrichs Züge. »Nun bist du wieder meine tapfere Alix«, – damit drückte er mir die Hand, so herzlich wie seit Monden nicht –, »natürlich ist das für alle Teile das beste. Wir beide bauen ungehindert ein neues Leben auf, und er wird irgendwo auf dem Land wieder ein starker, froher Junge ...«

Ich hörte seine Stimme nur noch wie ein fernes Brausen. So nahm er auf, wovon ich nie gesunden würde: – fast froh! Ich starrte ihn an; die schreckliche Erregung verzerrte mir sein Bild, als hätte ich ihn noch nie gesehen. Mit diesem Mann hatte ich mein Leben verknüpft, – und eben noch den Gedanken an eine Trennung weit, weit von mir gewiesen?! Mir schien, als wäre die Trennung vollzogen, lange schon, sonst hätte er in dieser Stunde, da mein ganzes Leben zusammenbrach, so nicht zu mir sprechen können, – so nicht!

Indessen erschien die letzte Nummer der Neuen Gesellschaft, mit einem kurzen Abschiedswort an die Leser. Keiner von unseren Gesinnungsgenossen hatte ein Wort des Bedauerns dafür, niemand von denen, für deren Überzeugung sie gekämpft hatte, ohne sich durch gehässige Angriffe und gemeine Verleumdungen vom Wege ablenken zu lassen, der ihr als der rechte erschien, kümmerte sich um uns. Keinem konnte es ein Geheimnis sein, daß wir alles verloren hatten, aber kaum ein einziger hatte auch nur eine teilnehmende Frage danach. Wir waren abgetan, – fertig. Die Genossen gingen über uns hinweg wie die Soldaten im Krieg über die gefallenen Kameraden auf dem Schlachtfeld.

Damals hatte ich dafür nur eine verächtliche Gebärde. Große Schmerzen sind ein Palliativmittel gegen die kleinen.

Nur eins erfüllte mich mit tiefer Bitterkeit: daß auch Romberg nicht wiederkam. Er hatte eine Auseinandersetzung mit meinem Mann gehabt, bei der seine lange im stillen herrschende Feindschaft gegen ihn zu offenem Ausbruch gekommen war. Ich erfuhr nicht viel davon. Aber um mich mochte sich's gehandelt haben und darum, daß Romberg meinem Mann vorwarf, unser Unglück verschuldet zu haben, und dieser sich jede Einmischung in unser Tun und Lassen verbat. War das Grund genug, um mich gerade jetzt im Stich zu lassen? Und an seine aufrichtige Freundschaft hatte ich geglaubt!

XVIII. KAPITEL

Um Otto mit den vielen Schwierigkeiten nicht so sehr zu belasten, bringt Lily ihn in ein Thüringer Internat. Die Trennung fällt ihr sehr schwer und verdüstert noch mehr den Anfang in einer neuen, bescheidenen Wohnung.

Eines Tages trat mein Mann mit einem großen Strauß duftender Rosen in mein Zimmer.

»Zum Zeichen, daß ich dir wieder Blumen bringen kann«, sagte er lächelnd. Nun erfuhr ich erst von seiner Arbeit, von seinen Plänen, die ihrer Verwirklichung entgegengingen, – rein geschäftlichen Unternehmungen, denen er neben seiner literarischen Tätigkeit all seine Kräfte widmete, ohne sich eine Stunde der Ruhe, eine Pause der Erholung zu gönnen, – nur das eine Ziel im Auge: die drückenden Schulden zu zahlen, uns eine Existenz zu gründen und – er sprach es so leise aus, als ob er sich scheue, daran zu rühren – »dir dein Kind zurückzugeben«.

»Heinz!« rief ich, – die Tränen stürzten mir aus den Augen, – ich griff nach seinen beiden Händen und drückte sie zwischen den meinen.

»Was meinst du, wenn du den Buben holen gingst?!« Und vorsichtig, als wäre ich etwas sehr Zerbrechliches, zog sein Arm mich an sich.

Ich fuhr am nächsten Morgen nach Waltershof. Wie langsam schlich der Zug durch die blühende Sommerpracht, wie endlos hielt er sich an all den vielen Stationen auf! Endlich, endlich kam ich an. Droben auf der Höhe, wo jetzt das Korn in hohen Garben stand und alle Ähren grüßten und nickten, als wüßten sie um mein Glück, kam mir mein Junge entgegengelaufen – –

Wie groß und wie braun, und wie stark und wie froh er war! Sonderbar, daß irgend etwas dabei mich schmerzte. Er küßte und herzte mich immer wieder, – aber nicht mit dem Bedürfnis nach Schutz, nach Anlehnung, wie die kleinen Kinder, wenn sie sich an die Mutter schmiegten. Ich sah ihn dann im Kreise der Kameraden auf der grünen Wiese, im Tannenwald: wie er seine Kräfte an den ihren maß. Ich dachte an unsere Straße, unsere enge Wohnung; – ich wagte noch nicht, ihm zu sagen, warum ich gekommen war. Und als ich am nächsten Vormittag dem Unterricht beiwohnte, in Klassen, wo kaum mehr als zehn Kinder beieinandersaßen und der Lehrer imstande war, sich mit jedem einzelnen zu beschäftigen, auf seine Interessen und Fähigkeiten einzugehen, – da dachte ich an die überfüllten städtischen Gymnasien mit all ihrem Gefolge von Krankheit und Laster und Stumpfsinn; ihre unglückseligen Opfer fielen mir ein, die den Martern des Geistes und Körpers den Tod vorzogen. Mich schauderte: hatte ich ein Recht, über mein Kind zu verfügen nach meinem Gefallen? Kein Zweifel: sein Instinkt hatte für Freiheit und Natur entschieden.

»Ich komme morgen nach Haus, und komme – allein«, schrieb ich an meinen Mann. »Otto ist ein selbständiger Mensch geworden, und ich habe hier gelernt, was keine pädagogische Buchweisheit mir hätte beibringen können: daß auch die Kinder sich selbst gehören, nicht uns; daß die Kindheit einen Wert an sich hat. Es mußte so sein, wie es ist. Wenn unser Sohn stark genug ist, um auch neben uns ein Eigener zu bleiben, wird er vielleicht freiwillig zurückkehren ... Ich schreibe das alles so hin, und die Worte sehen aus, als kosteten sie mich nichts. Ich glaube, ich brauche Dir nicht erst zu sagen, was ich überwinden mußte. Es wird noch lange dauern, bis ich von meiner Mutterliebe abgestreift haben werde, was jeder Liebe eigentümlich ist: den Willen zum Besitz. Seitdem Du mich fühlen ließest, daß auch Du unser Kind entbehrst, weiß ich: Du wirst Geduld mit mir haben.«

Jetzt erst wurde ich mir der ganzen Leere meines Lebens bewußt: war ich schon so alt, um nur noch in philosophischer Ruhe seine Resultate zu ziehen? Um abseits zu stehen wie Zuschauer am Schlachtfeld?

Als mir von seiten der Gewerkschaften die Aufforderung zuging, einige ausschließlich Bildungszwecken dienende Vorträge im internen Kreise organisierter Arbeiter zu übernehmen, ergriff ich die Gelegenheit, von der ich glaubte, daß sie mir wenigstens eine befriedigende Tätigkeit eröffnen würde. Seit dem Jahre 1906 hatten die Partei und die Gewerkschaften, einem Beschluß des Mannheimer Parteitags folgend, den Bildungsbestrebungen tatkräftigeres Interesse zugewandt. Außer der Partei- und Gewerkschaftsschule in Berlin und ähnlichen Einrichtungen in den größeren Provinzstädten, wo eine beschränkte Zahl ausgewählter Schüler systematischen historischen und nationalökonomischen Kursen regelmäßig folgte, wurden Referate gehalten, die allen zugänglich waren, die ihre Mitgliedschaft zu einer Arbeiterorganisation nachweisen konnten. Die Lehrer der Parteischule waren Radikale strengster Observanz. Sie sprachen von »bürgerlicher« Wissenschaft, »bürgerlicher« Kunst, zu der die vom Zukunftsstaat zu erwartenden in scharfem Gegensatz stünden. Sie waren Geist vom Geist des preußischen Kultusministers, der einen Privatdozenten abgesetzt hatte, weil er Sozialdemokrat war. In ihrem Kreise waren die kühnen Sätze gefallen, daß die Philosophie eine ideologische Begleiterscheinung der Klassenkämpfe und ihre Geschichte eine Geschichte bürgerlichen Denkens sei.

Die Gewerkschaften standen zu ihnen in einem leisen aber darum nicht weniger starken Gegensatz, der auch in der Wahl ihrer Referenten zum Ausdruck kam. Schon als ich zum erstenmal sprach, – vor einer Zuhörerschaft von ein paar hundert Arbeiterinnen, – wurde mir erzählt, wie empört die führenden Genossinnen seien, daß man mich dazu aufgefordert habe.

Durch Fragen, durch Bitten um Ratschläge für ihre selbständige Fortbildung, durch Bücher, die ich auslieh, und die mir persönlich zurückgebracht wurden, kam ich in Berührung mit Männern und Frauen, die noch nicht zu den »gehobenen Existenzen« gehörten. In der Nüchternheit des Alltagslebens, fern der Begeisterung, die Feste und Kämpfe entzünden, lernte ich ihr Leben, ihr Denken und Fühlen kennen. Es stand fast ausnahmslos unter dem Zeichen der Unzufriedenheit, des Mangels an einem Inhalt, der über die Misere des Daseins hinaus stark und hoffnungsfroh macht. Eine gewisse seelische Leere kam vielen zum Bewußtsein, etwa wie ein Gefühl dauernden Frierens. Die Ideale des Sozialismus hatten, da ihre Verwirklichung so fern gerückt war, für das persönliche Leben viel von ihrem Feuer verloren.

Aber gerade in der zum Ausdruck kommenden Unzufriedenheit mit den äußeren Erfolgen und den inneren Werten der Partei lag eine starke latente Kraft, die bereit war, jeden Augenblick alles Lastende, Hindernde fortzuschieben, wenn nur irgendwo der Weg ins Freie sich zeigte.

Als mein Vortragskursus zu Ende war, bekam ich keine Aufforderungen mehr. An meinen Zuhörern lag das nicht; ihr regelmäßiges Erscheinen, ihr wachsendes Interesse zeugten dafür. Aber der Einfluß der Zionswächter des Radikalismus war stärker als sie.

»Nun haben sie dich wieder an der Arbeit verhindert«, sagte mein Mann ärgerlich.

»Es ist vielleicht für mich das beste«, meinte ich. »Zuviel Zweifelfragen sind in mir wach geworden. Jahrelang hat das Fieber der Tagesforderungen sie immer wieder unterdrückt. Jeder denkende Mensch sollte eigentlich die Möglichkeit haben, sich hie und da von der Welt zurückziehen zu können, um zu sich selbst zu kommen. Trappistenklöster für Ungläubige, – das wäre eine erlösende Einrichtung.«

»Möchtest du den Schleier nehmen?!« fragte er, – etwas wie Besorgnis sprach sich in seiner Frage aus.

»Für ein paar Monate, ja!« entgegnete ich. »Um als ein starkes und frohes Weltkind zurückzukehren.«

Aber wenn ich ihn ansah, schämte ich mich, solche Wünsche

zu haben. Er war abgespannt und müde. Er bedurfte mehr als ich einer Zeit der Ruhe. Sowenig er von sich selber sprach, ich erfuhr doch, daß das Mißlingen sich mit grausamer Hartnäckigkeit an seine Fersen heftete.

Die Sorgen, die er hatte von unserer Türe fernhalten wollen, krochen durch die Fenster herein; aber wenn ich sah, wie er ruhig blieb, wie neue Hindernisse nur immer neue Widerstände in ihm entwickelten, dann überkam mich das Bedürfnis, mich an ihn zu schmiegen, ganz dicht, geschlossenen Auges, voll tiefen Vertrauens ...

Im Herbst begann ich meine Vortragsreisen wieder. Ich mußte Geld verdienen. Und was dies Publikum verlangte: ein wenig Anregung, ein wenig Sensation, war ich fähig zu geben. Es wurde mir diesmal leichter als sonst. Viele Menschen kreuzten meinen Weg, und was mir bei den Proletariern begegnet war, das fand ich in anderer Form wieder: wer nicht im Genußleben ertrank oder im Kampf ums Dasein zerrieben wurde, den beherrschte ein Gefühl brennender Unzufriedenheit, ein unbestimmtes Suchen.

Mitten in einer Vortragsreise versagte meine Stimme völlig. Was die Ärzte schon lange vorausgesagt hatten, geschah: von einer Tätigkeit wie der bisherigen konnte keine Rede sein.

Was nun? Ich saß vor meinem Schreibtisch, – einem ganz alten aus hellem Birnbaumholz und schwarzen Säulchen, der früher irgendwo in einem Winkel gestanden hatte, – und lehnte mich müde in den tiefen Stuhl zurück. Großmutters Stuhl! Mir war, als sähe ich sie vor mir: das schmale, dunkle Gesicht mit den großen Augen, und einem Lächeln um die feinen Lippen, das über alles Erdenleid zu triumphieren schien. Viel, viel zu früh hatte ich sie verloren! Plötzlich fielen mir die Papiere ein, die ich von ihr besaß: Briefe, Tagebuchnotizen, Stammbücher. Sie hatte sie mir hinterlassen, mir allein. Als ob sie mir sich selbst habe schenken wollen. Ich suchte sie hervor und las und las. Aus den vergilbten Blättern duftete der Frühling berauschend, und die Sonne schien bis tief hinein in das winterstarre Herz, und aus schweren dunklen Wolken strömte warmer Regen, segenspendender. Und eine weiche Hand streichelte mich, als wäre auch ich krank, sehr krank.

Ihr Leben war voll stiller Kämpfe gewesen, und aus einem jeden war sie stärker hervorgegangen. Es hatte ihr den Geliebten ihrer Jugend, hatte ihr Freunde und Kinder geraubt, und ihr Herz war bei jedem Verlust nur reicher geworden an Kraft und Liebe. Dann war sie einsam zurückgeblieben, zwischen lauter Fremden, und war doch nicht bitter geworden, und verstand auch den Fernsten und den Ärmsten. Nur eins überwand sie nie: das unverschuldete Elend in der Welt –.

Ich ging jeder Regung ihrer Seele, jeder Spur ihres Daseins nach. Dabei entdeckte ich ein Gewebe feiner Fäden, das sich von ihr bis zu mir herüberspann, eine ununterbrochene Folge von Ursache und Wirkung, eine eherne Gesetzmäßigkeit.

Nun schrieb ich das Buch von ihr, weil ich es schreiben mußte. Von früh bis spät arbeitete ich. Es war dabei sehr still um mich und in mir. Nur wenn ein Brief von meinem Kinde kam, – einer jener kurzen, frohen, lebensprühenden Zeichen seiner Jugendkraft, – nahmen meine Gedanken eine andere Richtung an. Aber sie trieben mir nicht mehr die Tränen in die Augen: denn mein Sohn lebte, mein Sohn blieb mir nah, auch wenn er fern war. Meiner Großmutter Kinder waren ihr fern gewesen, wenn sie sie mit Händen hatte greifen, mit Augen hatte sehen können. Und auch daran war sie nicht zugrunde gegangen. Sie hatte standgehalten.

Ich schrieb wie im Fieber. Die Arbeit war wie eine Wünschelrute. Sie schloß in meinem Innern lauter verschüttete Quellen auf.

Von dem glühenden Abendhimmel der klassischen Periode Weimars war der Großmutter Jugend umstrahlt gewesen; die geistigen Heroen des neunzehnten Jahrhunderts hatten auf ihren Lebensweg breite Schatten geworfen. Je deutlicher mir der geistige Werdegang der Vergangenheit entgegentrat, zu desto klareren Bildern schoben sich die scheinbar wirr durcheinanderlaufenden Zeichen der Gegenwart zusammen. Unter dem Gesetz dieses großen Entwicklungsprozesses stand auch ihr Leben; das gab ihm seine Bedeutung, so eng, so still es an sich auch gewesen war.

Mein Buch erschien. Und plötzlich schien die Großmutter nicht nur für mich lebendig geworden. Sie stand da, mitten in der

Welt, und redete mit den Menschen. Selbst aus den verstimmten Instrumenten der Seelen lockte sie wie einst Melodien hervor. Viele kamen und dankten mir, als ob ich sie geschaffen hätte!

Nur in der Parteipresse gab es Leute, die mich beschimpften; es war in dem Buch auch von Fürsten und Aristokraten die Rede, die keine Schufte waren. Als ich es las und mein Herz dabei nicht einmal schneller klopfte, erschrak ich: Sollte ich so stumpf geworden sein? Oder stand ich den alten Genossen so fern? Erst allmählich fing ich an, mich selbst zu verstehen.

»Geht es dir so nahe, daß du nicht darüber zu sprechen vermagst?« fragte mich mein Mann.

»Es ärgert mich nicht einmal«, antwortete ich.

Sein Gesicht leuchtete auf: »So stehst du endlich über den Dingen und wertest die Menschen, wie sie es verdienen.«

»Du verstehst mich nicht ganz«, wandte ich ein. »Nicht nur weil ich weiß, daß sie mir in Wahrheit nichts anhaben können, gräme ich mich nicht mehr über Urteile wie diese, sondern weil ich sie verstehe –«

Er sah mich ungläubig lächelnd an.

»Ja, ich verstehe sie«, wiederholte ich. »Uns trennt ein unüberbrückbarer Abgrund: der der inneren Kultur. Wie die Genossinnen sich ständig über mein Äußeres ärgerten, – weil ich eben anders war als sie, – so muß der Durchschnitt der Genossen an meinem Wesen Anstoß nehmen.«

Das Erbe meiner Großmutter befreite mich von einem gut Teil äußerer Sorgen. Und jetzt erst, da die Not, dieser Sklavenhalter, nicht mehr hinter mir stand, fühlte ich alle Striemen, mit denen ihre Peitschenschläge meinen Körper gezeichnet hatten. Ich sah die Blässe meiner Wangen, die Falten um meinen Mund, die müden Augen. Und doch wollte ich nicht alt sein, denn noch lag ein Leben vor mir, und ich wollte nicht häßlich sein, denn eine tiefe, tiefe Sehnsucht trieb mir heißes Blut durch die Adern.

Ich ging in ein Sanatorium in die Nähe von Dresden, um gesund zu werden. Unter dem Menschenschwarm aus der alten und neuen Welt, der sich dort ein Stelldichein zu geben schien, traf ich auch einen Bekannten: Hessenstein. Meinen alten Tänzer, einen der glänzendsten Kavaliere der Westfälischen Gesellschaft, hätte ich in dem grauhaarigen Mann mit dem gebeugten Rücken kaum wiedererkannt.

»Merkwürdig«, sagte er nach der ersten Begrüßung, »Sie sind immer noch Alix von Kleve! – Eben las ich Ihr Buch. Daraus erfuhr ich, daß Sie auch innerlich noch Alix von Kleve sind, oder – besser gesagt – daß Sie heimkehrten.«

»Wie meinen Sie das?« fragte ich lächelnd. »Ich brauchte nicht heimzukehren, denn ich war immer bei mir!«

»Auch als Sie noch zu den Singer, Stadthagen, Luxemburg, und wie die Zierden der Partei alle heißen mögen, gehörten?«

»Ich war und bin Sozialdemokratin, – damit gehöre ich meiner Überzeugung, nicht den Menschen«, antwortete ich merklich kühler werdend.

»Wie, Sie sind nicht aus der Partei ausgetreten und konnten dies schreiben –«, er zog das Buch von der Großmutter aus der Tasche, »– das Werk eines vollendeten Aristokraten –«

»Sie haben einmal andere Ansichten gehabt, Herr von Hessenstein«, unterbrach ich ihn.

»Wer von uns hätte nicht törichten Träumen nachgehangen?!« meinte er.

Wir sahen einander oft, und es tat mir wohl, einem teilnehmenden Menschen von meinem Leben zu erzählen.

An einem kühlen Herbsttag, – dem letzten vor meiner Abreise, – wanderten wir auf die Heide hinaus. »Ich liebe sie«, sagte Hessenstein, »sie geht mit so stiller Würde dem Winter entgegen, ohne sich durch überflüssige Stürme über die Hoffnungslosigkeit der Situation aufzuregen.«

»Nun weiß ich endlich, warum ich sie nicht liebe«, antwortete ich; »diese Ergebung in das Schicksal wird mir immer fremd sein. Ich würde mich an den Sommer klammern, wenn es Winter werden wollte.«

Er sah mich kopfschüttelnd an: »Nach all Ihren Erfahrungen diese Lebenskraft?! Nachdem all Ihre Opfer nutzlos waren?!«

Ich schwieg betroffen still. Die Frage, ob ich genutzt hatte oder nicht, hatte ich mir selbst nie gestellt. Ich überlegte: all die Reformen, für die ich in hartem Kampf gegen die Genossen eingetreten war, kamen mir jetzt, aus der Vogelperspektive, nicht mehr so welterschütternd vor. Aber immerhin; sie hatten sich durchgesetzt. Die Dienstbotenbewegung war im Gang, die Mutterschaftsversicherung war zur Forderung der Partei geworden; die Haushaltungsgenossenschaft stand wenigstens auf dem Diskussionsprogramm; selbst jene Zentralstelle der Arbeiterinnenbewegung, deren Forderung mir fast den Hals gekostet hatte, war vor ein paar Jahren geschaffen worden und funktionierte vortrefflich. Und wie viele mochte ich dem Sozialismus gewonnen haben? Ich sah wieder glänzende Augen auf mich gerichtet, fühlte den Druck schwieliger Hände, hörte den Siegesjubel mich umbrausen –.

»Nein«, sagte ich hell und laut, »meine Arbeit ist nicht nutzlos gewesen! Es gibt kein Wort, das nicht die Luft in Schwingung versetzt, keinen Gedanken, der sich nicht weiterpflanzt! – Und daß ich in der Partei aushalte?! Meinen Sie denn, es würde an meiner Überzeugung irgend etwas geändert werden, wenn ich ihr nicht offiziell angehörte, oder wenn sie, – was ich nicht für unmöglich halte, – mich noch einmal gehen hieße? Gewiß, ich zweifle an der Richtigkeit mancher ihrer Programmforderungen, ich halte ihre Taktik sehr oft für falsch, ich sehe, daß sie von hundert Schönheitsfehlern behaftet ist, – aber all das vermag die Hauptsache nicht zu erschüttern. Der Sozialismus ist das einzige Mittel, um die Menschheit aus dem Zustand der Barbarei auf die erste Stufe der Kultur zu erheben –«

Er legte beschwichtigend seine schmale, blaugeäderte Hand auf die meine. »Sie sind in keiner Volksversammlung«, sagte er; »Sie brauchen nicht so starke Farben aufzutragen –«

»Ich trage sie nicht auf. Ich spreche in ruhigster Überlegung«, fuhr ich fort. »Oder ist es etwa keine Barbarei, daß die überwiegende Masse der Menschheit, daß Millionen, viele Millionen, von Kindheit an bis zum Greisenalter zu härtestem Frondienst verurteilt sind, daß sie von dem einzigen Sinn des Lebens, der Entfaltung der Persönlichkeit zur höchsten Potenz ihrer Leistungs- und Genußkraft, durch den Zufall der Geburt und des Besitzes ausgeschlossen sind?! Die Befreiung des Menschen von den blinden Gesetzen des Schicksals, die vollkommene Unterjochung der Materie unter den Geist, – das ist uns das Ziel; einer fernen Zukunft aber wird es zweifellos erst als der Anfang der Menschheitsentwicklung erscheinen.«

Mein Begleiter blieb stumm. Erst als wir droben von der Heide in den herbstbunten Wald schritten, sprach er wieder. »Ich bewundere Ihren Glauben. Sollte wirklich die Vergesellschaftung der Produktionsmittel solchem Ziel entgegenführen?! Dann wäre es allerdings sträflich, sich ihrer Durchsetzung entgegenzustemmen!«

»Ich sehe zunächst kein anderes«, antwortete ich. »Freilich: ein aktuelles Problem ist sie nicht. Aber so etwas wie eine regulative Idee. Im übrigen: ich schwöre ja nicht darauf. Ich kann mir vorstellen, daß sie einmal durch andere Forderungen ergänzt werden müßte. Aber das Ziel ist für mich unverrückbar.«

Wir näherten uns wieder dem Sanatorium. »Sie gehen nach Java zurück?« fragte ich, ehe wir uns trennten. »Nein«, entgegnete er. »Dreizehn Jahre habe ich da unten gelebt, – eine böse Zahl! – Ich bin dabei ein reicher Mann geworden. Aber kein glücklicher. Jetzt will ich –«, er schürzte in bitterer Selbstverhöhnung die Lippen, »– mein Leben als Europäer genießen. Sie sehen: Ihre ersehnte Beherrschung der Materie ist keine zuverlässige Grundlage des Glücks.«

»Glücklichsein – im Sinne der Befriedigung unserer Triebe ist doch auch nur ein Herdenideal. Wessen Leben es ausfüllt, der ist entweder ein Schwächling, oder ein Greis –«

Er drückte mir die Hand. »Sie sind eine merkwürdige Frau. Vielleicht komme ich nach Berlin und lerne auf meine alten Tage noch leben. Nur eins geben Sie mir bitte jetzt schon auf den Weg: Sind Sie so kalt, daß Sie das Glück ganz auszuschalten vermögen, und – wenn nicht – was verstehen Sie darunter?«

Ich atmete tief auf. Ich sah mich an einem Tage wie diesem mit dem Geliebten im Wald, – die Sehnsucht packte mich, so heiß, so stark, daß ich erschauerte. Aber dem fremden Mann, der erwartungsvoll vor mir stand, hätte ich nicht sagen können, was mich bewegte. »Kampf, – Kraftentfaltung, – Widerstände beseitigen, – sie aufsuchen, wenn sie sich nicht von selbst ergeben, – darin kulminiert das Lebensgefühl der Starken«, sagte ich.

Er verabschiedete sich. Ich sah ihn im Hause verschwinden, mit gebeugtem Rücken, sehr müde.

XIX. KAPITEL

In Eis gepanzert, einen langen Mantel von Schnee um die Schultern, trat das neue Jahr seine Herrschaft an. Gleichgültig sahen seine kalten Augen über die Menge hinweg, die jammernd die Arme zu seinem Thron erhob.

Die Not war groß. Brot und Fleisch waren teuer, und für die Menschenkraft, die sich billig anbot, gab es keine Arbeit. Der Winter trieb die Arbeitslosen in Scharen in die Wärmehallen; vom frühen Nachmittag an drängten sich die Obdachsuchenden vor den Asylen. Wer in ihre Nähe kam, den trafen Blicke, in denen der Haß gegen die Herrschenden, der Groll mit dem Schicksal flammte. Das waren keine Almosen heischenden Bettler mehr, keine in ein gottgewolltes Geschick Ergebenen.

Das Proletariat füllte den ganzen Winter über die Säle, um gegen eine Politik zu protestieren, die zwar mit den Insignien des Konstitutionalismus prunkte, aber nur ein Werkzeug des Absolutismus war. Es wußte von den Millionen neuer Steuern, die drohten, es hatte erfahren, daß es gegen die geeinte Reaktion machtlos war, daß die eiserne Hand Preußens auf ihm ruhte, wenn es sich aufrichten wollte. Es erkannte, daß es Mauern und Gräben zu bewältigen galt, ehe die feste Burg, der Staat, ihm zufiele. Junker und Pfaffen hielten sie besetzt, bereit, nur über ihre Leichen den Weg freizugeben.

Der erste Akt des Dramas begann.

Vor dem Abgeordnetenhaus in Berlin eine dichtgedrängte Menschenmasse. Polizisten zu Fuß und zu Pferd, den Revolver im gelben Gürtel, halten die Zufahrt frei. Und hinter ihnen stehen Tausende, Männer, Frauen, Kinder. Sie warten. Sie besetzen die Auffahrt des gegenüberliegenden Kunstgewerbemuseums. Sie halten Umschau von oben. Und plötzlich biegt in scharfem Trab eine Karosse um die Ecke der Prinz-Albrecht-Straße. »Der Reichskanzler!« gellt es laut. Die Menge flutet ihm entgegen, ihm nach, eine einzige dunkle Welle. Und brausend tönt es um ihn: »Hoch das freie Wahlrecht!« Dann wieder Stille. Sie wartet weiter.

Und auf der Rednertribüne des Abgeordnetenhauses erscheint Fürst Bülow zur Beantwortung des freisinnigen Antrags: Einführung des allgemeinen, gleichen und direkten Wahlrechts mit geheimer Stimmabgabe für den preußischen Landtag. Mit untergeschlagenen Armen, ruhig und selbstbewußt, den harten Ausdruck geborener Herrscher auf den Zügen, sitzt die Mehrheit vor ihm. Sie weiß, was sie zu erwarten hat; dieser Mann ist ein Erwählter des Kaisers, nicht des Volkes, und der Kaiser ist der Ihre.

»... Für die Königliche Staatsregierung steht es nach wie vor fest, daß die Übertragung des Reichstagswahlrechts auf Preußen dem Staatswohl nicht entspricht und daher abzulehnen ist. Auch kann die Königliche Staatsregierung die Ersetzung der öffentlichen Stimmabgabe durch die geheime nicht in Aussicht stellen.«

Scharf, ohne die liebenswürdigen Floskeln des Weltmannes, ohne das verbindliche Lächeln des Diplomaten, klingt die Erklärung durch den Saal.

Das Volk draußen wartet. Da nahen neue Schutzmannspatrouillen; hart schlägt ihr Tritt auf den Asphaltboden auf, Pferdehufe klappern dazwischen – die Begleitung zum Text des Kanzlerliedes.

Das Volk zieht sich zurück.

Eine kleine Gruppe von Parteigenossen fand sich in einem Restaurant der Friedrichstadt in der Nacht nach den Wahldemonstrationen zufällig zusammen. Die Erregung, die in allen noch nachzitterte, verscheuchte jede Müdigkeit. Große Ereignisse lösen die Lippen. Auch die Kühlen waren warm geworden. Man diskutierte lebhaft: über die heutige Eroberung der Straße, über die künftige Entwicklung der Bewegung, über die Möglichkeit, in diesem Augenblick, wo es sich nicht um die Aufrichtung des Zukunftsstaates, sondern um die Niederwerfung der Junkerherrschaft handelte, das liberale Bürgertum und alle Schmollenden, die unsicher abseits standen, mobil zu machen. »Einen Riesenkampf gegen die Reaktion, – das ist's, was die stagnierenden Gewässer in Fluß bringen würde!« sagte einer.

»Es würde die Geister scheiden, wie nichts zuvor –«, ergänzte enthusiastisch ein anderer.

»Sie glauben wirklich, daß das Ziel des allgemeinen Wahlrechts für den preußischen Landtag solch weltbewegende Kräfte entfesseln könnte?« fragte ich. Mein Spott rötete die Gesichter der Begeisterten noch mehr.

»Und gerade Sie waren vor einer Stunde bis zur Stummheit ergriffen!« meinte vorwurfsvoll mein Nachbar.

»Ich bin es noch«, antwortete ich; »mir war, als hätte ich wirklich den Flügelschlag der neuen Zeit gefühlt. Ich fürchte nur, sie rauscht an uns vorüber.«

»Das aber liegt doch an uns!« rief über den Tisch herüber ein junger Literat, der darauf brannte, sich die politischen Sporen zu verdienen. »Wir müssen sie festhalten, wir müssen das Eisen schmieden, solange es warm ist.«

»Womit, wenn ich fragen darf?« –

Die Antworten schwirrten von allen Seiten durcheinander: »Durch die Aussicht auf eine wahrhaft liberal-demokratische Ära«, – »auf wirtschaftliche Reformen großen Stils«, – »Verminderung der Steuern«, – »der Militärlasten«, – »Trennung von Kirche und Staat –«

»Lauter Einzelforderungen, die große, heute noch indifferente Massen kaum begeistern, die heterogene Elemente nicht zusammenschweißen werden, die, vor allen Dingen, kein sicher wirkendes Scheidewasser sind«, sagte ich ruhig.

»So nennen Sie es, wenn Sie es wissen!«

Ich sah mich scheu im Kreise um. Sobald ein Gespräch Fragen berührte, die mir sehr nahe gingen, überkam mich oft eine gewisse verlegene Unbeholfenheit. »Stünde ich vor einer Volksversammlung, so würde es mir leichter werden als vor all Ihren forschenden, erwartungsvollen und – lächelnden Mienen«, meinte ich.

»So wollen wir streng parlamentarisch verfahren«, sagte mein Nachbar sichtlich belustigt; »wir sind die letzten Gäste, beherrschen also im Moment die Situation. Silentium, meine Herren! Frau Alix Brandt hat das Wort.«

Ich sah zu meinem Mann hinüber. Er nickte mir zu. Ich klammerte meinen Blick an den seinen und erhob mich. Was mir diese Nacht zum erstenmal klar vor Augen gestanden hatte, das sollt' ich in Worte fassen. – Mir war die Kehle wie zugeschnürt. Und doch fühlte ich, es mußte sein. Nicht um dieser Tafelrunde willen, – sondern meinetwegen. Der Gedanke zerflattert, wenn er nicht in die Form der Sprache gepreßt wird.

»Mir scheint«, begann ich zögernd, »daß es nicht so sehr darauf ankommt, einzelne praktische Ziele zu setzen. Das haben die Parteien schon längst getan und sind über die Verschiedenheit ihrer Einzelforderungen in Gruppen und Grüppchen auseinandergefallen. Alle großen entscheidenden Weltbewegungen sind von *einem* Geist getragen worden –« »Und die materialistische Geschichtsauffassung?!« unterbrach mich ein Genosse.

»Von einem Geist –«, fuhr ich unbeirrt fort, »der sich selbstverständlich erst aus den allgemeinen wirtschaftlichen und sozialen Verhältnissen heraus entwickeln konnte und immer erst dann entstand, wenn der Widerspruch der Gegenwart zur Vergangenheit überall schmerzhaft fühlbar geworden war. Das gilt für das Christentum, – den Muhamedanismus –« »Die Revolution«, rief einer dazwischen.

»Nein«, antwortete ich. »Es gibt Zeiten, in denen der Geist der Verneinung, wie ich ihn einmal nennen will, nicht zu reinem, vollem Ausdruck kommt, wo er nur beschränkte Schichten des Volkes ergreift, – wie zur Zeit der Renaissance, der Revolution, – und wo er darum schließlich gezwungen wird, mit dem Geist der Vergangenheit zu paktieren. So baute die Renaissance christliche Kirchen, und die Revolution übernahm die Phraseologie des Christentums. Auch wir versuchen mit jener Geistesfaulheit, die sich scheut, zu Ende zu denken, neuen Wein in alte Schläuche zu gießen. Ich erinnere an die Bemühungen, die Kirche zu modernisieren, an das Bestreben, in der Partei die Ethik Kants für den Sozialismus in Anspruch zu nehmen.«

Hier unterbrach mich mein Nachbar, ein begeisterter Kantianer, und vergaß im Eifer des Widerspruches die von ihm selbst gewollte parlamentarische Ordnung.

»Der kategorische Imperativ, von seiner transzendentalen Herkunft losgelöst, ist tatsächlich der dirigierende Geist, auf den Sie offenbar hinauswollen«, rief er.

»Das bestreite ich. Schon weil er sich von dieser transzendentalen Herkunft nicht loslösen läßt, weil er Geist vom Geist des Christentums ist, weil wir auf Grund unserer Kenntnis der historischen Entwicklung und Umwandlung sittlicher Ideale wissen, daß es ein allgemein gleiches, verpflichtendes Sittengesetz nicht gibt, weil nicht einmal zwischen Einzelindividualitäten eine Äquivalenz der Handlungen besteht –«

»Ich höre Alix Brandt, und es ist Friedrich Nietzsche!« spottete jemand. Die anderen lächelten vielsagend.

»Sie haben mir vorgegriffen«, entgegnete ich ruhig. »Ich hätte den Namen des Mannes genannt, der zwar nicht der Erlöser, wohl aber sein Prophet sein kann.«

»Aber, Genossin Brandt, Sie verirren sich«, hörte ich entrüstet rufen; »wie vermögen Sie Ihre sozialdemokratische Gesinnung mit dem Nachbeten Nietzschescher Lehren zu vereinigen?! Denken Sie doch an seine Vergötterung der ›Herrenmenschen‹, an seine Verhöhnung jedes ›Sklavenaufstands‹!«

»Diesen Einwand mußte ich erwarten. Ich erinnere Sie demgegenüber zunächst nur daran, daß es derselbe Nietzsche war, der anerkannte, daß die einzelne starke Individualität am leichtesten in einer demokratischen Gesellschaft sich erhalten und entwickeln könne. Aber diese Idee ist zwischen uns, wie ich glaube, schon so sehr zum unbestreitbaren Gemeinplatz geworden, daß ich nicht weiter darauf einzugehen brauche. Natürlich gebe ich *den* Nietzsche preis, der unsere große soziale Bewegung weder kannte, noch kennen wollte. Und ich kann das um so leichter, weil er unbewußt selbst im Flusse dieser Bewegung schwamm, weil er dem Sozialismus das gab, was wir brauchen: eine ethische Grundlage.«

Von allen Seiten wurde mir heftig widersprochen, aber jetzt, da ich mir selbst immer klarer wurde, störte mich das nicht mehr.

»Alle seine großen Ideen leben in uns: der Trieb zur Persönlichkeit, die Umwertung aller Werte, das Jasagen zum Leben, der Wille zur Macht. Wir brauchen die blitzenden Waffen aus seiner Rüstkammer nur zu nehmen, – und wir sollten es tun. Mit dem Ziel des größten Glücks der größten Anzahl, – an das ich glaubte, wie Sie alle, – schaffen wir eine Gesellschaft behäbiger Kleinbürger ... Und spüren Sie den Geist der Verneinung nicht in allem, was heute lebenskräftig ist und vorwärts will? Kunst und Literatur, Wissenschaft und Politik setzen ihr Nein der Vergangenheit entgegen, die noch Gegenwart sein will. Was ihr Tugend war, – Unterwürfigkeit, Demut, Ergebung in das Schicksal, Ungehorsam gegen sich selbst, wenn der Gehorsam gegen Obere es fordert, – erscheint uns mindestens als Schwäche, wenn nicht als Unrecht. Der Glaube an die gottgewollten Zustände von Armut und Reichtum, von Herrschaft und Dienstbarkeit ist weit über die Kreise der Partei hinaus zerstört. Und mit alledem, das wir unbewußt und bewußt von uns geworfen haben, panzert sich der Riese der Reaktion. Vor neunzehnhundert Jahren unterwarf die Moral des Christentums die heidnische Welt. Vergebens hat die Renaissance und die Revolution sich gegen sie empört, – die Zeit war noch nicht reif. Heute aber ist sie es; der Sozialismus hat ihr den Boden bereitet. Wäre ihre Fahne voll entfaltet, so würden sich vor ihr die Feigen von den Mutigen, die Schwachen von den Starken sondern, und alles würde ihr zuströmen, was jungen Geistes ist, was Zukunft in sich hat. Den Weg zu unserem Ziel finden wir nur, wenn die Idee der ethischen Revolution der Idee der ökonomischen Umwälzung Flügel verleiht ...«

Die Türe ging auf. Ein verschlafener Kellner musterte mißmutig die seßhaften Gäste. Ich erwachte wie aus einem Traum. Die anderen blieben stumm. Ob aus Überraschung, aus Empörung, aus Müdigkeit? »Ich möchte heim«, sagte ich leise zu meinem Mann. Wir gingen allein und schweigsam nach Hause.

Ich hörte danach, daß man mich verspottete: Die Sozialdemokratin und Verkünderin der »Herrenmoral«! Mir schien, als gingen mir die Genossen noch mehr als sonst aus dem Wege. Aber es kränkte mich nicht.

Ein feuchter Märzwind strich durch die Straßen. Die Bäume und Büsche zitterten in seiner Umarmung, denn er flüsterte ihnen vom Frühling die frohe Botschaft zu.

Auch um meine Stirne wehte sein weicher Atem. Hatte ich nicht geglaubt, daß ich den Lenz wie alte Leute grüßen würde: versunken in Erinnerungen? –

Ich saß am Fenster und las meines Sohnes Briefe. Seit einiger Zeit schrieb er mir oft: Seiten und Seiten voller Fragen und erregter Geständnisse. Zum erstenmal stand sein junger Geist in offenem Kampf mit der Mehrheit und den Autoritäten. Und er unterwarf sich nicht. Es war mein Kind.

Noch immer hatte ich mich gescheut, Heinrich zu zeigen, was er schrieb. Wir waren früher heftig aneinandergeraten, weil ich schon des kleinen Kindes Selbständigkeit respektierte. Und jetzt hatte ich mehr zu fürchten als nur den väterlichen Zorn. Ein Prüfstein würde es sein auch für unsere Beziehungen. Ich liebte meinen Mann. Viel mehr, viel tiefer als zu jener Zeit, da ich mich ihm zuerst verband. Denn damals kannte ich ihn nicht. Aber meine Liebe war zu groß, um Unterwerfung ertragen zu können. Wenn er das Kind nicht verstand, so würde er auch mich nicht verstehen. Wieder aneinandergebunden sein, so daß jeder selbständige Schritt des einen den anderen ins Fleisch schneiden muß; die Blume der Liebe, die nichts als der Persönlichkeit reichste Entfaltung ist, abpflücken, nur damit sie die Brust des anderen schmückt, zu frühem Welken verurteilt, – das vermochte ich nicht mehr –

Es läutete draußen, lang und heftig. Ich sprang auf, beide Hände auf das wild klopfende Herz gepreßt. Wer lärmte zu früher Morgenstunde so ungeduldig an der Türe? Wer?! Schon sprang sie auf, und ins Zimmer flog es herein wie ein Wirbelwind, und zwei Arme umschlangen mich, und ein glühendes Gesicht mit zwei glänzenden Augen hob sich zu mir empor. »Mein Kind! Mein Kind!« – –

Der Rucksack flog im Bogen von den Schultern. »Davongelaufen bin ich – bei Nacht und Nebel, – ich hielt's nicht länger aus«, sprudelte es hervor, atemlos, triumphierend.

Ich hörte kaum, was er sprach, ich sah nur, daß er da war, wirklich da war!

Ein fester Tritt auf dem Flur weckte mich aus meiner Versunkenheit. »Der Vater!« rief ich angstvoll und legte wie schützend den Arm um meinen Sohn. Der aber riß sich los, lachte mich an und lief mit einem: »Ich fürchte mich nicht!« dem Kommenden entgegen.

Ich stand wie angewurzelt. Ich hörte einen Wortwechsel, dann ein langes, ernstes Gespräch. Frage und Antwort. Hand in Hand kamen sie zu mir ins Zimmer. »Nun werden wir den Schlingel doch wohl behalten müssen«, lächelte mein Mann, »und heute soll für uns drei ein Feiertag sein.«

Wir gingen durch den Wald nach Paulsborn. Die Kiefern standen schwarz gegen den hellen Himmel, und lichtgrün schmiegten sich die Büsche ihnen zu Füßen. Auf dem See tanzten die Sonnenstrahlen. Und weit voraus sprang unser Sohn.

»Weißt du noch?!« sagte Heinrich.

»Ich weiß! Damals schüttelte der Sturm die Bäume. Mich fror, und du schlugst deinen Mantel um mich –«

»Und habe dich doch nicht schützen können –«

»Ich danke es dir, denn dadurch wurde ich stark.«

»So stark, daß du allein zu gehen vermagst –«, seine Stimme schwankte dabei. Mich traf's wie blendendes Licht, – ich sah auf dem Wasser nichts mehr als die goldene, schimmernde Sonnenstraße.

»Damals warnte ich dich vor mir«, fuhr er fort.

»Ich aber ließ dich nicht –«

»Und heute?! –«

»Du siehst: ich gehe auf eigenen Füßen, aber neben dir –«

Wo die dunkle Allee sich der weiten, sonnenbeglänzten Wiese öffnet, tauchte die schlanke Gestalt unseres Sohnes auf. Er hielt einen Zweig jungen Grüns in der hochgehobenen Hand. Der wehte über ihm wie eine Fahne.

Und dann kam das Leben wieder und der Alltag, und sein Pfad blieb rauh. Aber ich hatte ihn freiwillig gewählt, und meines Herzens Glut schützte mich vor dem Frost. Er blieb einsam. Aber ich wußte vorher: Wer eigene Wege sucht, findet wenig Gefährten. Und über das Donnern der Sturzbäche hinweg flog siegreich hin und her der Gruß der Liebe.

Einmal, als der Föhn mich umheulte und die Steine meine Füße verwundeten, sah ich forschend zurück. Und ich erkannte, daß ich nicht irregegangen war.